Arquivos Modernos
PRINCÍPIOS E TÉCNICAS

Arquivos Modernos

PRINCÍPIOS E TÉCNICAS

6ª EDIÇÃO

T. R. Schellenberg

ISBN — 85-225-0374-5

Título do original em inglês: *Modern archives: principles and techniques* (Chicago, USA, The University of Chicago Press)

Copyright © 2006 T. R. Schellenberg

Direitos para a edição em língua portuguesa cedidos pelo Arquivo Nacional à Fundação Getulio Vargas. A reprodução não autorizada desta publicação, no todo ou em parte, constitui violação do copyright (Lei nº 9.610/98).

EDITORA FGV
Rua Jornalista Orlando Dantas, 37
22231-010 — Rio de Janeiro, RJ — Brasil
Tels.: 0800-021-7777 — 21-3799-4427
Fax: 21-3799-4430
e-mail: editora@fgv.br — pedidoseditora@fgv.br
web site: www.fgv.br/editora

Impresso no Brasil / *Printed in Brazil*

1ª edição — 1973; 2ª tiragem — 1974; 2ª edição — 2002; 3ª edição — 2004; 4ª edição — 2004; 5ª edição — 2005; 6ª edição — 2006; 1ª reimpressão — 2007; 2ª reimpressão — 2008; 3ª reimpressão — 2009; 4ª reimpressão — 2010; 5ª reimpressão — 2011; 6ª reimpressão — 2012; 7ª reimpressão — 2013; 8ª reimpressão — 2014; 9ª reimpressão — 2015; 10ª reimpressão — 2018.

EDITORAÇÃO ELETRÔNICA: Cálamo
REVISÃO: Fatima Caroni e Sandra Pássaro
CAPA: Visiva Comunicação e Design

Ficha catalográfica elaborada pela Biblioteca
Mario Henrique Simonsen/FGV

Schellenberg, T. R. (Theodore R.), 1903-1970
    Arquivos modernos: princípios e técnicas / T. R. Schellenberg; tradução de Nilza Teixeira Soares. — 6. ed. — Rio de Janeiro : Editora FGV, 2006.
    388p.

    Tradução de: Modern archives: principles and techniques.
    Inclui bibliografia e índice.

    1. Arquivos e arquivamento (Documentos). I. Fundação Getulio Vargas. II. Título.

CDD — 651.5

Sumário

Apresentação da edição original ... 9
Prefácio do autor ... 11
Apresentação da primeira edição brasileira ... 15
Apresentação da nova edição de *Arquivos modernos* ... 19
Nota da tradutora ... 21

PARTE I — Introdução ... 23

Capítulo 1 — Importância dos arquivos ... 25
Arquivos nacionais ... 25
Razões para a instituição de arquivos públicos ... 30

Capítulo 2 — Natureza dos arquivos ... 35
Definições ... 35
Elementos das definições ... 37
Definição de arquivos modernos ... 40

Capítulo 3 — Paralelo entre biblioteca e arquivo ... 43
Diferenças no acervo ... 43
Diferenças nos métodos ... 47

Capítulo 4 — Interesses do arquivo de custódia na administração dos arquivos correntes ... 53
Interesse quanto aos métodos de guarda ... 54
Interesse quanto ao descarte ... 56

PARTE II — Administração de arquivos correntes ... 63

Capítulo 5 — Pontos essenciais da administração de arquivos correntes ... 65
Natureza dos documentos modernos ... 65
Natureza das atividades ... 67
Natureza da organização ... 70

Capítulo 6 — Controle da produção de documentos   75
   Simplificação das funções   75
   Simplificação dos métodos de trabalho   76
   Simplificação da rotina de documentação   78

Capítulo 7 — Princípios de classificação   83
   Elementos da classificação   84
   Práticas de classificação   88
   Princípios de classificação   94

Capítulo 8 — Sistemas de registro   97
   Evolução dos sistemas   99
   Características dos sistemas   108

Capítulo 9 — Sistemas americanos de arquivamento   113
   Origem dos sistemas   114
   Evolução dos sistemas modernos   117
   Tipos modernos de sistemas de arquivamento   120

Capítulo 10 — Destinação dos documentos   131
   Tipos de descrição   132
   Instrumentos de destinação   134
   Operações de destinação   143

PARTE III — Administração de arquivos de custódia   153

Capítulo 11 — Pontos essenciais da administração
  de arquivos de custódia   155
   Natureza dos arquivos modernos   155
   Natureza das atividades   159
   Natureza da autoridade   162
   Natureza da organização   170

Capítulo 12 — Avaliação dos documentos públicos modernos   179
   Valores dos documentos   180
   Valores probatórios   182

Valores informativos	199
Conclusões	226

Capítulo 13 — Preservação de documentos   231

Equipamento de armazenagem	231
Equipamento de restauração	234
Alternativas para a restauração	237

Capítulo 14 — Princípios de arranjo de arquivos   239

Evolução dos princípios de arranjo na Europa	240
Evolução dos princípios de arranjo na América	252
Conclusões	260

Capítulo 15 — Arranjo de papéis ou arquivos privados   269

Tipos de coleções	270
Componentes das coleções	271
Arranjo das coleções	272
Arranjo dos componentes das coleções	277
Sistemas de notação	287

Capítulo 16 — Descrição de arquivos públicos   289

Instrumentos de busca europeus	290
Instrumentos de busca americanos	301

Capítulo 17 — Descrição de papéis ou arquivos privados   313

Caráter do programa de descrição	314
Unidades e elementos de descrição	320
Descrição dos grupos	322
Descrição das séries	324
Descrição das unidades documentárias	327
Descrição dos assuntos	330
Descrição do todo	333

Capítulo 18 — Programa de publicações   335

Responsabilidade pelas publicações	337
Formas de publicação	340

Capítulo 19 — Serviço de referência   345
    Política de acesso aos documentos   346
    Política de uso dos documentos   353

Referências Bibliográficas   361

Índice analítico   367

Apresentação da edição original

Os RESPONSÁVEIS PELO planejamento e execução de novos programas de organização de arquivos em países novos como a Austrália, por exemplo, têm-se ressentido da falta de trabalhos autorizados que se ocupem dos problemas peculiares aos documentos modernos, bem como de problemas agravados por tais documentos. A alta qualidade e autoridade dos trabalhos ingleses, e europeus de um modo geral, dedicados principalmente a documentos antigos têm tolhido o estudo e a experiência necessários ao controle de documentos modernos de países mais novos. Apesar disto, há indícios de que alguns países mais novos estão de fato invadindo esse novo terreno. A obra do dr. Schellenberg é, por conseguinte, bem-vinda e muito oportuna. Sem descurar dos aspectos tradicionais da administração de arquivos, dedica especial atenção aos novos problemas com que se deparam os arquivistas.

Justifica-se plenamente que este livro tenha surgido nos Estados Unidos, onde já foram encontradas muitas soluções para tais problemas, especialmente no Arquivo Nacional, cuja liderança tem sido um traço marcante na evolução da teoria e prática da arquivística. Justifica-se, igualmente, que esta obra seja consequência direta de uma visita patrocinada pelo programa Fullbright, cujo objetivo é o intercâmbio de conhecimentos entre os Estados Unidos e outros países. Desejaríamos, pois, que a utilidade e influência deste livro se estendesse não só aos países que têm sistemas arquivísticos já definidos, mas, também, àqueles cujo rápido desenvolvimento político e social esteja a exigir novas ideias e técnicas em todos os setores da administração e na organização de sua vida intelectual, em geral. Os Estados recém-criados preservaram os documentos oficiais, no passado, com o intuito de fortalecer o crescente sentimento de nacionalismo, assim como o fizeram as nações já firmadas para documentar acontecimentos de relevo. Na Austrália, por exemplo, o governo federal criou, em 1942, um sistema de arquivos, movido pela consciência do sacrifício daquela nação na II Guerra Mundial, bem como do perigo que aquela crise internacional representava para os próprios documentos. É de se esperar que as sucessivas crises provocadas pela descoberta da energia atômica exerçam efeito semelhante quanto à preservação dos arquivos no futuro, a menos que percamos inteiramente a fé em nossa civilização. Em verdade, um dos sérios problemas que o arquivista enfrenta nas suas relações com a administração e com o público, em geral, é justamente essa incerteza. De fato, a atitude do governo e do público em relação à preservação dos arquivos é um índice de nossa fé no futuro. A influência da obra do dr. Schellenberg deve ser a mais ampla em virtude da atenção por ele dispensada aos atuais problemas da teoria e da prática arquivística. Oriundos, com frequência, do crescimento universal da organização econômica e social que demanda novos controles por parte dos governos, e do desenvolvimento nos meios de comunicação de ideias, refletem uma relação nova e mais aproximada entre o trabalho de arquivo e o que se passa no mundo. Os arquivos não são, de maneira alguma, cemitérios de documentos velhos e esquecidos. A qualidade essencial dos arquivos está em que registram não só as realizações, mas também os processos pelos quais foram efetuadas. Por conseguinte, como a organização de nosso sistema de vida atual, tanto no âmbito oficial como no particular, torna-se cada vez mais complexa, os arquivos assumem maior importância, quer como precedente para o administrador, quer como registro para o pesquisador e historiador. Além disso, os encarregados de empresas importantes, tanto oficiais como particulares, estão reconhecendo a eficácia e economia que resultam da boa administração de documentos de uso corrente, e da íntima relação existente entre esta e a administração de arquivos permanentes. Assim, este livro deve igualmente interessar ao funcionário público e ao administrador de empresa e transmitir-lhes conhecimentos quanto às práticas arquivísticas.

    Segundo o autor, este livro é, de certo modo, produto de seu trabalho na Austrália. Os que, como nós, contribuíram de algum modo para que fosse escrito, desejamos testemunhar-lhe nossos agradecimentos por complementar de maneira tão importante a grande influência que sua visita teve em toda a nação, e por permitir que nos associássemos, ainda que indiretamente, a essa grande contribuição para o conhecimento mundial da arquivologia.

H. L. White
Bibliotecário-arquivista da Austrália
Camberra, 18-1-1956

Prefácio do autor

Fui, em 1954, à Austrália, na qualidade de conferencista Fullbright. Cumprindo programa que me fora preparado, coube-me tratar de vários aspectos do problema da administração de documentos públicos. Dado os assuntos específicos sobre os quais deveria discorrer tive de ordenar meus pontos de vista sobre os mesmos, preparando notas ligeiras e em alguns casos redigir, antecipadamente, informes completos. Posteriormente, a fim de ordenar minhas ideias mais sistematicamente do que me fora possível durante aquela visita apressada, comecei a escrever este livro.

O primeiro capítulo, apresentando argumentos em prol do arquivo como instituição, reúne as opiniões que emiti nos Rotary Clubs de Camberra, Hobart, Perth, Adelaide e Sydney, no Constitutional Club em Melbourne e no Institute of International Affairs, em Brisbane. O terceiro capítulo é a versão modificada de uma palestra dirigida aos bibliotecários da Tasmânia sobre "Problemas da administração de arquivos por bibliotecários". O quinto capítulo, da mesma forma, contém trechos das conferências proferidas no Royal Institute of Public Administration de Adelaide, Melbourne, Sydney e Brisbane. Minha dissertação sobre o problema do acesso dos estudiosos aos documentos oficiais, feita para os altos funcionários do governo federal, em Camberra, vai reproduzida no último capítulo. As principais partes do livro, contudo, surgiram dos debates dos seminários realizados em Camberra, Melbourne e Sydney. Isso ressalta de um simples exame da matéria que foi objeto de considerações nos seminários:

- as relações existentes entre arquivos e outras formas de material documentário;
- a evolução das práticas de registro e da administração de documentos;
- o registro corrente e a administração de documentos;
- padrões de seleção e o possível uso dos arquivos para fins de pesquisa;
- técnicas de destinação dos documentos;

- evolução e aplicação dos princípios e técnicas de arranjo;
- instrumentos de busca descritivos e de outros tipos;
- serviços de referência e de relações públicas.

Meu plano inicial era reproduzir as apressadas notas das conferências e das conclusões dos seminários na sua forma original, ainda que incompleta. Porém, ao reexaminá-las, quando do meu regresso, verifiquei que muitos aspectos do problema da administração de documentos públicos modernos não foram apreciados. Afigurou-se-me que, para apresentar um trabalho razoável que abrangesse e estudasse devidamente os princípios básicos e as técnicas de administração de tais documentos, muito teria a acrescentar. Este livro é, assim, antes uma ampliação do que uma reprodução de minhas conferências na Austrália.

Os princípios e as técnicas de arquivo têm evoluído em todos os países no que se refere à maneira pela qual os documentos oficiais são tratados quando em uso corrente na administração. Os métodos usados no governo americano são fundamentalmente diferentes dos de outros países. Nos Estados Unidos os documentos oficiais são tratados segundo diversos sistemas novos, baseados no simples arquivamento. Em todos os outros países, praticamente, se obedece so sistema de registro. Este livro é, pois, de certo modo, um estudo de contrastes entre os princípios e as técnicas desenvolvidos nos EUA em relação a novos sistemas de arquivamento e os desenvolvidos em outros países em relação ao sistema de registro.

Espero que este livro ajude a outros, como me ajudou ao escrevê-lo, a colocar a arquivística sob uma perspectiva melhor e que os leve a compreender a relação existente entre as práticas adotadas na administração dos documentos de uso corrente e as adotadas num arquivo de custódia; entre os princípios e as técnicas da arquivística e da biblioteconomia; entre as diversas atividades de um arquivo e entre os princípios e técnicas dos arquivos europeus e americanos.

Ao comparar os princípios e as técnicas adotados nos Estados Unidos com os de outros países, meu único propósito é mostrar a sua verdadeira natureza. Não creio que os métodos americanos sejam forçosamente melhores do que os de outros países. São apenas diferentes. As diferenças dos métodos deverão ser entendidas devido a razões puramente profissionais: para que haja uma compreensão geral das técnicas e princípios de arquivística.

São de minha inteira responsabilidade todas as afirmações contidas neste livro. Apesar de muitas das opiniões aqui expressas serem extraídas de publicações oficiais por mim escritas, na qualidade de funcionário do governo federal norte-americano, são aqui mencionadas como expressão de minha própria opinião e não como opinião oficial de qualquer órgão federal ao qual eu esteja ou haja estado ligado. Não há, em absoluto, sanção oficial.

O conhecimento dos princípios expostos por *sir* Hilary Jenkinson, falecido diretor (*deputy keeper of the records*) do Public Record Office por parte dos arquivistas australianos, possibilitou-me analisá-los claramente, constituindo uma grande contribuição às opiniões por mim emitidas. Extraí também informações fundamentais sobre a evolução dos arquivos e seus princípios das palestras e trabalhos de Adolf Brenneke, reunidos e editados por Wolfgang Leesch, que foram recentemente publicados sob o título *Archivkunde* (Leipzig, 1953). Tanto os arquivistas dos órgãos do governo central, quanto os dos departamentos estaduais da Austrália foram muito solícitos ao me explicarem seus métodos de registro.

As conferências proferidas na Austrália estimularam-me a escrever este livro; premido por meus deveres administrativos cotidianos em Washington, D.C., não teria conseguido escrever sobre tão difícil assunto. Este livro, portanto, deve sua origem aos que patrocinaram minha ida à Austrália: ao sr. H. L. White, bibliotecário da Comunidade Australiana, que muito fez pelas conferências, e ao dr. Wayne C. Grover, arquivista dos Estados Unidos que patrocinou minha candidatura, e aos funcionários da United States Educational Foundation na Austrália, e particularmente ao seu diretor, Geoffrey G. Rossiter, que cuidou da parte financeira. O sr. Ian Maclean, arquivista-chefe, sugeriu os temas para as conferências e nos debates dos seminários ajudou a desenvolver meus pontos de vista sobre a natureza dos arquivos e a do sistema de registro. O dr. Robert H. Bahmer e o sr. Lewis J. Darter, Jr., auxiliaram-me a desenvolver a parte relativa aos métodos seguidas pelo governo dos Estados Unidos no preparo de tabelas de descarte de documentos. Muito lhes devo também pela ajuda prestada na formulação de meus conceitos sobre o importante problema da avaliação de documentos.

Quando de meu regresso, o dr. Grover animou-me a completar o manuscrito que eu começara no exterior. Ao escrever este livro contraí uma dívida para com o dr. G. Philip Bauer que, pacientemente, leu todo o original e sugeriu alterações muito valiosas em benefício de sua clareza e concisão.

Desejo encarecer a ajuda do sr. Lester W. Smith por conferir as referências bibliográficas e da srta. Lucinda F. de Shong por datilografar o original e rever as provas.

T. R. Schellenberg
Washington, D.C., 15-9-1955

Apresentação da primeira edição brasileira

Theodore R. Schellenberg e a lição arquivística no Brasil

QUANDO FUI DIRETOR do Arquivo Nacional (1958-64), uma das primeiras iniciativas que tomei foi procurar trazer ao Brasil Theodore R. Schellenberg, o mestre americano da arquivística. Não foi difícil buscar e conseguir o apoio da divisão cultural da Embaixada Americana, e pouco depois aqui tínhamos, por uma quinzena, o dr. Schellenberg.

Lembro-me que, ao falar ao diretor da divisão cultural, ele procurou um *Who's who* e, depois de encontrar a bibliografia do homem, disse-me logo: "É uma pessoa importante, é o maior arquivista americano". Eu não queria menos, sabia quem ele era, e queria que ele viesse e me aconselhasse sobre os problemas do Arquivo Nacional.

Schellenberg nasceu em 1903 em Harvey County, no Texas, de origem alemã, e fez seus estudos superiores na Universidade de Kansas e da Pennsylvania, onde doutorou-se em história, em 1934. Foi, então, em 1934 e 1935, secretário executivo do comitê sobre material para pesquisa do Conselho Americano de Sociedades Eruditas (American Council of Learned Societies) e do Conselho de Pesquisa em Ciências Sociais (Social Science Research Council). E, depois, historiador-assistente do Serviço Nacional de Parques. Nessa época escreveu um importante artigo histórico, citado por autores reputados.

Quando o presidente Monroe recebeu as propostas de Canning relativas a uma declaração conjunta anglo-americana contra a intervenção da Santa Aliança na América Latina, então em luta pela independência, procurou ouvir as opiniões de seus dois antecessores, Jefferson e Madison. Entre 15 e 26 de novembro de 1823, o gabinete discutiu as opiniões dos dois estadistas, apresentadas por Monroe. Pois bem, Schellenberg procurou provar as origens jeffersonianas da Declaração de Monroe (2 de dezembro de 1823).

No artigo "Jeffersonian origins of the Monroe Doctrine"[1] sustenta que não foi Adams, então secretário de Estado e sucessor de Monroe, a influência responsável que levara o presidente à sua famosa declaração. Para ele, Adams tinha certas ideias básicas sobre a América Latina, que eram irreconciliáveis com aquelas em que a doutrina das duas esferas (a europeia e a americana) se baseou.

Diz Schellenberg, por exemplo, que ele não tinha fé no republicanismo do povo latino-americano e não acreditava que houvesse qualquer comunhão real de interesses entre os Estados Unidos e a América Latina; e que conquanto tivesse falado, com aprovação, de um "sistema americano", o sistema que tinha em mente era de caráter exclusivamente nacional, e limitado estritamente aos interesses diretos dos Estados Unidos.

Schellenberg não estava, no entanto, buscando diminuir Adams meramente para exaltar Monroe, e o principal argumento de seu artigo é mostrar que pela doutrina das duas esferas e pela própria fraseologia, Monroe devia a Jefferson, e este ao seu amigo Abade de Pradt, publicista francês.[2]

Como se vê, Schellenberg iniciou muito bem sua carreira de historiador, num estudo bem-lançado, bem-fundamentado e que teve repercussão no meio erudito. Mas ele preferiu abandonar a história pelos arquivos, a pesquisa pela administração arquivística. E nesta se tornou um mestre, sem dúvida o maior que a América teve e um dos maiores de todos os tempos e lugares.

Sua carreira no Arquivo Nacional dos Estados Unidos se inicia em 1935 e chega a arquivista-assistente (subdiretor do Arquivo) entre 1957 e 1963. Teve grande atividade como conferencista e consultor de programas de reforma entre 1954 — quando foi à Austrália — e 1960, quando visitou o Brasil, a convite do Arquivo Nacional.

Schellenberg era alto, rosado, olhos azuis, falava pouco, parecia introvertido, era sério, competente e rapidamente conhecia os problemas que enfrentava. Sua visita e sua lição autorizada chegaram-nos na hora exata, não só porque tentávamos empreender uma larga reforma da instituição, como porque a transferência para Brasília e o desenvolvimento econômico exigiam

---

[1] *Hispanic American Historical Review*, 14:1-31, 1934.
[2] Whitaker, Arthur P. *Os Estados Unidos e a independência da América Latina, 1800-1830*. Trad. Delauro Baumgratz. Belo Horizonte, 1966. p. 319, 324-5 e 334.

cuidadosa atenção pelo problema da avaliação documental e da eficiência e boa organização dos arquivos, instrumentos indispensáveis da boa e eficiente organização administrativa.

Ele nos ofereceu um relatório, "Problemas arquivísticos do governo brasileiro".[3] Porque havia a real ameaça de eliminação indiscriminada ou recolhimento desordenado, publicou o Arquivo Nacional o seu *O preparo de listas de documentos*.[4] Publicou o Arquivo, ainda, *A avaliação dos documentos públicos modernos*[5] e o *Manual de arquivos*,[6] todos obras de real merecimento e que muita influência tiveram e continuarão a ter na formação do arquivista brasileiro.

Schellenberg organizou em Washington, em 1961, a Primeira Reunião Interamericana de Arquivos, que teve a participação de 42 arquivistas e historiadores de 18 países e de 29 arquivos. Ela teve um grande êxito, que consagrou sua obra de insigne arquivista, como escreveu seu amigo e colega do Arquivo Nacional dos Estados Unidos George S. Ullibari, no necrológio publicado na *Revista de História da América*.[7]

Theodore R. Schellenberg faleceu em 14 de janeiro de 1970 e agora sua obra *Modern archives: principles and techniques*[8] é traduzida pela competente e dedicada documentarista, arquivista e bibliotecária da Câmara dos Deputados, Nilza Teixeira Soares, que acompanhou com interesse a participação de Schellenberg nos problemas do Arquivo Nacional, na sua visita ao Brasil. Com seus conhecimentos especializados, ela fez uma tradução merecedora do renome do afamado arquivista.

Merece também o aplauso de todos a obra discreta, positiva e duradoura que Raul Lima promove à frente do Arquivo Nacional do Rio de Janeiro, a cúpula do sistema arquivístico nacional.

José Honório Rodrigues

---

[3] Arquivo Nacional, 1960. Trad. Lêda Boechat Rodrigues. mimeog.
[4] Rio de Janeiro, 1960. Trad. Lêda Boechat Rodrigues.
[5] Rio de Janeiro, 1959. Trad. Lêda Boechat Rodrigues.
[6] Rio de Janeiro, 1959. Trad. Manoel A. Wanderley.
[7] *Revista de História da América* (69):133-7, 1970. Nela Ullibari levantou a bibliografia de Schellenberg sobre arquivos.
[8] Chicago University Press, 1956, e Melbourne, Austrália, 1956.

Apresentação da nova edição de *Arquivos modernos*

NESTE MOMENTO EM que o progresso científico e tecnológico alcançado pela humanidade vem introduzindo incessantes e significativas modificações no quotidiano do homem, principalmente invadindo o universo daqueles que têm a informação como matéria-prima de seu desempenho profissional — arquivistas, bibliotecários, documentalistas, analistas de sistemas etc. —, a Fundação Getulio Vargas, em boa hora, dispõe-se a lançar nova edição de *Arquivos modernos: princípios e técnicas*, do renomado historiador e arquivista T. R. Schellenberg, traduzido por Nilza Teixeira Soares e editado pela própria FGV em 1973.

Este trabalho de Schellenberg, cujo original foi editado pela primeira vez em 1955, mantém-se atualizado até nossos dias em razão do tratamento integrado que o autor dispensou à problemática arquivista. O livro discorre sobre conceitos e técnicas arquivísticas, ressaltando a importância dos arquivos correntes na organização dos acervos permanentes.

Schellenberg preocupa-se ainda com questões referentes ao controle e ao planejamento da produção documental e dedica o capítulo 12 à avaliação de documentos, temas da maior atualidade não apenas no setor público, mas também no privado.

Em resumo, *Arquivos modernos* ainda é uma obra de referência e de leitura obrigatória para todos aqueles que desenvolvem atividades de gestão de documentos, em qualquer suporte, inclusive documentos informáticos, ou para aqueles que se dedicam ao estudo da arquivologia.

Marilena Leite Paes
Rio de Janeiro, abril de 2002

Nota da tradutora

O TRABALHO DO dr. Schellenberg aqui apresentado é da maior importância e atualidade. Seu mérito maior está no tratamento integrado que dispensa à problemática da arquivística. Teve por objetivo final os arquivos de custódia ou históricos, mas se ocupou igualmente da fase preliminar, ou seja, dos arquivos correntes, ativos ou de movimento que se constituem dia a dia nas repartições.

Os arquivos permanentes se formam de corpos de arquivos recolhidos dos arquivos correntes. O trabalho destes repercute naqueles. Torna-se importante a atuação do arquivista na fase de administração corrente dos documentos. O problema recua até ao próprio controle e planejamento da produção de papéis nas repartições e passa pelas várias fases de determinação dos valores dos documentos, eliminação ou recolhimento definitivo ou temporário, descrição e uso.

Da tradução em língua portuguesa constam dois capítulos adicionais que não integram a edição original. Esses capítulos versam sobre o arranjo e descrição de papéis e arquivos privados e foram inseridos após os capítulos 14 e 15 do original, por determinação do autor.

O capítulo 12 sobre avaliação dos documentos da edição original foi substituído por artigo do autor, divulgado no *National Archives Bulletin*.

Longos anos decorreram sem que eu desse por acabada a tradução desta obra que me fora inicialmente encomendada por editora particular. Escrúpulo excessivo impedia-me de considerar definitivo o meu trabalho. As dificuldades em captar o exato sentido do texto e os problemas decorrentes da fixação da terminologia técnica foram se cristalizando com o decorrer do tempo e foram sendo contornados com a preciosa colaboração de especialistas no assunto, inclusive o próprio autor quando de sua visita ao Brasil, e funcionários do Arquivo Nacional da Inglaterra, quando de minha permanência em Londres como bolsista do Conselho Britânico, e de pessoas minhas amigas que não se furtaram a me prestar a ajuda e esclarecimentos necessários. A todos os meus agradecimentos, e, em particular, a Maria de Lourdes Costa e Souza, arquivista brasileira de renome, pela leitura completa que fez dos originais.

Nilza Teixeira Soares
Bibliotecária da Câmara dos Deputados

PARTE I

Introdução

Que sua eminência ordene em todas e em cada uma das províncias que se reserve um prédio público no qual o magistrado (defensor) guarde os documentos, escolhendo alguém que os mantenha sob custódia, de forma que não sejam adulterados e possam ser encontrados rapidamente por quem os solicite; que entre eles haja arquivos e seja corrigido tudo que foi negligenciado nas cidades.

*Imperador Justiniano**

---

* Apud Bonifácio, Aldassare. *De Archivis* (1632), reproduzido em Born, 1941:237.

Capítulo 1

Importância dos arquivos

Se perguntássemos a um homem comum da rua por que razão os governos criam os arquivos, ele por certo nos interrogaria: — Que vem a ser arquivo? Se lhe explicássemos, então, os objetivos de uma instituição dessa natureza, provavelmente ele responderia, de pronto, tratar-se de mais um exemplo das extravagâncias dos governos. Quanto ao material do arquivo, faria esta pergunta final: — Por que não queimar essa papelada?

Visto ser esse conceito popular em relação ao arquivo encontrado em todos os países é de se admirar que eles existam, instituídos com fundos públicos. Deve, portanto, ter havido outras razões que não a solicitação popular para a sua criação.

Arquivos nacionais

Os arquivos como instituição, provavelmente, tiveram origem na antiga civilização grega. Nos séculos V e IV a.C. os atenienses guardavam seus documentos de valor no templo da mãe dos deuses, isto é, no Metroon, junto à corte de justiça na praça pública em Atenas. No templo conservavam-se os tratados, leis, minutas da assembleia popular e demais documentos oficiais. Entre outros, havia o discurso que Sócrates escrevera em sua própria defesa, manuscritos de peças de Ésquilo, Sófocles e Eurípides e as listas dos vencedores das olimpíadas. Esses documentos foram conservados e transmitidos desde os tempos primitivos, até talvez o século III da era cristã, na forma de rolos de papiro. Embora não sejam atualmente guardados em arquivos, a sua preservação inicial ocorreu em tais instituições.

O desenvolvimento atingido pelos arquivos, durante o declínio das civilizações antigas e na Idade Média, exercem alguma influência no caráter dos arquivos que apareceram no início da Idade Moderna. Contudo, será suficiente, de acordo o objetivo deste livro, considerar os arquivos modernos, e, entre esses, apesar do grande desenvolvimento alcançado na Alemanha,

Itália, Espanha e outros países, tomaremos os da França, Inglaterra e Estados Unidos como melhor servindo para ilustrar a importância dada à preservação do patrimônio dos arquivos nacionais.

França

A importância básica dos arquivos para a sociedade organizada pode ser mais bem aquilatada, observando-se a maneira pela qual foram eles tratados quando da queda de um regime. Durante a Revolução Francesa foram destruídas as instituições que se haviam desenvolvido gradativamente desde os tempos feudais. Atingidas as instituições do Estado posteriormente outras, como as religiosas e econômicas, foram igualmente exterminadas. Desapareceram os direitos de propriedade e os privilégios. Tentou-se apagar qualquer vestígio do odiado antigo regime.

Que aconteceu nesse período de revolução aos documentos da sociedade? No fervor inicial da Revolução, em 1789, a Assembleia Nacional criou um arquivo no qual deveriam ser guardados e exibidos os seus atos. Um ano depois, por decreto de 12 de setembro de 1790, esse arquivo tornou-se os Archives Nationales de Paris. Foi o primeiro arquivo nacional criado no mundo. Nele deveriam ser guardados os documentos da Nova França, documentos esses que traduziam suas conquistas e mostravam suas glórias.

O que se deveria fazer com os documentos do passado? Dever-se-iam conservar os ricos tesouros do antigo regime — os documentos do conselho real no *Trésor des Chartes* que datavam do século XII, ou os documentos da *Curia Régis*, a mais antiga unidade central de governo, com origens no século XIII? Os revolucionários mais radicais insistiram na sua destruição, pois nele estavam consolidados os direitos e privilégios de um Estado; entretanto, os mais conservadores argumentaram que esses tesouros eram agora propriedade pública e, logo, haviam de ser preservados. Desde que eram propriedade pública, o povo poderia ter acesso aos mesmos, dando--se-lhe oportunidade de investigar os documentos oficiais para proteger os seus próprios interesses que estavam envolvidos na liquidação dos direitos feudais e nas relações de propriedade.

Um decreto de 25 de junho de 1794 estabeleceu, em todo o território nacional, uma administração dos arquivos públicos. Por esse decreto os Archives Nationales passaram a ter jurisdição sobre os documentos dos vários órgãos do governo central, em Paris, os quais mantinham, até então, seus próprios depósitos de arquivos sobre os documentos das províncias, comunas, igrejas, hospitais, universidades e famílias nobres e sobre os arquivos distritais nos quais foram colocados, durante a Revolução, os documentos dos órgãos municipais extintos.

Aquele decreto estabeleceu também o direito de acesso aos documentos públicos, tornando-se assim uma espécie de "declaração dos direitos" da arquivística. A administração nacional dos arquivos foi ainda reforçada pela lei de 26 de outubro de 1796 que deu aos Archives Nationales jurisdição sobre os que foram criados nas principais cidades dos *départements* para cuidar dos documentos antes mantidos nos depósitos distritais.

Durante toda a Revolução Francesa, os documentos foram considerados básicos para a manutenção de uma antiga sociedade e para o estabelecimento de uma nova. Os documentos da sociedade antiga foram preservados principalmente e, talvez, sem essa intenção, para usos culturais. Os da nova sociedade o foram para proteção de direitos públicos. O reconhecimento da importância dos documentos para a sociedade foi uma das grandes conquistas da Revolução Francesa. Este reconhecimento resultou em três importantes realizações no campo arquivístico:

1. Criação de uma administração nacional e independente dos arquivos.
2. Proclamação do princípio de acesso do público aos arquivos.
3. Reconhecimento da responsabilidade do Estado pela conservação dos documentos de valor, do passado.

Inglaterra

Cerca de 50 anos mais tarde, em 14 de agosto de 1838, foi criado na Inglaterra um arquivo central, o Public Record Office. As razões para a criação deste arquivo foram totalmente diferentes das que levaram os revolucionários franceses a criar os Archives Nationales. Não foi motivada pela preservação da prova dos privilégios adquiridos, até muito pelo contrário, pois os direitos básicos e privilégios do povo inglês, que se foram estabelecendo gradativamente através dos séculos, estavam firmados em registros. Do século XIII em diante os textos de documentos importantes, quer na forma abreviada, quer na completa, foram lançados em rolos de pergaminho. Esses lançamentos, aceitos como prova legal, tornaram desnecessária a referência aos originais.

As razões para a criação do Public Record Office britânico tanto foram de ordem prática como de ordem cultural. As considerações práticas relacionaram-se com as condições em que os documentos oficiais se encontravam. Ainda que o volume dos rolos na sua totalidade fosse considerável, não era isso motivo suficiente para obrigar o governo a criar um arquivo central para sua conservação. Os documentos subsidiários dos rolos eram uma outra questão; foram negligenciados, pois careciam de valor como prova legal. O seu volume, porém, aumentou muito quando o antigo mecanismo da Chancelaria, da Fazenda e das cortes de Justiça deu lugar a uma nova administração mais complexa.

No reinado de Carlos II, William Prynne, conservador de arquivos, tentou restaurar a ordem dos documentos que "durante muitos anos permaneceram num verdadeiro caos, deteriorando-se sob teias de aranha, poeira e imundície no canto mais escuro da Capela de César, na White Tower". Com esse objetivo disse ele que empregou soldados e mulheres "para remover a imundície, limpando-os, mas que, estes, em pouco tempo, cansados desse tedioso trabalho, largavam-nos quase no mesmo estado em que os encontravam".[9] Um século depois, certos documentos do reinado de Carlos I não podiam ser localizados, até que, sob a direção de um funcionário antigo, alguns livros velhos foram desenterrados de uma sala próxima ao portão de entrada do Whitehall.

Dado a um desastroso incêndio na Cotton Library temos um relatório de 1732, sobre o qual *sir* Hilary Jenkinson diz: "poderia bem ter provocado receios, não só em relação ao perigo do fogo em muitos dos repositórios nos quais se sabia vagamente da existência de grande parte de documentos públicos, mas também diante da possibilidade de perdas por outros motivos que não acidente".[10] Em 1800 descobriram-se documentos em cerca de 50 depósitos diferentes, espalhados por toda a cidade de Londres. Essa situação determinou um inquérito oficial levado a efeito por uma comissão nomeada para investigar a situação dos documentos oficiais.

---

[9] Thompson, 1942:40.
[10] Great Britain, Public Record Office, 1949. parte 1, p. 9.

Como resultado desse inquérito foi nomeada em 1800 uma Comissão dos Documentos (Record Commission), a primeira de seis comissões idênticas, entre 1800 e 1834. O trabalho do governo, entretanto, foi tão moroso que a Câmara dos Comuns nomeou uma comissão para investigar o trabalho da última Comissão dos Documentos. Essa comissão, em 1836, relatou que em certo depósito todos os documentos públicos "estavam extremamente úmidos, alguns haviam aderido aos muros de pedra, numerosos fragmentos de documentos escaparam de destruição total pelos insetos, e muitos se apresentavam no mais adiantado grau de deterioração. A deterioração e a umidade tornaram uma grande parte deles tão frágil que dificilmente resistiriam ao toque; outros, particularmente aqueles em forma de rolos, estavam tão colados que não podiam ser desenrolados".[11] Esse inquérito levou à sanção a Lei dos Documentos Públicos (Public Record Act) de 1838.

O impulso cultural para a criação do Public Record Office partiu dos historiadores. Do século XVII em diante tentaram fazer com que o público reconhecesse o valor dos documentos. Seus esforços, entretanto, encontraram, de imediato, pouca repercussão, quer pública, quer oficial. Em 1848, uma comissão criada pela Câmara dos Comuns relata que "somente uma pequena fração do público conhece a extensão e o valor e percebe a rara perfeição dos documentos históricos deste país. Nossos documentos públicos não despertam interesse no funcionalismo cujos atos registram, nem nos órgãos cujas atividades consignam e nem por eles se interessam os proprietários cujos direitos de propriedade asseguram fornecendo-lhes os mais autênticos, e talvez os únicos títulos".[12]

O Public Record Office, de acordo com a lei que o criou, é um órgão independente, não está, como na França, subordinado a um ministério. Atém-se exclusivamente aos documentos do governo central e não cogita daqueles de origem local ou dos particulares.

Estados Unidos

Cerca de 100 anos depois da criação do Public Record Office o governo americano criou um arquivo nacional, por lei de 19 de junho de 1934. Durante

---

[11] Great Britain, Parliament, House of Commons, 1836. parte 1, p. xiv.
[12] On the perilous state..., 1949:4-5.

todo o século XIX repetidos esforços foram feitos para induzir o governo a melhor cuidar dos documentos públicos.[13] Já em 1810 uma comissão do Congresso encontrou os papéis públicos "em grande desordem, expostos a danos, numa situação nada segura e pouco honrosa para a nação". Incêndios em 1814, 1833, 1877 e ainda em outras datas destruíram documentos valiosos. O incêndio de 1877 provocou a nomeação de uma comissão presidencial para investigar as condições em que se guardavam os documentos oficiais. Em face do relatório apresentado, o presidente Rutherford B. Hayes recomendou, em suas mensagens de 1875 e 1878, a criação de um arquivo nacional. Diz o presidente Hayes na primeira dessas mensagens: "Os documentos do governo constituem uma valiosa coleção para o país, seja quanto ao valor pecuniário, seja quanto à importância histórica". Nas décadas que se seguiram àquela mensagem, o Congresso fez diversas tentativas para providenciar melhores condições de guarda para os documentos governamentais. Visava à construção de "*a cheap building... as a hall of records...*". Ao mesmo tempo a Associação Histórica Americana, fundada em 1884, iniciou uma campanha pela criação de um arquivo nacional. Em 1899 foi instituída uma Comissão dos Arquivos Públicos (Public Archives Commission), que publicou, em 1900 e 1912, vários inventários de arquivos estaduais, patrocinou a publicação de guias dos arquivos federais e dos arquivos europeus relacionados com a história americana, promovendo também reuniões anuais a partir de 1909. Essa associação, em debates com o presidente e com o Congresso, em 1908, ressaltou a importância da criação de um arquivo "para pesquisas da história americana". Em 1910 requereu ao Congresso a construção de "um depósito nacional onde os documentos do governo possam ser reunidos, convenientemente cuidados e preservados". O Congresso autorizou, em 1912, a elaboração dos planos de construção, mas só em 1933 se iniciou a construção desse edifício.

Razões para a instituição de arquivos públicos

Recapitulando: que motivos levaram a França, a Inglaterra e os Estados Unidos a criar seus arquivos? A primeira e, é claro, a mais importante, foi a necessidade prática de incrementar a eficiência governamental. Até a Re-

---
[13] United States, National Archives, 1935:1-5.

volução, os ministérios centrais pré-revolucionários da França acumulavam depósitos de documentos por toda Paris, ao mesmo tempo que no interior do país os arquivos dos distritos também transbordavam. Na Inglaterra, cinco séculos de governo abarrotaram muitos depósitos espalhados em Londres. Os arquivos da Fazenda, por exemplo, foram mudados diversas vezes, de um lugar para outro, "ocasionando perdas e confusões difíceis de avaliar", segundo Jenkinson.[14] Nos Estados Unidos, durante um século e meio de existência do governo federal, os documentos oficiais encheram águas-furtadas, porões e outros desvãos nos quais eram simplesmente jogados quando não mais necessários ao trabalho corrente. Com o decorrer do tempo, um governo naturalmente acumula tantos documentos que se faz mister tomar providências em relação aos mesmos. Quando tais documentos obliteram as repartições e dificultam a execução dos trabalhos, ocupando espaço valioso, servem como uma advertência diária de que alguma providência precisa ser tomada.

A segunda razão foi de ordem cultural. Os arquivos públicos constituem um tipo de fonte de cultura entre muitos outros tipos como livros, manuscritos e tesouros de museus. São uma fonte tão importante como os parques, monumentos ou edifícios. Desde que produzidos por um governo são fonte, particularmente, desse governo. Em contraste com outros tipos de fontes culturais que podem ser administradas por entidades particulares, os arquivos só podem ser administrados pelo próprio governo. O cuidado com os valiosos documentos oficiais é, portanto, uma obrigação pública. Esse fato foi reconhecido, em primeiro lugar, na França. Durante o período revolucionário, como já foi dito, os documentos da Assembleia Nacional foram conservados para estabelecer a nova ordem, mas os documentos do antigo regime, considerados propriedade pública, foram preservados, principalmente para fins culturais. Esses documentos de valor cultural, ou seja, *Chartes et monuments appartenant à l'histoire, aux sciences et aux arts* foram colocados à parte para preservação nos Archives Nationales. Na Inglaterra e nos Estados Unidos, coube aos historiadores a primazia de reconhecer a importância dos documentos públicos e foi em grande parte por influência deles que se criaram os arquivos nacionais nesses dois países. Os historiadores viram que tais documentos, na sua totalidade, refletem não apenas a expansão e o funcionamento de um governo, mas também o

---

[14] Great Britain, Public Record Office, 1949. parte 1, p. 8.

desenvolvimento de um país. Nos Estados Unidos, onde os historiadores permaneceram na vanguarda do movimento pela criação de um arquivo nacional, as suas ideias foram habilmente expressas pelo falecido professor Charles M. Andrews (1863-1943), eminente historiador americano, que disse:

> "Quanto mais se compreender que a verdadeira história de uma nação e de um povo baseia-se não em episódios e acontecimentos superficiais, mas nas características substanciais de sua organização constitucional e social, mais valorizados e preservados serão os arquivos. Nenhum povo pode ser considerado conhecedor de sua própria história antes que seus documentos oficiais, uma vez reunidos, cuidados e tornados acessíveis aos pesquisadores, tenham sido objeto de estudos sistemáticos e antes que se determine a importância das informações neles contidas... Tem sido afirmado que 'o cuidado que uma nação devota à preservação dos monumentos do seu passado pode servir como uma verdadeira medida do grau de civilização que atingiu'. Entre tais monumentos, e desfrutando o primeiro lugar, em valor e importância, estão os arquivos nacionais e locais."[15]

A terceira razão foi de interesse pessoal. Esta razão forçou, em parte, os revolucionários franceses a criar os Archives Nationales. Objetivando a destruição de uma sociedade antiga e a criação de uma nova, tinham consciência da importância dos arquivos públicos para a determinação das várias relações sociais, econômicas e políticas. Achavam que tais documentos eram imprescindíveis à proteção de direitos feudais e privilégios e criaram, então, um órgão especial — Agence Temporaire des Titres — cuja atividade precípua era segregar, para eliminação, todos os documentos alusivos a tais direitos e privilégios (*titres féodaux*). Também consideravam esses documentos fundamentais para determinar os direitos e privilégios então adquiridos, e assim marchavam para preservar todos os papéis úteis que consubstanciassem os direitos do Estado sobre as propriedades confiscadas. Os documentos oficiais, é óbvio, definem as relações do governo para com os governados. São a derradeira prova de todos os direitos e privilégios civis permanentes e a prova imediata de toda propriedade temporal e direitos de ordem financeira que se originam ou se ligam às relações do cidadão para com o governo.

A quarta razão foi de ordem oficial. Os documentos, mesmo os mais antigos, são necessários às atividades do governo. Refletem sua origem e

---

[15] Andrews, 1913:264-5.

crescimento. São a principal fonte de informação de todas as suas atividades. Constituem os instrumentos administrativos básicos por meio dos quais é executado o trabalho governamental. Contêm provas de obrigações financeiras e legais que devem ser preservadas para protegê-lo. Englobam o grande capital da experiência oficial de que o governo necessita para dar continuidade e consistência às suas ações, tomar determinações, tratar de problemas sociais e econômicos, bem como de problemas de organização e métodos. Em suma, constituem os alicerces sobre os quais se ergue a estrutura de uma nação.

Capítulo 2
Natureza dos arquivos

HÁ UMA FORTE tendência, por parte dos que exercem uma nova profissão, para criar termos com significados altamente especializados. E, além disso, quando se trata de disciplina que carece de substância científica ou erudita, surge outra tendência, a de criar termos com significados não só especializados, mas também tão obscuros que dão a falsa impressão de grande profundidade.

A arquivística, ainda que relativamente nova, não carece de substância científica ou de erudição e, fugindo à regra, tentou evitar uma terminologia especializada. Mas, pelo simples uso de termos comuns, os arquivistas muitas vezes caem na obscuridade em sua literatura técnica. Pretendo, portanto, definir os termos usados neste livro à medida que ocorram.

Neste capítulo tratarei amplamente das definições dos termos "documentos" (*records*) e "arquivos" (*archives*) não por merecerem atenção especial, mas porque é essencial para o nosso estudo uma análise das principais características dos documentos e dos arquivos, ou seja, do material de arquivo.

Definições

A palavra *archives*, de origem grega, é definida no *Oxford English Dictionary* como: a) "lugar onde são guardados os documentos públicos e outros documentos de importância; e b) "registro histórico ou documento assim preservado". Essa definição é um pouco confusa, em virtude do seu duplo sentido. Na linguagem corrente, e principalmente na literatura técnica, deve-se distinguir entre a instituição e os materiais de que se ocupa. Essa distinção só se poderá tornar clara pelo uso de termos diferentes para os dois casos. Os alemães usam o termo *Archivalien* para designar os materiais, mas o seu equivalente em inglês, *archivalia,* jamais logrou aceitação geral. Para esclarecer essa distinção, a palavra "arquivo" (*archival institution*) será empregada neste livro para designar a instituição, enquanto a expressão "material de arquivo" ou simplesmente arquivos (*archives*) será usada para indicar o material que é objeto da instituição. A definição do citado dicionário, ademais, não deixa clara a natureza intrínseca do material de arquivo, o que passaremos a analisar agora. Para isso, será de grande utilidade examinarmos as definições encontradas nos manuais técnicos escritos por arquivistas de vários países.

Do ponto de vista da contribuição universal para a arquivística o mais importante manual escrito sobre administração de arquivos é, provavelmente, o de um trio de arquivistas holandeses, S. Muller (1848-1922), J. A. Feith (1858-1913) e R. Fruin (1857-1935). Esse manual, intitulado *Handleiding voor het Ordenen en Beschrijven van Archieven*, foi publicado em 1898 sob os auspícios da Associação Holandesa de Arquivistas. Uma tradução em inglês foi feita por um arquivista americano, Arthur H. Leavitt, e publicada sob o título *Manual for the arrangement and description of archives*, em Nova York, em 1940.* Essa tradução define a palavra holandesa *archief* como "o conjunto de documentos escritos, desenhos e material impresso, recebidos ou produzidos oficialmente por um órgão administrativo ou por um de seus funcionários, na medida em que tais documentos se destinavam a permanecer sob a custódia desse órgão ou funcionário".[16] A palavra *archief*, que Leavitt traduziu por *archival collection*, significa realmente documentos de uma determinada entidade que foram mantidos num serviço de registro (*registry office*).**

Sir Hilary Jenkinson, no seu manual inglês intitulado *Manual of archive administration*, edição de 1937 (1ª edição publicada em Oxford, 1922), definiu arquivos como documentos "...produzidos ou usados no curso de um ato administrativo ou executivo (público ou privado) de que são parte constituinte e, subsequentemente, preservados sob a custódia da pessoa ou pessoas responsáveis por aquele ato e por seus legítimos sucessores para sua própria informação".[17]

---

* N. do T.: Traduzido para o português por Manoel Adolpho Wanderley e editado na série Publicações Técnicas, pelo Arquivo Nacional, no Rio de Janeiro, em 1960. 145p.

[16] Muller & Fruin, 1940:13.

** N. do T.: Equivale a protocolo geral. Ver nota da tradutora no capítulo 8.

[17] Jenkinson, 1937:11.

O arquivista italiano Eugenio Casanova (1867-1951), no seu manual intitulado *Archivistica*, publicado em Siena, em 1928, define arquivos como "a acumulação ordenada de documentos criados por uma instituição ou pessoa no curso de sua atividade e preservados para a consecução de seus objetivos políticos, legais e culturais, pela referida instituição ou pessoa".[18]

O arquivista alemão Adolf Brenneke (1875-1946), por muitos anos diretor do Arquivo do Estado da Prússia, cujas conferências foram reunidas em forma de manual por Wolfgang Leesch numa publicação intitulada *Archivkunde,* publicada em Leipzig, 1953, define arquivos "como o conjunto de papéis e documentos que promanam de atividades legais ou de negócios de uma pessoa física ou jurídica e se destinam à conservação permanente em determinado lugar como fonte e testemunho do passado".[19]

Elementos das definições

Se analisarmos os elementos destacados nas definições dos arquivistas dos diversos países, veremos que se relacionam tanto a fatores concretos (*tangible*) como a fatores abstratos (*intangible*). Os elementos relativos aos fatores concretos — a forma dos arquivos, a fonte de origem e o lugar de sua conservação — não são essenciais à caracterização do material de arquivo, pois os arquivistas, em suas definições, deixam claro que os arquivos podem ter várias formas, podem vir de várias fontes e podem ser guardados em vários lugares. Os elementos relativos a fatores abstratos são os elementos essenciais. Sou de opinião que só existem dois elementos dessa natureza; contudo, consideraremos também um terceiro elemento que Jenkinson reputa essencial.

O primeiro elemento essencial refere-se à razão pela qual os materiais foram produzidos e acumulados. Para serem considerados arquivos, os documentos devem ter sido criados e acumulados na consecução de algum objetivo. Numa repartição do governo, esse objetivo é o cumprimento de sua finalidade oficial. Os arquivistas holandeses salientaram o fato de que os arquivos são "oficialmente recebidos ou produzidos", Jenkinson acentuou que a produção dos mesmos tem origem "no curso de um ato administra-

---

[18] Casanova, 1928:9.
[19] Brenneke, 1953:97.

tivo ou executivo"; e para Brenneke, resultam de "atividades legais ou de negócios". É, pois, importante a razão pela qual os documentos vieram a existir. Se foram produzidos no curso de uma atividade organizada, com uma determinada finalidade, se foram criados durante o processo de consecução de um certo fim administrativo, legal, de negócio ou qualquer outro fim social são então considerados como tendo qualidade de material de arquivo em potencial.

O segundo dos elementos essenciais refere-se aos valores pelos quais os arquivos são preservados. Para que os documentos sejam arquivados devem ser preservados por razões outras que não apenas aquelas para as quais foram criados ou acumulados. Essas razões tanto podem ser oficiais quanto culturais. Em suas várias definições de arquivos Jenkinson ressaltou a preservação por quem os haja criado "para sua própria informação" ou "para sua própria referência". É interessante observar-se que em seguida, quando analisa a maneira pela qual os documentos se tornam arquivos, Jenkinson, embora essencialmente interessado em arquivos do passado, formula observações posteriormente enunciadas por arquivistas que se ocupam de documentos modernos, ao declarar que os documentos se tornam arquivo quando, "terminado o seu uso corrente, sejam definitivamente separados para preservação uma vez julgada conveniente a sua guarda".[20] É óbvio que os arquivos modernos são guardados para serem usados por outros que não aqueles que os criaram, e devem ser tomadas decisões conscientes quanto ao valor dos mesmos para tal uso. Casanova ressaltou a preservação dos arquivos para atenderem a fins políticos, legais ou culturais. O arquivista alemão afirmou que os arquivos são preservados "como fonte e testemunho do passado", portanto, é claro, para fins de pesquisa. Esta é também a opinião dos arquivistas americanos. Devemos admitir que a razão primordial para a preservação da maioria dos documentos é alcançar o objetivo para o qual foram criados e acumulados. Em se tratando de um governo, este fim, como sabemos, é realização de sua atribuição. Documentos conservados somente em função dessa finalidade não são necessariamente arquivos. Para que o sejam faz-se mister uma outra razão — a de ordem cultural. São preservados para uso de outros além de seus próprios criadores.

---

[20] Jenkinson, 1937:8-9.

Um terceiro elemento, que, segundo Jenkinson, é essencial à característica dos arquivos, refere-se à custódia. Para este autor os documentos são arquivos se "o fato da custódia ininterrupta" puder ser estabelecido, ou, se ao menos, se puder estabelecer uma "presunção razoável" do mesmo. Uma "razoável presunção" desse fato, segundo aquele autor, é a *differentia* entre um documento que é e um que não é considerado material de arquivo".[21] Ou, como afirma no seu *Manual of archive administration,* "a caracterização dos arquivos (*archive quality*) depende da possibilidade de provar a continuidade de uma linha imaculada de custódias responsáveis".[22] A opinião de Jenkinson em relação à custódia difere da opinião dos arquivistas holandeses para os quais bastava que os documentos fossem criados no intuito de permanecerem no serviço originário. Isto, na verdade, significa que aceitavam, como possuindo todas as condições para serem considerados material de arquivo, aqueles que houvessem permanecido fora de custódia oficial. Ao formular esse princípio de custódia responsável, Jenkinson provavelmente pensava na possibilidade de esta ser estabelecida na base dos antigos rolos da Chancelaria, da Fazenda e dos tribunais de Justiça. Em se tratando de documentos produzidos sob modernas condições de governo, a prova da "linha imaculada de custódias responsáveis", ou da "custódia ininterrupta" não pode ser tomada como um teste de caracterização dos arquivos. Os documentos modernos existem em grande volume, são de origem complexa e sua criação é, muitas vezes, casual. A maneira pela qual são produzidos torna infrutífera qualquer tentativa de controlar os documentos *de per si,* ou, em outras palavras, de seguir "linhas imaculadas" de "custódia intacta". Isto é uma verdade, não importa o sistema de arquivamento usado. Por conseguinte, se forem oferecidos documentos modernos a um arquivo, serão aceitos como arquivos, desde que satisfaçam os outros quesitos essenciais, na "suposição razoável" de que sejam realmente documentos do órgão que os oferece.

O arquivista moderno, é lógico, interessa-se pela qualidade dos documentos que recebe de um órgão do governo. Aspira a ter a "integridade dos documentos" preservados. Por isso, entende-se que os documentos de um determinado órgão: a) devem ser conservados num todo como documentos

---

[21] Great Britain, Public Record Office, 1949. parte 1, p. 2.
[22] Jenkinson, 1937:11.

desse órgão; b) devem ser guardados, tanto quanto possível, sob o arranjo que lhes foi dado pelo órgão no curso de suas atividades oficiais; e c) devem ser guardados na sua totalidade, sem mutilação, modificação ou destruição não autorizada de uma parte deles. O valor de prova do material do arquivo para o arquivista moderno baseia-se na maneira pela qual foram os documentos mantidos na repartição do governo, de como passaram à custódia do arquivo e não no sistema pelo qual eram controlados, *de per si*, na repartição.

Definição de arquivos modernos

Os arquivistas de diversos países, como vimos, definiram o termo "arquivos" de maneira diferente. Cada qual definiu-o segundo o modo como se aplica aos materiais com que lidam. Assim, os holandeses denominaram arquivos o conteúdo de um *archief*, ou serviço de registro, e elaboraram regras para o seu arranjo e descrição codificados em um manual. O arquivista inglês Jenkinson da mesma maneira definiu arquivos como correspondendo aos antigos documentos públicos dos quais essencialmente se ocupou e elaborou princípios para o seu tratamento aplicáveis particularmente àqueles documentos. Portanto, é claro, não há uma definição do termo "arquivos" que possa ser considerada final, que deva ser aceita sem modificações e que seja preferível às demais. A definição pode ser modificada em cada país de acordo com suas necessidades peculiares. Deve fornecer uma base sobre a qual o arquivista possa lidar de fato, eficazmente, com o material produzido pelo governo a que serve. Não deve ser aceita uma definição que não corresponda à realidade. Uma definição que tenha surgido da observação de material da Idade Média não poderá atender às necessidades dos arquivistas que trabalham principalmente com documentos modernos. A recíproca desse fato também é verdadeira.

O arquivista moderno, penso eu, precisa de fato dar nova definição ao termo "arquivos" de maneira mais adequada às suas próprias exigências. O elemento seleção deve estar implícito na sua definição de arquivos, pois o maior problema do arquivista atual consiste em selecionar da massa de documentos oficiais criados por instituições públicas ou privadas de todos os gêneros, os arquivos que se destinam à preservação permanente. Minha definição de documentos (*records*) é a seguinte:

"Todos os livros, papéis, mapas, fotografias ou outras espécies documentárias, independentemente de sua apresentação física ou características, expedidos ou recebidos por qualquer entidade pública ou privada no exercício de seus encargos legais ou em função das suas atividades e preservados ou depositados para preservação por aquela entidade ou por seus legítimos sucessores como prova de suas funções, sua política, decisões, métodos, operações ou outras atividades, ou em virtude do valor informativo dos dados neles contidos."

Pode-se observar que esta é a definição, ligeiramente modificada, que aparece na Lei de Destinação dos Documentos (Records Disposal Act) de 7 de julho de 1943 (44 U.S. Code, 366-80).

Outrossim, é preciso lembrar que o termo "entidade" aplica-se também a organizações como igrejas, firmas comerciais, associações, ligas e até mesmo a famílias.

O termo "arquivos" pode agora ser definido como:

"Os documentos de qualquer instituição pública ou privada que hajam sido considerados de valor, merecendo preservação permanente para fins de referência e de pesquisa e que hajam sido depositados ou selecionados para depósito, num arquivo de custódia permanente."

As características essenciais dos arquivos relacionam-se, pois, com as razões pelas quais os documentos vieram a existir e com as razões pelas quais foram preservados.

Aceitamos, agora, que, para serem arquivos, os documentos devem ter sido produzidos ou acumulados na consecução de um determinado objetivo e possuir valor para fins outros que não aqueles para os quais foram produzidos ou acumulados. Arquivos públicos têm, então, dois tipos de valores: valores primários, para a repartição de origem, e valores secundários, para as outras repartições e para pessoas estranhas ao serviço público.

Capítulo 3

Paralelo entre biblioteca e arquivo

NESTE CAPÍTULO DESEJO tratar das relações existentes entre as profissões de bibliotecário e de arquivista. Proponho-me a fazer isso assinalando as diferenças que há no material com que lidam esses dois profissionais e as diferenças de métodos de tratamento. Meu objetivo nada tem de capcioso. Nesse intento de realçar essas diferenças viso tão somente a esclarecer o caráter essencial da profissão de arquivista.

Diferenças no acervo

As diferenças observadas entre os materiais de biblioteca e de arquivo referem-se: a) ao modo pelo qual se originam; e b) ao modo pelo qual entraram para as respectivas custódias.

Examinemos rapidamente a primeira dessas diferenças. No capítulo precedente destaquei como uma das características essenciais dos arquivos terem sido produzidos ou acumulados em conexão direta com as atividades funcionais de um órgão do governo ou de qualquer outra entidade; e grande parte do seu valor depende da relação orgânica que mantêm, quer entre si, quer com o próprio órgão. Os valores culturais são acidentais. O material de uma biblioteca, por outro lado, visa, em primeiro lugar, a fins culturais. E por essa razão consistem, geralmente, de peças avulsas, cujo valor inteiramente independe da relação que mantêm entre si. A diferença entre o material de biblioteca e o de arquivo independe de sua forma física. O material impresso, normalmente, fica na esfera dos bibliotecários, mas sob determinadas circunstâncias pode ter ou adquirir um caráter arquivístico. Esse é o caso, por exemplo, de jornais recebidos por uma administração em consequência de uma atividade oficial, ou de impressos, folhetos ou circulares quando anexados aos documentos oficiais. É também o caso dos próprios documentos oficiais quando aparecem em forma impressa.

Os materiais audiovisuais e cartográficos apresentam quase o mesmo interesse tanto para os bibliotecários quanto para os arquivistas. As películas cinematográficas, por exemplo, quando produzidas ou recebidas por uma administração no cumprimento de funções específicas, podem ser consideradas arquivos. Este é o caso de filmes feitos para registrar atualidades, tais como filmes de cenas de combate durante a guerra, ou para influenciar a opinião pública, ou ainda para treinar o pessoal civil ou militar. As cópias desses filmes equivalem a duplicatas de livros e são geralmente postas à disposição, antes pelas bibliotecas do que pelos arquivos, para fins educativos e recreativos. Verifica-se o contrário com relação a negativo e filmes positivos que são usados sobretudo para a produção de outros filmes.

Não se pode estabelecer a diferença entre a coleção de manuscritos das bibliotecas e os arquivos, considerando-se-lhes a forma, a autoria ou o valor. Podem ter vindo de fontes idênticas de instituição ou de um particular, e podem possuir idêntico valor de pesquisa. Esse valor foi destacado por Phyllies Mander Jones, bibliotecário da Mitchell Library, em Sydney, quando escreve que, ao contrário do que se verifica com arquivos, "nos papéis privados o estudioso entra em contato mais íntimo com o assunto de seu interesse, talvez porque esses papéis mais provavelmente refletem os sentimentos e preconceitos naturais do homem, e porque esses mesmos papéis e os documentos de empresas privadas e semiprivadas podem oferecer uma fonte mais rica de dados de vários matizes".[23] Pode-se fazer, no entanto, uma distinção baseada no modo pelo qual os manuscritos vieram a existir. Os documentos ditos arquivos, de acordo com o historiador americano Charles M. Andrews, "diferem dos manuscritos históricos por não constituírem uma massa de papéis e pergaminhos reunidos ao acaso e ordenados tendo em vista apenas a importância do assunto e a cronologia dos mesmos".[24] Enquanto os arquivos aparecem como resultado de uma atividade funcional regular, os manuscritos históricos, ao contrário, são, em geral, o produto de uma expressão espontânea do pensamento ou sentimento. São, assim, criados ao acaso e não sistematicamente.

Toda vez que os documentos escritos, embora classificados como manuscritos históricos, forem criados em consequência de uma atividade

---

[23] Jones, 1952:79.
[24] Andrews, 1913:262.

organizada — como por exemplo os de uma igreja, de uma firma, ou mesmo de um indivíduo — poderão ser considerados arquivos. Daí a designação "arquivos religiosos", "arquivos econômicos", "arquivos privados". Além disso, quando os manuscritos históricos constituírem parte integrante da documentação de uma atividade organizada, podem também ser considerados arquivos, como é o caso de cartas de amor que constituem prova em causas de divórcio.

Tratemos agora do modo pelo qual os materiais entram para a custódia do arquivo e da biblioteca. Os arquivos são órgãos receptores, ao passo que as bibliotecas são colecionadoras. Um arquivo, seja instituição oficial ou privada, é criado com o objetivo de preservar os expedientes da organização a que serve. Via de regra, o arquivo não conta com grande capacidade de aquisição de material por compra ou por doação. Normalmente, em apenas uma fonte, que é o governo, a instituição ou a pessoa a que serve. O arquivo de um país deve receber apenas materiais produzidos pelo governo a que serve, não os produzidos por outros países. Um arquivo destinado a servir apenas a um ministério deve receber somente materiais daquele determinado ministério. O destinado a servir à administração de um certo nível não receberá senão os materiais produzidos naquele nível de administração. Assim, um arquivo federal não deverá aceitar documentos de governos estaduais, nem um arquivo estadual aceitará os do governo federal.

Um arquivo, note-se, não coleciona material. Esse ponto foi esclarecido por Hilary Jenkinson, que escreveu:

> "Os arquivos não são colecionados. Quem dera que a palavra *coleção* fosse banida do vocabulário do arquivista, ao menos para firmar este fato. Sua existência não é devida, ou pelo menos não o deve ser, ao fato de alguém os haver reunido com a ideia de que pudessem ser úteis aos estudiosos do futuro ou para provar uma questão ou ilustrar uma teoria. Agrupam-se e atingem a fase do seu arranjo por um processo natural: são um produto, quase, como se poderia dizer, um organismo como uma árvore ou um animal. Têm, por conseguinte, uma estrutura, uma articulação e uma inter-relação natural das partes que são essenciais ao seu valor. Um documento avulso de um fundo de arquivo não teria, por si só, maior expressão do que teria um único osso separado do esqueleto de um animal extinto e desconhecido. A qualidade própria do material de

arquivo só se conserva integralmente enquanto a forma e a inter-relação natural forem mantidas".[25]

Os bibliotecários, por outro lado, não recebem seu material de determinada entidade. Podem obtê-lo de qualquer parte do mundo. Na hipótese de limitarem suas aquisições a material sobre determinado assunto, como por exemplo, "agricultura", pode ser adquirido de qualquer fonte em que seja encontrado.

As bibliotecas, muitas vezes, têm arquivos sob sua custódia. De fato, muitas instituições de arquivos originaram-se nas divisões de manuscritos de bibliotecas. A Biblioteca do Congresso, por exemplo, recolhia os arquivos do governo federal antes da criação do Arquivo Nacional, e, se bem que a biblioteca não seja a precursora do Arquivo Nacional, o chefe de sua Divisão de Manuscritos, o falecido dr. J. Franklin Jameson, foi um combativo batalhador pela criação de um arquivo nacional.[26] Nos Estados Unidos muitos arquivos estaduais originaram-se das seções de manuscritos de bibliotecas estaduais. Se um estado não dispõe de verbas para manter um arquivo separado, a administração de seus arquivos pode ser combinada com a de sua biblioteca. Dentro de uma biblioteca, a administração dos arquivos também pode ser feita em comum com a de seus papéis privados e manuscritos históricos. Pode-se adotar esse critério desde que a diferença entre os vários tipos de materiais, a metodologia aplicada aos mesmos e as exigências administrativas de um programa de arquivo sejam perfeitamente compreendidas.

Embora as bibliotecas hajam, muitas vezes, recolhido arquivos públicos, essa prática deve ser lamentada. É lógico que as bibliotecas prestaram serviços de grande utilidade à cultura, pela preservação de arquivos, quando não existiam instituições próprias para cuidar desse material. Mas, uma vez que o governo crie uma biblioteca e um arquivo, essas organizações não devem competir entre si na aquisição dos documentos públicos. A biblioteca, neste caso, não deve de maneira alguma recolher documentos oficiais. Nem deve guardar peças que hajam sido alienadas indevidamente de uma adminis-

---

[25] Jenkinson, 1948:4. Aula inaugural ministrada na Universidade de Londres em 14 de outubro de 1947, por ocasião da abertura do Curso de Administração de Arquivo.
[26] Shelley, 1949.

tração, pois tais peças são parte constituinte de um corpo de documentos correlatos. Cada um desses dois tipos de instituição tem trabalho suficiente no seu próprio campo sem precisar invadir o do outro, pois a feitura de muitos documentos assim como a "feitura de muitos livros" — como diz a Bíblia — "não tem fim" (Ec. 12, 12).

Diferenças nos métodos

Ao discutir as diferenças entre os métodos empregados, abordarei primeiro as técnicas que se aplicam a materiais especiais que tanto podem ser mantidos por bibliotecas como por arquivos. Esses materiais, convém lembrar, têm em comum a característica de consistirem de peças individuais, separadas umas das outras, cada qual com significado próprio, independentemente de sua relação para com as demais. E, desde que consistem de peças avulsas, podem-se seguir os métodos biblioteconômicos no seu arranjo e na sua descrição, pois tais técnicas, de modo geral, se aplicam a peças avulsas. Esses materiais especiais podem, é lógico, ser reunidos em coleções como de manuscritos, de filmes, ou ainda de fotografias. Os manuscritos, por exemplo, podem ser reunidos em coleções relativas a pessoas, famílias, instituições ou organizações. Conquanto tais coleções possam ser consideradas semelhantes em caráter a um corpo de arquivo (*archival groups*), falta-lhes a coesão própria dos arquivos, que deriva da correspondência destes com uma atividade ou fim. Os métodos de arranjo e de descrição de tais coleções são de certo modo semelhantes àqueles empregados para os corpos de arquivos. Os bibliotecários e arquivistas, portanto, podem igualmente contribuir na elaboração de um método destinado ao tratamento desse material.

Pretendo, agora, ocupar-me das técnicas que se aplicam a materiais a serem conservados, exclusivamente, ou por arquivistas ou por bibliotecários para mostrar as diferenças fundamentais entre elas. No caso do arquivista do governo temos a documentação escrita, textos produzidos pela administração a que serve. No caso do bibliotecário temos publicações de vários tipos. A primeira das diferenças de técnica diz respeito à avaliação e à seleção. Ao apreciar o valor dos documentos expedidos por um órgão oficial ou privado, o arquivista não o faz tomando por base partes do material. Não examina e conclui quanto ao valor de uma simples peça avulsa como uma carta, um relatório ou qualquer outro documento. Faz o julgamento da peça em relação às outras, isto é, em relação à inteira documentação resultante da atividade que a produziu. Normalmente, portanto, seleciona os documentos para preservação no agregado de peças, não como peça única, e seleciona-os mais em relação à função e à organização do que ao assunto. Seu esforço visa a preservar a prova de como os órgãos funcionaram. No caso de órgão oficial visa a manter os documentos que possam refletir sua origem, o desenvolvimento de sua organização, programas políticos e normas adotadas e a título de exemplo, os detalhes de suas operações. Compete-lhe, não obstante, preservar alguns documentos por seu conteúdo informativo, os quais podem ser muito úteis para estudos de natureza socioeconômica. Seus julgamentos são finais e irrevogáveis. Os documentos, uma vez destruídos, não podem ser recuperados, pois, comumente, existem em uma única via. Ao emitir julgamentos quanto ao valor, entretanto, o arquivista deve estar bem seguro, na sua análise, da organização e funcionamento do organismo com o qual trata e ter amplo conhecimento das prováveis necessidades e interesses de pesquisa.

O bibliotecário, ao contrário, avalia o material a ser adquirido por sua instituição como peças isoladas. Seu julgamento implica conhecimentos de biblioteconomia, da bibliografia do assunto em questão e, no caso das bibliotecas científicas, das necessidades imediatas e do desenvolvimento da pesquisa. Mas as suas decisões não são irrevogáveis, pois, exceto no caso de obras raras das quais só exista um único exemplar, um livro, em geral, pode ser adquirido em fontes diversas. Se um livro não existe em uma biblioteca, provavelmente será encontrado em outra. Os julgamentos, portanto, envolvem apenas questões de conveniência e não de preservação ou perda total.

A segunda diferença nos métodos do bibliotecário e do arquivista refere-se ao arranjo. Conquanto o termo "classificação" seja usado por ambos, o seu significado é inteiramente diverso. Aplicado a material de arquivos significa arranjo desse material dentro de um arquivo de acordo com a sua proveniência e em relação à organização e funções da entidade criadora. Quando aplicado a material de biblioteca, significa o agrupamento de diversas peças segundo um sistema lógico predeterminado e a atribuição de símbolos que mostram sua posição relativa nas estantes.

Os arquivistas não podem arranjar seus documentos de acordo com esquemas predeterminados de classificação de assunto. Na Europa, tentou-se o emprego de esquemas diversos e nenhum apresentou resultados satisfatórios. Todos resultaram desastrosos, pois, uma vez que as peças foram retiradas do seu contexto inicial, destruiu-se muito do seu valor de prova. Surgiu então o princípio da proveniência, pelo qual os documentos são agrupados pelas suas origens. O arquivista deve estabelecer uma classificação ditada pelas circunstâncias originais de criação. O lugar de cada unidade de arquivo, geralmente, um grupo ou uma série, só pode ser decidido em relação às outras unidades produzidas por um determinado órgão. O tipo de arranjo requer, como se tem observado, um conhecimento da organização e funcionamento — conhecimento este adquirido através de muito trabalho, quase sempre após longas pesquisas da história administrativa do órgão.

Os bibliotecários, no arranjo de seu material, que consiste de peças avulsas, podem empregar qualquer sistema de classificação. O principal objetivo de um sistema é reunir materiais idênticos, mas o valor de determinada peça não estará necessariamente perdido se não for classificado em determinado lugar. Todos os assuntos importantes aos quais esta unidade se refere podem, comumente, aparecer no catálogo, através de entradas de assunto. O bibliotecário deve conhecer perfeitamente o esquema que usa, bem como o conteúdo e o significado das peças que classifica.

A terceira diferença existente nos métodos do arquivista e do bibliotecário refere-se à descrição. O termo "catalogação", que é usado por ambos, mais uma vez, tem significados inteiramente diversos. A catalogação na biblioteca (refiro-me aqui ao que os bibliotecários chamam de catalogação "descritiva", distinta da catalogação de "assunto") comumente diz respeito a peças indivisíveis, em geral livros, que são identificáveis pelo autor e título. Há, é verdade, o caso de publicações seriadas como periódicas, jornais, anuários e relatórios de sociedades que apresentam problemas especiais, mas que são, de fato, tratados como simples unidades para fins de catalogação. De modo geral, a catalogação descritiva das bibliotecas refere-se a peças individuais e separadas.

No arquivo, por outro lado, os materiais são catalogados, quando o são, por unidades constituindo agregados de peças, tais como grupos ou séries. O grupo ou série equivale ao livro. Na identificação deste material, o arquivista deve primeiro decidir quanto às unidades adequadas para serem tratadas. No caso de aplicar o conceito de autoria a tais unidades, teria que identificar o autor em termos de um ministério do governo — sua maior divisão organizacional — e em seguida a subdivisão menor ou específica que produziu a unidade de arquivo. A identificação de autoria não é tão fácil como para a maior parte do material publicado, mas pode ser estabelecida, como frisei, através de longas pesquisas da história administrativa. Se quisermos aplicar o conceito de título a uma unidade de arquivo, teremos de fazê-lo em termos de: a) título composto, extraído da análise dos tipos de documentos nela compreendidos e das datas de sua produção; ou b) assuntos (atividades ou tópicos) aos quais se referem os documentos da unidade.

Da análise anterior pode-se ver que as diferenças básicas entre os métodos do arquivista e do bibliotecário devem-se à própria natureza dos materiais com que lidam estes dois técnicos. Ao bibliotecário concernem, de modo geral, unidades avulsas e indivisíveis, cada uma tendo o seu valor próprio; ao arquivista, unidades que são agregados ou unidades menores cujo valor deriva, ao menos em parte, de sua relação umas com as outras. Conquanto as duas profissões usem, algumas vezes, a mesma terminologia para designar alguns dos seus métodos, estes, de fato, diferem pela base. E mesmo a terminologia está se tornando diferente. Assim é que ao material recebido pelo bibliotecário dá-se o nome de aquisições, subentendendo-se compras, doações ou permutas, e ao recebido pelo arquivista chama-se recolhimentos ou acessões (*accesions*), por transferência ou por depósito. O bibliotecário seleciona o seu material, enquanto o arquivista o avalia. O bibliotecário classifica o seu material de acordo com esquemas de classificação predeterminados, ao passo que o arquivista arranja o seu em relação à estrutura orgânica e funcional. O bibliotecário cataloga o seu material, ao passo que o arquivista descreve o seu em guias, inventários e listas especiais.

Acentuar as diferenças básicas entre as duas profissões não é, naturalmente, ignorar os setores em que há contribuições recíprocas. Em relação aos acervos, os bibliotecários e os arquivistas compartilham o objetivo comum de torná-los acessíveis o mais eficaz e economicamente possível. Para esse fim ambos devem saber, ao menos em termos gerais, que tipo de informação o outro está habilitado a prestar ao consulente. O arquivista deve saber que classes de informação podem ser obtidas da grande riqueza dos trabalhos de referência publicados, assim como o bibliotecário deve compreender que tipos de informação poderão ser encontrados nos arquivos não publicados. Além disso, os materiais que são tratados pelas duas profissões, muitas vezes, devem ser usados em conjunto. O próprio arquivista terá muitas vezes que usar os recursos da biblioteca para descobrir a proveniência ou origem de um grupo de documentos com o qual esteja trabalhando. Deveria ter, como parte do seu equipamento de trabalho, uma biblioteca especializada contendo as principais espécies de documentos oficiais publicados e respectivos trabalhos sobre a história administrativa, e ainda as obras de maior importância a respeito de administração de arquivos e documentos. Do mesmo modo, muitas vezes o pesquisador tanto terá que usar material de arquivo como de biblioteca nas suas investigações, pois as fontes impressas e os arquivos frequentemente se completam. Deve, pois, ter pronto acesso a uma biblioteca especializada provida das principais publicações que provavelmente usará em conexão com os arquivos, como sejam: obras básicas de história e biografia relacionadas com o desenvolvimento do país e sua administração, trabalhos jurídicos, documentários e bibliográficos.

No desenvolvimento de seus métodos, os arquivistas e os bibliotecários podem também ajudar-se mutuamente. Como indiquei acima, no que diz respeito à descrição física de certos tipos de materiais especializados, as duas profissões podem, livremente, empregar as técnicas uma da outra e adaptá--las às necessidades inerentes de cada uma. As técnicas biblioteconômicas de catalogação e indexação, por exemplo, podem ser aplicadas, com pequenas alterações, a tipos especiais de material de arquivo que consistem em peças avulsas, tais como mapas, plantas, filmes, diapositivos e discos. Podem também ser aplicadas a peças individuais em forma de textos, tais como documentos, unidades de arquivamento, dossiês e volumes. Em pequenos arquivos essas técnicas são muitas vezes usadas para fornecer informações sobre documentos, em forma de textos, relativos a pessoas ou lugares, enquanto em grandes arquivos são usadas, até certo ponto, na elaboração de listas dos documentos individuais, para atender a solicitações específicas de pesquisa. O tipo de pesquisa que o bibliotecário faz para determinar a forma de entrada de publicações de instituições ou entidades corporativas tem alguma semelhança com a pesquisa que o arquivista realiza quanto à história administrativa. E o trabalho dos bibliotecários na elaboração e uniformização dos cabeçalhos de assuntos pode, muitas vezes, ser útil ao arquivista no preparo dos instrumentos ou meios de busca (*finding aids*) a serem organizados por assunto ou na seleção de termos empregados no preparo de índices de assunto de um instrumento de busca tal como guia, inventário ou lista especial.

Quanto à formação profissional o arquivista e o bibliotecário podem também trabalhar em conjunto. Considerando, entretanto, que a prática biblioteconômica focaliza o tratamento de peças individuais, isto constitui um perigo para a profissão do arquivista, perigo que se agrava quando os arquivos e manuscritos são colocados juntos sob a administração de um arquivista com formação de bibliotecário. Tal formação pode, embora não necessariamente, levá-lo a preocupar-se com as peças individuais no trabalho de arquivo. O princípio biblioteconômico de colecionar tais peças é, particularmente, perigoso se for praticado na avaliação de documentos oficiais, pois, neste caso, enquanto o arquivista se ocupa da separação das peças individuais, poderá deixar escapar a documentação básica de uma atividade. O mal daí resultante anula qualquer vantagem que possa advir das facilidades de que dispõe para a preservação de documentos. As técnicas biblioteconômicas de classificação também, quando aplicadas aos arquivos, têm, invariavelmente, ocasionado resultados indesejáveis, e não deveriam ser usadas pelo arquivista. Os arquivos e os manuscritos históricos, em particular, se guardados sob a custódia de um mesmo arquivo, devem ser sempre conservados separados. A intercalação de manuscritos históricos e arquivos é um erro imperdoável do arquivista. Quando, entretanto, os bibliotecários reconhecem as diferenças básicas na metodologia das duas profissões, podem, com vantagens, incluir cursos sobre os princípios e técnicas de arquivos como parte do currículo de suas escolas. Assim sendo, o arquivista deveria possuir um conhecimento geral dos princípios dos sistemas de classificação, quanto mais não seja pelo fato de que alguns desses princípios podem ser aplicados (embora geralmente não o sejam) na administração de documentos correntes.

Capítulo 4

Interesses do arquivo de custódia na administração dos arquivos correntes

As OBSERVAÇÕES ULTERIORES que apresentarei sobre os princípios e técnicas da profissão de arquivista serão feitas com referência principalmente a documentos públicos e em relação a dois problemas principais que lhes dizem respeito: a) como devem ser tratados nas repartições onde se originam; e b) como devem ser tratados no arquivo de custódia permanente. Dedicarei vários capítulos a cada uma dessas questões.

Explicarei, inicialmente, as razões que me levaram a tratar do problema de administração de documentos de uso corrente neste livro devotado à análise dos princípios e técnicas da arquivística. Os documentos das repartições (*public records*) são as provisões do moinho do arquivista. A qualidade dessa provisão é determinada pela maneira como os documentos são produzidos e mantidos durante o seu uso corrente, e como são descartados. A documentação sobre qualquer assunto — quer se trate de política ou planejamento governamental, de problemas sociais ou econômicos, objetos daquela política ou planejamento — será mais adequada ou menos adequada, dependendo da maneira pela qual os documentos são produzidos e mantidos para uso corrente e do destino que se lhes dá depois de terminado aquele uso. As apreciações do arquivista quanto ao valor, é lógico, dependem da maior ou menor preservação dos documentos sobre determinado assunto; entretanto, o modo pelo qual os documentos são mantidos para uso corrente determina a exatidão com que podem ser fixados os valores da documentação recolhida. Esse cuidado inicial determina, também, o grau de facilidade com que os documentos de valor podem ser selecionados para retenção num arquivo permanente. O uso dos documentos para fins de pesquisas depende, igualmente, da maneira pela qual foram originariamente ordenados.

Os métodos de administração de arquivos permanentes, além disso, desenvolvem-se, na sua maioria, em função dos utilizados na administração dos arquivos correntes. Talvez seja suficiente lembrar, neste ponto, que todos os problemas do arquivista, de arranjo, descrição, avaliação e utilização, decorrem da maneira pela qual tais documentos são tratados nas repartições públicas. Todos os princípios e práticas desenvolvidos pelos arquivistas de vários países referem-se, especificamente, às condições em que recebem os documentos públicos. Como estas variam de país para país, variam também os princípios e práticas dos arquivistas. A literatura de um determinado país sobre tais princípios e técnicas é frequentemente ininteligível para os arquivistas dos outros países, a menos que sejam perfeitamente compreendidas as condições sob as quais os documentos públicos são mantidos na fase corrente. Praticamente todas as formulações de princípios relativos ao arranjo de arquivos, por exemplo, desenvolvidas pelos arquivistas, basearam-se nos métodos particulares pelos quais os documentos eram ordenados nos seus respectivos países. Os holandeses criaram o princípio de *herkomstbeginsel* e o corolário de princípios dele derivado, em relação ao produto de um *archief* ou serviço de registro. O princípio prussiano *Registraturprinzip*, igualmente, deve-se à maneira pela qual os documentos eram arranjados nos seus registros. Mesmo o princípio inglês da custódia, de que já nos ocupamos em capítulo anterior, baseou-se, ao menos em parte, na relação existente entre os registros ou rolos produzidos pelas antigas repartições inglesas e os documentos originais.

Destarte, o estudo dos métodos e técnicas dos serviços de arquivos correntes, com respeito aos documentos modernos, representa uma réplica do que é o estudo da diplomática em relação aos documentos medievais. É um estudo vital para manter o alto nível do material de arquivo e do trabalho arquivístico.

Interesse quanto aos métodos de guarda

O interesse do arquivista quanto à maneira pela qual os documentos são mantidos para uso corrente envolve-o em ligações íntimas com os funcionários públicos e especialmente com os encarregados dos documentos (*record officers*). A expressão "encarregado dos documentos" é usada, neste caso, para designar qualquer funcionário que controle a administração dos documentos correntes. Pode ser um oficial de registro (*registrar*), isto é, uma pessoa encarregada de um serviço de comunicações (*registry*) ou um encarregado dos documentos (*record officer*) no sentido americano do termo, isto é, a pessoa que se ocupa dos documentos dentro de um órgão do governo.*

O arquivista se interessa pelas práticas adotadas na manutenção dos documentos correntes, primeiro porque ele deverá aceitar o arranjo dos documentos dado pelos órgãos que os hajam criado. Esse arranjo pode não satisfazê-lo, pois, na guarda dos documentos para uso corrente, o encarregado visa, sobretudo, fazer com que sirvam às necessidades correntes do governo. Todas as técnicas e métodos que emprega visam a atender este objetivo. Ao arranjar os documentos ele os classifica tendo em vista a maneira pela qual serão usados pela sua repartição. Essa classificação poderá, em alguns casos, não representar nem a estrutura do órgão, nem o seu funcionamento, e raramente resultará no agrupamento dos papéis por assunto, para atender às necessidades de pesquisas. Mas o arquivista aceita o arranjo dado aos documentos durante a fase de uso corrente, embora não satisfaça bem às suas próprias necessidades, pois é um dos princípios básicos da arquivística conservar, nos arquivos de custódia, o arranjo original.

Em segundo lugar, o arquivista se interessa pelas práticas adotadas na fase corrente, porque descreve os documentos segundo a maneira pela qual foram arranjados pelas repartições criadoras. Nos seus instrumentos de busca, inicialmente, descreverá os documentos em termos da organização e da função, não em relação aos seus assuntos; e esses se refletem, geralmente, na maneira pela qual os documentos foram organizados para uso corrente.

Em terceiro lugar, é missão do arquivista tornar os documentos acessíveis ao uso, de acordo com as exigências feitas pelo órgão do governo que

---

* N. do T.: Na falta de termos distintos para designar os funcionários que se ocupam de trabalhos realizados em relação aos arquivos nas suas duas fases: a) corrente, papéis em tramitação ou consultados com frequência; e b) de custódia, papéis já não mais necessários às atividades correntes; empregamos a expressão "encarregados dos documentos de uso corrente" para aqueles que se ocupam de arquivos administrativos ou correntes (*record officer* e *registrar*) e reservamos os termos arquivista ou conservador de arquivos para os encarregados de arquivos de custódia. Melhor seria talvez o emprego de arquivista para a primeira e arquivologista para a segunda, terminologia encontrada no funcionalismo federal até 1960. A atual classificação de cargos (Lei nº 3.780/60) estabeleceu as classes de arquivista e documentarista, enquadrando como documentaristas os antigos arquivologistas, ou seja, os arquivistas de nível mais elevado, com maiores qualificações, sem, no entanto, distinguir os seus campos de ação.

os criou. É seu desejo torná-los amplamente acessíveis, agindo assim como um intermediário entre o estudioso e os funcionários, eliminando restrições desnecessárias quanto ao uso, sempre em função do interesse público.

Deve, por conseguinte, ser tarefa do arquivista promover a adoção de normas de administração que sirvam eficientemente a dois propósitos: às necessidades imediatas dos funcionários e às posteriores do cidadão particular. O arquivista pode, em consequência disso, ver-se envolvido em problemas de métodos ou práticas de administração de documentos de uso corrente. O grau de sua participação nesses problemas dependerá da complexidade, volume e idade dos documentos com que trata, e da existência de um órgão de assessoramento em outro setor do governo cuja função seja, justamente, estimular boas práticas de administração de documentos correntes.

Interesse quanto ao descarte

De um capítulo anterior, podemos lembrar que os arquivos públicos apresentam dois tipos de valor: valor primário para repartição de origem, e valor secundário para as outras repartições e consulentes estranhos ao serviço público. Diversas observações podem ser feitas sobre o papel do encarregado dos documentos e do arquivista na apreciação desses valores.

Primeira observação: os encarregados dos documentos e demais funcionários são responsáveis, principalmente, pelo julgamento dos valores primários. Os funcionários conservam os documentos para seu uso corrente — administrativo, legal ou fiscal — e tendem a julgar-lhes o valor somente em relação a tal uso. Isso é perfeitamente razoável. Deverão preservar os documentos até que se extinga o seu valor, ou esteja quase extinto, para a administração. E, quando aquele valor termina, devem descartá-los para que não fiquem em suas repartições tomando espaço, estorvando o bom andamento das atividades correntes. Se existe um arquivo de custódia, os funcionários não devem conservar os documentos destinados a usos secundários nas suas repartições, a menos que sejam especificamente encarregados, por lei, dessa responsabilidade.

Segunda observação: os encarregados dos documentos devem cooperar com o arquivista no julgamento dos valores secundários. Isto tanto se aplica aos documentos preservados como prova do desenvolvimento funcional e organizacional de uma repartição, como também em relação a documentos preservados devido às informações sociais, econômicas etc. que contenham.

O encarregado dos documentos pode prestar informações úteis para a avaliação daqueles que devem ser preservados em face da prova que contêm sobre a origem da repartição, sua organização e desenvolvimento, a maneira de execução de suas atividades e quais as consequências destas. No curso do desempenho de seus deveres, em geral, adquire um conhecimento, sobre sua repartição e respectivos documentos, que muito o ajuda na identificação dos papéis específicos que contêm, de modo mais prático e resumido, prova da organização e função. Entretanto, devido ao seu trabalho, a atenção do encarregado dos documentos, normalmente, se detém nos valores primários. Precisará, por isso, da ajuda do arquivista no sentido de preservar a documentação relativa ao funcionamento de sua repartição.

O arquivista não é parte interessada no que diz respeito à preservação da prova, quer favorável, quer desfavorável, à administração de um órgão. Seu julgamento é imparcial, interessando-se, tão somente, pela guarda de tudo que considere um testemunho importante.

O encarregado dos documentos pode prestar informações úteis na avaliação daqueles que contêm informações sobre assuntos sociais, econômicos e similares. Tais documentos são produzidos em grande quantidade pelos governos modernos no curso de suas atividades sociais e legislativas e contêm informações de grande utilidade para os diversos tipos de análises, que podem ajudar o governo na sua política e formulação de planos maiores. Entretanto, o encarregado dos documentos, geralmente, ou o funcionário que com ele trabalha, não está habilitado a fazer apreciações finais sobre tais documentos. Não estará apto a reconhecer nos documentos valores de pesquisa, a menos que tenha uma formação especializada em certo assunto. Além disso, a não ser que receba a atribuição especial de determinar os valores de pesquisa de seus documentos, não lhe caberá preocupar-se com esse problema. Esse ponto de vista foi vigorosamente expresso por Oliver Wendell Holmes, do corpo de funcionários dos National Archives, que escreveu o seguinte:

> "Penso... que os encarregados de documentos, na sua maioria, não estão, por formação e experiência, preparados para fazer determinações mais amplas quanto ao valor. Não se pode esperar que tenham ideias dos valores em potencial dos documentos para: os pesquisadores do futuro, a menos

que eles próprios tenham feito cursos que tratem de métodos de pesquisas ou que delineiem áreas típicas de pesquisa; mantenham-se até certo ponto atualizados em relação aos interesses e tendências da pesquisa e tenham eles próprios alguma experiência em matéria de pesquisa...
Não têm, na sua maioria, vivência acadêmica. São, pode-se presumir, homens de 'ação' e vivem sob pressões. Têm um ponto de vista pragmático, o que pode ser bom, encarando-se valores administrativos, mas inadequado, considerando-se valores de pesquisa mais amplos."[27]

De modo geral, os encarregados dos documentos e outros funcionários da repartição podem contribuir substancialmente para a apreciação dos valores secundários de seus documentos e deveriam interessar-se por isso, pois, no sentido lato, têm uma contínua necessidade de todos os documentos que refletem as experiências do governo no que concerne a assuntos de organização, métodos e política administrativa, problemas sociais e econômicos. Assim, não considerarão um requinte cultural desnecessário uma instituição arquivística criada para preservar tais documentos, mas, sim, como uma parte integrante da estrutura do governo. Ao lidarem com os documentos correntes hão de encarar a preservação dos que têm valor permanente como um dos aspectos essenciais de sua atividade. Uma repartição do governo, como parte de suas funções normais, deve preservar os documentos de certos tipos que possam ter outros usos que não os das operações correntes.

Terceira observação: os arquivistas devem ter a responsabilidade final no julgamento dos valores secundários dos documentos, quer sejam preservados como prova da evolução organizacional ou funcional de um órgão, quer sejam preservados por sua informação social, econômica ou qualquer outra. O arquivista é comumente um historiador *por força* da profissão e, em consequência, preservará os documentos que contenham prova do desenvolvimento do governo e da nação, de valor para a pesquisa histórica. Preservará também, desde que se possa certificar da necessidade de sua conservação, documentos que contenham informes de utilidade para a pesquisa em outros campos das ciências sociais, como a economia, a sociologia e a administração pública. Está familiarizado com os interesses e necessidades da pesquisa, pois adquire consciência dos mesmos no exercício de suas atividades oficiais. Pelo treinamento na metodologia de

---

[27] Holmes, 1954.

sua profissão conhece os pontos precisos a serem tomados em consideração no julgamento dos valores dos documentos. O arquivista, além disso, está numa posição em que pode atuar como intermediário entre o funcionário e o pesquisador, na preservação dos documentos úteis para a pesquisa numa variedade de campos de assuntos.

Se tiver dúvidas quanto ao valor de certos documentos para a pesquisa histórica pode com facilidade obter a ajuda de seus confrades.

O grau de controle do arquivo no que diz respeito à destruição de documentos públicos varia de país para país. As práticas inglesa e alemã podem ser tomadas como exemplo para ilustrar algumas dessas variações em países que usam sistemas de registro. Nos departamentos ou ministérios do governo inglês as pastas (*files*), em geral, consistem de agregados de documentos relativos a determinados assuntos e contêm, comumente, uma mistura de peças valiosas e não valiosas. Muitas vezes não podem essas pastas ser avaliadas a não ser pela inspeção de cada uma das peças que contenham; não podem ser identificadas para descarte (*disposal*) quanto à organização, função, atividade ou assunto, com a mínima segurança de que tal identificação redundará em preservar-se os documentos essenciais relativos a tais aspectos. Os arquivistas do Public Record Office, por essa razão, deixam o exame das pastas, em grande parte, a cargo dos próprios funcionários do registro e demais funcionários. Na Alemanha, onde também se usa o sistema de registro, ao contrário, os documentos são classificados de tal maneira que os relativos à criação e à estrutura de um órgão, à sua administração interna e ao seu pessoal permanecem separados dos referentes à execução de suas funções; e de tal modo que, em certas funções, os documentos que contêm matéria geral e de política administrativa ficam separados daqueles relativos à política aplicada a casos individuais. Em consequência, os arquivistas alemães formularam princípios de avaliação segundo os quais os valores dos documentos são julgados com base nas suas origens administrativas e relações funcionais e reservaram para si próprios a tarefa de avaliá-los.

Pela lei de 19 de junho de 1934, que criou o Arquivo Nacional, o Congresso dos Estados Unidos atribuiu ao arquivista norte-americano a responsabilidade da avaliação dos documentos incluídos em relações para descarte pelas repartições federais. Por essa mesma lei, o Congresso reservou para si a responsabilidade de autorizar a destruição (*disposal*), pois esta era uma prerrogativa que guardava ciosamente por mais de 50 anos, mas por outro lado atribuiu ao arquivista a responsabilidade da indicação dos documentos federais a serem destruídos. O Congresso considerou o arquivista um árbitro independente que faria suas avaliações cuidadosa, imparcial e competentemente, conservando-se alheio aos demais órgãos federais, mas vivamente interessado em todos os documentos por eles criados. O atual papel do National Archives and Records Service no que diz respeito ao descarte de documentos é regulamentado pela Lei de Destinação de Documentos (Records Disposal Act) e pela Lei dos Documentos Federais (Federal Records Act) de 1950 (41 U.S. Code Supplement 281-90). A autoridade do National Archives and Records Service nesse assunto é complementada pelos regulamentos expedidos pela Administração de Serviços Gerais (General Services Administration), da qual faz parte o National Archives and Records Service sob o título 3 — "*Federal records*".

Considerando a experiência do governo federal dos Estados Unidos na avaliação dos documentos, o dr. Philip C. Brooks, ex-presidente da Society of American Archivists, escreveu:

> "A mais importante contribuição do Arquivo Nacional na apreciação dos valores dos documentos, quer para descarte (*disposal*), quer para transferência, é a do julgamento do ponto de vista da pesquisa. Não há razão para se crer que os funcionários administrativos, ocupados com suas tarefas correntes, devam saber até que ponto os seus documentos podem vir a ser solicitados futuramente pelos historiadores, cientistas, políticos, economistas, sociólogos, estatísticos, genealogistas, e por uma grande variedade de pessoas cujo trabalho consiste em pesquisar. O Arquivo Nacional, por outro lado, com seu objetivo expresso de tornar os documentos disponíveis, tanto para o governo como para o povo, está acumulando uma experiência pela qual conhece as espécies de documentos e de informações que são procurados. O seu corpo de funcionários consiste, na maioria, de pessoal especializado em história e dele se espera que estude a utilização dos documentos como parte de seu trabalho diário. Além disso, a organização do Arquivo Nacional é, intencionalmente, de tal ordem que os funcionários incumbidos da avaliação dos documentos adquirem, também, experiência no serviço de referência relativo a grupos específicos de documentos para os quais são designados."[28]

---

[28] Brooks, 1948:314.

Resumindo, então, os arquivistas devem encarregar-se de rever todos os documentos que os órgãos do governo propõem para destruição. Deve-se-lhes atribuir a responsabilidade de avaliar os documentos para os usos secundários que possam vir a ter depois que o seu uso primário haja terminado. Devem julgar, quanto ao valor dos documentos, em termos de sua utilidade final para o povo e para o governo, valendo-se de toda a assistência profissional que possam obter quer de funcionários públicos quer de pessoas eruditas.

A fim de fazer a análise dos documentos, sistematicamente, os arquivistas devem participar da elaboração de programas exaustivos de descarte de documentos das entidades com que lidam. Devem promover e, talvez algumas vezes, participar de inquéritos destinados a obter informações sobre o conteúdo e valor dos documentos. Devem interessar-se por todas as atividades do governo que afetem o descarte de documentos. A extensão de sua participação real em tais atividades depende, entretanto, do caráter do governo com o qual estejam associados, e do caráter das medidas adotadas para o tratamento dos documentos não correntes.

PARTE II

Administração de arquivos correntes

> A instabilidade da administração penetrou nos hábitos do povo: parece até mesmo ser do agrado geral. Ninguém se preocupa com o que se passou antes de sua época. Não se busca um sistema metódico, não se formam arquivos e não se reúnem os documentos quando seria tão fácil fazê-lo; quando existem, pouco valor se lhes dá...
>
> *Alexis de Tocqueville**

---

* Tocqueville, 1900. v. 1, p. 213-4.

CAPÍTULO 5

Pontos essenciais da administração de arquivos correntes

Neste capítulo analisarei amplamente os três grandes fatores a que está condicionada a eficiência da administração dos arquivos correntes. São eles: a) as características dos documentos modernos; b) as atividades inerentes ao próprio trabalho de organização e administração dos arquivos correntes; e c) o tipo de órgão que deve executar esse trabalho.

Natureza dos documentos modernos

O volume dos documentos oficiais tem sofrido tremendo aumento nos últimos 150 anos. Esse fenômeno está intimamente relacionado com o aumento da população desde meados do século XVIII. Se representássemos, por meio de um gráfico, o desenvolvimento da população desde o início da História, teríamos uma linha praticamente horizontal, em ascensão quase imperceptível através dos séculos, tornando-se abruptamente vertical nos últimos 150 anos. O aumento da população é, em grande parte, atribuído a desenvolvimentos tecnológicos que possibilitaram uma produção espantosa de materiais necessários à existência humana. O aumento da população, por sua vez, provocou a expansão das atividades do governo, e essa expansão afetou a produção de documentos. Uma vez que se aplicaram métodos tecnológicos modernos no preparo de documentos, o volume destes, nas últimas décadas, atingiu um índice de progressão antes geométrica que aritmética.

Conquanto o emprego das modernas máquinas de produzir documentos, tais como a de escrever e outros meios de duplicação, haja tornado possível uma enorme proliferação de documentos, as razões dessa produção, note-se bem, são inerentes ao próprio caráter dos governos modernos. O homem não faz documentos somente porque dispõe de máquinas para produzi-los, mas sim, e principalmente, como resultado da execução de um trabalho; e a proporção de sua criação é, em geral, aumentada pela expansão da atividade. Pode-se ilustrar esse fato com a experiência do governo federal dos Estados Unidos, que, sem dúvida, tem produzido mais documentos do que qualquer outro governo contemporâneo e, muito provavelmente, mais do que todos reunidos. A expansão de suas atividades, especialmente durante os períodos de emergência, resultou em colossal aumento do número de documentos. O volume destes, até a Guerra Civil (1861), era de cerca de 100 mil pés cúbicos (2.832m^3); entre essa e a I Guerra Mundial, cerca de 1,5 milhão (42.480m^3) e entre a I Guerra Mundial e o período da crise econômica, cerca de 3,5 milhões de pés cúbicos (99.120m^3). Durante a década de 1930, quando o governo enfrentava a depressão econômica e se preparava para outra guerra mundial, foram acrescentados outros 10 milhões (292.200m^3). Durante a II Guerra Mundial a produção atingiu a média anual de 2 milhões de pés cúbicos (56.640m^3), média que já foi ultrapassada após essa época.

O volume de documentos oficiais produzidos num país é também determinado pela maneira como os órgãos do governo os empregam em suas atividades. Esse ponto pode ser ilustrado comparando-se a situação dos documentos nos Estados Unidos com a de outros países. Os serviços de arquivos correntes americanos (*file rooms*), órgãos que mais se assemelham aos serviços de comunicações (*registry offices*) europeus, existem na maioria das repartições públicas; contudo, ao contrário dos seus similares europeus, raramente conseguem exercer um controle rígido sobre os documentos; e muitas vezes não podem evitar a criação de arquivos volumosos nas diversas seções subordinadas. Nos últimos tempos, uma vez que o processamento de uma operação é feito através de diversas seções de um órgão, cada seção, em geral, cria e mantém, em separado, um documento sobre o mesmo. Provavelmente foi essa prática que contribuiu, em grande parte, para que o governo federal, em 1954, contasse com cerca de 23 milhões de pés cúbicos (651.360m^3) de documentos nas suas várias repartições. Na Inglaterra, no mesmo ano, de acordo com um relatório do Comitê dos Documentos dos Ministérios[29] (Committee on Departmental Records) só foram encontrados

---

[29] Great Britain, Committee on Departmental Records, 1954:64. Comitê designado em 18 de junho de 1952 pelo chanceler do Erário e arquivista-mor "para estudar o arranjo para preservação dos documentos dos departamentos do governo". O seu relatório, apresentado pelo chanceler do Departamento, em julho de 1954, tornou-se conhecido como *Grigg report*, devido ao nome do presidente do comitê, *sir* James Grigg.

600 mil pés lineares (182,800m) de material preservável nos departamentos ou ministérios. Essa diferença de volume não guarda a mínima proporção com o tamanho dos dois governos.

Os arquivos, à medida que aumentam em volume, tornam-se também mais complexos. A complexidade dos documentos oficiais dos Estados Unidos é devida, em grande parte, à complexidade do próprio governo. No Poder Executivo, ergueu-se uma estrutura em forma de pirâmide cujo ápice é o gabinete do presidente e cuja base é formada por inúmeros órgãos. Essa estrutura tornou-se mais complexa em sua organização e funcionamento devido a certas características inerentes à forma de governo americano: por exemplo, o sistema de *checks and balances*, pelo qual o Poder Legislativo controla o funcionamento do Executivo, e o sistema de dois partidos, pelo qual a organização governamental sofre, de certo modo, modificações periódicas de programa e de política. Em geral, à medida que as atividades governamentais se expandem, vão se tornando mais especializadas e os papéis ou documentos a elas pertinentes, mais complexos.

Em parte, pode-se também atribuir a complexidade dos arquivos oficiais modernos à maneira pela qual são guardados. Na maioria das vezes são conservados ao acaso. Nos Estados Unidos, por exemplo, os documentos do governo federal são arranjados sob uma grande variedade de sistemas e algumas vezes são simplesmente acumulados, sem método algum. Os primeiros sistemas americanos de arquivamento eram muito simples e correspondiam, de certo modo, ao sistema de registro usado na Europa durante o mesmo período. Aos poucos, entretanto, os simples sistemas alfabéticos e numéricos foram dando lugar a sistemas mais complexos — Sistema Decimal de Dewey, assunto-numérico e outros. Cada órgão ou repartição adotou o sistema de sua preferência, de modo que não havia uniformidade entre os diversos órgãos, nem mesmo dentro de um só órgão, entre as diversas seções e, tampouco, havia uniformidade na maneira de aplicar os diversos sistemas.

Natureza das atividades

A administração dos arquivos correntes oficiais tem por objetivo fazer com que os documentos sirvam às finalidades para as quais foram criados, da maneira mais eficiente e econômica possível, e concorrer para a destinação adequada dos mesmos, depois que tenham servido a seus fins. Os documentos são eficientemente administrados quando, uma vez necessários, podem ser localizados com rapidez e sem transtorno ou confusão; quando conservados a um custo mínimo de espaço e manutenção enquanto indispensáveis às atividades correntes; e quando nenhum documento é preservado por tempo maior do que o necessário a tais atividades, a menos que tenham valor contínuo para pesquisa e outros fins. Os objetivos de uma administração eficiente de arquivos só podem ser alcançados quando se dispensa atenção aos documentos desde sua criação até o momento em que são transferidos para um arquivo de custódia permanente ou são eliminados.

A administração de arquivos preocupa-se, assim, com todo o período de vida da maioria dos documentos. Luta para limitar a sua criação e, por esse motivo, vemos defensores do "controle da natalidade" no campo da administração de arquivos correntes como se encontram no campo da genética humana. Exerce um controle parcial sobre o uso corrente dos documentos e ajuda a determinar os que devem ser destinados ao "inferno" do incinerador, ou ao "céu" de um arquivo permanente, ou ao "limbo" de um depósito intermediário.

O aspecto mais importante da administração de arquivos correntes relaciona-se com o uso dos documentos no curso das operações governamentais. Pouco se faz dentro de uma repartição que não se torne objeto de um documento. Tanto os administradores de cúpula, que tratam dos principais programas, quanto os funcionários de categorias inferiores, que executam operações de rotina, precisam de documentos no seu trabalho. As espécies de documentos necessários nos dois casos podem ser diferentes, mas são tão importantes no topo como no primeiro degrau da hierarquia administrativa. Na cúpula, os documentos não só dão o estímulo inicial, como fornecem também as informações básicas para decisões executivas. Sobre cada problema tratado reunir-se-ão documentos de muitas fontes e de muitos tipos: correspondência, memorandos e similares, nos quais o problema seja inicialmente exposto; tabelas e análises estatísticas, relatórios de planos de trabalho e de atividades executadas que contenham a informação necessária para se tomar decisões; circulares, memorandos e outras diretrizes de processamento e de política que sirvam como um meio de controle administrativo, documentos selecionados, de atos anteriores, que sirvam como precedente dando consistência aos métodos de governo. No nível de execução onde se processa, de fato, a maior parte do trabalho — onde os atos relativos a pessoas específicas, entidades ou assuntos são realmente executados —, os documentos são necessários para transmitir, de cima para baixo, a orientação e os processos a serem seguidos, e, de baixo para cima, o relato das realizações e execuções e, ainda, para registrar todas as fases dos atos do governo em relação às partes envolvidas em suas operações.

A tarefa mais difícil da administração de documentos prende-se aos documentos mais valiosos. Quanto mais importantes ou valiosos, mais difícil se torna administrá-los.

Geralmente, os documentos mais valiosos são os que se referem às origens, à organização e ao desenvolvimento funcional de um órgão, e aos seus programas essenciais. Referem-se antes à direção do que à execução das funções da repartição. Constitui uma curiosa anomalia o fato de que quanto mais importante o assunto, menor a probabilidade de se encontrar uma documentação completa sobre o mesmo. Se por um lado a tecnologia moderna facilita de muitas maneiras a confecção e a guarda de documentos, por outro, torna desnecessária a produção de muitos que, de outra forma, passariam a integrar o registro da ação governamental. Grande parte do que influencia o desenvolvimento da política administrativa e programas não fica registrada de maneira formal. Assuntos de importância podem ser tratados oralmente, em conferências ou pelo telefone, aparelho que foi apontado por Paul Hasluck, ministro dos Territórios da Austrália, como o "grande ladrão da história".[30]

Os documentos importantes são difíceis de classificar para uso corrente. Os que fixam uma política nem sempre podem ser identificados como tal, quando são inicialmente expedidos. As decisões de política surgem em relação a determinados casos e, assim, os documentos referentes a elas podem ser arquivados intercaladamente com outros que não apresentam valor duradouro, mas também são relativos aos mesmos casos com que estavam inicialmente ligados aqueles documentos. Os documentos referentes a diretrizes e normas — de um modo geral distintos de assuntos específicos — são difíceis de reunir para se organizar em unidades de arquivamento e difíceis de identificar de forma que seu valor se torne evidente. Por outro lado, os documentos sobre operações de rotina são facilmente classificáveis.

---

[30] Hasluck, 1951:5.

Os documentos de importância são difíceis de ser retirados de circulação uma vez terminado seu uso corrente. Aqueles que estabelecem diretrizes e normas não se tornam obsoletos ou não correntes tão logo cessam as atividades que os originaram. As orientações neles continuam, muitas vezes, em vigor. E mesmo que estas sejam substituídas, os documentos que as contêm servem para justificar e explicar a mudança. Tais documentos são, assim, difíceis de ser afastados porque não é fácil precisar o seu período de utilidade administrativa. Por outro lado, os que apenas evidenciam a execução da política e normas tornam-se não correntes tão logo todos os atos semelhantes, no caso particular, tenham sido executados. O término das operações de rotina é, comumente, claro e definido. Os documentos importantes, além disso, são difíceis de reunir para serem preservados num arquivo de custódia permanente, porque muitos deles têm que ser segregados de uma grande massa de documentos insignificantes onde se acham submersos, é comum fazer-se essa separação após perderem os documentos o valor para as operações correntes, quando já se tornou obscura a sua identificação.

Natureza da organização

A administração eficiente dos arquivos correntes é assunto da maior importância para o governo, e a eficácia deste pode ser testada pela eficiência com que haja organizado e administrado seus documentos. Os funcionários, mesmo os do mais alto nível da administração, têm interesse no problema dos documentos, pois todo o aperfeiçoamento na administração e organização destes influi na execução das funções governamentais.

As atividades de administração de arquivos correntes são de categoria altamente especializada, exigindo aptidões especiais e uma larga experiência de serviço. Por conseguinte, em todo governo grande e complexo deve haver um órgão de assessoramento especial que se dedique exclusivamente a assistir todas as repartições nos problemas de administração de documentos. A posição de um órgão dessa natureza, seu tamanho e o caráter de suas atividades são determinados pelo vulto, complexidade e organização do governo a que serve. Sempre que possível, esse órgão especializado deve pertencer a um órgão de administração geral, isto é, que sirva a todas as repartições do governo em determinados assuntos. Esses assuntos em geral abrangem orçamento, pessoal e atividades auxiliares como, por exemplo, aquisição de material e questões relativas a instalações. Dessa maneira, o órgão encarregado da administração de documentos pode estar ligado a um órgão que trate, de uma maneira geral, de assuntos orçamentários, de pessoal ou administrativos de todo o governo. Não convém que fique vinculado a um órgão de linha, coordenado a outros da mesma categoria. Em resumo, não deve caber a funcionário de um departamento ou ministério a atribuição de dizer aos de outro como tratar seus documentos. No governo federal dos Estados Unidos, o National Archives and Records Service faz parte da Administração dos Serviços Gerais (General Services Administration), órgão de *staff* de âmbito nacional, responsável pelo que diz respeito a edifícios, material, documentos oficiais e aquisição de artigos racionados de guerra. No governo federal da Austrália, o Conselho do Serviço Público (Public Service Board), que tem jurisdição sobre toda a administração no que se refere a problemas de pessoal, trata também do programa de administração de documentos. Na Nova Zelândia a situação é semelhante.

As atribuições legais do órgão central de administração dos documentos oficiais pode variar desde o simples ato de inspecionar até a completa regulamentação dos trabalhos concernentes aos documentos dos órgãos de linha. Essa variedade de atribuições é parcialmente ilustrada pelos dispositivos que dizem respeito à administração dos documentos correntes nos Estados Unidos. A lei que criou o Arquivo Nacional, de 19 de junho de 1934, atribui-lhe "amplos poderes de inspeção" e poder, limitado, de requisitar documentos de todas as repartições federais. A Lei dos Documentos Federais (Federal Record Act) de 1950, que substituiu a lei básica, não faz referência ao poder de requisitar, visto que as categorias de documentos que estavam sujeitos a requisição foram recolhidas ao edifício do Arquivo Nacional, entre a vigência da primeira e segunda lei. A nova lei, por sua vez, dedicou especial atenção à administração dos documentos quando ainda nas repartições federais. Por esta os chefes das repartições são responsáveis principalmente pelo "controle eficaz da criação, manutenção e uso dos documentos nas atividades correntes". A lei de 1950 atribuiu ao chefe do órgão central de *staff* a responsabilidade pelos documentos em relação aos seguintes pontos: a) poder de inspeção, já existente no National Archives Act; b) poder de regulamentar a transferência dos documentos entre os diversos órgãos; c) poder de estabelecer "normas, métodos e técnicas destinados a melhorar a administração dos documentos correntes, garantir a manutenção e segurança daqueles considerados merecedores de preservação e facilitar a triagem e descarte dos que apresentem valor temporário"; d) poder de "estabelecer normas para preservar, mediante seleção, os documentos de valor permanente e assistir as várias repartições na aplicação de tais normas aos documentos sob sua custódia", e e) poder de "'criar, manter e dirigir centros de armazenamento, preparo e utilização dos documentos dos órgãos federais que estejam dependendo ou de transferência para o Arquivo Nacional ou de descarte por qualquer forma autorizada em lei". Embora não seja obrigatória a adoção das normas e técnicas de administrar documentos correntes estabelecidas pelo órgão central, solicitou-se às repartições que as adotassem.

No setor de controle da produção e manutenção de arquivos correntes, as funções do órgão central de administração de documentos devem ser, sobretudo, de análise e de promoção de iniciativa. Um órgão central pode coletar informações sobre os métodos e técnicas adotados nos diversos órgãos do governo, na elaboração e conservação de papéis, tornando-se assim um repositório de tais informações para toda a administração. Pode analisar as informações para determinar quais os métodos e técnicas mais eficientes, quais os aplicáveis de um modo geral e quais os que só se aplicam em circunstâncias especiais. Pode realizar estudos de casos concretos no que diz respeito a técnicas e métodos eficazes, incluindo: a) estudos do controle de formulários, relatórios, circulares, instruções e similares; b) estudos de técnicas microfotográficas e mecanizadas; c) estudos dos sistemas de classificação como preliminar à publicação de manuais de serviço, idênticos aos editados pelo Conselho do Serviço Público da Austrália — *records procedures* — e pela Comissão do Serviço Público da Nova Zelândia — *Records*; e d) estudos de administração de serviços de arquivos correntes e de registro (*file room e registry office*). O órgão central pode também dirigir programas de treinamento para melhorar o nível técnico e a eficiência do pessoal que trabalha com documentos.

No que diz respeito à destinação, as funções do órgão central de administração de documentos podem ser de caráter executivo de análise, ou de promoção de iniciativa. Deve-se dar a um órgão dessa natureza competência para: a) solicitar às repartições que formulem planos de destinação de documentos e submeter tais planos à apreciação da autoridade máxima no assunto; b) solicitar às repartições que comuniquem o descarte de seus documentos e que submetam à sua apreciação todos os pedidos de espaço ou de outros recursos para fins de arquivamento; e c) controlar o emprego de equipamento fotográfico e de outros processos de reprodução existentes nas repartições objetivando o uso comum dos mesmos por qualquer órgão que deles necessite.

Um órgão central deve proporcionar às repartições recursos de instalação onde possam guardar seus documentos semicorrentes ou não correntes a serem conservados ainda por períodos de tempo limitados. Essas instalações tanto podem servir a diversos órgãos numa base de ocupação conjunta, como é o caso dos depósitos "limbo" do Public Record Office inglês, ou numa base de ocupação exclusiva, como é o caso dos depósitos "purgatório" dos Estados Unidos. Se as instalações são ocupadas conjuntamente, o trabalho de processamento e uso dos documentos é executado por funcionários dos órgãos que os criaram. Se as instalações são administradas, exclusivamente, pelo órgão central encarregado da administração dos documentos, este executa todas as atividades de processamento e uso. O órgão central, além disso, pode dar assistência às repartições quanto aos métodos de elaboração de planos de destinação de documentos, inclusive no que concerne às atividades correlatas de levantamento, descrição, análise, preparo de tabelas e listas de descarte. Pode elaborar tabelas gerais de descarte de documentos relativos a atividades de administração geral e auxiliares, comuns a todos os órgãos do governo.

A principal parte da elaboração de um programa de administração de documentos, entretanto, deve ser feita numa base descentralizada. Cada órgão deve ter o seu próprio *staff* que se ocupe exclusivamente dos problemas de documentação. O tamanho deste depende do âmbito e da complexidade do órgão. Esse *staff* encarrega-se da maior parte do trabalho de controle da criação e administração de documentos. Põe em prática, adaptando, se necessário, às próprias conveniências, métodos e técnicas de boa administração de documentos que podem ser planejados pelo órgão central de *staff* especificamente para aquele órgão. Determina, por exemplo, que sistemas de arquivamento devem ser usados e como devem os papéis ser classificados segundo os mesmos. O *staff* de uma repartição está na posição ideal para estabelecer métodos e técnicas capazes de resultar em maior eficiência e economia.

O *staff* descentralizado, isto é, da repartição, deve também se encarregar da maior parte do trabalho de controle da destinação dos documentos, ou seja, determinar o que convém se faça com os papéis depois que hajam servido aos fins correntes, isto é, se convém sejam microfilmados, transferidos para um centro intermediário ou para um arquivo de custódia permanente, ou se devem ser destruídos; elaborar planos de destinação, tabelas e listas de descarte, fazendo a maior parte do trabalho de levantamento, análise e descrição de documentos, necessários a estes fins.

Um *staff* encarregado da administração de documentos tem como objetivos, conforme se observou, fazer com que os papéis atendam às necessidades dos funcionários do governo e dar-lhes destinação depois que estas tenham sido atendidas, da maneira mais eficiente e econômica possível. O *staff* deve visar ao duplo objetivo de aumentar a "economia" e a "eficiência" — palavras que se tornaram quase inseparáveis na terminologia dos que se ocupam de métodos de administração pública. A eficiência de um programa de administração de documentos correntes não deve ser julgada apenas em termos estatísticos. Não se reflete unicamente no volume de documentos que se transferem de um lugar para outro, das repartições para centros intermediários, para incineradores ou fábricas de papel. Reflete-se também, e talvez mais fielmente, na maneira de analisá-los para se determinar como classificá-los e quais os que devem ser eliminados. A eficácia de um programa de administração de documentos correntes depende do zelo e competência do pessoal. Quanto mais honesto e habilitado o pessoal, mais eficazmente serão os documentos classificados e arquivados para uso corrente. Quanto mais bem classificados, mais facilmente poder-se-á dar--lhes um destino final, depois de haverem servido às atividades correntes. Quanto melhor o pessoal, mais segura a avaliação dos documentos para fins de destinação. O grau de excelência dos julgamentos feitos depende da competência profissional e da maneira mais ou menos perfeita pela qual se analisam os documentos.

Capítulo 6
Controle da produção de documentos

SEM DÚVIDA ALGUMA, a maioria das repartições públicas, especialmente as do governo federal dos Estados Unidos, produz documentos em quantidade excessiva. Esse excesso pode ser reduzido, simplificando-se: a) as funções; b) os métodos de trabalho; e c) a rotina de documentação adotada nas diversas repartições. A produção de papéis sofre influências que se fazem sentir desde as decisões de cúpula relativas à organização e aos programas até as menores atividades predominantes e nas operações de rotina. Essa produção, portanto, diz respeito, no primeiro caso, aos administradores dos níveis mais elevados, responsáveis pela formulação e administração dos programas do órgão; no segundo, diz respeito aos funcionários especializados em administração de um modo geral; e, no terceiro, aos funcionários de especialização restrita a um campo da administração — os encarregados dos documentos. Esses três grupos de funcionários devem coordenar esforços visando à simplificação das operações. Os especialistas em administração de documentos e os técnicos em administração geral devem constituir uma equipe única, cujas atividades sejam estreitamente coordenadas no mais alto nível da administração.

Simplificação das funções

Consideremos, em primeiro lugar, a simplificação das funções administrativas. É óbvio que a criação e a manutenção desnecessária de documentos devem-se, sobretudo, à amplitude dos governos, à extensão de suas atividades e à maneira pela qual se executam essas atividades. A extensão e complexidade dos programas de governo não constituem nossos objetivos imediatos, pois estes estão diretamente relacionados com a natureza dos problemas econômicos, sociais etc. afetos ao próprio governo. A extensão desses programas não pode, assim, ser controlada pelos funcionários, meros agentes de sua execução. A maneira pela qual se executam tais programas, entretanto, é outro caso. O funcionamento de uma repartição pública pode, quase sempre, ser simplificado. Eis, portanto, o primeiro ponto a ser atacado no problema da redução do volume dos documentos oficiais.

O mecanismo dos governos tende a se tornar por demais complexo com o correr do tempo. Mesmo nos períodos de expansão lenta das atividades normais surgem problemas que, nos períodos de emergência, são inevitáveis. Vez por outra, a máquina governamental precisa ser cuidadosamente revista em sua estrutura e simplificada em seu funcionamento. Um exemplo de revisão desse tipo encontramos nos Estados Unidos, onde, há poucos anos, a Comissão Hoover de Reorganização do Poder Executivo (Hoover Commission on the Reorganization of the Executive Arm of the Government) fez um estudo completo da organização e do funcionamento das repartições federais. As recomendações finais dessa comissão resultaram em melhoras e economias sensíveis nas operações do governo. No campo da contabilidade, por exemplo, acusou a existência de um "sistema oneroso" pelo qual a Contadoria Geral (General Accounting Office), órgão do Poder Legislativo, controlava as operações fiscais dos órgãos do Poder Executivo. Por esse sistema milhões de recibos e comprovantes de despesas eram enviados de todo o país a um ponto de convergência para exame individual.[31] A Comissão Hoover propôs um programa de auditoria *in loco*, tornando, assim, desnecessário remeter todos aqueles papéis a Washington. Em consequência desse programa, simplificaram-se e uniformizaram-se os métodos contábeis e fiscais em todo o país, ficando grandemente reduzido o volume dos documentos relativos a esse assunto.

Simplificação dos métodos de trabalho

Consideremos, em segundo lugar, a simplificação dos métodos de trabalho. Estes são, em geral, muito mais complicados do que o necessário. Quando se atribuem determinados encargos a uma repartição, não se cogita de observar, inicialmente, como são desempenhados. Com o correr do tempo é provável que surjam métodos de trabalho defeituosos. O problema consiste em analisar as fases de uma determinada operação, com o objetivo de melhorar

---

[31] United States, Commission on Organization of the Executive Branch of the Government, 1949:99.

as normas e simplificar os métodos de trabalho, de maneira que cada fase contribua, de fato, no sentido de que aquela operação seja realizada. Deve-se analisar, fase por fase, a sequência administrativa. Essas análises costumam ser feitas por especialistas no campo da administração pública. Na análise das normas e métodos, esses especialistas usam muitas vezes fluxogramas para ilustrar as várias etapas. Esses fluxogramas permitem que se tenha uma visão de como a operação é executada e como pode ser modificada. As mudanças propostas também podem ser assinaladas graficamente nos próprios fluxogramas. Pela análise do trabalho, os técnicos conseguem simplificar, ou, para usar a terminologia própria, conseguem racionalizar os métodos. O trabalho desses técnicos, se bem-sucedido, reduz automaticamente a produção de documentos, pois estes nada mais são do que um subproduto da atividade administrativa. Sua criação não é em si um fim.

Podemos extrair da experiência australiana um excelente exemplo de simplificação de métodos de execução de uma determinada atividade, que diz respeito ao importante assunto da expedição de títulos de propriedade de bens imóveis. A Austrália, inicialmente, adotou a antiga lei inglesa de transmissão. A propriedade da terra iniciava-se mediante doação, por parte da Coroa, e cada transmissão subsequente do título se fazia por escritura. Estabeleceu-se, dessa forma, uma longa série de títulos de propriedade. Devido, em grande parte, aos esforços de *sir* Robert Richard Torrens (1814-84), esse complexo sistema foi substituído por um simples sistema de registro de título de propriedade da terra. O novo sistema foi adotado pela Lei de Bens Imóveis (Real Property Act), promulgada pelo Parlamento sul-australiano em 1857. Segundo essa lei, a propriedade é representada por um título, cuja validade é garantida pelo governo. O título é registrado com base na prova de propriedade originária da doação da Coroa e subsequentes atos de transmissão. Nele se registram todas as subsequentes mudanças de propriedade e estas são levadas a efeito sem que haja necessidade de se proceder à busca dos documentos que deram origem ao título. Assim, pelo sistema Torrens, um título é comprovado por um simples exame e registrado num único documento, no qual são registradas, simples e economicamente, todas as mudanças posteriores de propriedade. O efeito desse sistema na criação e guarda de documentos é tremendo. Foi adotado pela maioria dos estados australianos, Nova Zelândia, Canadá, por parte das ilhas britânicas, por vários países da Europa e por alguns estados dos EUA.

Simplificação da rotina de documentação

Consideremos, em terceiro lugar, a simplificação da rotina da documentação. Dois aspectos do processamento da rotina dos documentos têm particular influência na quantidade de papéis produzidos. O primeiro refere-se à criação de documentos para a execução de ações repetitivas ou rotineiras; o segundo refere-se à distribuição e ao arquivamento.

Os documentos pertinentes a operações repetitivas são, de modo geral, passíveis de padronização. Num governo de grande porte como a administração federal dos Estados Unidos, a maioria dos documentos tende a ser dessa natureza. Entre eles incluem-se os relatórios, instruções, cartas e um sem-número de formulários usados nas atividades auxiliares, gráficos, tabelas estatísticas e vários tipos de documentos usados em relação a pessoas físicas e jurídicas. Todos têm essa característica em comum: são passíveis de padronização, tanto no estilo quanto no conteúdo. Devido ao volume, o controle de tais papéis constitui um importante aspecto da administração de documentos correntes. Se não forem controlados, multiplicam-se como células e tornam-se um verdadeiro câncer no órgão governamental.

Na execução de um programa que vise controlar os documentos padronizáveis, seguem-se os mesmos passos peculiares a um programa destinado a simplificar os métodos de trabalho. O técnico em administração de documentos poderá percorrer o mesmo caminho trilhado pelo técnico em administração geral. Ambos poderão analisar os mesmos métodos de trabalho — o técnico de administração para se inteirar de como os trabalhos estão sendo executados, o técnico de documentação para se inteirar de como os documentos são usados no tocante às fases de execução desses trabalhos. Ambos poderão analisar os papéis resultantes do processamento dos trabalhos visando ao mesmo objetivo, isto é, simplificá-lo. Possivelmente um deles se interessará mais pela mecânica, o outro, pela substância dos métodos de trabalho.

Nos Estados Unidos as firmas comerciais foram as primeiras a iniciar programas regulares para a simplificação e a padronização dos papéis. Um dos primeiros estudos de formulários e artigos de papelaria foi feito pela Hammermill Paper Company, em 1930, que encarregou a Business Training Corporation de Nova York de analisar as práticas mercantis de algumas firmas por um período superior a 18 anos. Esse estudo, escrito por Ladson

Butler e por O. R. Johnson, foi publicado sob o título *Management control through business forms*. Nesse trabalho os autores expuseram, como jamais se havia feito, as razões para o controle de formulários. Afirmam que os formulários são um meio de padronizar as operações de rotina, "que constituem o volume de todos os negócios"; que, "quando se elaborar o melhor método de executar operações de rotina" será este "padronizado por meio de formulários, manuais e modelos de instruções práticas cuidadosamente planejados". Os autores indicam, além disso, que "a maior parte do trabalho de rotina gira em torno de formulários". E acrescentam: "Um estudo desses, especialmente em conjunto, mostra, de maneira cabal, quais os passos ou operações que podem ser eliminados, que alterações são necessárias no processamento, e como o trabalho de redação e demais atividades de escritório podem ser reduzidos através do planejamento de fórmulas mais racionais".[32]

Até a II Guerra Mundial o problema de controle de formulários não recebera atenção muito sistemática por parte do governo federal dos Estados Unidos. Durante a guerra, os programas do governo relativos ao controle da produção, preços, transporte e consumo de mercadorias ou riquezas envolviam todos os cidadãos do país. Deram origem a muitas operações de rotina que deviam ser executadas com a rapidez exigida pelas contingências da guerra. Nessas circunstâncias, os documentos objeto de atenção simultânea de muitos funcionários foram reproduzidos em número espantoso e em geral reduzidos a fórmulas. Sobre o assunto vários órgãos do governo editaram grande quantidade de manuais. O primeiro foi publicado pelo Conselho de Produção de Munições (War Production Board) em 1942. Nos anos subsequentes o Órgão Controlador de Preços (Office of Price Administration), o Serviço das Forças Armadas (Army Service Force) e a Jurisdição do Vale do Tennessee (Tennessee Valley Authority) editaram também manuais. A melhor publicação do pós-guerra foi a da Repartição de Orçamento (Bureau of the Budget) intitulada *Simplifying procedures through forms control*, de 1947.

Para controlar os formulários, é preciso que se esteja informado quanto ao emprego e contexto de cada um. Tomando-se por base essa informação, decide-se, em primeiro lugar, se o formulário é realmente indispensável e, em segundo, qual deve ser o seu conteúdo, formato, aplicação, distribuição

---

[32] Butler & Johnson, 1930:30-160.

e destinação final. Por uma análise cuidadosa dos papéis resultantes do processamento de uma determinada operação, pode-se rever as fórmulas, de modo a eliminar, consolidar, simplificar, em suma, ajustar todas aquelas empregadas na operação.

Um aspecto especial de controle de formulários é o que se relaciona com os modelos de cartas. O National Archives and Records Service editou, há pouco tempo, um manual de administração de documentos correntes, intitulado *Form letters*. Esse manual reúne as experiências de alguns órgãos do governo no que concerne a programas de administração de fórmulas para cartas. Sugere normas a serem observadas no ato de idealizar e criar fórmulas de cartas, indicando também os métodos de controle. Um modo de se executar econômica e eficientemente um programa de administração de correspondência está demonstrado, de maneira categórica, num projeto elaborado pelo Setor de Administração de Documentos (Record Administration Branch) do Serviço de Rendas Internas (Internal Revenue Service) e pela Divisão de Administração de Documentos (Records Management Division) do National Archives and Records Service. O projeto visava a melhorar a administração da correspondência da Divisão de Arrecadação (Collection Division) da Delegacia Distrital do Serviço de Rendas Internas dos Estados Unidos (Office of the District Director of United States Internal Revenue Service) em Baltimore, Maryland. Essa divisão é encarregada do recebimento de declarações de impostos, do recolhimento e depósitos de rendas tributárias, da determinação e avaliação do imposto devido etc. Lida, por conseguinte, com um volume muito grande de correspondência. Como resultado do projeto que se destinava a facilitar o manuseio dessa correspondência, houve uma grande simplificação no trabalho de encaminhamento, redação e datilografia das cartas.

Um tipo especial de documento padronizável é o que consiste de disposições regulamentares. Estas servem para comunicar diretrizes e normas às diversas unidades de linha de uma entidade. As diretrizes são princípios que indicam o curso de atitudes a serem adotadas nos vários tipos de transações. As normas fornecem instruções detalhadas quanto às fases e aos métodos específicos a serem seguidos para a execução da política adotada. As diretrizes e normas podem se relacionar a assuntos cujo grau de importância varia. Os memorandos, boletins e avisos referem-se, em geral, a assuntos de natureza temporária; as circulares referem-se a assuntos de natureza semipermanente, e as ordens, normas e regulamentos, a assuntos de natureza permanente.

As instruções que encerram decisões de política e de normas podem ser emitidas em várias séries, de acordo com o seu grau e importância, ou de acordo com o tipo de função a que dizem respeito, isto é, funções auxiliares ou substantivas. Podem também ser divulgadas de vários modos. As instruções de natureza temporária ou semipermanente devem, normalmente, ser divulgadas em séries de folhas soltas. As de valor permanente podem ser publicadas em forma de manuais.

O segundo aspecto do processamento da rotina de documentação, que afeta a quantidade de documentos, refere-se à distribuição e ao arquivamento destes. Os sistemas de tratamento muito influem no número de documentos criados. Isso pode ser ilustrado comparando-se a situação dos documentos tratados pelo sistema de registro e por sistemas americanos de arquivamento. No sistema de registro, sempre que um novo assunto é objeto da atenção de uma administração, abre-se um processo ou pasta, cujo andamento é controlado à medida que tramita de serviço em serviço. Os documentos adicionais que surjam em conexão com aquele assunto são juntados ao processo em uma única via. Esse sistema resulta no controle da produção e do andamento dos documentos e na consolidação destes, em face do arquivamento por assunto. Por outro lado, nos sistemas americanos de arquivamento tiram-se, em geral, cópias dos documentos para cada serviço a que o assunto diga respeito. Em épocas de emergência para apressar o trabalho, quando os assuntos estão afetos a muitos serviços, os documentos chegam a ser duplicados em número surpreendente. A duplicação torna-se, assim, um substituto para o controle do movimento e distribuição dos documentos. Quanto maior o grau de controle exercido sobre os documentos, menor será, provavelmente, o número dos mesmos. Uma vez que os controles implícitos no sistema de registro não ocorrem nos órgãos do governo americano, é óbvio que haja prodigalidade no número de exemplares de certos documentos produzidos e arquivados em alguns desses órgãos.

O técnico em administração de documentos deve estudar a necessidade de cópias por parte dos diversos funcionários. Baseado nesse estudo, determina onde as cópias se fazem realmente necessárias e onde devem ser arquivadas. Determinando onde são necessárias e onde devem ser arquivadas, entrará no problema de classificação, que no seu mais amplo sentido envolve a questão de arquivos descentralizados. Se os arquivos forem impropriamente descentralizados ou se os documentos nos arquivos forem mal classificados, serão produzidos documentos desnecessários. O técnico em administração de documentos deve, principalmente, zelar para que as cópias de documentos essenciais, isto é, as que servem como documentos autênticos de um assunto, sejam distribuídas e arquivadas convenientemente. Nas repartições criadas para atender a situações de emergência torna-se muito importante designar que conjuntos de determinados documentos produzidos em série serão considerados oficiais. Esses conjuntos podem incluir séries de documentos relativos a normas, orientação ou política, organização e relatórios. Tais documentos, muitas vezes, são reproduzidos em inúmeras vias distribuídas amplamente pelos vários setores. Não serão, porém, acumulados nem preservados sistematicamente. A menos que o encarregado dos documentos dê instruções para a conservação de séries completas.

Ao determinar a eficiência de várias medidas tomadas para controlar a produção de documentos é importante que se coloquem as coisas nos devidos termos. A administração de papéis, de modo geral, está ligada à mecânica e não à substância das atividades governamentais. Conquanto se possam auferir grandes vantagens pela simplificação da administração de papéis, muitos dos melhoramentos nas operações governamentais podem ser atribuídos tanto à simplificação dos processos de trabalho, quanto à simplificação no trato dos papéis. As soluções propostas para melhorar a administração dos papéis, além disso, são muitas vezes inadequadas, não passando de referências vagas e indefinidas para a "adoção de padrões e controles" ou "uso de métodos e práticas aprovadas" para a feitura e a guarda de documentos. Os problemas do tratamento de papéis não podem ser resolvidos pela elaboração de frases que, como fórmulas de charlatões, são receitadas indiscriminadamente para vencer todas as dificuldades que cercam os que utilizam documentos. A ineficiência nesse campo é, muitas vezes, um sintoma de administração inadequada. Tais males não podem ser sanados melhorando-se simplesmente a administração dos papéis. São muito mais profundos. A solução de muitos problemas de documentos jaz no aperfeiçoamento dos processos de trabalho e, em geral e principalmente, da organização e funcionamento da administração governamental.

Capítulo 7
Princípios de classificação

No tratamento dispensado aos documentos de uso corrente, os órgãos governamentais preocupam-se sobretudo com a guarda dos mesmos, de modo que possam ser rapidamente encontrados quando solicitados. O problema básico, portanto, na administração de documentos correntes, é o de conservá-los de maneira ordenada e acessível. Para se atingir esses objetivos torna-se necessário que os documentos sejam: a) bem classificados e b) bem arquivados.

A classificação é básica à eficiente administração de documentos correntes. Todos os outros aspectos de um programa que vise ao controle de documentos dependem da classificação. Se os documentos são adequadamente classificados, atenderão bem às necessidades das operações correntes. E, para tanto, devem ser arranjados em função do uso que têm em determinadas unidades administrativas de um órgão. Em todos os casos, desde os relativos a importantes assuntos de política até os de operações de rotina, deverão ser agrupados em relação ao seu uso. Refletirão a função do órgão, no amplo sentido do termo, e, no sentido mais restrito, as operações específicas individuais que integram as atividades do mesmo órgão.

Se os documentos são classificados de modo a refletir a organização e a função, podem ser dispostos em relação a elas. Na avaliação de documentos públicos, o primeiro fator a ser levado em consideração é o testemunho ou prova que contém da organização e da função. Tanto os funcionários de um arquivo como os das próprias repartições, ao tratarem dos documentos concernentes à organização e funcionamento levam em conta o valor comprobatório dos mesmos. Se a classificação dos documentos visa a refletir a organização, pode-se removê-los para uma destinação adequada, uma vez extinta a unidade administrativa. E se, além disso, são classificados pela função — separando-se a função substantiva da auxiliar, a política da executiva, ou, em geral, distinguindo-se a documentação importante da secundária — então o método de classificação proporciona as bases para a preservação e destruição, seletivamente, dos documentos depois que hajam servido aos objetivos das atividades correntes.

Relativamente, tem-se dispensado pouca atenção aos princípios que norteiam a classificação de documentos oficiais. Classificação, em se tratando de documentos públicos, significa o arranjo dos mesmos segundo um plano destinado a facilitar o seu uso corrente. Os esquemas ou sistemas de arranjo, é lógico, são muitos e variados, mas, para estudá-los, pode-se dividi-los em duas classes: sistemas de registro e sistemas de arquivamento (*registry systems* e *filling systems*). Estes tanto incluem o arranjo físico como a atribuição de símbolos para identificar as unidades documentárias e mostrar a relação entre uma e outra unidade. Os princípios de classificação descem às raízes do problema do arranjo de documentos. Determinam o agrupamento de documentos em pequenas unidades e o agrupamento destas em unidades maiores.

Elementos da classificação

Há três elementos principais a serem considerados na classificação de documentos públicos: a) a ação a que os documentos se referem; b) a estrutura do órgão que os produz; e c) o assunto dos documentos.

Desses três elementos, pretendo ocupar-me em primeiro lugar da ação. Os documentos públicos, na sua maioria, são produto de uma ação e subdividem-se naturalmente em grupos que se referem a ações. Uma ação pode ser tratada em termos de funções, atividades e atos (*transactions*). O termo "função" é aqui usado com referência a todas as responsabilidades atribuídas a um órgão a fim de atingir os amplos objetivos para os quais foi criado. Comumente, essas funções são definidas nas leis ou regulamentos que criam o órgão. A título de ilustração podemos citar as funções do Arquivo Nacional dos Estados Unidos, as quais podem ser enumeradas como: a) destinação; b) preservação e arranjo; c) descrição e publicação; e d) serviço de referência. Cada função de um órgão pode ser subdividida em diversas "atividades", termo este aqui usado no sentido de uma série de ações, levadas a efeito no desempenho de uma função específica. Por exemplo, o pessoal do Arquivo Nacional dos EUA, ao se desincumbir da função de dar o destino adequado aos documentos do governo, executa atividades de recolhimento e de eliminação; ao dispor dos documentos para uso, executa atividades de pesquisa e de empréstimo. As atividades, por sua vez, podem ser subdivididas em diversas operações ou atos específicos. A de recolhimento ao Arquivo Nacional, por exemplo, compreende muitos atos isolados, visando à transferência de corpos específicos de documentos procedentes de determinados órgãos. A atividade de empréstimo compreende diversos atos visando ao empréstimo de documentos específicos a determinados órgãos.

Uma repartição pública, a fim de cumprir suas funções básicas, realiza dois tipos principais de atividades que se podem caracterizar como fins (substantivas) e meios (facilitativas ou auxiliares). As atividades-fins são as que se referem ao trabalho técnico e profissional do órgão, trabalho que o distingue dos demais. Chamam-se atividades-meios aquelas que se relacionam com a administração interna da organização, ou seja, atividades auxiliares, comuns a todos os órgãos. São meramente incidentais para a execução das funções básicas.

Na execução de qualquer espécie de atividade, quer substantiva, quer auxiliar, ocorrem dois tipos de operações ou atos: políticos ou normativos e executivos. Os de natureza política determinam a diretriz a ser seguida em todos os casos do mesmo gênero. Uma determinada política pode aplicar-se aos atos de todo um órgão ou restringir-se aos de uma de suas partes. Tanto pode aplicar-se às atividades auxiliares como às atividades-fim. Os atos de ordem executiva decorrem das diretrizes políticas. A diferença entre atos "executivos" e "políticos" não é perfeitamente definida, pois em geral as decisões políticas são tomadas, pela primeira vez, em razão de um caso particular que se apresenta ao funcionário.

Se analisarmos os atos administrativos dos governos, podemos observar que a maioria deles refere-se a pessoas, uma vez que os governos modernos ocupam-se, em proporções surpreendentes, com a vida dos cidadãos, no desempenho de suas atividades de bem-estar social, de controle e atividades militares. Muitos outros atos referem-se a entidades, tais como as unidades administrativas do próprio governo, organizações privadas ou instituições. Considerável número também se relaciona com lugares ou áreas geográficas — estados, cidades, municípios e similares. As áreas geográficas podem estar representadas por entidades. Os atos que não se relacionam com pessoas, entidades ou lugares dirão respeito a assuntos ou temas, isto é, acontecimentos, ideias etc. concernentes ao governo.

A subdivisão de funções em atividades e destas em atos pode ser ilustrada graficamente da seguinte maneira:

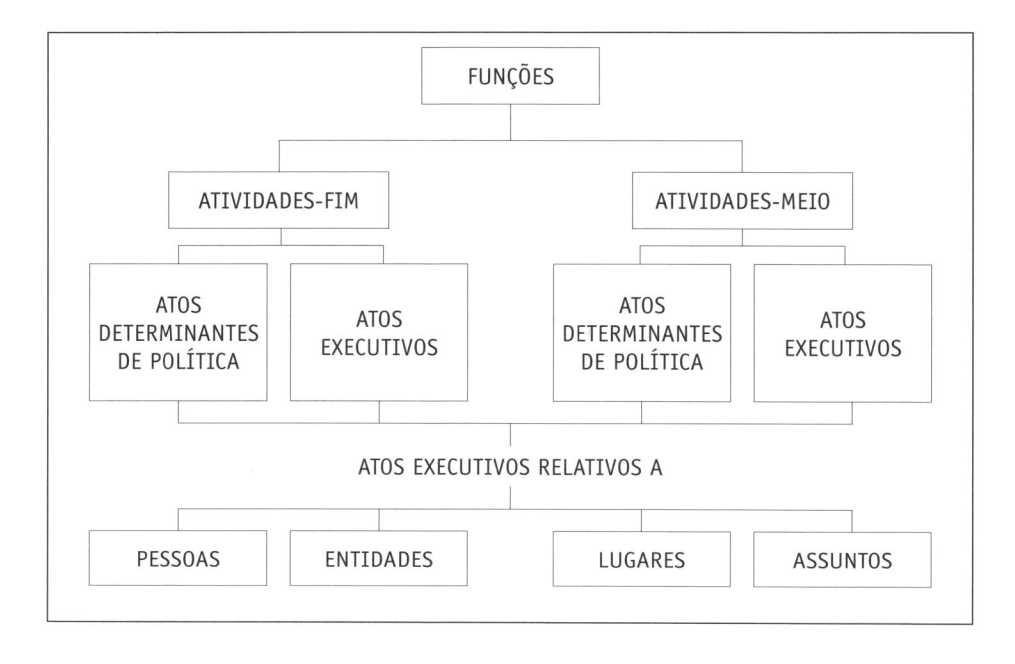

```
                        FUNÇÕES
                ┌──────────┴──────────┐
         ATIVIDADES-FIM          ATIVIDADES-MEIO
         ┌──────┴──────┐         ┌──────┴──────┐
         ATOS        ATOS        ATOS        ATOS
      DETERMINANTES EXECUTIVOS DETERMINANTES EXECUTIVOS
      DE POLÍTICA              DE POLÍTICA

              ATOS EXECUTIVOS RELATIVOS A
         ┌──────┬──────────┬──────────┬──────────┐
       PESSOAS  ENTIDADES  LUGARES   ASSUNTOS
```

O segundo elemento a ser observado na classificação de documentos é a organização da entidade criadora, pois os documentos podem ser, e geralmente são, agrupados de modo a refletir a estrutura orgânica da entidade. A estrutura que se imprime a um órgão é determinada, em geral, pelos objetivos ou funções a que se destina. Assim, a organização, frequentemente, corresponde à função.

A estrutura orgânica de uma entidade pode ser dividida em unidades de assessoramento (*staff*) e unidades de linha. As unidades de assessoramento encarregam-se, em geral, das grandes questões de política, como, por exemplo, a maneira pela qual a entidade pode ser mais eficientemente organizada para executar seu trabalho, como este deve ser planejado e quais as principais linhas de ação que devem ser observadas. Nessas unidades se processam as decisões relativas à organização, política e processos pelos quais a entidade se pauta. Nas grandes repartições podem criar-se serviços especiais que se ocupem exclusivamente do trabalho de planejamento ou de formulação de métodos. Ligados aos órgãos de *staff* de autoridade superior, há também, em geral, alguns que tratam de problemas jurídicos, fiscais, de pessoal e outros assuntos de administração interna da entidade, ou seja, de suas atividades auxiliares. Abaixo dos órgãos de *staff* vêm os órgãos de linha, isto é, aque-

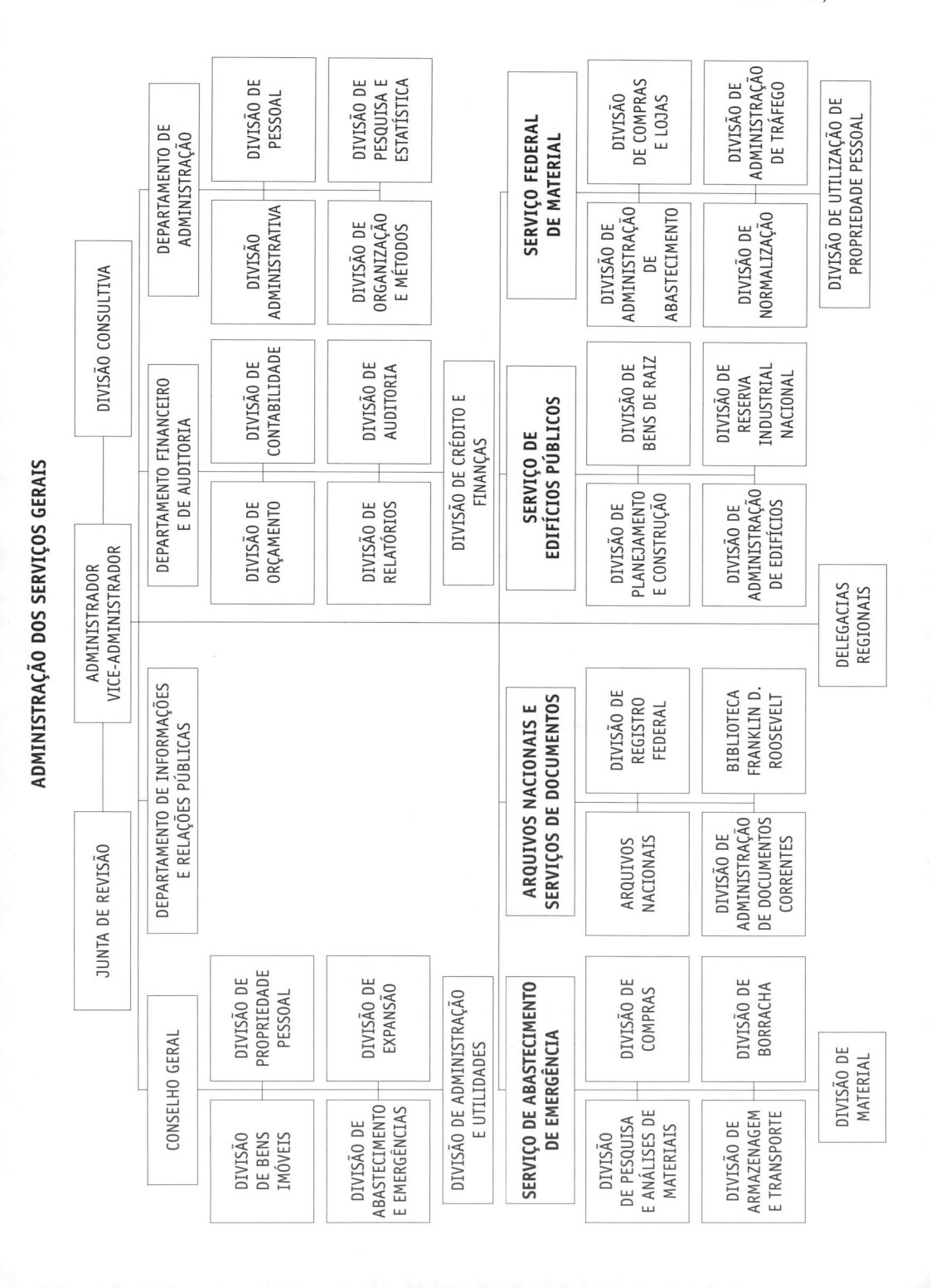

ADMINISTRAÇÃO DOS SERVIÇOS GERAIS

- JUNTA DE REVISÃO
- ADMINISTRADOR / VICE-ADMINISTRADOR
- DIVISÃO CONSULTIVA

- DEPARTAMENTO DE INFORMAÇÕES E RELAÇÕES PÚBLICAS
- DEPARTAMENTO FINANCEIRO E DE AUDITORIA
  - DIVISÃO DE ORÇAMENTO
  - DIVISÃO DE CONTABILIDADE
  - DIVISÃO DE RELATÓRIOS
  - DIVISÃO DE AUDITORIA
  - DIVISÃO DE CRÉDITO E FINANÇAS
- DEPARTAMENTO DE ADMINISTRAÇÃO
  - DIVISÃO DE PESSOAL
  - DIVISÃO ADMINISTRATIVA
  - DIVISÃO DE PESQUISA E ESTATÍSTICA
  - DIVISÃO DE ORGANIZAÇÃO E MÉTODOS

- CONSELHO GERAL
  - DIVISÃO DE BENS IMÓVEIS
  - DIVISÃO DE PROPRIEDADE PESSOAL
  - DIVISÃO DE ABASTECIMENTO E EMERGÊNCIAS
  - DIVISÃO DE EXPANSÃO
  - DIVISÃO DE ADMINISTRAÇÃO E UTILIDADES

- SERVIÇO DE ABASTECIMENTO DE EMERGÊNCIA
  - DIVISÃO DE PESQUISA E ANÁLISES DE MATERIAIS
  - DIVISÃO DE COMPRAS
  - DIVISÃO DE ARMAZENAGEM E TRANSPORTE
  - DIVISÃO DE BORRACHA
  - DIVISÃO DE MATERIAL

- ARQUIVOS NACIONAIS E SERVIÇOS DE DOCUMENTOS
  - ARQUIVOS NACIONAIS
  - DIVISÃO DE REGISTRO FEDERAL
  - DIVISÃO DE ADMINISTRAÇÃO DE DOCUMENTOS CORRENTES
  - BIBLIOTECA FRANKLIN D. ROOSEVELT

- SERVIÇO DE EDIFÍCIOS PÚBLICOS
  - DIVISÃO DE PLANEJAMENTO E CONSTRUÇÃO
  - DIVISÃO DE BENS DE RAIZ
  - DIVISÃO DE ADMINISTRAÇÃO DE EDIFÍCIOS
  - DIVISÃO DE RESERVA INDUSTRIAL NACIONAL
  - DELEGACIAS REGIONAIS

- SERVIÇO FEDERAL DE MATERIAL
  - DIVISÃO DE ADMINISTRAÇÃO DE ABASTECIMENTO
  - DIVISÃO DE COMPRAS E LOJAS
  - DIVISÃO DE NORMALIZAÇÃO
  - DIVISÃO DE ADMINISTRAÇÃO DE TRÁFEGO
  - DIVISÃO DE UTILIZAÇÃO DE PROPRIEDADE PESSOAL

les que de fato executam o trabalho. Numa grande repartição pública estes obedecem a uma escala hierárquica — aos superiores compete a supervisão e administração e aos de nível inferior, na escala administrativa, cabem as operações detalhadas e frequentemente de rotina.

O modelo de organização hierárquica é ilustrado no organograma da Administração de Serviços Gerais (General Services Administration), da qual faz parte o Arquivo Nacional. Reproduzo-o aqui para mostrar a estrutura da maioria dos órgãos dos Estados Unidos.

O terceiro elemento a ser considerado na classificação de documentos públicos é o assunto. Deixaremos esse elemento para mais tarde, quando o estudaremos em relação à maneira pela qual é realmente considerado no trabalho de classificação.

Práticas de classificação

Vejamos como os elementos — função, organização e assunto — entram na classificação dos documentos públicos. Visando ao estudo desse ponto, os métodos de classificação podem ser divididos em três tipos: funcional, organizacional e por assuntos.

Classificação funcional

Para tratar do problema de agrupar os documentos públicos de acordo com a função, vamos partir do menor agrupamento que em geral se faz para os maiores. O menor agrupamento pode ser chamado de unidade de arquivamento (*file unit*), que, como já foi observado, nos Estados Unidos e na Austrália, é normalmente representada por uma pasta.

Via de regra, devem ser criadas unidades de arquivamento para todos os atos (*transactions*), tomando-se este termo no sentido acima exposto. Sempre que uma operação ou ato se refere a uma pessoa, entidade ou lugar, os documentos que lhes dizem respeito podem ser reunidos com relativa facilidade; e como grande parte dos atos de um governo relaciona-se a entidades avulsas, a classificação da maioria dos documentos públicos é relativamente simples.

O agrupamento de documentos por atos, entretanto, torna-se mais difícil quando se referem a diversas pessoas, entidades ou lugares ou quando se reportam a assuntos ou tópicos. Aqui, o tipo de entidades, de tópicos etc. é que determina a base segundo a qual se estabelecem as unidades de arquivamento. Os documentos com eles relacionados são mais difíceis de distinguir e de reunir do que os que se relacionam com uma única entidade. Assim, se uma operação se refere a determinada classe de indivíduos, a classe, ao invés das pessoas, vem a ser a base para se agrupar os documentos em unidades de arquivamento. Ou, se uma operação se relaciona com um assunto que é objeto de interesse de diversas pessoas, tal como determinada política ou fato, o assunto, ao invés das pessoas, serve de base para o agrupamento. Por exemplo, os documentos relativos a uma questão trabalhista seriam agrupados em relação à causa, isto é, à questão, ao invés de o serem em relação às pessoas nela envolvidas. Os documentos relativos à determinação de uma política que afeta um certo número de pessoas seriam agrupados em relação à política e não às pessoas por ela atingidas.

As unidades de arquivamento relativas à política são extremamente difíceis de determinar, pois os funcionários do governo, em geral, não concebem linhas de política isoladas em "torres de marfim", embora seja esta a ideia que se tem desses funcionários. Formulam as diretrizes políticas em relação aos casos específicos que se lhes apresentam. Disso resulta a possibilidade de os documentos que refletem política se encontrarem reunidos àqueles relacionados com casos individuais. Outras vezes as determinações de política e planejamento originam-se de diferentes operações, o que torna difícil o agrupamento de todos os documentos importantes. Documentos sobre relevantes questões de métodos, de programa, de organização e política estão assim, muitas vezes, submersos nas unidades de arquivamento relativas principalmente a questões de menor importância. Essa mistura de documentos importantes e não importantes reduz a utilidade dos mesmos para o administrador no seu trabalho corrente e dificulta, grandemente, o trabalho do arquivista, num estágio posterior, quando da sua tentativa de preservar a documentação básica referente à organização e à função. Sempre que possível, portanto, devemos criar unidades de arquivamento separadas para os documentos que se relacionam com importantes diretrizes, opiniões, decisões etc. Em resumo, os documentos que fixam diretrizes políticas devem ficar separados dos executivos; os gerais, dos específicos; os importantes, dos de rotina. Se não se pode assim proceder, deve-se, de um modo ou de outro, anotar a existência de documentos importantes em determinadas unidades de arquivamento. Nesse caso, os índices de precedentes são de grande utilidade.

As unidades de arquivamento, por sua vez, podem ser agrupadas em unidades maiores. Em geral, são agrupadas em relação à atividade. As várias classes de atividades necessárias à execução das funções principais de um órgão fornecem a base para determinar os cabeçalhos sob os quais as unidades de arquivamento podem ser agrupadas. Os documentos sobre atividades auxiliares devem ser agrupados sob cabeçalhos separados. Estes podem dizer respeito a assuntos fiscais, de pessoal, material, transporte, comunicações e similares.

Os documentos, uma vez agrupados por atividades, podem ser, além disso, agrupados de acordo com a função. Os grupos funcionais são as classes maiores normalmente criadas para a classificação dos documentos de uma entidade. O dr. Ernest Posner, professor de administração de arquivos na American University, de Washington, fez a seguinte observação em relação ao sistema de registro alemão:

> "Desde o século XVIII têm o consenso geral admitido que o serviço de registro correspondente a uma entidade, ou a uma de suas divisões, deve arranjar os seus documentos de acordo com as principais funções da unidade administrativa a que serve. A organização da entidade, a atribuição de funções às suas divisões, e os principais grupos de documentos devem coincidir. O registro ou o conjunto de registros reflete a entidade com suas diversas operações e é uma imagem duradoura de suas múltiplas atividades."[33]

Na criação de um esquema de classificação para documentos oficiais, então, a função, tomada no sentido anteriormente definido, deve ser levada em consideração, dividindo-se os documentos sucessivamente em classes e subclasses. As maiores classes ou classes principais podem ser criadas tomando-se por base as maiores funções do órgão; as classes secundárias, as atividades e as classes mais detalhadas compreendem uma ou mais unidades de arquivamento, criadas em função de atos relativos a pessoas, entidades, lugares ou assuntos. Intermediárias entre as classes secundárias e as unidades individuais pode, se necessário, haver classes terciárias, que agrupam unidades de arquivamento em relação a áreas, classes de pessoas etc.

---

[33] Posner, 1941:5.

Classificação organizacional

A estrutura orgânica fornece a base para grandes agrupamentos de documentos. Esses agrupamentos podem estar refletidos no próprio esquema de classificação ou na descentralização física dos documentos.

Se a estrutura orgânica se reflete num esquema de classificação, as classes primárias, em geral, representam os principais elementos organizacionais da repartição. A divisão em classes organizacionais é possível e aconselhável somente em governos de organização estável, e cujas funções e processos administrativos sejam bem-definidos.

Entretanto, o principal meio de agrupar organizacionalmente os documentos é a descentralização, que por si só constitui um importante ato de classificação. Na Alemanha e na Inglaterra os serviços de registro são descentralizados de acordo com as linhas de organização, encontrando-se, geralmente, um registro separado para cada divisão de um departamento ou ministério.

No governo federal dos EUA os documentos foram descentralizados quase até o último grau. Esse processo de descentralização pode ser ilustrado pelo Programa de Administração dos Serviços Gerais anteriormente apresentado. Relembramos que são os seguintes os quatro principais órgãos de linha daquela administração: Serviço de Abastecimento de Emergência (Emergency Procurement Service), Serviço de Edifícios Públicos (Public Buildings Service), Serviço Federal de Material (Federal Supply Service) e Arquivos Nacionais e Serviço de Documentos (National Archives and Records Service). Cada um desses órgãos de linha conserva os seus próprios documentos, o que aliás é muito acertado, uma vez que suas funções são inteiramente distintas. O National Archives and Records Service, por sua vez, compreende quatro divisões. Cada uma executa atividades bem distintas e mantém os seus próprios documentos. O Arquivo Nacional, que constitui uma dessas divisões, tem muitos documentos descentralizados pelas seções dos diversos setores de documentos (*records branches*).

Os documentos podem também ser agrupados pela divisão em séries, em base tanto organizacional, quanto funcional. Uma série pode ser definida como um grupo de documentos, pastas ou dossiês reunidos por se relacionarem com uma atividade específica. A série pode ser arranjada segundo um sistema de classificação metódico, ou segundo a forma ou origem dos documentos, e pode ainda ser acumulada de maneira a atender a uma necessidade administrativa específica.

Nos países que empregam o sistema de registro, a correspondência, que geralmente compreende a grande massa de documentos oficiais, é dividida em vários grupos ou séries, à medida que as atividades governamentais se tornam mais complexas. Quando as pastas relativas a pessoas, entidades ou lugares crescem muito, podem ser retiradas dos arquivos do protocolo e mantidas nos serviços onde são mais usadas. Assim, criam-se séries de processos nas quais todos os papéis que se relacionam com um dado assunto são colocados juntos de modo a representar a história completa de uma operação, desde o seu início até o seu término. Na Inglaterra, por exemplo, os chamados *particular instance,* tais como documentos do serviço militar, de seguro, manifesto de passageiros e documentos sobre firmas comerciais, são identificáveis como séries separadas. Mesmo nos governos menores, certos documentos podem ser mantidos fora de um serviço de registro, em face da natureza confidencial dos mesmos, que requer sejam conservados à parte dos outros documentos ou para atender à eficiência de trabalho, uma vez que documentos de tipos especiais são muitas vezes necessários em determinadas seções.

No governo federal dos Estados Unidos, a maioria das séries de documentos que foram separadas do arquivo principal de correspondência relaciona-se com classes especiais de atividades ou operações.

Assim, a maior parte dos documentos relativos a atividades fiscais de pessoal, material e outros serviços auxiliares, que constituem uma grande parte dos documentos criados por um governo moderno, é mantida separadamente. O mesmo se dá com os documentos concernentes a atividades substantivas altamente especializadas e com os documentos dos órgãos de linha atinentes a pesquisas e atividades de planejamento. A maioria das repartições, de fato, tem, além de sua correspondência principal, séries separadas de várias espécies. Se executam o mesmo tipo de operação relativamente a um grande número de pessoas, entidades, ou lugares, é provável que criem séries de processos (*case files*) ou dossiês.

Classificação por assunto

Conquanto os documentos públicos, geralmente, devam ser agrupados segundo a organização e função, far-se-á exceção a essa regra para certos tipos de documentos, tais como os que não provêm da ação governamental positiva ou não estão a ela vinculados. Incluem-se nesses documentos as pastas de referência e informações. Nos governos modernos tais pastas são muito numerosas. Surgem sempre que as atividades governamentais se tornam altamente especializadas em relação a determinados assuntos ou sempre que, como no caso das práticas americanas de arquivamento, os órgãos executivos insistem em ter à mão ou em compartimentos à parte, arquivos verticais de documentos que não servem a outro fim a não ser o de referência.

Na classificação de tais documentos, os cabeçalhos de assunto devem ser tirados da análise do assunto dos documentos. Se os documentos se referem a um campo especial de pesquisa, como por exemplo "química agrícola", os cabeçalhos de assuntos ou tópicos devem corresponder às subdivisões lógicas daquele campo específico. No livro *Subject headings*, Julia Pettee apontou que "nenhum tópico é uma entidade por si próprio... Relaciona-se intimamente e forma uma parte integrante, de um todo maior".[34] Os cabeçalhos para arquivos extraídos de uma análise puramente lógica dos assuntos, abrangendo um campo de conhecimento humano, comparam-se àqueles sob os quais o material das bibliotecas é classificado.

O dr. Martin P. Claussen, da cidade de Washington, autor de um estudo especial sobre os sistemas de classificação por assuntos e sua aplicação a documentos oficiais, e que está preparando um manual sobre esses sistemas, escreve que encontrou mais de 100 classificações do conhecimento corrente altamente usáveis e flexíveis. Estas, diz ele, são "excelentes instrumentos" para a organização de documentos relativos "a tipos de indústrias, tipos de utensílios e de materiais, áreas e localidades específicas, nomenclatura orgânica e partes de organismo etc., que podem ser de real valor para determinado serviço de arquivo corrente, mas só se e quando confrontados com as funções específicas que correspondem a alguns destes e a outros campos dos conhecimentos acima sugeridos".[35]

Na elaboração de esquemas de classificação para documentos públicos, comete-se muitas vezes o erro de aplicar um grande esquema geral de cabeçalhos de assuntos onde os documentos poderiam ser mais eficientemente

---

[34] Pettee, s.d.:57.
[35] Claussen, Martin P. Comentários sobre o manuscrito deste capítulo, 15-12-1954. (MS em posse do autor.)

arranjados segundo a função e a organização. Este é provavelmente o caso do Sistema Decimal de Dewey, idealizado pelo bibliotecário norte-americano Melvil Dewey (1851-1931), em 1873, para a classificação de livros, quando aplicado na classificação de documentos públicos. O sistema de Dewey divide o conhecimento humano em 10 grandes classes, cada uma dessas classes em 10 subclasses, cada subclasse em outras 10 subclasses. O sistema é muito aprimorado para ser aplicado com vantagem a documentos públicos sobre assuntos gerais, e não é suficientemente detalhado para ser aplicado a material altamente especializado. A maior parte dos documentos públicos deve ser classificada segundo a origem organizacional e funcional. Os que merecem classificação por assunto não devem ser forçados num esquema elaborado segundo princípios estabelecidos *a priori*, mas devem ser agrupados em classes estabelecidas pragmaticamente sobre uma base *a posteriori*. Essas classes devem ser criadas gradativamente, à medida que a experiência atesta a sua necessidade.

Princípios de classificação

Podemos agora formular várias observações a respeito da classificação de documentos públicos, como sejam:

a) só em casos excepcionais os documentos públicos devem ser classificados em relação aos assuntos que se originam da análise de determinado campo de conhecimento. Esses casos excepcionais referem-se a materiais de pesquisa, de referência e similares;

b) os documentos públicos podem ser classificados em relação à organização. Podem ser fisicamente separados em várias seções de um órgão, isto é, podem ser descentralizados. E a descentralização, como já chamei a atenção, é, por si só, um grande ato de classificação. Ou se são fisicamente mantidos num ponto central, pode-se conseguir o agrupamento por serviços, segundo um plano de classificação. Os documentos devem ser fisicamente descentralizados somente se as repartições que os acumulam executam atividades relativamente distintas e reparáveis. Se as atividades são muito inter-relacionadas, como acontece, em geral, em entidades pequenas ou nos órgãos de assessoramento de grandes entidades, os documentos a elas relativos não devem ser descentralizados. E, em qualquer caso, deve-se proceder a um controle central sobre os documentos descentralizados. Na Inglaterra, o Interdepartmental Study Group, no seu relatório de outubro de 1945 sobre os *Registries*, não recomendou nem a centralização nem a descentralização como uma política padrão; tão somente observou que "onde quer que haja um grupo homogêneo, deve haver o seu próprio Registro" e "sujeito a um controle central unificado de sistemas e métodos".[36] Num esquema de classificação, a divisão em classes organizacionais é, em geral, desaconselhada, pois a estrutura organizacional de órgãos de governos modernos é por demais fluida para fornecer uma base segura para a classificação de seus documentos. As grandes divisões de documentos num esquema de classificação, além disso, podem com a mesma facilidade estar relacionadas tanto às funções quanto às unidades organizacionais; e

c) os documentos públicos geralmente devem ser classificados em relação à função. Resultam de uma função, são usados em relação à função e devem, portanto, ser classificados de acordo com esta.

Na elaboração de um sistema de classificação baseado na análise das funções, atividades e ações, devemos observar os seguintes pontos:

Ponto 1. É essencial que as classes sejam formadas *a posteriori* e, não, *a priori*. As classes devem ser fixadas à medida que a experiência atesta a sua necessidade, isto é, à medida que os documentos são criados na execução das funções. Elas não devem ser estabelecidas arbitrariamente na base da especulação quanto ao assunto dos documentos que ainda estão para ser produzidos. No início de uma atividade, os documentos podem ser agrupados sob um certo número de grandes classes coordenadas, ou seja, de igual valor. À proporção que a atividade se expande, as classes podem ter que ser subdivididas num certo número de subclasses. A complexidade e o tamanho de uma entidade irão normalmente determinar quantas classes devem ser criadas para a classificação de seus documentos. Um teste prático do número de subdivisões necessárias pode ser feito perguntando-se: — Há necessidade de uma subdivisão além da classe secundária para se encontrar os documentos? Se a resposta for positiva: — Há necessidade de uma subdivisão além da classe terciária? E assim por diante. O objetivo da classificação é facilitar a localização dos documentos quando se fizerem necessários. Não se deve prosseguir na subdivisão de classes além do ponto exigido para utilizar as buscas em unidades razoavelmente pequenas. Os documentos não devem

---

[36] Great Britain, Treasury, Organization and Methods Division, 1945:5.

ser ultraclassificados. A tendência normal, ao se elaborar um esquema de classificação, é descer a minúcias extremas, ao invés de se limitar à generalidade dos assuntos.

Ponto 2. É importante que haja consistência quanto aos sucessivos níveis de subdivisões de um sistema de classificação. Assim, se a subdivisão primária é pelas funções, todos os cabeçalhos nesse nível devem ser funções; se a divisão secundária é por atividades, todos os cabeçalhos naquele nível devem corresponder a atividades. Os cabeçalhos e títulos das pastas devem ser escolhidos cuidadosamente. Devem refletir as funções ou as atividades, ou as operações às quais se relacionam. Cabeçalhos como "generalidades" ou "miscelânea" devem ser evitados, pois eles encobrem grande número de pecados, em geral pecados de erros de arquivamento. Se os cabeçalhos não são mutuamente exclusivos, ou se o significado dos mesmos não é aparentemente claro, devem ser elaboradas instruções para o arquivamento, explicando quais os documentos que devem e quais os que não devem ser incluídos sob os mesmos.

Ponto 3. Convém estabelecer cabeçalhos separados para as atividades auxiliares e para as atividades substantivas.

Ponto 4. Convém estabelecer cabeçalhos separados para os documentos importantes relativos a políticas, métodos, programas e coisas semelhantes, e subdividir esses cabeçalhos mais detalhadamente do que os de documentos executivos. Se isso não for possível, deve-se instituir um outro meio de os assinalar ou lhes dar destaque.

Ponto 5. Convém manter um esquema de classificação corrente, no sentido de que seus cabeçalhos reflitam as funções correntes da agência. Os esquemas de classificação devem ser periodicamente ajustados às necessidades correntes.

Capítulo 8

Sistemas de registro

DESDE QUE SE começou a registrar a história em documentos, surgiu para o homem o problema de organizá-los. Entre os povos da Antiguidade, os habitantes da Mesopotâmia foram talvez os que mais documentos deixaram. Incansáveis escritores de cartas, seus escritos se conservaram, pois escreviam em materiais imperecíveis. Os tijolos de argila nos quais inscreviam caracteres cuneiformes eram cozidos em formas que os convertiam em pequenos tabletes, algo parecidos com o material usado hoje em dia nos telhados da Austrália. Nesses tabletes encontram-se não só cartas particulares, contratos de negócios, rituais religiosos, dissertações matemáticas, científicas e literárias etc., como documentos oficiais, isto é, correspondência, leis e grande número de regulamentos. Embora se haja descoberto milhares desses tabletes em escavações arqueológicas, nunca se percebeu que apresentassem qualquer ordem aparente. Presume-se que os tabletes eram acumulados em pilhas, ou melhor, eram acumulados como um monte de telhas e a indicação do conteúdo era inscrita nas bordas dos tabletes para evitar o manuseio desnecessário na busca de uma pilha.

O sistema de registro talvez seja o mais antigo sistema conhecido para conservar documentos em ordem. Esse sistema originou-se na Roma antiga, quando os magistrados começaram a fazer notas particulares chamadas *comentarii* dos assuntos de que tratavam diariamente. Essas notas logo se ampliaram, transformando-se em diários da Justiça ou *comentarii diurni*, nos quais se faziam lançamentos, em ordem cronológica, de todos os documentos recebidos ou expedidos, inclusive minutas de atos judiciais, provas submetidas pelos litigantes e outros documentos. Esses diários, cujos lançamentos eram aceitos como prova legal, passaram a ter um caráter oficial no fim da República romana e tornaram-se parte do acervo dos arquivos públicos. Sob a administração dos diversos imperadores que se seguiram, vários órgãos do governo mantiveram registros semelhantes aos diários de justiça. Os atos oficiais do imperador, por exemplo, registravam-se nos *comentarii principis*.

O costume romano de conservar registros de documentos expedidos influenciou fortemente os métodos adotados pela Igreja que, no sentido intelectual, foi o elemento de ligação do hiato entre o mundo antigo e o moderno, durante a Idade Média. Sendo a Igreja a única instituição estável nesse período de instabilidade, os reis e cavaleiros medievais confiaram-lhe seus valores, inclusive seus documentos. E como também fosse a única instituição onde se encontravam escribas, aqueles eventualmente confiavam sua correspondência, e, ao desincumbir-se desta tarefa, a Igreja adotava o uso dos antigos romanos. Guardavam as cartas recebidas na sua forma original constituindo uma série, e faziam cópias das cartas expedidas em livros separados.

Com a expansão das atividades dos governos depois da fundação dos reinos modernos, e principalmente depois do uso generalizado do papel na segunda metade do século XIV, o volume dos documentos aumentou consideravelmente. Criaram-se novos órgãos para cuidar das novas atividades que, geralmente, em todas as casas reais relacionavam-se com assuntos burocráticos, financeiros e judiciais. Criaram-se órgãos burocráticos ou chancelarias encarregados do trabalho documentário, isto é, encarregados de receber e preparar os documentos necessários à administração real. Daí nasceram os serviços de registro.

O sistema de registro primitivo consiste em guardar os documentos de um órgão em duas séries, uma constituída de papéis expedidos e outra de recebidos. A característica essencial do sistema, da qual se deriva o seu nome, é o registro. No serviço de registro protocolam-se os documentos na ordem em que se acumulam. Atribuem-se-lhes números consecutivos. Esses números são a chave para o controle dos documentos em ambas as séries, e constituem um meio de referência para o nome dos signatários e para os assuntos dos documentos; nos índices as pessoas e os assuntos são identificados pelos mesmos. Indicam a ordem dos documentos em cada série.

Num sistema de registro mais aperfeiçoado, os documentos de um serviço são guardados numa série que consiste de unidades de arquivamento nas quais tanto os documentos recebidos como expedidos são colocados juntos. Essas unidades são registradas numericamente na ordem em que se acumulam, e fazem-se índices para os nomes das partes e para os assuntos dos documentos cuja chave é o número das unidades de arquivamento.

Desde que o sistema de registro é um dos sistemas mais antigos imaginados para o trato de material documentário, o equipamento usado era o que originariamente mais se adequava e que durante séculos tem sido mais prontamente disponível para a guarda desse material — as estantes. Conquanto o uso de estantes não seja essencial à operação do sistema de registro, na verdade elas são empregadas na maioria dos países que usam esse sistema. Os documentos tratados por esse sistema, é óbvio, poderiam ser colocados em móveis como arquivos verticais, mas não há nenhuma vantagem especial nesse uso.

Evolução dos sistemas

Na Alemanha

Os serviços de registro, unidades administrativas governamentais responsáveis pela guarda e uso dos documentos oficiais, tiveram na Europa continental um desenvolvimento diferente do da Inglaterra. A diferença básica origina-se da sua posição na estrutura governamental. Na Europa a função burocrática de escrever e copiar cartas estava separada da de administrá-las. Criaram-se, aos poucos, serviços especiais conhecidos como *registries* para se ocuparem exclusivamente com o problema de preservar e tornar acessíveis os documentos correntes.*

Atualmente, os serviços de registro alemães são descentralizados por divisões. Há um registro para cada divisão de um ministério, o equivalente a um departamento do executivo do governo federal dos Estados Unidos. Os serviços de registro recebem de um serviço central a correspondência da divisão. Registram, ficham, encaminham aos funcionários competentes com os respectivos anexos, e depois, quando os recebem de volta, classificam-nos de acordo com um esquema de classificação estabelecido. Na execução

---

* N. do T.: Equivalem, no serviço público federal brasileiro, aos serviços de comunicações, órgãos incumbidos das funções de receber, registrar distribuir, expedir e arquivar a correspondência oficial e os papéis relativos às atividades dos ministérios, bem como prestar informações. São integrados pelos setores de recebimento e expedição, movimentação, informação e reclamações, e arquivo. Nesses serviços protocolam-se, ou seja, registram-se os documentos à medida que são recebidos ou expedidos.

desse trabalho mantêm: a) registros, que consistem em livros de tombo ou de fichários com entradas para os documentos *de per si*, em ordem numérica crescente; b) índices para os nomes das pessoas ou assuntos; c) esquemas de classificação, indicando os cabeçalhos de assuntos sob os quais os documentos estão fisicamente arranjados; e d) inventários, mostrando as pastas já abertas, segundo os esquemas de classificação.

Cada unidade consiste em uma pasta que contém toda a documentação sobre determinada matéria. Os documentos são presos às capas. Antigamente era hábito costurá-los; atualmente empregam-se processos mecânicos. Se houver um grande número de documentos sobre determinada matéria podem ser usadas várias capas para os conter. As capas são identificadas por números de chamada. Eram antigamente guardadas horizontalmente em escaninhos de estantes, mas nos últimos anos vêm sendo guardadas em arquivos verticais.

O sistema alemão de registro foi explicado aos arquivistas americanos pelo dr. Ernest Posner, que afirmou serem os serviços de registro intermediários entre as chancelarias e os arquivos, e existirem na Alemanha há mais de 300 anos, período durante o qual, ao mesmo tempo que se ocuparam do arranjo dos documentos públicos obsoletos, desenvolveram vários sistemas para classificação de documentos. Os primeiros sistemas, observa ele, mostravam uma tendência para "subdivisões super-racionalizadas e ultrarrefinadas", mas esses sistemas complicados foram sendo, gradativamente, substituídos por esquemas de classificação simples e lógicos.[37] As contribuições dos serviços de registro para a teoria e ciência arquivística foram habilmente expostas por Brenneke-Leesch em *Archivkunde*. Dois capítulos desse livro foram dedicados ao estudo dos princípios prático-indutivos de classificação que apareceram nos séculos XVI e XVII e os princípios racional-dedutivos do século XVIII.

De acordo com a moderna teoria arquivística alemã, os documentos oficiais são arranjados em classes pelos nomes das entidades físicas ou corporativas, pelos nomes das unidades geográficas ou administrativas (países, províncias, distritos, cidades etc.), pelo assunto ou pela data. Para se classificar um grupo de papéis combinam-se, em geral, dois ou mais métodos.

Nos atuais esquemas de classificação alemães usa-se em geral um sistema de quatro algarismos que é uma adaptação do Sistema de Classificação

---

[37] Posner, 1941:68, nota 25.

Decimal de Dewey. Nesses esquemas, o primeiro algarismo representa a divisão principal ou primária de assuntos, que geralmente designa os principais campos de atividades ou as maiores unidades administrativas; o segundo e o terceiro algarismos designam as divisões secundárias e terciárias, que representam as classes ou subclasses dos assuntos principais; e as próprias unidades de arquivamento, que geralmente são agrupadas em relação a tópicos individuais, são designadas pelo quarto algarismo. Não se permite mais de 10 agrupamentos por tópicos individuais sob os quatro algarismos, de modo que o uso do ponto decimal, depois do algarismo, em geral é desconhecido. Um exemplo do sistema de quatro algarismos usado no serviço postal da Alemanha é o seguinte:

2 — Serviço e operação postal
    22 — Regulamentos postais internos
        220 — Acordos com administrações postais estrangeiras
            2201 — Primeira pasta geralmente identificada por um tópico
            2202 — Segunda
            2203 — Terceira

As repartições governamentais de menor vulto podem usar um sistema semelhante de apenas três algarismos, enquanto as mais complexas precisarão recorrer ao quinto algarismo. Criaram-se esquemas de classificação uniformes para todas as dependências dos departamentos, de modo que tanto nos serviços distritais e regionais, quanto nos serviços centrais os documentos pertinentes a uma mesma matéria são classificados da mesma maneira.

Os esquemas de classificação preveem a separação dos documentos referentes à criação e à organização do órgão, à sua administração interna e ao seu pessoal, dos documentos pertinentes às suas funções e à execução das mesmas. Na classificação de documentos pertinentes a funções, além disso, faz-se uma separação entre os assuntos gerais e de diretrizes, de um lado, e os materiais referentes à aplicação das diretrizes a casos individuais, do outro.

Na Inglaterra

Originariamente, confiava-se ao capelão do rei a tarefa de escrever as cartas reais. Mais tarde, essa tarefa passou a ser executada pelo chanceler que tratava de todos os negócios da casa real. Em 1199, este começou a prática do arrolamento, isto é, de guardar, em rolos de pergaminho, as cópias das cartas mais importantes por ele expedidas. Inicialmente, só as cartas importantes eram copiadas, mas, aos poucos, as menos importantes foram também sendo reproduzidas em forma resumida. Gradativamente passou-se a fazer cópias também das cartas recebidas, de modo que as entradas nos rolos, ou registros, começaram a ser divididas com o correr do tempo, em recebidas, expedidas e internas. Os rolos passaram a ser considerados como tendo o mesmo valor dos documentos originais recebidos para efeitos de prova, da mesma maneira que os *comentarii* da Roma antiga, e, assim, passou-se a usá-los em vez dos originais na maioria das transações. Os originais dos documentos entrados nos rolos foram, por essa razão, negligenciados como documentos subsidiários. Os documentos, cuja relação com os rolos não pode ser estabelecida, foram chamados de "Miscelânea Antiga".

V. H. Galbraith, no seu trabalho *Introduction to the use of the public records*, trata detalhadamente das várias séries de rolos que foram criadas pela Chancelaria, pela Fazenda e pelos tribunais de Justiça. Os rolos da Chancelaria, que começaram como uma série, dividiram-se mais tarde em três séries principais. A primeira destas foi a série dos *Charter rolls*, ou concessões de privilégios a casas religiosas, cidades e corporações; a segunda foi a série dos *Patent rolls*, ou cartas dirigidas com a grande chancela real aos senhores feudais, e a terceira foi a série dos *Close rolls*, ou cartas enviadas com a chancela real a pessoas particulares para fins privados, não sujeitos a inspeção pública. Essas divisões principais dos rolos da Chancelaria continuaram durante séculos, embora outras séries hajam sido formadas, entre as quais estavam os *Fine rolls*, contendo a escrituração de rendas (ou multas) pagas ao rei pela doação de terras e os *Liberate rolls*, contendo vales emitidos autorizando o Tesouro a fazer pagamentos a terceiros. As principais séries de rolos do *Exchequer*, órgão encarregado das finanças originário da casa real, eram os *Pipe rolls*, os *Receipt rolls* e os *Memoranda rolls*. Os mais conhecidos de seus documentos é o *Domesday book*. As principais séries de rolos dos tribunais de Justiça que representavam o órgão judicial destacado da casa real eram os *Curia regis* e os *Plea rolls*.

No sistema de registro inglês os rolos constituíam assim os registros e eram mantidos nas unidades governamentais onde as operações a que pertenciam eram realizadas. Não apenas a forma de registro era diferente da forma dos registros do continente, mas também os serviços de registro tinham um caráter diferente. Não eram serviços separados como na Alemanha, aos quais se atribuía o cuidado de arquivos inativos. Na Inglaterra, por isso, houve pouca oportunidade para se criarem teorias sobre a classificação de documentos inativos, pois estes eram tão somente relegados, como dissemos no primeiro capítulo, a lugares onde não estorvassem. Quando no século XIX os antigos órgãos do governo inglês foram substituídos pela organização departamental atual, foi introduzido o moderno sistema de registro. Conquanto tivesse certas características dos sistemas de registro da Europa continental, foi aplicado sem referências a princípios de classificação tais como os desenvolvidos no continente através de uma experiência secular. Atualmente, os registros ingleses são, em geral, descentralizados por divisões, como na Alemanha. Geralmente, cada divisão recebe sua mala de correspondência de um serviço central do departamento ou ministério e é responsável pelo registro, classificação, fichamento e guarda dos documentos. Na classificação dos documentos, em geral, dividem-se os papéis em dois grupos: pastas individuais e de assuntos (*case files* e *subject files*). O termo *files* possui, na Inglaterra e na Austrália, um significado inteiramente diferente do dos Estados Unidos.

Um *file* comumente consiste em um certo número de papéis que são reunidos e colocados em pastas ou em capas. É o menor agrupamento material que se faz num serviço de registro. Este faz-se, em geral, com referência a pessoas, organizações ou lugares ou a assuntos no mais abstrato significado de tópicos, ideias, acontecimentos, conceitos etc. Na Inglaterra os papéis relativos a assuntos são agrupados em pastas na base da regra de "cada assunto, uma pasta"; papéis relativos a organizações, pessoas e coisas semelhantes são agrupados na base de "cada pessoa, uma pasta" ou "cada organização, uma pasta" e assim por diante.

As pastas não são agrupadas em classes tão cuidadosamente definidas como as do sistema de registro alemão. Em alguns serviços de registros as pastas não são absolutamente classificadas por assuntos, mas tão somente mantidas na sequência numérica em que são criadas. Em tais casos são apenas fichadas por títulos, isto é, pela palavra-"chave" do assunto do mesmo. Na maioria dos registros, entretanto, foram elaborados esquemas de classificação segundo os quais as pastas são classificadas sob cabeçalhos principais e subdivisões dos cabeçalhos principais. Os cabeçalhos, em geral, derivam de uma análise dos assuntos das pastas. São classificadas à medida que vão sendo criadas, e não depois que tenham sido devolvidas ao serviço de registro, como na Alemanha. Os sistemas empregados para a correspondência das seções do Serviço de Negócios Estrangeiros (Foreign Office) podem servir para ilustrar o método de classificação:

111 Grupos de assuntos
135   primários ou
148   secundários
      1481 Primeira pasta do grupo 148
      1482 Segunda pasta do grupo 148
      1483 Terceira pasta do grupo 148
         1481/37 Primeira pasta do grupo 148 que pertence a um país cujo símbolo é 37
         1482/37 Segunda pasta do grupo 148 referente ao mesmo país

Na Austrália

O registro australiano é consequência do sistema de guardar documentos recomendado pelo British Colonial Office para os documentos das secretarias coloniais na Austrália. Na administração colonial os secretários ocupavam lugares de destaque. Não eram apenas funcionários administrativos importantes que, praticamente, tomavam conhecimento de todos os negócios oficiais, mas também os responsáveis pelo registro (*registrars*), pois praticamente todos os documentos passavam por suas mãos. Pelo sistema de registro cujo uso lhes era recomendado, a correspondência recebida era arquivada separadamente e as cópias de cartas expedidas eram conservadas em livros de correspondência. Muitas vezes criavam-se séries para despachos recebidos ou expedidos para a Secretaria de Estado das Colônias, em oposição àquelas para e de outros correspondentes. Cada carta ou despacho recebido era lançado, na ordem de recebimento, num registro, do qual constava o número do documento, datas de expedição e de recebimento, assunto e providência tomada. A carta ou despacho era também registrada num livro-índice, que era subdividido alfabeticamente em seções segundo os assuntos principais com que lidava a repartição.

Segundo o atual sistema de registro, geralmente usado tanto no governo federal quanto nos estaduais, reúnem-se os documentos recebidos e expedidos em pastas, da mesma forma que na Inglaterra. O *file* australiano quase se equivale ao dossiê quando se refere a pessoas específicas, organizações e coisas semelhantes; pois o dossiê foi definido por Fournier como "uma coleção de peças relativas a um *affair*" que "deve ser homogêneo, o que equivale a dizer que não deve conter nada mais do que documentos sobre um mesmo assunto e pode consistir tanto de uma única, quanto de um grande número de peças".[38] Isso não ocorre quando uma pasta se refere a um assunto de alcance mais amplo do que a matéria específica, como seja o de uma pasta relativa a uma política diretriz, organização, norma ou um tópico de interesse de muitas pessoas.

Para estabelecer as pastas, segue-se, de modo geral, o princípio inglês de "cada assunto, uma pasta". Um papel, assim que entra no registro, é colocado como o primeiro documento de uma nova pasta quando se relaciona a um novo assunto ou pessoa. Se, por outro lado, refere-se a assunto de que já se tratou previamente, é simplesmente carimbado, acrescentado à pasta adequada, e recebe o número de folha (número do documento dentro da pasta). Os papéis não são necessariamente colocados ou classificados em grupos estabelecidos antes que os documentos sejam criados como no caso do sistema de registro alemão, sob o qual todos os documentos são agrupados em classes preestabelecidas.

As próprias pastas são arranjadas quer sob sistema muito simples, quer sob sistema muito complexo. O sistema mais simples, conhecido como o sistema de número único, é um sistema pelo qual cada pasta, à medida que é criada, recebe um número e é então colocada em sua ordem numérica. A sequência numérica é geralmente recomeçada no início de cada ano, sendo os números precedidos da indicação do ano — exemplo: 54/2356. Vários instrumentos de busca são, é claro, necessários para ajudar a localizar as pastas arquivadas dessa forma simples. Esses instrumentos consistem, habitualmente, em um índice de nomes de pessoas que identificam as pastas que, na Inglaterra, seriam chamados *case files*, e um índice de precedentes que identifica determinadas pastas, por assuntos ou de nomes, que contêm matéria que fixa política.

O sistema de numeração simples, advogado pelo Commonwealth Public Service Board no seu manual de serviço *Records procedures*, está tendo gran-

---

[38] Fournier, 1924:2-3.

de aceitação nos serviços australianos. Aquele conselho afirma que enquanto o controle numérico das unidades de arquivo é essencial à perfeita correlação dos assuntos contidos nas pastas de uma organização, cujas funções e atividades mudam com frequência, não pode ser satisfatoriamente incluído numa classificação formal rígida que se aplique às pastas individuais. Será sempre impossível classificá-las minuciosamente tomando-se por base o primeiro papel relativo a uma determinada operação. O sistema numérico, como é hoje aplicado, transfere a classificação do assunto para o índice de assuntos. O controle do índice é feito por uma lista autorizada de cabeçalhos adotados e que podem ser modificados sem afetar o agrupamento numérico das próprias pastas. As referências adicionais ou modificações nos assuntos de cada pasta podem ser feitas sem afetar o seu agrupamento numérico. As referências adicionais ou as nuances dos assuntos de cada pasta podem ser feitas na medida em que o conteúdo se acumule sem modificar o número da pasta e sem duplicar documentos. Na lista de cabeçalhos, os assuntos são divididos em classes como nos esquemas de classificação para arquivos. Um trecho de uma lista de cabeçalhos de assuntos feita pelo serviço central do Department of Labour and National Service, da Austrália, é reproduzido aqui:

Cabeçalhos principais	*Cabeçalhos secundários e subcabeçalhos*	*Instruções*
Aprendizagem	1. Comissões 2. Traslados e comprovantes	Ver também "Indústria e profissões"
Arbitragem	1. Acordos 2. Laudos e decisões	Ver também "Ofícios e profissões"
	.01 Serviço Público Federal	
	3. Salário base 4. Infrações e instauração de processos 5. Julgamentos 6. Salários e limites salariais	Ver também "Custo de vida"

O emprego de uma lista desse gênero pode ser observado seguindo-se as várias fases do registro de um processo. Segundo os métodos recomendados pelo Conselho do Serviço Público da Austrália, uma nova pasta é aberta (ou criada) quando se recebe uma carta ou qualquer papel sobre um novo assunto ou pessoa. O expediente é em primeiro lugar encaminhado ao classificador, que, baseado na lista de cabeçalhos aplicáveis, determina aquele sob o qual deve ser fichado, depois de protocolado e devidamente carimbado. Encaminha-se então a um funcionário que o coloca numa pasta, em cuja capa anterior anota o número de protocolo (*file number*), isto é, o próximo número consecutivo e o assunto. O funcionário então registra-o num fichário (*file register*), cujas fichas contêm, cada uma, cerca de 10 títulos (*file titles*) em ordem numérica e nas quais se anota o movimento subsequente do processo pelo ministério. Depois de lançado na ficha de registro, o processo passa para o encarregado do índice, que lança o título do processo na ficha apropriada, num índice arranjado na mesma ordem da lista de cabeçalhos. Fazem-se referências cruzadas (em tinta de cor especial) para outras fichas de assuntos correlatos. Um outro funcionário prepara o índice de nomes de pessoas interessadas no processo. A pasta é então encaminhada ao serviço ou funcionário competente, que, depois de terminar seu trabalho com a mesma, ou a devolve ao serviço de registro ou a encaminha a outro serviço ou funcionário por meio de uma nota na capa do processo. O movimento é, em geral, feito através do serviço de registro, onde novos papéis são juntados e onde são despachadas as cartas expedidas e, se necessário, são feitas alterações nas entradas do índice de assunto. Depois da volta definitiva ao serviço de registro, o processo é analisado por um revisor, que faz quaisquer entradas necessárias no índice de precedentes, faz as correções exigidas no índice de assuntos e indica os eventuais atos de destinação, mediante consulta à "tabela de descarte", baseada na lista de cabeçalhos e que foi devidamente aprovada pela autoridade competente.

Nos sistemas de classificação mais complexos, chamados de numeração múltipla ou de três algarismos, as pastas podem ser agrupadas em duas ou mais classes, mas colocadas em cada uma dessas classes, na sequência numérica em que são criadas. Em muitos serviços de registro os novos grupos de assunto, como no caso de novos processos, são criados à medida que se tornem necessários, o que resulta serem os grupos de assuntos principais e secundários frequentemente muito numerosos. Nos departamentos maiores, como o Departamento da Marinha, os numerosos cabeçalhos de assuntos foram organizados em grandes grupos correspondentes às funções dos vários setores dos departamentos.

As várias classes em que se agrupam os processos são em geral indicadas por números. Esse método pode ser ilustrado por meio da produção de um trecho do sistema de classificação do Departamento dos Correios:

> 232 Serviço de Encomendas, que é assunto principal
>   232/2 Aden, que é um assunto secundário do Serviço de Encomendas
>   232/4 Canadá, que é outro assunto secundário do mesmo serviço
>   (neste exemplo todos os assuntos secundários dizem respeito a países e áreas geográficas)
>   232/2/1 Primeira pasta sob Serviço de Encomendas
>   232/2/2 Segunda pasta sob Serviço de Encomendas

Há, é lógico, muitas variantes do sistema de múltipla numeração. Podemos usar letras ao invés de números, como símbolos para indicar a classificação principal de assuntos. Podem-se usar esquemas de classificação, às vezes variantes do Sistema de Classificação Decimal de Dewey, para dividir as pastas em várias categorias de assuntos. O uso desses sistemas pode ser ilustrado da maneira seguinte:

> 300 Finanças
>   300/20 Bancos (um assunto secundário sob Finanças)
>   300/20/1 Primeira pasta sob Finanças, Bancos
>   300/20/2 Segunda pasta sob Finanças, Bancos

No sistema de numeração múltipla, o processo de registro é idêntico ao descrito sob o sistema de numeração simples, exceto no ponto em que os novos processos são registrados em fichas de assunto ou em folhas soltas ordenadas segundo o esquema de classificação de assunto. Mantêm-se também índices de nomes e muitas vezes de assuntos específicos para esses sistemas.

Características dos sistemas

Há diversas características do sistema de registro que devem ser observadas. A maioria delas advém da composição física das unidades de arquivamento e dos métodos de ordená-las.

As unidades de arquivamento têm algumas características de livros. Em geral contêm toda a documentação de um assunto específico de acordo com a regra "cada assunto, uma pasta". Quando surge um assunto no curso das atividades oficiais, todos os documentos a ele pertinentes são reunidos e presos, em ordem cronológica de sua produção, em pastas ou capas. Dentro da unidade de arquivamento todos os documentos são, em geral, numerados.

As unidades de arquivamento australianas foram descritas da seguinte maneira:

"Cada pasta de arquivo de um ministério é, por si só, uma fração da história da atividade do ministério. Cada processo é, na sua apresentação física, um apanhado de papéis presos dentro de uma capa de cartolina na qual se escrevem o título e os números de referência dos mesmos. Os papéis são anexados, um por um, à medida que as operações com as quais a pasta se relaciona vão sendo executadas. Uma pasta pode ser extremamente delgada ou pode ter várias polegadas de espessura. Pode ser limpa, perfeitamente ordenada e bem-cuidada ou pode ser uma massa desleixada de papéis descuidadamente compilada e manuseada."[39]

As unidades de arquivamento são tratadas como livros enquanto têm uso corrente. Os documentos nelas inclusos, geralmente, existem numa única via. Não se extraem cópias para fins de referência no sistema de registro com a mesma liberalidade com que são extraídas nos sistemas de arquivamento americanos. Dá-se carga das próprias unidades de arquivamento para os serviços e o andamento é controlado à medida que passam de serviço para serviço. Durante a sua tramitação, até que retornem ao serviço de registro, todos os documentos componentes das unidades de arquivamento são mantidos juntos.

As unidades de arquivamento são também guardadas em estantes, como livros. Tanto são conservadas em posição vertical quanto horizontal, em ordem numérica ou classificada.

A classificação das unidades de arquivamento tanto pode ser feita antes quanto depois de terem passado pelas mesas de trabalho, isto é, podem ser pré-classificadas ou pós-classificadas. Quando pré-classificadas são distribuídas em classes, de acordo com um esquema de classificação, à

---

[39] Hasluck, 1951:2.

medida que são produzidas. São também pré-classificadas se indexadas de acordo com uma "lista de cabeçalhos", como foi recomendado pelo Conselho do Serviço Público da Austrália, pois o índice em fichas mostrará que unidades de arquivamento se referem a determinados assuntos. Quando pós-classificadas são distribuídas em classes depois que o trabalho com as mesmas esteja ultimado.

As unidades de arquivamento, da mesma maneira que os livros, são em geral unidades indivisíveis. Cada uma, individualmente, contém a documentação sobre um assunto específico. No seu conjunto as unidades têm uma certa afinidade, ou relação, tão somente por serem produzidas por um mesmo serviço, ou em consequência de uma determinada atividade, ou em relação a um assunto mais geral. O valor das unidades de arquivamento, no seu conjunto, pode ser julgado quer pela importância do órgão que as produziu, isto é, a importância do autor das mesmas, quer pela importância da atividade que resultou na sua produção, ou do assunto a que se referem, ou seja, a importância do conteúdo das mesmas. O valor das unidades de arquivamento, individualmente, pode, algumas vezes, ser aquilatado pelos seus títulos, da mesma maneira que livros o são pelos seus. Considerando que os títulos e cabeçalhos de assuntos atribuídos às unidades de arquivamento são, muitas vezes, desprovidos de sentido ou falhos — da mesma forma que o são os de livros —, os méritos do conteúdo de tais unidades muitas vezes devem ser julgados pela análise dos documentos nelas contidos.

O problema das atividades de um serviço de registro, no que concerne ao uso corrente ou à destinação dos documentos, reduz-se a um problema de classificação — agrupar os documentos individuais em unidades de arquivamento e agrupar essas unidades em relação a atividades e assuntos. Se os itens inclusos nas unidades de arquivamento estiverem agrupados de maneira acertada, as unidades podem ser avaliadas individualmente, como livros, na prateleira de uma biblioteca, pelos seus títulos. Se as unidades de arquivamento, por sua vez, estiverem agrupadas acertadamente, podem ser avaliadas, como classes de livros de uma biblioteca, de acordo com o esquema de classificação pelo qual estão organizadas.

As principais características de um sistema de registro sob o ponto de vista de arquivo, segundo as conclusões do Seminário de Administração de Arquivos (Archives Management Seminar), realizado pelos arquivistas australianos, em Camberra, de 12 a 23 de julho de 1954,[40] são as seguintes:

- deve ser planejado em relação às funções e atividades do ministério;
- deve, tanto quanto possível, refletir a organização do ministério;
- devem os grupos de documentos relativos a atividades específicas ser destacados do corpo principal de documentos registrados, se seu volume e sua característica o justificam;
- devem os diversos níveis de valores ser claramente identificados no esquema de assuntos, devendo o arquivista (entenda-se arquivista do arquivo de custódia) ser consultado durante a sua elaboração, para assegurar condições satisfatórias de destinação; e
- não se devem registrar, de início, os documentos de valor puramente efêmero.

---

[40] Australia, Commonwealth National Library, Archives Division, 1954:1.

CAPÍTULO 9

Sistemas americanos de arquivamento

Os MODERNOS SISTEMAS americanos de arquivamento distinguem-se dos sistemas de registro pelo fato de não usarem registros ou protocolos, isto é, livros ou fichas nos quais se anota a entrada e o movimento dos documentos durante o seu uso corrente. Noutros pontos esses dois sistemas, por vezes, muito se assemelham. Em alguns serviços de registro alemães modernos os documentos são arranjados segundo o Sistema da Classificação Decimal de Dewey, devidamente adaptado, sendo os papéis registrados agrupados nas menores classes do sistema e guardados em arquivos verticais, em vez de serem numerados e colocados nas estantes como geralmente se procede nos sistemas de registro. No seu aspecto exterior as unidades de arquivamento (*files*) desses serviços são exatamente iguais às dos serviços de arquivos correntes americanos (*file rooms*). A única diferença aparente é que os serviços alemães usam o registro ou protocolo para controlar a entrada e o movimento de papéis, mas ainda aqui a diferença pode ser considerada mais aparente do que real, pois os serviços de arquivos correntes americanos podem se valer dos arquivos de prosseguimento ou fichas-lembretes (*tickler cards*) ou de qualquer outro dispositivo semelhante, para conseguir o mesmo controle. Nos arquivos de movimento americanos, por outro lado, as unidades de arquivamento, tais como os processos ou pastas individuais (*case files*), são muitas vezes arranjados em ordem numérica, exatamente como o seriam, normalmente, nos arquivos alemães, os papéis protocolados ou registrados.

Os modernos sistemas americanos de arquivamento, entretanto, comumente também diferem dos vários sistemas de registro na maneira pela qual se dispõem fisicamente os documentos. Estes, nos sistemas americanos, são arranjados sob uma variedade de métodos que só podem ser empregados com eficiência quando se dispõe de certos tipos de equipamento, bem como duplicadores de documentos e outros materiais. Nos sistemas de registro, as unidades de arquivamento são em geral ordenadas em sequência numérica; nos sistemas modernos de arquivamento, são ordenadas alfabeticamente por nome, lugar ou assunto, ou segundo esquemas de classificação de assuntos, ou ainda numericamente. Além disso, nos sistemas americanos de arquivamento, os documentos são controlados, enquanto de uso corrente, pela maneira como são arranjados, e não pelo emprego de registros. De modo geral os documentos se apresentam numa ordem direta que dispensa índices — são autoindexáveis. Recorre-se a guias ou outros auxiliares para indicar a localização dos documentos nos arquivos, embora em certos sistemas haja necessidade de se preparar índices. Na maioria dos sistemas americanos, além disso, descentralizam-se os documentos a tal ponto que se dispensa o uso de registros para um controle rigoroso do movimento dos mesmos. Essa descentralização só se torna possível pelo emprego de diversos métodos de duplicação.

Neste capítulo é nosso intento analisar, rapidamente, em primeiro lugar, as origens dos sistemas americanos de arquivamento, mostrando como evoluíram dos sistemas europeus de registro; em segundo, a evolução dos sistemas modernos de arquivamento, tratando particularmente das preliminares essenciais ao seu aparecimento, tais como o desenvolvimento do equipamento e materiais de reprodução e de arquivo; e, em terceiro lugar, os vários tipos de sistemas de arquivamento modernos, mostrando as características essenciais de cada um.

Origem dos sistemas

As práticas primitivas, tanto americanas quanto australianas, provavelmente tiveram origem nas instruções do governo britânico, ou pelo menos correspondem muito de perto à prática daquele governo. Os documentos das administrações coloniais americanas foram, sem dúvida, conservados pelo sistema de registro. Assim é que uma lei de Massachusetts, de 1665, faz referência a "*Rolls Recorts, or Registrer*"[41] de vários tribunais e órgãos, enquanto uma resolução da Câmara Legislativa de Maryland, em 1740, faz referência a "*records, enrollments, public registries and offices of this province*".[42]

---

[41] Daneet alii, 1914:181-3.
[42] Maryland Historical Society, 1921:547.

Quando se instaurou o governo federal nos Estados Unidos, adquiriu este "todos os livros, documentos e papéis" do governo anterior — o Congresso Continental, constituído sob os artigos da Confederação.⁴³ Tais "livros, documentos e papéis" consistiam de volumes manuscritos e de papéis avulsos. Os volumes manuscritos eram de diversos tipos: a) os que continham cópias de documentos expedidos que tratavam de assuntos internos; b) os que continham cópias de documentos expedidos que tratavam de assuntos estrangeiros; c) os que continham cópias de documentos recebidos sobre assuntos estrangeiros, tais como "as cartas recebidas dos ministros americanos no exterior"; e d) os que continham diário borrão (*rough journal*) do Congresso Continental. Os papéis avulsos que incluíam documentos importantes tais como os artigos da Confederação, a Declaração de Independência e a Constituição, consistiam, em sua maioria, de cartas dirigidas ao presidente do Congresso, expedidas por representantes no exterior, comunicações oficiais das diversas nações, relatórios de comissões e credenciais dos delegados. O sistema adotado pela secretaria do Congresso Continental era semelhante ao empregado pelo governo inglês naquela época. Pode-se observar que as séries de documentos mantidas por aquela secretaria têm uma semelhança marcante com as mantidas nas secretarias coloniais australianas.

Logo em seguida à posse do presidente Washington, em 30 de abril de 1789, os "livros, documentos e papéis" do Congresso Continental foram entregues ao Departamento de Estado, da Guerra e ao Tesouro, então criados. Esses departamentos, de modo geral, seguiram os métodos de conservação de documentos do governo precedente, simplesmente fazendo acréscimos nas séries de documentos que já existiam.

Segundo Helen L. Chatfield, o primeiro sistema de arquivamento que empregaram era "simples e primitivo" e tinha as seguintes características gerais:⁴⁴ criavam-se, comumente, três séries principais de documentos: a) cartas recebidas; b) cartas expedidas; e c) papéis miscelânea. As cartas entradas eram, em geral, numeradas na ordem do seu recebimento, e dobradas e provavelmente amarradas em pacotilhas. As cartas expedidas eram transcritas em copiadores. Mantinham-se registros, em muitos casos, para

---

⁴³ Lokke, 1954:1.
⁴⁴ Chatfield, 1950:261.

ambas as séries, bem como preparavam-se, para ambas, índices, a princípio em forma de livros e mais tarde em fichas. Os papéis ditos miscelânea eram, em geral, arquivados em várias séries; algumas relacionavam-se com assuntos de administração interna e outras com atividades especiais.

A aplicação desse sistema — que é uma forma primitiva do sistema de registro, pode ser mais bem ilustrada se analisarmos os documentos do Departamento de Estado. A correspondência diplomática desse departamento consiste, principalmente, de duas séries: a) os despachos recebidos de representantes no estrangeiro, que eram mantidos na sua forma original e também em forma de cópias "registradas" em livros de cartas a partir da época do Congresso Continental, e b) as instruções expedidas aos representantes no estrangeiro, que eram copiadas em livros, em série cronológica até 1820, e daí em diante em várias séries, segundo o país. A correspondência consular segue uma forma semelhante: a) despachos; e b) instruções. As "cartas locais", uma continuação das *American letters* do Congresso Continental, consistiam em respostas às cartas recebidas pelo departamento, que eram copiadas em livros de cartas. A série "miscelânea" consistia em cartas originais recebidas. Essas séries principais de correspondência foram mantidas praticamente sem interrupção durante todo o século XIX, embora se acrescentassem novas séries miscelâneas, à medida que o âmbito das atividades do departamento aumentava. "No campo das relações exteriores, ao menos", segundo o dr. Carl L. Lokke, "o novo governo não se desligou abruptamente do antigo", na manutenção das séries de documentos.[45]

Originariamente os documentos do Departamento da Guerra eram arranjados da mesma maneira que os do Departamento de Estado. As cartas recebidas eram conservadas como uma série separada. Eram dobradas e provavelmente mantidas em maços entre papelões. Já em 1835 os regulamentos do Exército determinavam: "cada carta será dobrada em três partes iguais..."[46] As cartas expedidas eram copiadas em livros de cartas, já citados como uma "venerável instituição do Exército e ponto de estrangulamento da correspondência".[47] Mantinham-se registros tanto para as

---

[45] Lokke, 1954:3.
[46] United States. *General regulation of the Army of the United States*. Washington, 1835. art. 41.
[47] Riepma, 1941:182.

cartas recebidas quanto para as expedidas. Pouco tempo depois, entretanto, o Departamento da Guerra criou séries especiais que se relacionavam com os principais componentes do Exército — os homens que compunham suas unidades militares, as provisões de que se alimentavam e os equipamentos com que lutavam. As atividades relativas a pessoal militar e abastecimento aumentaram com as guerras. A guerra de 1812, as guerras com os índios, a Guerra Civil, e assim por diante. Muitas das operações relativas a homens e provisões tornaram-se rotineiras e repetitivas, de modo que podiam ser registradas em fórmulas. O desenvolvimento das fórmulas no Ministério da Guerra ilustram de maneira impressionante como certos formulários se dividem e se subdividem em novos para tratar das várias fases de uma atividade em expansão.

O Departamento do Tesouro, o terceiro ministério executivo inicialmente criado para onde se transferiram os "livros, documentos e papéis" do Congresso Continental, tinha as séries de documentos de costume: os copiadores de cartas, os papéis dobrados não encadernados e os livros de registros, assim como séries especiais de volumes enormes e incômodos intitulados diários, razão e borrador. Os outros ministérios do Executivo — Marinha, Justiça, Interior, Agricultura, Comércio e Trabalho — percorreram toda a gama de métodos usados para tratar documentos. Os ministérios mais antigos começaram pelo sistema de registro, os mais novos adotaram os sistemas de arquivamento por ocasião de sua criação.

Evolução dos sistemas modernos

Fazia-se mister a existência de certas condições físicas para a criação e a manutenção de documentos antes de aparecerem os modernos sistemas de arquivamento. Os novos métodos de duplicação e de arquivamento foram importantes preliminares na criação dos sistemas modernos de arquivamento. Isso se explica da seguinte maneira: em primeiro lugar, antes que os papéis expedidos e recebidos pudessem ser combinados numa única unidade de arquivamento, seria necessária a existência de cópias dos papéis expedidos e, por isso, deveriam existir meio de obtê-las. Em segundo lugar, antes que pudessem ser instituídos sistemas para o arranjo das unidades em outra ordem que não a numérica, deveria existir equipamento material pelo qual estas pudessem ser prontamente agrupadas e reagrupadas à proporção que novo material era incorporado, e era necessária a existência de material de arquivamento de forma que tornasse evidente o seu agrupamento.

Consideremos, em primeiro lugar, a relação existente entre os métodos de duplicação e o aparecimento dos sistemas de arquivamento. O primeiro invento usado para produzir cópias de documentos expedidos foi a prensa copiadora, inventada em 1780 por James Watt (1736-1819), o inventor da máquina a vapor. Naquela época foi um invento de grande utilidade prática na cópia de manuscritos. Empregava-se uma tinta glutinosa e imprensava-se a página escrita contra uma folha úmida de papel fino. Tanto George Washington como Thomas Jefferson usaram esse invento. Washington recebeu uma dessas máquinas de presente de John de Neufville & Son, comerciantes holandeses que abasteceram o *Bon Homme Richard* para John Paul Jones.[48] Esse invento foi usado pela primeira vez no governo federal em 1970, no Departamento de Estado, que, em 21 de abril daquele ano, pagou a *monsieur le prince* 20 libras "por uma prensa copiadora e aparatos de copiar cartas". Antes da Guerra Civil, alguns setores do Departamento da Guerra e da Marinha usavam-na para obter cópias de segurança de vários tipos de documentos, a maioria das quais também era transcrita em copiadores. Com o aparecimento de tinturas anilinas, que tornaram as tintas mais permanentes, as prensas copiadoras vieram a ser adotadas em muitas repartições do governo. Tiveram uso generalizado no Ministério da Guerra durante a Guerra Civil e nos demais órgãos da administração federal, cerca de 10 anos mais tarde. Em 1887, quando a Comissão Cockrell sobre os Métodos de Trabalho nos Departamentos do Executivo (Cockrell Committee on Methods of Business in Executive Departments) recomendou que se abandonasse a prática de transcrever em livros, cartas prensadas em copiadores, as prensas copiadoras haviam se tornado um utensílio de escritório muito comum. No começo do século XX empregaram-se motores elétricos para movimentá-las. Essas máquinas caíram em desuso na maioria das repartições federais em 1912, quando a Comissão Taft de Economia e Eficiência (Taft Commission on Economy and Efficiency) instou pelo uso da máquina de escrever para os trabalhos de cópias.

A máquina de escrever, inventada em 1868, foi usada pela primeira vez no governo federal em 1874. No dia 13 de novembro daquele ano o Ministé-

---

[48] Fitzpatrick, 1931-44, v. 1, p. x.

rio da Guerra comprou uma de Sholes & Glydden por US$125. As máquinas de datilografia tiveram emprego generalizado nas repartições federais já no fim do século XIX, quando os modelos foram melhorados, permitindo que o datilógrafo visse o trabalho à medida que batia. Não foram, entretanto, imediatamente usadas para produzir cópias de documentos. Os primeiros papéis-carbono eram oleosos e não fixavam bastante. Os carbonos permanentes só começaram a aparecer depois de 1905, quando a cera de carnaúba do Brasil foi pela primeira vez usada para dar estabilidade às tintas do carbono. Em 1912 a Comissão de Economia e Eficiência (Commission on Economy and Efficiency) criada por lei do Congresso, de 25 de junho de 1910, e nomeada pelo presidente William Howard Taft, recomendou "que cópias de carbono devem constituir o registro da correspondência expedida e que não se continuem as cópias prensadas".[49] Por fim a máquina de escrever e o papel-carbono revolucionaram o trabalho de escritório. Foi a primeira de uma série de máquinas para duplicar documentos que apareceram no início do século XX. As primeiras destas foram inventos mecânicos como o mimeógrafo e o hectógrafo. A estas seguiram-se inventos fotográficos dos quais o mais conhecido é a fotostática e agora começam a aparecer os inventos eletrônicos.

Abordaremos, a seguir, a importância do equipamento de arquivo em relação ao desenvolvimento dos sistemas de arquivamento. Os pontos-chave desse equipamento são a facilidade de novas inserções e a expansão. As prateleiras admitem facilmente inserções, mas só permitem expansões nas extremidades. No início do século XIX as cartas e demais papéis do governo, exceto os copiadores e registros, eram em geral dobrados e amarrados em pacotilhas e colocados nas prateleiras, ou, em alguns casos, como no Departamento da Marinha, em arcas. Em 1868 inventaram-se dois tipos de equipamentos de arquivo. Ambos tiveram uma influência relevante nos métodos de arquivamento. Ambos permitiam expansões em qualquer ponto, com o mínimo trabalho.

O primeiro desses equipamentos foi um arquivador (*file holder*) inventado por E. W. Woodruff que consistia de uma caixa de madeira com cerca de 3,5" (8,89cm) de largura por 8" (20,30cm) de altura, na qual os documentos dobrados podiam ser colocados obedecendo a uma sequência. Boa parte da

---

[49] United States, President's Commission on Economy and Efficiency, 1912:7.

correspondência recebida do governo federal foi colocada nesses arquivadores nos 40 anos que se seguiram à sua invenção.

O segundo tipo de equipamento de arquivo consistiu de arquivos verticais do tipo moderno. O primeiro a aparecer no mercado antes que as repartições federais estivessem preparadas para adotá-lo foi produzido pela Amberg File and Index Company em 1886.[50] Vinte e cinco anos mais tarde, em 1893, Nathaniel S. Rosenau, secretário de uma organização de caridade em Búfalo, estado de Nova York, inventa um arquivo vertical. Seu equipamento, semelhante aos arquivos de hoje em dia, foi feito para acomodar as pastas de arquivo, isto é, os relatórios e papéis dos agentes visitadores de sua organização preparados para os que recebiam benefícios. O sistema pelo qual esses documentos eram organizados, empregando guias e pastas, foi melhorado em 1892, pelo Library Bureau, organização fundada em 1876 por Melvil Dewey para atender aos interesses dos bibliotecários. Os arquivos do dr. Rosenau foram alvo da atenção do público não só porque foram exibidos na Feira Mundial de Chicago, em 1893, mas, sobretudo, devido ao patrocínio do Library Bureau. Vários outros tipos de equipamento de arquivo semelhante aos arquivos verticais de Rosenau logo apareceram no mercado. No ano de 1912 a Comissão Taft de Economia e Eficiência (Taft Commission on Economy and Efficiency) estava habilitada a recomendar que não mais se dobrassem os documentos, que os documentos fossem arquivados abertos em arquivos verticais, e que "não se deveriam fazer registros em livros ou em fichas da correspondência recebida ou expedida, a não ser nos casos essenciais, e que todos os protocolos em volumes encadernados deveriam ser suspensos".[51] Como resultado dessas recomendações decisivas os últimos vestígios de protocolo foram eliminados do governo federal e o caminho estava aberto para a introdução de novos sistemas de arquivamento.

Tipos modernos de sistemas de arquivamento

Os sistemas modernos dividem-se em vários tipos: a) os que arquivam as unidades em sequência numérica; b) os que arquivam as unidades, quer se refiram a pessoas, assuntos ou lugares, em sequência alfabética; e c) os que

---

[50] Chaffee, 1938:3.
[51] United States, President's Commission on Economy and Efficiency, 1912:7.

arquivam as unidades numa ordem racional, de acordo com um esquema de classificação. Há também a observar os que resultam de combinação dos tipos citados.

Sistemas numéricos

Em alguns departamentos do governo, o uso de registros foi abandonado de há muito. O emprego de números para designar unidades de arquivamento, entretanto, continuou, mesmo depois que os modernos equipamentos de arquivamento possibilitaram um agrupamento mais racional das unidades. Como os funcionários estavam acostumados a lidar com números, devido ao sistema de registro, era natural que atribuíssem números às unidades de arquivo, mesmo quando não mais se fazia necessário ou conveniente. Muitas séries de correspondência, inicialmente, foram então arranjadas em ordem numérica. As cartas sobre cada operação — recebidas e expedidas — eram colocadas em pastas consecutivamente numeradas, fazendo-se um índice para o conteúdo das mesmas pelos nomes dos signatários e, eventualmente, pelos assuntos.

O sistema numérico simples é impróprio, sobretudo para o manuseio de arquivos nominais, isto é, que podem ser identificados em relação a pessoas ou entidades. É um sistema que obriga a elaboração de índices alfabéticos que não se fazem necessários se as pastas são arquivadas em ordem alfabética, pelos próprios nomes. Esse sistema resulta no arquivamento de documentos de um correspondente específico em pastas separadas cujo conteúdo é assim, em geral, muito escasso. Tal sistema dificulta a pesquisa pela subdivisão excessiva dos documentos, tornando difícil encontrar uma determinada pasta de que se venha a precisar.

O sistema numérico simples, entretanto, foi também usado muito cedo e de maneira muito eficaz no tratamento de processos (*case files*). Estes podem ser definidos como unidades de arquivamento que contêm todos os documentos pertinentes a uma determinada operação. Aparecem muitas vezes no decorrer de atividades legais, controladoras e de investigação de um governo.

Um bom exemplo de um processo (*case file*) será, digamos, um que se refira a uma questão trabalhista. Nessas questões são envolvidas, como adversárias, no mínimo duas partes; poderão envolver muitos assuntos como os vários pontos questionados, e muitos tipos de documentos podem ser criados, tais como atas, minutas, regulamentos. Os *case files* normalmente se relacionam com transações que envolvem uma variedade de assuntos que são objeto de interesse de muitos indivíduos ou entidades e que consistem em diversos tipos de documentos. Não podem, portanto, ser facilmente arranjados, seja por nomes ou assuntos, seja por tipos de documentos. Podem ser arquivados com mais facilidade na ordem consecutiva em que as transações a que se referem são iniciadas e, se forem numerados à medida que são arquivados, os números servirão de chaves para índices.

O sistema numérico simples foi também aplicado de maneira nada aperfeiçoada nos primeiros anos do governo federal a arquivos por assuntos. Simplesmente se atribuíam números aos vários cabeçalhos de assuntos. Os documentos se acumulavam em relação a esses números, habitualmente na ordem em que os cabeçalhos eram escolhidos. Esse sistema pode ser ilustrado da seguinte maneira:

1 — Educação
2 — Comunicações
3 — Contabilidade
4 — Pessoal
5 — Material
6 — Organização
7 — Finanças
8 — Publicações
9 — Relatórios
10 — Legislação

Desse sistema de numeração simples surgiu o sistema dúplex. À proporção que os documentos aumentavam em quantidade e variavam os assuntos, os diversos cabeçalhos principais foram subdivididos em relação a cabeçalhos subordinados. A esses cabeçalhos subordinados atribuíam-se números que eram acrescentados aos que haviam sido atribuídos aos cabeçalhos principais. Assim, temos por exemplo:

2.   Comunicações
2.1   Correio
2.1.1   Porte

Sistemas alfabéticos

O primeiro sistema de arquivamento alfabético moderno introduzido no governo federal foi, provavelmente, o de Fred C. Ainsworth (1852-1934), que o aplicou aos vários formulários que criara em relação ao pessoal militar no Ministério da Guerra. O sistema foi introduzido da seguinte maneira: em 1879 o Congresso dos Estados Unidos promulgou legislação concedendo pensão aos veteranos da Guerra Civil. Devido a essa legislação, o Ministério da Guerra, através do serviço médico e administrativo, teve de conferir os pedidos de inúmeras pessoas por meio de consulta aos documentos de serviço militar e hospitalares. A maneira pela qual esses documentos eram guardados tornou-se então assunto da maior importância.

Quando Ainsworth foi designado chefe da SGO Record and Pension Division em dezembro de 1886, encontrou em atraso grande número de pedidos de revisão de pensão naquele serviço. Alguns meses mais tarde fez algumas inovações radicais no tratamento desses pedidos. Deu início a um projeto de copiar em "fichas-índices" (*index-record cards*) os nomes e as fichas médicas de cada soldado. Ele próprio descreveu o seu trabalho de copiar as informações em fichas simples ou simples papeletas, da seguinte maneira:

> "Essas papeletas são separadas e arranjadas em ordem alfabética pelos regimentos, de maneira que os registros hospitalares de um soldado porventura tratado em diversos hospitais, em épocas e lugares diferentes, podem ser localizados prontamente, sem trabalho, sem que haja necessidade de se pesquisar, muitas vezes para nada se encontrar, nos velhos e apagados registros hospitalares originais, e atendem, ao mesmo tempo, ao duplo objetivo de cópia e de índice geral."[52]

O trabalho de Ainsworth em relação aos registros médicos, naquele meio-tempo, despertou a atenção da Comissão do Congresso sobre os Métodos de Trabalho nos Departamentos do Executivo (Congressional Committee on Methods of Business in the Executive Departments), cujo presidente era o senador F. M. Cockrell. Essa comissão, em 1887, "fez minuciosa investigação nos trabalhos do sistema de ficha-índice aplicado aos registros médicos no Exército, e dedicou minuciosa atenção à possibilidade de ampliar a sua

---

[52] *Report of the Secretary of War*, 1887. v. 1, p. 672.

aplicação e estendê-lo à reprodução e preservação de outros documentos".[53] Como resultado das recomendações dessa comissão, o sistema de compilação *index-record cards* foi aplicado aos documentos de serviço militar do Serviço Administrativo Geral (Adjutant General Office). Os documentos militares e médicos foram reunidos em 1889 e Ainsworth nomeado chefe da Record and Pension Division, diretamente ligada ao Gabinete do Ministro da Guerra. Finalmente cerca de 62 milhões de fichas foram preparadas, cobrindo os serviços de soldados americanos desde a Revolução até a Guerra Civil.

O sistema de Ainsworth de "fichas-índice" deu início a uma verdadeira "revolução industrial" em matéria de guarda de documentos. Por esse sistema resumia-se em fichas a informação sobre o serviço militar dos soldados, informações essas extraídas de numerosas listas de revistas, relatórios, livros e papéis de toda espécie. Todas as fichas pertencentes ao mesmo indivíduo eram reunidas e colocadas em invólucros de papel, um para cada nome. Os invólucros eram arranjados alfabeticamente pelo nome do soldado, pelas unidades do Exército, e estas pelos diversos estados. Os invólucros eram colocados em arquivadores Woodruff, na frente dos quais se afixavam rótulos para mostrar que envelopes continham e a que unidades pertenciam. O sistema reunia, assim, certas características essenciais dos modernos sistemas de arquivamento: juntava todos os documentos de assuntos determinados em unidades de arquivamento distintas e arranjava-as pelas unidades organizacionais dos arquivadores que mostravam a ordem do seu arranjo.

O sistema de arranjo alfabético foi também aplicado a arquivos verticais pelo Library Bureau. No fim do século XIX, essa organização tirou a patente de dois tipos de sistemas alfabéticos que lançou no mercado. Por um desses sistemas os papéis eram arquivados em simples ordem alfabética com guias e pastas especialmente planejadas para uso nos arquivos verticais; pelo outro, chamado sistema "automático", os papéis eram arquivados com guias e pastas que já indicavam as divisões das letras do alfabeto. Para os arquivos alfabéticos onomásticos, de grandes proporções, foi inventado o sistema Soundex, segundo o qual as unidades de arquivamento são ordenadas por código, ao invés de o serem pela sequência estritamente alfabética. O código baseia-se no som das consoantes dos nomes. As unidades de arquivamento são assim agrupadas pelos nomes que soam de maneira idêntica, sem levar em conta se

---

[53] *Report of the Secretary of War*, 1892. v. 1, p. 641.

a grafia é ou não a mesma. Esse sistema foi aplicado a 100 milhões de fichas referentes a 400 milhões de pessoas, nas quais se anotaram informações extraídas das tabelas da população dos recenseamentos de 1880, 1900 e 1920. O trabalho de resumir aquelas informações para serem usadas como prova da idade ou cidadania foi executado, como um projeto de trabalhos federais, por pessoas desempregadas, em meados da década de 1930.

Conquanto o sistema alfabético tenha sido usado em primeiro lugar para ordenar documentos relativos a pessoas, foi, aos poucos, aplicado a documentos relativos a assuntos. Talvez o mais simples sistema de arranjar documentos em relação a assuntos seja arquivá-los em ordem alfabética dos cabeçalhos selecionados, sob os quais os documentos podem ser agrupados. Um exemplo de tal arranjo encontra-se nos documentos gerais do gabinete do ministro da Agricultura, dos anos 1906-39. Os papéis, que consistem em correspondência, memorandos, relatórios e demais papéis recebidos e expedidos, eram arquivados sob cabeçalhos de assuntos arranjados em ordem alfabética. Alguns dos cabeçalhos eram os seguintes:

 Acetileno
 Arrendamentos, contratos
 Batatas
 Contabilidade
 Endereços
 Máquinas de somar
 Matadouros
 Recibos

Esse sistema serviu razoavelmente às necessidades da secretaria durante os anos em que as atividades daquele ministério eram simples e limitadas. À medida que as atividades se expandiram novos cabeçalhos de assuntos foram acrescentados para cobrir os documentos a elas relativos. Os cabeçalhos de assuntos tornaram-se uma mistura de "maçãs, batatas e laranjas" — uma mistura de cabeçalhos desordenados, arranjados sem qualquer indicação da inter-relação dos assuntos. O uso do sistema simples de assunto, geralmente, deve limitar-se a casos em que o volume de documentos é pequeno e os assuntos pouco complexos.

O sistema de simples alfabetação de assuntos pode ser modificado de várias maneiras para se obter um melhor agrupamento dos documentos.

A primeira maneira é estabelecer cabeçalhos padronizados, de modo que não haja entradas separadas para assuntos correlatos ou semelhantes. A segunda é subdividir os assuntos correlatos. Assim, o principal cabeçalho de assunto pode ser subdividido em diversos cabeçalhos subordinados. Estes podem ser indicados como cabeçalhos principais. Por exemplo, o cabeçalho principal COMUNICAÇÕES pode ser subdividido nos cabeçalhos secundários e terciários de

    Correio
       Porte
    Correspondência
    Telecomunicações

A inter-relação dos cabeçalhos de assuntos subordinados e os cabeçalhos de assuntos principais pode ser indicada por números. Esse sistema, conhecido como *assunto-numérico*, substituiu o sistema de simples ordenação alfabética usado na Secretaria da Agricultura até 1939. Outro sistema semelhante, conhecido como *alfanumérico*, usa letras do alfabeto para designar os cabeçalhos principais de assuntos e números para indicar os cabeçalhos subordinados. O uso do sistema assunto-numérico pode ser ilustrado da seguinte maneira:

    COMUNICAÇÕES
    1.   Correio
    1.1 Porte
    2.   Correspondência
    3.   Telecomunicações

A inter-relação dos cabeçalhos de assuntos subordinados e os cabeçalhos principais podem também ser indicados por símbolos alfabéticos que sugiram os assuntos. Esse sistema, conhecido como sistema mnemônico, pode ser ilustrado da seguinte maneira:

    A   ADMINISTRAÇÃO

      Ae   Administração de *E*difícios e Jardins
      Ag   Administração *G*eral
      Agl Administração *G*eral, *L*egislação
      Ap   Administração de *P*essoal

A relação dos cabeçalhos de assuntos subordinados com os cabeçalhos de assuntos principais pode também ser indicada por símbolos tirados dos nomes das unidades da organização. Esse sistema, conhecido como sistema orgânico, pode ser ilustrado da seguinte maneira:

E   DIVISÃO DE ELETRICIDADE

ER   Seção de Medidas e de *R*esistência
EI   Seção de *I*ndução e Capacitância
EE   Seção de Instrumentos *E*létricos
EM   Seção de Medidas *M*agnéticas

Esse sistema vem sendo empregado com êxito pelo Serviço Nacional de Normalização (National Bureau of Standards). O seu emprego deve limitar-se a organizações cujas estruturas sejam estáveis e onde as funções sejam perfeitamente definidas.

Sistemas classificados

Os sistemas classificados diferem dos sistemas numéricos e alfabéticos porque tentam reunir todos os documentos numa ordem lógica. Pelos sistemas numéricos as unidades de arquivamento, como já vimos, são, em geral, simplesmente agrupados numa sequência numérica consecutiva e nos sistemas alfabéticos, em sequência alfabética. Por alguns desses sistemas, é bem verdade, as unidades de arquivamento podem ser reunidas, segundo uma inter-relação lógica, com outras, sob os cabeçalhos principais de assunto. Mas essa racionalização limita-se a documentos agrupados sob tais cabeçalhos.

Os sistemas classificados originaram-se na classificação decimal para o arranjo de livros idealizado em 1873 pelo bibliotecário americano Melvil Dewey. A premissa de Dewey era de que todo o conhecimento humano, e os livros a este relativos, podia ser dividido nas 10 classes seguintes:

000   Obras Gerais
100   Filosofia
200   Religião
300   Sociologia
400   Filologia

500 Ciências Puras
600 Ciências Aplicadas
700 Belas-Artes
800 Literatura
900 História

O Sistema Decimal de Dewey teve ampla divulgação através do Library Bureau. Foi aplicado a documentos, pela primeira vez, pela Estrada de Ferro Baltimore-Ohio em 1898. Essa empresa criou um sistema de organizar os documentos da estrada, conhecido como *Railroad Classification File*, cujos direitos autorais registrou em 1902.

Muito embora viessem sendo aplicadas à documentação de algumas repartições do governo, adaptações do Sistema de Classificação Decimal de Dewey antes de 1912, só depois que a Comissão Taft de Economia e Eficiência publicou seu *Memorandum of conclusions*, em 12 de fevereiro daquele ano, é que o sistema foi adotado amplamente nas repartições federais. Uma das recomendações da comissão foi "que toda a correspondência, tanto recebida quanto expedida, seja arquivada obedecendo a uma classificação subjetiva, arranjada tanto quanto possível em bases de autoindexação e, onde se considerar os números como essenciais, deve ser empregado um arranjo lógico destes, obedecendo a um sistema decimal ou análogo".[54]

O Sistema Decimal de Dewey não se presta para documentos oficiais de uma administração em expansão. É excessivamente rígido. Sua divisão, na maioria dos casos, é muito diminuta. Seus símbolos demasiadamente complicados, e um tratamento filosófico não se coaduna com as operações práticas de uma repartição pública.

Fizeram-se várias adaptações do Sistema Decimal de Dewey para documentos. Um exemplo de sua aplicação à correspondência é o seguinte:

400 MINAS E MINERAIS
410 ENGENHARIA E MINAS
411 Trabalho de minas
411.1 Minas de metal
411.11 Minas de ouro
411.111 Depósito aluvial de minérios
411.111.1 Valas e calhas

---

[54] United States, President's Commission on Economy and Efficiency, 1912:7.

Observações gerais

Para concluir gostaria de fazer algumas observações gerais sobre os sistemas de arquivamento.

A primeira seria que os sistemas de arquivamento apenas fornecem a estrutura mecânica em relação à qual os documentos devem ser arranjados. Pelo uso de símbolos ou de outro meio, indicam a ordem em que as unidades de arquivamento devem ser agrupadas. Mas ajudam pouco no que concerne à determinação dos cabeçalhos de assuntos sob os quais certos papéis ou pastas devam, mais acertadamente, ser colocados. Esse processo que envolve uma grande parte de julgamento subjetivo é o processo de classificação.

Minha segunda observação é que os documentos podem ser eficazmente arranjados em quase todos os sistemas de arquivamento. Há algumas exceções que serão observadas. De modo geral, no entanto, qualquer sistema de arquivamento, não importa qual seja, pode apresentar resultados satisfatórios se for adequadamente aplicado. A insuficiência do arquivamento deve-se, com mais frequência, a falhas humanas do que a falhas do sistema.

Minha terceira observação, oriunda da segunda, é que os sistemas de arquivamento devem ser explicados e deve-se preparar instruções relativas ao seu uso, se se deseja que funcionem com sucesso. Na Austrália o Conselho do Serviço Público (Public Service Board) e na Nova Zelândia a Comissão de Serviço Público (Public Service Commission) publicaram instruções claras e explícitas sobre a operação dos sistemas de registros naqueles dois países. Nos Estados Unidos diversas repartições também editaram manuais de arquivamento como guias para os serviços de arquivos correntes.

Minha quarta observação é que para cada tipo de documento deve-se aplicar o sistema de arquivamento que mais se adapte, e de modo uniforme para cada tipo. Na Austrália e na Nova Zelândia praticamente todos os tipos de documentos produzidos pelas repartições públicas são reunidos em arquivos registrados. Raramente se usam sistemas especiais para tipos especiais de documentos. O Conselho de Serviço Público daquele país está, pois, aconselhando que os órgãos federais adotem o chamado "sistema de numeração simples" descrito anteriormente. O sistema pode ser aplicado até mesmo em grandes repartições, dividindo-se os arquivos em seções com base nas funções, como vem sendo feito pelo Commonwealth Department of the Navy. Nas repartições federais dos Estados Unidos os tipos especiais de documentos podem ser arquivados, mais eficientemente, de acordo com sistemas especiais de arquivamento. O encarregado dos documentos correntes deve determinar o sistema a ser aplicado a cada tipo de documento e deve assegurar a aplicação consistente dos sistemas escolhidos.

Na escolha dos sistemas, os seguintes pontos devem ser observados:

Ponto 1. O sistema deve ser simples. Prefira-se um sistema simples de assunto a um sistema assunto-numérico, sempre que os documentos sejam de pequeno volume e restritos quanto ao alcance dos assuntos tratados. Os símbolos usados em sistemas mais complexos servem a dois propósitos: a) indicar aos pesquisadores onde foram arquivados determinados documentos ou, por meio de referências cruzadas, onde estão arquivados os documentos correlatos; b) indicar aos classificadores onde os documentos devem ser arquivados. Os símbolos aumentam em importância à medida que o volume e a complexidade dos documentos aumenta.

Ponto 2. O sistema deve ser flexível. Os símbolos não devem estar vinculados a coisas sujeitas a alterações, como sejam as unidades orgânicas em constantes modificações nas administrações modernas. O sistema mnemônico, por isso, tem uma aplicação muito limitada nos documentos modernos.

Ponto 3. O sistema deve admitir expansões. Deve permitir a inserção de novos cabeçalhos principais para atender aos documentos que resultem de novas atividades, bem como permitir a divisão dos cabeçalhos principais à medida que os documentos relativos às atividades se tornem mais complexos. Tanto o sistema de assunto-numérico quanto o dúplex-numérico permitem essa expansão. O sistema alfanumérico, por outro lado, não permite o acréscimo de novos cabeçalhos principais além de 26. O Sistema Decimal de Dewey limita o número de assuntos primários, secundários e terciários a 10, mas permite a expansão de números indefinidamente depois do ponto decimal. Nesse sistema, como salientou o arquivista alemão Adolf Brenneke, os documentos são arbitrariamente enquadrados numa cama procustiana de 10 compartimentos.[55]

---

[55] Brenneke, 1953:82.

Capítulo 10

Destinação dos documentos

O TERMO "DESTINAÇÃO" (*disposition*), no sentido em que é empregado nesta obra, compreende tudo que se pratica em relação aos documentos para determinar o seu destino final. Esse destino pode ser a transferência para um depósito de armazenamento temporário (*record center*) ou para um arquivo de preservação em caráter permanente, redução de seu volume por meio da microfotografia ou simplesmente a destruição imediata.

A eficiência de um programa de destinação de documentos deve ser julgada tão somente pela exatidão de suas determinações. Essa exatidão dependerá, em grande parte, da maneira pela qual os documentos são analisados antes de serem tomadas as determinações. Em todos os casos o problema básico é o do valor. A transferência para um depósito temporário presume valor para um futuro uso administrativo, legal ou fiscal; a transferência para um arquivo de custódia permanente, o valor para pesquisa ou valor permanente para outros fins. A microfilmagem, dado o seu alto custo, só é proposta quando os documentos têm valor primário ou secundário que justifique a despesa. E, é lógico, faz-se mister um julgamento de valor sempre que se pretender destruir documentos.

Num programa de destinação nada pode substituir o cuidadoso trabalho de análise. Não há possibilidade de se inventarem técnicas que reduzam a uma operação mecânica o trabalho de decidir sobre o valor dos documentos. Não há, tampouco, um modo fácil e de custo reduzido para determinar-se o destino dos documentos, a menos que se adote o sistema de destruir tudo. Essa medida drástica agradará apenas aos niilistas que não veem bem algum nas instituições sociais ou nos seus documentos.

Neste capítulo tratarei: a) das espécies de informações que se fazem necessárias às decisões relativas à destinação dos documentos; b) dos instrumentos que devem ser separados para descrevê-los com o mesmo objetivo; e c) dos tipos de ações que se podem praticar para levar a termo a destinação.

Tipos de descrição

Os documentos oficiais, note-se, podem ser descritos em relação a dois aspectos distintos. Um deles é o seu conteúdo substantivo, o outro é a sua estrutura ou apresentação física, isto é, sua forma unitária e o seu arranjo. Os documentos podem ser descritos quanto à substância em relação: a) às unidades de organização da entidade criadora; b) às funções, atividades e atos ou operações (no sentido em que se definiram esses termos no capítulo 7) que ocasionaram a criação dos mesmos; e c) aos assuntos de que tratam. Podem ser descritas quanto às suas características físicas em relação: a) ao esquema (ou parte) de classificação pelo qual os documentos foram arquivados; b) às unidades de arquivamento em que foram agrupados; ou c) aos tipos ou espécies documentários de que consistem. A descrição dos documentos pode ser ilustrada graficamente da seguinte maneira:

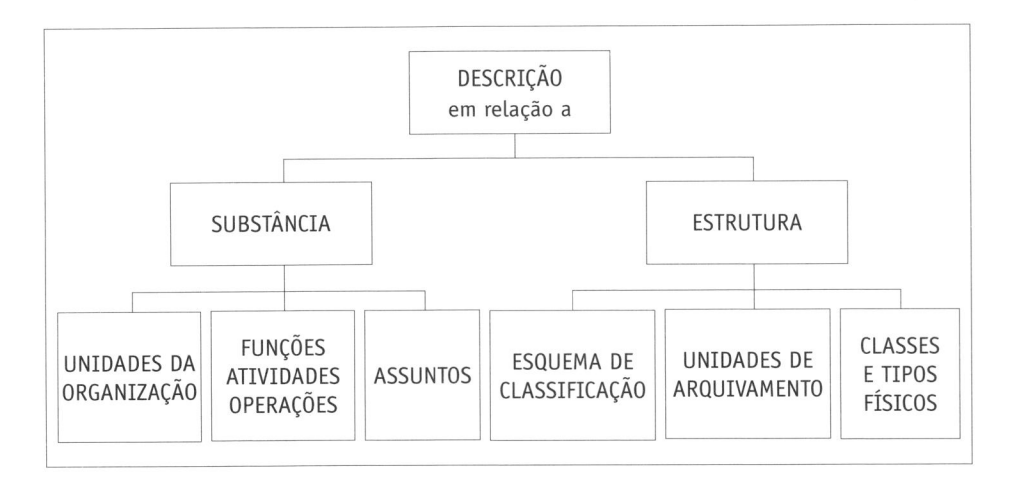

```
                    DESCRIÇÃO
                   em relação a
                   /          \
              SUBSTÂNCIA    ESTRUTURA
              /   |   \     /    |    \
   UNIDADES DA  FUNÇÕES  ASSUNTOS  ESQUEMA DE    UNIDADES DE   CLASSES
   ORGANIZAÇÃO  ATIVIDADES         CLASSIFICAÇÃO ARQUIVAMENTO  E TIPOS
                OPERAÇÕES                                      FÍSICOS
```

Vamos, em primeiro lugar, tratar da descrição em relação ao arranjo. Segundo um sistema de registro ideal, criam-se as classes ou unidades de arquivamento, como foi observado em capítulo anterior, em relação à função, à atividade ou ao assunto. Se os documentos estiverem devidamente classificados, podem ser rigorosamente identificados em relação a tais classes ou unidades. Se, entretanto, os documentos não estão adequadamente classificados, cada unidade de arquivamento consiste, indiferentemente, em um conjunto de peças com e sem valor. A identificação do material a ser destruído ou a ser conservado é assim virtualmente impossível. Segundo um sistema de arquivamento americano ideal, a classificação ou esquema deve igualmente prover as bases para uma identificação acurada dos materiais a serem destruídos e daqueles a serem conservados. Pela maioria dos sistemas de arquivamento americanos, a criação das pequenas unidades de arquivamento, tais como as pastas, baseia-se em geral numa cuidadosa diferenciação dos documentos segundo o assunto, mas essas unidades são muitas vezes reunidas em grupos sem que sejam observados os princípios de classificação. A identificação do material a ser destruído ou retido tomando-se por base os segmentos do esquema de classificação é então impossível. Para fins de destinação, os documentos só poderiam ser identificados segundo sua classificação se estivessem devidamente classificados.

Em segundo lugar trataremos da descrição em relação à forma unitária ou ao tipo documentário. Sob esse ponto de vista, os documentos podem ser divididos, de maneira geral, em escritos, audiovisuais e cartográficos. Essas grandes categorias podem ser subdivididas em vários tipos. Os materiais audiovisuais incluem filmes, fotografias e discos. O material cartográfico, em geral, consiste simplesmente de mapas e documentos correlatos. A documentação escrita pode ser dividida em inúmeros tipos físicos. Cada tipo é em geral criado para facilitar um gênero comum de ação, como, por exemplo, requerer algo, firmar um contrato ou requisitar material. Daí surgirem as espécies "requerimentos", "contratos" e "requisições". Outras espécies ou tipos comuns são "correspondência", "folhas de pagamento", "questionários", "relatórios" e "tabelas". Se os documentos de um determinado órgão forem analisados, por certo se enquadrarão em um ou mais desses tipos. Os tipos podem, entretanto, ser ainda mais especificados. A correspondência, por exemplo, pode ser diferenciada como recebida, expedida ou mista, ou como pasta de cópias (*reading files*) ou arquivos cronológicos. Os formulários podem ser identificados pelo número e pelo título. Os relatórios podem ser identificados pela sua natureza (ex.: estatísticos ou narrativos) ou pela sua frequência (diário, mensal ou anual).

Trataremos, em terceiro lugar, da descrição em relação à substância. Os documentos podem ser descritos, segundo suas características substantivas, em grandes classes gerais, de acordo com a origem dos mesmos, estabelecidas como documentos de uma certa unidade administrativa ou documentos de funções ou atividades específicas. Podem ser descritos como pertinentes a operações ou assuntos determinados. A descrição dos documentos pode ser ainda mais específica, combinando-se os elementos da análise substantiva com os da análise física acima tratada. Por exemplo, os "relatórios" que constituem um tipo físico de documento podem ser produzidos em relação ao assunto, digamos, de dinheiro em caixa, podendo então ser descritos como "relatórios sobre dinheiro em caixa"; podem originar-se de uma operação específica da atividade de requisitar material para uma repartição, e assim podemos ter "relatórios de recepção de material" ou "relatórios de estoque". Os "relatórios sobre créditos" e os "relatórios de recebimentos", note-se, podem ser descritos no seu conjunto porque o assunto ou a espécie de ato ou operação com que se relacionam foram tratados repetidas vezes. Esses tipos de documentos, oriundos de atos repetitivos, podem ser designados como de tipos "rotineiros" (*recurrent*) e consistem, frequentemente, em formulários.

Os documentos de tipo rotineiros originam-se, principalmente, em relação a: a) atividades de administração geral, isto é, aquelas relativas a patrimônio, comunicações, material, equipamentos, orçamento, pessoal e assuntos semelhantes; e b) atividades que dizem respeito à execução, distinguindo-se da direção e administração dos programas governamentais. O número de tipos de documentos rotineiros produzidos por um órgão depende do grau em que a execução e suas funções obedecem a diretrizes e métodos fixados e, quanto maior o órgão, maior será o número de documentos desse tipo. Numa grande entidade, mesmo nos níveis mais elevados da hierarquia administrativa, as operações podem ser realizadas de acordo com métodos executivos padronizados, resultando assim na produção de tipos rotineiros. Nas suas operações de nível mais baixo, os atos concernentes a classes de pessoas ou a entidades podem ser executados obedecendo a uma rotina, ou de modo que permita o agrupamento dos documentos que lhes são próprios, em tipos rotineiros.

Instrumentos de destinação

Considerando que praticamente em todos os países do mundo as propostas para destruir documentos oficiais são examinadas por arquivistas, podemos dizer que os funcionários que manuseiam documentos e os arquivistas se encontram nesse momento. Que tipos de instrumentos devem ser preparados para atender tanto às necessidades do funcionário encarregado dos documentos nas repartições como às do arquivista, em relação à avaliação dos documentos oficiais e em relação aos atos praticados com os documentos em consequência de sua avaliação?

Os instrumentos de destinação podem servir a vários fins. Podem visar tão somente à identificação de corpos de documentos acumulados num órgão do governo e que precisam ser descartados imediatamente ou dentro de determinado prazo. Um documento preparado com esse objetivo chama-se "lista de descarte" (*disposal list*). Ou podem ter o complexo objetivo de identificar tipos rotineiros de documentos cujo descarte futuro possa ser realizado a intervalos determinados. Um documento feito com esse objetivo chama-se "tabela de descarte" (*disposal schedule*). Podem ter o complexo objetivo de identificar todos os corpos de documentos de um órgão e indicar o destino que se deva dar a cada um deles, seja a eliminação, seja a transferência para um arquivo de custódia permanente. Um instrumento que englobe todos os documentos dessa forma chama-se "plano de destinação" (*disposition plan*).

Planos de destinação

O principal objetivo de um plano de destinação é fornecer as bases para um entendimento, entre a própria repartição e os funcionários do arquivo de custódia, sobre o que deve ser feito com os documentos da repartição a que dizem respeito. Não é um plano de ação que vise somente à destruição; visa, ao contrário, sobretudo, a assegurar a preservação de certos documentos. Assim, não cobre apenas os documentos que careçam de valor; tanto cuida dos documentos que possuem valor quanto dos que não possuem. Não visa a atender essencialmente às necessidades da repartição ou às do arquivo, serve a ambos. O objetivo a que serve indica o seu conteúdo e formato; sua cobertura deve ser total, as descrições devem dar maior ênfase aos documentos de valor, e seu preparo deve resultar de colaboração mútua entre os funcionários do arquivo e os da repartição.

Desde que um plano de destinação é total na sua cobertura, há que fornecer uma visão global da documentação produzida pelo órgão a que se refere. Deve, pois, conter uma informação geral, básica, sobre a origem do órgão, evolução, estrutura orgânica e programas, informações estas necessárias à avaliação dos documentos. Essa informação pode, de preferência, ser apresentada em forma narrativa, num capítulo introdutório. O plano de destinação, além disso, deve analisar a documentação do órgão na sua totalidade, mostrando o significado de certos grupos de documentos produzidos nos vários níveis da administração, em relação aos programas e funções principais. Visando a esse fim, as informações sobre os documentos serão organizadas por função. O plano deve mostrar a inter-relação dos documentos: a relação entre certos documentos e uma dada função; a relação entre os documentos substantivos e os auxiliares de uma dada função; a relação entre documentos determinantes de política administrativa e os operacionais sobre uma dada função, e a relação entre os documentos produzidos nos vários níveis da administração sobre uma certa função.

Desde que um plano de destinação, devido a sua cobertura exaustiva, inclui documentos a serem preservados, deve descrevê-los de modo a deixar claro o valor dos mesmos. Entenda-se que os documentos relativos a funções substantivas, muitos dos quais são, em geral, incluídos em listas ou tabelas de descarte, devem ser descritos de maneira consideravelmente detalhada. Devem ser descritos em relação às funções, às atividades ou aos assuntos a que são pertinentes e em relação aos tipos. As informações sobre os documentos de valor devem ser mais completas do que as informações sobre os documentos sem valor. Os tipos de documentos elimináveis devem ser descritos apenas em termos gerais. As informações sobre os mesmos devem ser incluídas em planos de destinação, principalmente para mostrar a relação entre os documentos a serem destruídos e aqueles a serem preservados, pois julgamentos seguros sobre o que deve ser destruído não podem ser feitos sem o conhecimento do que é preservado. Se houver conveniência de se preservar uma amostra de tipos de documentos rotineiros, como prova das operações de um órgão no nível mais baixo da administração, ou para outro fim qualquer, o plano deve indicar o tipo de amostra a ser tomada.

Desde que um plano de destinação constitui um termo de acordo quanto ao destino dos documentos de um determinado órgão, deve ser elaborado em cooperação pelos funcionários desse órgão e os do arquivo de custódia. Um arquivista precisa, para interpretar os documentos de um órgão, uma vez que passam a sua custódia, de informações básicas sobre aquele e sua documentação e deve, por conseguinte, reunir tais informações, acumulá--las ou ajudar na sua coleta. A análise detalhada da inter-relação dos documentos deve ser elaborada pelo funcionário encarregado dos documentos da repartição.

Tabelas de descarte (disposal schedules)

A praxe de elaborar tabelas ou escalas de descarte de documentos oficiais existe em vários países já há alguns anos. Examinarei a evolução desse método num país que usa o sistema de registro, a Inglaterra, e noutro que usa sistemas modernos de arquivamento, os Estados Unidos.

Na Inglaterra, segundo a Lei de Documentos Públicos (Public Record Act), de 1877, foram dados poderes ao arquivista-mor (*master of the rolls*), para, com a aprovação do Tesouro, e no caso de documentos dos departamentos, isto é, dos ministérios, com a aprovação do ministro em questão, formular regras "relativas ao descarte, seja pela destruição ou por outra forma qualquer, dos documentos que estão depositados no Public Record Office ou que para lá podem ser transferidos e que não apresentem um suficiente valor que justifique a sua preservação no Public Record Office". Antes que o poder de descartar pudesse ser exercido em relação a qualquer documento, o arquivista-mor foi solicitado a "mandar preparar uma tabela dos documentos propostos para descarte, nessa ocasião, contendo uma lista dos documentos" ou de classes de documentos que fossem de natureza semelhante, "e incluindo particularidades relativas ao caráter e conteúdo dos mesmos, consideradas suficientes para habilitar as Casas do Parlamento a apreciarem a conveniência do descarte de tais documentos na forma proposta". Quando do preparo de uma tabela, a lei de 1877 estabelecia que "onde houver vários documentos da mesma classe ou de descrição idêntica, será suficiente classificá-los tanto quanto possível de acordo com sua natureza e conteúdo, ao invés de especificar cada documento separadamente".[56]

Segundo as regras formuladas pelo arquivista-mor, em 1882, ainda em vigor,* os ministérios foram solicitados a nomear funcionários "espe-

---

[56] Great Britain. Royal Commission on Public Records. *First report*. v. 1, parte 1. Appendix containing "Act for the Disposal of Valueless Records". p. 7.

* N. do T.: A nova Lei de Arquivos aprovada na Inglaterra em 1958 atribuiu a responsabilidade pela seleção e transferência de documentos que mereçam ser preservados no Arquivo Nacional, ou seja, no Public Record Office (PRO), aos ministérios, sob a orientação e supervisão do *keeper of Public Records*, diretor do PRO.

cialmente versados" em documentos para prepararem as "tabelas de eliminação" (*destruction schedules*). Os funcionários receberam instruções no sentido de "tomarem toda a precaução para não incluir nas tabelas qualquer documento que possa ser, com certa razão, considerado de uso ou interesse legal, histórico, genealógico ou antiquário, ou que encerre qualquer informação importante impossível de ser obtida em outro lugar". As tabelas e os documentos a que se referem são examinados pelos funcionários do Public Record Office que são solicitados a manter anotações sobre os métodos e a "mencionar nas mesmas todo o documento ou classe de documentos que possam examinar".[57]

No governo federal dos Estados Unidos o processo de elaborar as tabelas de descarte surgiu da prática de preparar listas de descarte. A praxe de fazer estas listas foi instituída por uma lei do Congresso, de 16 de fevereiro de 1899 (25 Stat. 672), a qual determinava que a destruição dos documentos que "não têm valor permanente ou interesse histórico" deve ser submetida pelos ministros ao Congresso, que se reserva o direito de autorizá-la. De acordo com o Decreto do Executivo nº 1499, de 16 de março de 1912, as listas de documentos a serem descartados eram também submetidas ao bibliotecário do Congresso a fim de que obtivessem "os benefícios de seus pontos de vista quanto ao critério de preservar os papéis que porventura julgue de interesse histórico".[58] Na lei de 19 de junho de 1934 (48 Stat. 1122), que

---

Pelas novas recomendações os documentos são submetidos a um primeiro exame (*review*), no prazo de cinco anos após se tornarem de uso não corrente nas repartições. Os considerados destituídos de qualquer valor, para o próprio ministério, são destruídos e os demais conservados. A responsabilidade pela decisão nesse estágio é exclusivamente do ministério. A atuação do PRO, através de inspetores, se limita à verificação de como se executa o exame das unidades arquivísticas. Há grupos de documentos, nesta fase, relativos a grande número de pessoas, entidades ou lugares, cuja determinação do valor para fins de pesquisas cabe a uma comissão, sob os auspícios do PRO.
Os documentos preservados quando do primeiro exame são submetidos a um segundo exame, ao contarem 25 anos. A decisão quanto à conveniência da preservação permanente é tomada em conjunto pelo ministério e pelo PRO, com base no valor histórico ou administrativo. Nessa ocasião, os documentos ou são destruídos ou entregues à custódia do PRO, salvo se o órgão tiver interesse em mantê-los sob sua guarda por período mais longo.

[57] Great Britain. Royal Commission, *First Report*, p. 37.
[58] Beers, 1944:189.

criou o Arquivo Nacional, foi atribuída ao arquivista dos Estados Unidos a responsabilidade de submeter, anualmente, ao Congresso, "uma lista ou descrição de papéis, documentos e coisas semelhantes... que se afigurem como não tendo valor permanente ou interesse histórico".

O exame das listas anuais de documentos descartáveis era uma tarefa que consumia muito tempo do pessoal do Arquivo Nacional. Por um memorando de 30 de julho de 1938 propus que fossem elaboradas tabelas para os documentos do Ministério da Agricultura, os quais, naquela ocasião, interessavam-me em especial. Essa proposta surgiu da prática do Serviço Florestal de submeter listas anuais especificando os diversos tipos de seus documentos a serem conservados ou a serem destruídos em intervalos periódicos. Antes da criação do Arquivo Nacional, o Serviço Florestal submetia essas listas à Secretaria de Agricultura, que tinha poderes, segundo a Lei Orçamentária de 4 de março de 1907 (Appropriation Act) (34 Stat. 1281), para autorizar o descarte de documentos do seu ministério sem consultar o Congresso. O processo de elaborar tabelas de descarte foi recomendado às repartições federais já em 1925, pelo Conselho Interministerial sobre Processamento Burocrático Simplificado (Interdepartmental Board on Simplified Office Procedure), criado em 16 de maio de 1924 pelo Bureau de Orçamento. Aquele conselho recomendou uma "política fixa e uniforme" para a destruição de documentos baseada na análise, por uma comissão, em cada repartição, das "classes de papéis que na sua opinião devem ser conservados permanentemente e dos que devem ser destruídos depois, digamos, de um, três, cinco ou mais anos".[59] O método de preparar tabelas de descarte foi recomendado a todas as repartições federais na Lei de Destinação de Documentos (Records Disposal Act), de 7 de julho de 1943 (57 Stat. 380-383). Esse método nos Estados Unidos, entretanto, não teve origem nem nas recomendações do Conselho Interministerial acima citadas, nem nas práticas do governo inglês.

As tabelas de descarte devem ser planejadas de forma a atingir o objetivo simples, mas importante, de obter autorização para destruir documentos de tipo rotineiro. A análise que esse tipo de documento requer difere daquela que requer a documentação básica da organização e funcionamento; focaliza a atenção do encarregado dos documentos nas repartições e dos funcionários

---

[59] Beers, 1944:194.

executivos naqueles fatores que mais concorrerão para a melhor administração dos documentos. Esses fatores são os seguintes: a) a padronização e simplificação dos processos e métodos administrativos; e b) a correta classificação e arquivamento de documentos para uso corrente. Estes dois fatores concorrem para o aumento do número de tipos de documentos rotineiros que podem ser arrolados em tabelas.

Uma tabela de descarte reporta-se, portanto, a documentos que serão produzidos no futuro — espécie de documentos em curso de produção e que continuarão a ser produzidos. Estes são documentos rotineiros; sua produção, como tem sido observado, deve-se principalmente: a) a atividades de administração geral; e b) a atos substantivos nos níveis mais baixos de operações governamentais que são levados a efeito de acordo com políticas e métodos padronizados. Quando propus o sistema de tabelas, em 1938, declarei que estas "deviam dizer respeito a documentos que ocorrem repetidas vezes, documentos de rotina e não a documentos únicos...".[60] A experiência já demonstrou, eu creio, que esse ponto de vista é válido. Se se descrevem em tabelas documentos que não sejam do tipo que ocorrem repetidas vezes, elas se tornam obsoletas tão logo tais documentos sejam destruídos. A experiência no governo federal dos Estados Unidos mostrou que as tabelas para documentos de certas unidades governamentais têm que ser elaboradas inúmeras vezes. Isso se deve, principalmente, ao fato de essas tabelas se referirem a circunstâncias eventuais, isto é, a tipos de documentos que ocorrem apenas uma vez. As tabelas não constituem um meio satisfatório de se obter uma análise para fins de arquivo da documentação básica relativa a organização e funcionamento de uma repartição, uma vez que essas questões estão em constante mudança.

A tabela de descarte deve descrever os documentos de modo a facilitar a eliminação dos mesmos. O teste da eficiência de uma tabela decorre da possibilidade de os documentos nela incluídos serem removidos e eliminados no fim dos períodos de retenção recomendados.

Uma tabela de descarte, a fim de que assegure um programa que surta efeito, no que tange à eliminação de futuras acumulações, deve identificar os documentos em relação a circunstâncias e a condições que sejam relativamente estáveis. A estrutura da organização é flexível e portanto não oferece uma

---

[60] Schellenberg, 1938.

boa base sobre a qual erigir um programa de descarte futuro. Um programa dessa natureza torna-se impróprio ao evento de cada mudança organizacional, pois as unidades da organização a cujos documentos se aplica podem ser extintas, incorporadas a outras unidades ou modificadas de outra maneira qualquer. Geralmente, é melhor que as tabelas de descarte sejam preparadas em relação às funções principais do que em relação às unidades da organização. Se preparados dessa maneira, os vários documentos devem ser enumerados separadamente sob cabeçalhos, de acordo com as funções.

Além disso, a tabela de descarte, para funcionar, há que identificar os documentos em termos de unidades físicas que devem ser eliminadas. Quando se trata de documentos do tipo que ocorrem repetidas vezes, pouca dificuldade se encontra em descrevê-los nas tabelas. Os itens específicos podem ser identificados, primeiro, em termos de tipo físico, tais como "questionários", "relatórios", "tabelas", ou "declarações" e, em segundo lugar, em termos de fórmulas, embora, geralmente, os títulos e números dos formulários devam ser usados para identificar documentos, apenas quando os impressos são de um tipo padrão ou permanente. Quando os documentos em questão consistem de correspondência, ou documentos semelhantes, que fazem parte de um arquivo classificado, encontra-se mais dificuldade em descrevê-los em tabelas. As peças podem então ser identificadas em termos gerais, fazendo-se referência a classes de um esquema de classificação, ou em termos específicos, pela referência a unidades de arquivamento. Esse tipo de identificação, entretanto, só é possível se os documentos tiverem sido classificados e arquivados corretamente quando do seu uso corrente. Isso pode ser ilustrado pela experiência do governo inglês na aplicação de tabelas nas quais as classes de documentos são relacionadas em referência a grandes cabeçalhos. Esses cabeçalhos, segundo o relatório Grigg, muitas vezes têm "pouca relação com a maneira pela qual esses documentos se acumulam no curso da administração corrente".[61] Quando as classes consistem em certos tipos de documentos, tais como documentos contábeis ou formulários preenchidos, o pessoal do Public Record Office pode determinar sua natureza pelo exame de alguns espécimes, mas quando as classes consistem simplesmente em documentos identificados sob grandes cabeçalhos de assuntos, o pessoal do PRO deixa o exame individual dos documentos, nas classes, para os próprios ministérios.

---

[61] Great Britain, Committee on Departmental Records, 1954:24.

A esses cabe o exame das pastas para determinar se devem ser destruídos na sua totalidade, e, caso contrário, que documentos serão destruídos. Desse sistema resulta, segundo o relatório Grigg, "atribuir-se maior responsabilidade, quanto ao exercício do critério histórico, a pessoas menos qualificadas, isto é, aos servidores dos níveis inferiores, por quem é executado o trabalho de revisão".[62]

O grau de pormenores na descrição dos documentos, numa tabela de descarte, deve ser o necessário para proteger os interesses da repartição que os produziu. Os documentos pertinentes a assuntos fiscais devem ser descritos precisamente devido a esse motivo. Uma destruição indevida pode causar aos funcionários executivos dificuldades de ordem administrativa, prejuízos financeiros ou responsabilidade perante a lei. Tais documentos, por conseguinte, não devem ser descritos em termos gerais, como, por exemplo, documentos relativos a uma das funções de administração geral, como "compras". Uma descrição dessa natureza é por demais ampla para fornecer uma base segura à futura eliminação dos documentos. Tampouco, uma descrição é satisfatória, se feita em termos de uma atividade como, por exemplo, "compra de equipamentos" sob a função "compras". Os documentos fiscais devem ser identificados em termos de tipos que ocorrem repetidas vezes, tomando-se por base as relações dos papéis com operações, como, por exemplo, "requisições para compras", e coisas semelhantes.

As descrições com esse grau de pormenores se fazem necessárias para proteger os interesses da repartição, não para fornecer informações básicas para as avaliações do arquivista.

A despeito de suas limitações, a remoção ordenada e o descarte de grande quantidade de papéis inúteis dos arquivos correntes baseiam-se em tabelas de descarte. São, pois, um importante instrumento de administração.

Listas de descarte

As listas de descarte são fáceis de preparar. Considerando-se que são usadas para operações de descarte único, no sentido de que são executados apenas uma vez, devem conter informações que se reportem, com especial ênfase, ao conteúdo dos documentos. A descrição da substância dos docu-

---

[62] Great Britain, Committee on Departmental Records, 1954: 25.

mentos é necessária para a avaliação, tanto pelos funcionários executivos quanto pelos dos arquivos de custódia. A maior parte desses documentos dirá respeito à administração e à direção de programas de governo, os quais, como foi observado, consistem em tipos que serão examinados apenas uma vez. Deve-se deixar bem claro: são os documentos de que o arquivista se ocupa particularmente, e para o seu trabalho de avaliação torna-se mister o fornecimento de informações completas sobre os mesmos. As informações sobre a identificação física é, relativamente, questão de somenos importância, desde que não terão de ser identificados repetidas vezes, como no caso das tabelas, para futuros descartes, a intervalos periódicos.

Há que, periodicamente, preparar informação sobre acumulação de documentos de cada unidade orgânica de uma repartição. Os documentos devem ser descritos por grupos ou unidades, em relação: a) às funções, atividades, ou assuntos a que se referem; b) ao tipo físico de que consistem, isto é, se se trata de correspondência, formulários, relatórios ou coisa que o valha; e c) às características físicas pelas quais podem ser identificados.

Operações de destinação

Uma vez estabelecidas as decisões quanto ao destino dos documentos, os atos que devem ser praticados para concluí-los são muito simples. Por conseguinte, limitar-me-ei a fazer observações sobre os principais fatores a serem levados em consideração no caso de cada uma das diferentes alternativas, sem me ocupar dos detalhes de métodos a serem seguidos na sua execução.

Destruição

A primeira das diferentes alternativas é a completa destruição dos documentos. A maioria dos fatores que competem a decidir pela destruição já foi anteriormente considerada. Gostaria de fazer uma revisão sucinta:

As decisões para destruir documentos devem ser tomadas corretamente, baseadas na perfeita análise e no exame acurado dos mesmos por funcionários executivos, cujo interesse se baseia no uso corrente dos documentos, e pelos arquivistas, cujo interesse reside no uso ou usos secundários dos mesmos.

Os documentos a serem destruídos devem ser corretamente identificados quando tirados das prateleiras ou dos receptáculos de guarda. A identificação cuidadosa, nos planos de destinação como nas tabelas e listas, é uma preliminar essencial para a correta identificação dos documentos por ocasião de sua destruição.

Os documentos devem ser classificados corretamente para uso corrente, como uma preliminar para a sua exata identificação nos instrumentos de destinação. Devem ser classificados e arquivados de tal modo que possam ser prontamente removidos para serem destruídos depois de terem servido ao uso corrente. A triagem ou escolha das pastas, quer sejam arranjadas segundo um sistema de registro ou por um sistema de arquivamento americano, é um processo de alto custo. De fato, a triagem dificilmente se justifica do ponto de vista econômico, a menos que uma boa parte dos documentos que estão sendo examinados possa ser separada para descarte, pois pode acontecer que seja mais econômico conservar as peças inúteis juntamente com as que apresentam valor, do que segregá-las para descarte. A classificação, portanto, tem estreita ligação com as práticas de destinação. Os documentos não precisam ser pré-classificados tendo em vista o seu descarte. Não é necessário, por exemplo, estabelecer classes separadas de correspondência a fim de permitir a sua remoção de descarte em determinados intervalos de tempo. O problema de classificar devidamente a correspondência para uso corrente já apresenta bastante dificuldade, sem que se lhe acrescente a questão de descarte. A pré-classificação visando a destinação adiciona à classificação um fator alheio e que a complica. Os documentos devem ser classificados visando, em primeiro lugar, a facilitar o seu uso em atividades correntes, e somente como finalidade secundária a facilitar a sua remoção e descarte. Contudo, se os documentos forem devidamente classificados em relação à função, podem, em geral, ser eliminados segundo esta, pois muito do valor daqueles deriva de sua relação com a própria função.

As decisões para se destruir documentos devem ser finais e irrevogáveis. A maior e mais facilmente comprovada economia de um programa de descarte pode ser conseguida pela imediata destruição dos documentos depois que hajam servido a seus fins correntes e hajam sido examinados e considerados como sem valor para usos secundários. Incorre-se em despesa desnecessária quando se conservam ainda por algum tempo nos serviços ou em centros intermediários, documentos que deveriam ser destruídos de imediato, ou quando se microfilmam os que deveriam ter sido destruídos na sua forma original. Salvo em circunstâncias excepcionais, os documentos não devem ser conservados temporariamente ou microfilmados a fim de adiar a necessidade de julgar sobre sua inutilidade ou de fundamentar uma opinião mediante verificação de falta de uso dos mesmos. Opiniões abalizadas quanto à inutilidade dos documentos podem ser formuladas por meio de uma análise perfeita dos mesmos e de seus prováveis usos no futuro.

Os documentos devem ser destruídos de maneira adequada. Os métodos adotados na destruição são de importância secundária, até certo ponto, relativamente sem importância. Normalmente são vendidos como papel velho. Nesse caso, devem ser macerados, ou inutilizados por qualquer outro meio, para destruir o conteúdo dos mesmos. Quando se faz um contrato para venda desses papéis, deve-se incluir uma cláusula proibindo a sua revenda como documento. A maceração ou qualquer outro tratamento é sempre aconselhável quando se tratar de documentos confidenciais. Os documentos podem ser queimados se não puderem ser vendidos com vantagem, ou se o órgão julgar conveniente, a fim de evitar a divulgação de informações que possam ser prejudiciais aos interesses do governo ou de pessoas.

Microfilmagem

A segunda alternativa do que se pode fazer em relação aos documentos é microfilmá-los. A microfilmagem é um método de preservar os documentos noutra forma ou meio. É a técnica de fazer cópias fotográficas tão reduzidas que se tornam impossíveis de ler sem ampliação. Quando se consulta o microfilme de um documento geralmente usa-se um aparelho de leitura de microfilme para ampliar a imagem de modo que possa ser lida num visor. Os objetivos da microfilmagem de documentos são, em geral, dois: a) reduzir o seu volume; e b) garantir a sua durabilidade. Qualquer determinação para microfilmar documentos deve ser baseada nos seguintes princípios:

Os documentos devem apresentar valor que justifique o custo dessa operação. O processo de microfilmagem, como foi anteriormente observado, é de alto custo. Deve-se pesar esse custo contra o da preservação dos documentos na forma original.

Os documentos a serem microfilmados devem ter características físicas que se prestem à filmagem. Uma vez que um dos objetivos do microfilme é reduzir o volume, os documentos a serem microfilmados devem, em geral, constar de grandes séries. Considerando que os documentos filmados só podem ser consultados um de cada vez, cada documento de uma série a ser microfilmada deve ser uma unidade integral no sentido de que tenha um significado independente daquele derivado de sua inter-relação com outras unidades da série. Os documentos filmados não podem ser sujeitos a comparações imediatas, pois dois deles geralmente não podem ser projetados simultaneamente.

Os documentos a serem microfilmados devem apresentar um arranjo que permita a sua filmagem. É necessário que sejam arranjados segundo um sistema ou método claro, seja numérico, alfabético, cronológico ou segundo um sistema de classificação bem-definido. Os documentos assim apresentados podem ser prontamente encontrados pela referência ao esquema de arranjo. Quando o arranjo dos documentos não é simples devem ser preparados e indexados a fim de poderem ser localizados na bobina do filme. Um excelente manual sobre *editing* e indexação foi publicado em 1946 pelo Departamento de Guerra dos Estados Unidos sob o título *Microfilming of records*. Em 1955 foi publicada uma edição revista.

Os documentos devem ser microfilmados segundo a melhor técnica. As cópias fotográficas devem registrar todos os detalhes de importância dos documentos originais que possam ser necessários a prováveis referências futuras. Tecnicamente, o filme em si e sua manipulação devem assegurar cópias com uma durabilidade 100% maior do que a do melhor papel. As cópias fotográficas devem ser um perfeito substituto dos documentos originais em todos os aspectos essenciais.

A microfotografia oferece um meio de redução do volume dos documentos, na mesma proporção geométrica pela qual a sua quantidade vem aumentando, como um resultado da ampliação das atividades governamentais e do uso de sistemas modernos de duplicação. Torna possível a continuidade em caso de papel de curta duração. A microfotografia, aplicada com critério, pode contribuir materialmente para a solução dos problemas da documentação de um órgão. Trata-se de uma técnica moderna, própria à administração de documentos modernos.

Transferência para centros intermediários de documentos (record centers)

A terceira alternativa é transferir os documentos para um centro ou depósito de armazenamento temporário. Estes centros atendem, ao menos, a três necessidades bem-definidas: a) servem para acomodar certos tipos de documentos que se acumulam regularmente nas repartições do governo e que devem ser conservados durante longos períodos de tempo; b) servem para acomodar acumulações especiais de documentos de órgãos extintos ou de determinadas atividades; e c) servem como um lugar onde se concentram todos os acúmulos de documentos — regulares ou especiais, de valor e sem valor — ao se iniciar um programa de administração de documentos ou arquivístico.

Ao atender à primeira dessas necessidades, os centros intermediários de documentos oferecem área para armazenamento de preço mais reduzido do que o existente nas repartições, torna os documentos mais acessíveis ao uso, e muitas vezes cria condições que facilitam sua análise e destinação final. Certos tipos de documentos que são mantidos por longos períodos nas repartições, em áreas de elevado custo, e onde estorvam e dificultam as operações, podem ser transferidos para aqueles centros. Procedendo-se a essa remoção, o equipamento de arquivo e o espaço que ocupam podem ser usados para documentos correntes. Para o governo como um todo os centros fornecem um meio de movimentação ordenada dos documentos, à medida que se tornam de uso não corrente, de áreas de elevado custo para outras de custo reduzido, e de armazenamento nestas últimas até que possam finalmente ser destruídos ou transferidos para um arquivo de custódia.

Ao atender à terceira necessidade, os centros intermediários são um meio de fazer uma "faxina na casa do governo". Para aí podem ser transferidos os documentos que se foram acumulando, com o passar do tempo, em inúmeros porões e águas-furtadas, nos edifícios públicos. Antes de empreender-se a limpeza nos prédios, deve-se poder contar com um centro dessa natureza para acomodar os documentos que precisam de uma análise mais profunda do que a que se lhes pode dedicar nos lugares a que foram relegados. Se tais centros não existem, os documentos de valor de uma administração poderão ser varridos com os "entulhos" acumulados por gerações passadas.

Diversos fatos devem ser levados em consideração se os centros intermediários visam a atingir aos objetivos de economizar dinheiro e favorecer a eficiência das operações governamentais.

Não convém que sejam usados para o armazenamento de papéis sem valor, quando se puder evitar. A transferência de documentos de valor discutido para centros intermediários justifica-se apenas se não se pode de fato decidir sobre os mesmos, como no caso de países onde os centros servem como um primeiro passo no programa de administração de documentos ou de arquivos. Se, ao preparar as tabelas de descarte ou mesmo em outras ocasiões, os funcionários consignam os documentos aos centros pela simples razão de que não sabem o que fazer com os mesmos, há grande probabilidade de que os centros se tornem uma "sapucaia" para a retenção prolongada de material sem valor, deixando, assim, de atingir a sua finalidade — economia. O Comitê Britânico de Documentos dos Ministérios (British Committee on Departmental Records), de fato, observou que "a maior desvantagem de um plano de depósito tipo 'limbo' reside no incentivo que dá aos ministérios para protelar o exame de seus documentos".[63] Esses centros não deveriam ser normalmente usados para armazenar documentos cujo destino os funcionários não possam decidir de imediato.

Os centros intermediários deveriam ser usados, principalmente, para o armazenamento de certos tipos de documentos. Esses tipos podem ser identificados em função das atividades a que se relacionam e da duração de sua utilidade. Os tipos que mais se prestam a isso são as grandes séries de documentos que todos os governos modernos criam e que decorrem de atividades fiscais, de regulamentação, de investigação, de litígios, de pessoal ou coisas semelhantes. Na Inglaterra estas são chamadas de *particular instance papers* e em geral prestam informações sobre pessoas e negócios. São documentos rotineiros — espécie que pode ser avaliada tomando-se por base o conteúdo informativo dos mesmos; referem-se a atos específicos que são, em geral, definitivamente encerrados, e que podem ser comumente eliminados por meio de tabelas de descarte. Devem distinguir-se de documentos de tipo não rotineiro — aqueles que são avaliados tomando-se por base a prova ou evidência que contêm sobre a origem da organização e funções, que dizem respeito a assuntos de política, métodos e programas

---

[63] Great Britain, Committee on Departmental Records, 1954: 70.

que não são definitivamente encerrados e que, só com grande dificuldade, podem ser avaliados, uma vez removidos do seu contexto. Se essas grandes séries de documentos dizem respeito a transações ou compromissos dos órgãos governamentais e têm efeito por longo prazo, podem, acertadamente, ser removidas para centros intermediários depois que o uso imediato dos mesmos se haja exaurido.

Sempre que se transferem documentos do tipo não rotineiro para centros intermediários, faz-se mister obter informações precisas e completas sobre as origens administrativas e o significado funcional dos mesmos, a fim de facilitar sua avaliação. Conquanto tais informações sejam muito úteis na avaliação, as descrições, por escrito, de documentos, raramente são um bom substituto para a informação que pode ser prestada oralmente por aqueles que os criaram. E essa informação é particularmente importante para a avaliação da documentação relativa à organização e à função.

A transferência de documentos para armazenagem temporária pode ser um meio de adiar uma decisão sobre o valor dos mesmos, mas não a dispensará, pois os documentos desses centros, uma vez que perderam o seu valor, mais cedo ou mais tarde terão de ser removidos. Talvez a decisão sobre o valor possa ser mais facilmente conseguida quando os documentos são removidos das mãos dos funcionários que os produziram. Os documentos, da mesma maneira que as pessoas, talvez percam o seu *glamour* quando a distância. Os funcionários podem não mais se impressionar com a importância da preservação dos documentos para uso futuro quando estes não estiverem imediatamente à mão para os fazer lembrar de tal uso. Afinal, os documentos podem se tornar as muletas mentais nas quais os funcionários públicos se apoiam nos momentos de fraqueza, ao invés de fiar-se na sua própria acuidade mental para solucionar problemas que se lhes apresentem. O instinto de conservação do administrador público leva-o a apegar-se aos documentos públicos, particularmente quando se relacionam com assuntos financeiros ou legais, por uma probabilidade, ainda que remota, de que os assuntos a que se referem possam voltar a ser examinados.

Conquanto as decisões sobre o valor primário dos documentos oficiais talvez possam ser mais facilmente tomadas, depois de terem sido removidos das repartições que os produziram, o mesmo não se pode dizer quanto ao julgamento dos valores secundários. Os documentos oficiais, frequentemente, perdem a sua identidade e o significado quando removidos dos lugares de criação e uso, da mesma maneira que as palavras perdem o seu significado quando fora do contexto. Essa é uma verdade, sobretudo quando se trata de documentos relativos à organização e função, que apresentam especial interesse para os arquivistas. Tais documentos, será demonstrado mais tarde, devem ser avaliados em relação à documentação total produzida por um órgão. Quando tirados do órgão, frequentemente torna-se difícil determinar suas origens, quer funcional, quer organizacional. Pude constatar isso ao tentar avaliar os documentos de certos organismos federais já extintos.

Os documentos devem ser transferidos para um outro centro intermediário de maneira adequada. O National Archives and Records Service editou recentemente um manual de administração de documentos intitulado *Federal records centers*, que mostra como transferir documentos para um depósito temporário. O teor desse manual não precisa ser aqui repetido.

Transferência para o arquivo de custódia

A quarta alternativa é transferir os documentos para um arquivo visando à retenção permanente. Diversos fatores determinarão se os documentos merecem essa transferência.

O primeiro diz respeito ao valor dos documentos. Devem ter valores secundários evidentes que justifiquem sua retenção permanente. Os critérios pelos quais tais valores devem ser julgados serão tratados na terceira parte desta obra.

O segundo fator refere-se à frequência de utilização (*currency*) dos documentos. Os documentos devem ser de uso não corrente, bem como de valor, para merecerem a transferência para um arquivo de custódia. E essa frequência refere-se ao uso que se faz dos documentos no desempenho da função governamental, em conexão com a qual se acumularam. Deve distinguir-se da "atividade" resultante de outros usos, como, por exemplo, o uso de documentos pelo público ou por outros órgãos. Para determinar-se onde conservar os documentos, deve-se levar em consideração os seguintes fatores: caráter e frequência de seu uso, natureza e valor dos mesmos e as condições que afetam o seu uso. Um arquivo de custódia não deve, normalmente, aceitar documentos que possam demandar empréstimos frequentes à repartição de origem, embora um centro intermediário possa tomar tais encargos.

O terceiro diz respeito às condições físicas dos documentos. Os corpos dos documentos transferidos para um arquivo devem ser unidades completas e lógicas, acompanhadas dos índices que lhe sejam pertinentes; devem estar em boa ordem e, tanto quanto possível, destituídos de peças sem valor que com eles possam ter sido arquivadas.

O quarto diz respeito às condições de acesso aos documentos. O assunto será tratado com detalhes na terceira parte deste livro. Aqui será suficiente observar que um arquivo de custódia não deve recolher documentos a cujo uso se imponham restrições consideradas descabidas e contrárias ao interesse público.

PARTE III

Administração de arquivos de custódia

Arquivistas, os que acendem a tocha da Verdade,
Nos documentos sulcada através dos tempos,
Iluminando todo o esmaecido passado,
Como letras douradas em antigo pergaminho.

*Mrs. W. R. Wilde**

---

* Apud Gilbert, 1864:117.

CAPÍTULO 11

Pontos essenciais da administração de arquivos de custódia

NESTA PARTE DO livro tratarei do problema de como os arquivos públicos devem ser administrados num arquivo de custódia.

Farei, neste capítulo, uma exposição sobre os pontos essenciais da administração de arquivos, enquanto, nos capítulos seguintes, tratarei dos problemas de como os documentos devem ser avaliados, arranjados, preservados, descritos, publicados e utilizados.

Ao dizer pontos essenciais quero referir-me: a) à natureza dos arquivos modernos, determinante da natureza das atividades no campo de administração de arquivos de custódia; b) à natureza das próprias atividades arquivísticas; c) à natureza da autoridade requerida pelo arquivista para que possa bem executar suas funções; e d) à natureza da instituição responsável pelas atividades arquivísticas.

Natureza dos arquivos modernos

Os arquivos públicos modernos têm certas características que se devem ao modo pelo qual são criados e ao tratamento que recebem depois que hajam servido a seus objetivos imediatos. São produzidos por todos os tipos de duplicadores modernos e, devido a isso, apresentam diversas formas físicas, tais como livros, papéis, mapas e fotografias. Surgem em diversas fontes, embora possam todos promanar de uma única esfera administrativa. O arquivista ocupa-se da documentação integral do governo a que serve, podendo incluir documentos de vários órgãos, e de cada órgão, documentos de várias de suas unidades administrativas.

Os arquivos modernos são, muitas vezes, de difícil identificação. Não são criados, como é o caso dos livros, por uma pessoa ou grupo de pessoas em consequência de interesse por um certo assunto: são produto da atividade de uma unidade da administração. Não são portanto facilmente identificáveis por autor e título, pois a unidade do governo que os criou e a atividade a que estão ligados, muitas vezes, só podem ser determinadas através de longas pesquisas quanto às suas origens administrativas e funcionais. Isso é uma verdade, sobretudo porque os documentos, objeto do trabalho de um arquivista, são, em geral, antigos e quase sempre de uso não corrente. A identificação de documentos mais antigos tem muitas vezes sido obscura ou impossível, devido ao descaso a que foram relegados depois que não eram necessários, ao passo que a identificação de documentos mais recentes é também, muitas vezes, difícil de determinar por haverem sido mal classificados, enquanto de uso corrente, ou por se lhes haver dispensado tratamento impróprio após servirem aos seus objetivos correntes.

Os arquivos modernos são, muitas vezes, indeterminados quanto ao conteúdo. Apresentam-se como um corpo de material que se desenvolveu organicamente, resultante de uma atividade do governo. Devido ao seu crescimento orgânico, eles não são originariamente organizados com bases num assunto. Assim, em geral, não correspondem, pelo título ou organização, a um assunto unitário ou área de pesquisa. Ao contrário dos livros, seus assuntos não se refletem num título, nem se apresentam numa ordem apropriada que se torna evidente pela paginação e divisão em capítulos. Não são suscetíveis de serem usados para fins de pesquisa por meio de uma simples tábua de conteúdo e de um índice.

Os arquivos modernos são ordenados de maneiras diversas. Os diversos grupos de arquivos com que lida um arquivista podem ser arranjados sob todas as espécies de sistemas: numérico, alfabético, classificado ou por tipos físicos. Eles podem ser meras acumulações de documentos, sem uma ordem perceptível, produzidos em relação a um assunto ou atividade. O arranjo dado aos documentos *de per si* nos grupos, pelo órgão onde se originaram, é, em geral, mantido pelo arquivista que deve manter os grupos nas suas relações adequadas, uns para com os outros. Ao fazer isso não pode seguir um esquema de classificação universal preconcebido, como os bibliotecários. Deve analisar a organização e origens funcionais de cada grupo e reuni-los de modo a refletir o funcionamento do organismo que os produziu.

Os arquivos modernos são únicos em caráter. Não são disseminados em grandes edições que se espalham, como é, em geral, o caso das publicações. Embora se possam tirar muitas cópias de um determinado documento, o arquivista usualmente só se ocupa de séries únicas nas quais possam estar reunidos.

Os arquivos modernos constituem-se de materiais selecionados. São escolhidos, de uma grande massa de documentos produzidos por um governo, devido ao seu valor comprobatório e informativo. São escolhidos tomando-se por base não a apreciação de certos documentos em particular, mas devido ao seu significado no conjunto da documentação de um determinado assunto ou atividade, ou, em termos mais amplos, na documentação de um órgão, de um governo, ou mesmo da sociedade em certo estágio de desenvolvimento.

Os arquivos modernos são documentos valiosos. Em capítulo anterior, devemos recordar, os arquivos públicos foram definidos atendendo a outras características, como os documentos oficiais "que são considerados de valor para serem preservados para fins de referência e pesquisa e que hajam sido depositados ou selecionados para depósito numa instituição apropriada".

Os arquivos modernos apresentam valor para diversos fins. Uma comissão do Arquivo Nacional dos Estados Unidos, nomeada em 1952 para determinar as características do cargo de arquivista do serviço público federal, concluiu serem os arquivos "fontes documentárias" em dois sentidos desse termo. Enumerou vários exemplos de setores nos quais os fundos dos arquivos nacionais servem como fontes documentárias, no sentido de proverem informação básica para várias formas de estudo, pesquisas ou investigações. Entre os setores enumerados encontramos:

- *Administração pública*, no qual existem documentos que mostram a organização e as funções de cada órgão do governo, bem como documentos de órgãos especiais (tais como das comissões Dockery, Keep, Taft e Hoover), que estão ligados a toda a administração;
- *História diplomática*, no qual podemos encontrar os expedientes diplomáticos e consulares, instruções etc., relativas às relações exteriores do governo, estatísticas de comércio relativas a assuntos econômicos e filmes de atualidades, gravações, noticiário e recortes da imprensa referentes à opinião pública etc.;
- *História política*, no qual podemos encontrar documentos de muitas fontes em todos os assuntos em que o governo nacional haja participado, incluindo-se os documentos sobre guerras, sobre grandes

movimentos, tais como a expansão para o Oeste, sobre acontecimentos e episódios específicos da história etc.;
- *História e teoria econômica*, no qual podemos encontrar dados colhidos por repartições fiscalizadoras e órgãos de trabalho, mostrando a concentração das indústrias; questões trabalhistas, serviços de emprego, transportes e outros documentos relativos à história do trabalho e relações industriais; documentos marítimos, ferroviários e regulamentos mostrando o desenvolvimento dos meios de transportes; documentos dos tribunais e de inúmeros órgãos parajudiciais mostrando a evolução das relações de direito;
- *Demografia*, no qual podemos encontrar listas de passageiros, recenseamentos e documentos de diversas repartições especiais e de agências de imigração e naturalização que documentam a história e os problemas de raça e nacionalidade e de origem de grupos; documentos de órgãos de agricultura, de trabalho, de transporte e de comércio que mostram as áreas de progresso e de decadência etc.;
- *Biografia e genealogia*, no qual podemos encontrar documentos de recenseamentos, Serviço de Terras (Land Office), serviço militar, pensões militares etc.;
- *Tecnologia*, no qual podemos encontrar documentos marítimos, censitários, relativos a questões trabalhistas, marcas e patentes etc.; e
- *Ciências físicas*, no qual podemos encontrar documentos de diversos órgãos científicos.

A citada comissão, ademais, declarou que os arquivos são fontes materiais noutro sentido do termo: podem ser usados na determinação de vários direitos, privilégios, obrigações, imunidades e coisas semelhantes que derivam ou dizem respeito a relações entre o cidadão e o Estado e que regulam a atividade dos funcionários públicos e dos órgãos do governo. A comissão citou os seguintes exemplos de maneiras pelas quais os fundos dos Arquivos Nacionais servem como fontes nesse sentido do termo:

Nas *relações cidadão-governo*, para fornecer provas de propriedade de terras (títulos de propriedade), aposentadorias (documentos de prestação de serviço), cidadania (naturalização e inúmeros documentos colaterais), domicílio (documentos censitários); quanto à elegibilidade para certos tipos de empregos com legislação especial (documentos marítimos) e para a isenção de indenizações ou outras obrigações (documentos de perícia de acidentes, documentos contratuais).

Nas *relações entre os cidadãos afetados pelas relações com o governo*, para determinar direitos (registros de patentes, documentos de contratos), para conciliar questões salariais (relações entre empregados e empregadores, estudos sobre o custo de vida), para resolver contratos pendentes de compra ou venda (tabelas de valor e estudos, regulamentações de preços e os dados em que se baseiam), para dar atestado de habilitação para determinado trabalho (documentos de serviço).

Na *atividade oficial*, para tratar com a Contadoria Geral (General Accounting Office) (documentos fiscais e orçamentários), para atender a reclamações (contratos de trabalho e documentos de prestação de serviços), para encontrar precedentes na determinação de política ou de ação (atas de conferências, relatórios administrativos, papéis que deram origem a ordens e regulamentos), para determinar a capacidade para certo trabalho (documentos de investigações e de prestação de serviço).

Resumindo seus pontos de vista, a comissão declarou que *records* ou *archives*, como material no qual o arquivista trabalha, considerado como um todo, constituem a principal fonte de documentação de todas as atividades do governo, sendo úteis a uma grande variedade de estudos, fundamentais para todos os direitos cívicos do indivíduo e para muitas questões de equidade entre os indivíduos. Importantes na regulamentação das próprias atividades do governo, são únicos e apresentam-se como corpos de documentos que refletem as funções e a estrutura dos órgãos governamentais.

Natureza das atividades

No trabalho com o seu material o arquivista visa a um duplo objetivo: preservá-lo e torná-lo disponível para ser usado. Assim, o objetivo do Arquivo Nacional dos Estados Unidos foi definido, oficialmente, como sendo o de servir a esta e a gerações futuras, salvaguardando para o seu uso a prova da experiência da nação, que se encontra nos documentos de valor permanente do governo federal. Na execução de seu trabalho, o arquivista executa algumas atividades funcionais. Essas atividades não têm limites definidos, nem são exclusivas umas das outras; cada uma constitui parte das tarefas de preservar e tornar acessíveis as fontes conservadas num arquivo. Essas atividades, além disso, podem ser definidas de maneiras diversas. Devido a questões de administração interna, o Arquivo Nacional dos Estados Unidos grupou-as segundo quatro grandes tópicos, de acordo com as funções:

- *atividades de destinação*, que incluem a avaliação dos documentos propostos para eliminação ou transferência para o edifício do Arquivo Nacional, reavaliação dos documentos recolhidos, segregação e transferência dos documentos de valor temporário para um centro intermediário de armazenamento, seleção e destruição dos documentos sem valor e demais atividades afetas à destinação de documentos;
- *atividades de preservação e de arranjo*, que incluem as tarefas de acondicionar e etiquetar documentos e de colocar nas galerias os receptáculos de guarda; reorganizar e juntar documentos segundo um plano, fazendo o reempacotamento, a reetiquetagem e procedendo ao novo armazenamento, exame e seleção dos documentos a serem restaurados e seleção dos que devam ser reproduzidos para fins de preservação;
- *atividades de descrição e de publicação*, que incluem a análise e descrição dos documentos recolhidos de modo a torná-los disponíveis ao uso; o preparo de inventários descritivos, listas, catálogos, guias e demais instrumentos de busca; seleção e preparação de documentos para microfilmagem e outras formas de publicação documentária; e
- *atividades de referência*, que incluem o fornecimento de informações de ou sobre documentos recolhidos; localização e empréstimo de tais documentos a outros órgãos do governo; o uso dos documentos na sala de consultas e pesquisas; seleção e identificação de documentos para exposições ou para reprodução e ainda autenticação de reproduções ou certidões de documentos recolhidos.

A análise que o arquivista faz dos documentos é básica, praticamente, para todas as suas atividades. Esta análise abrange estudos da organização e origens funcionais dos documentos para se informar quanto a proveniência, assunto e inter-relações. Essa informação é usada na avaliação, no arranjo, na descrição, na publicação e na utilização dos documentos. As atividades analíticas são, por assim dizer, a essência do trabalho de um arquivista; as demais atividades são baseadas naquelas e são, em grande parte, de natureza material.

Assim os documentos somente depois de analisados podem ser avaliados. As avaliações, como será mostrado no próximo capítulo, devem ser baseadas numa análise minuciosa e completa de todos os documentos produzidos por um certo órgão do governo e na sua relação para com toda a outra documentação.

O recolhimento, que se segue à avaliação, coloca os documentos considerados de valor sob a custódia física e legal do arquivo. No estágio inicial deste trabalho um arquivista pode encontrar grande resistência, por parte das repartições, em entregar seus documentos ao arquivo. Os funcionários públicos podem ter se acostumado a conservar todos os documentos pertinentes ao seu trabalho junto de si ou, pelo menos, sob o seu controle imediato. Podem mesmo considerar as pastas de processos como patrimônio de suas repartições e o conteúdo dos mesmos como propriedade pessoal. O recolhimento, sob tais circunstâncias, é muito difícil e exige muito tato e paciência por parte do arquivista.

Os documentos, somente depois de analisados, podem ser arranjados. Na tarefa de arranjar os documentos, como será visto em capítulo posterior, observa-se o princípio da proveniência. Segundo esse princípio os arquivos devem ser arranjados de tal maneira que a organização e funções que os produziram neles se reflitam, unidade administrativa por unidade, subunidade por subunidade e série por série de documentos. Esse princípio de arranjo somente pode ser seguido se uma análise perfeita dos documentos houver sido feita. O arranjo afeta não só a acessibilidade aos arquivos, mas também os valores comprobatórios dos mesmos, pois os arquivos devem ser arranjados de maneira a proteger sua integridade, como evidência histórica e como evidência da organização e função. É, em geral, de grande importância que os papéis individuais sejam mantidos no seu contexto e na sua posição física original.

Uma análise minuciosa também é preliminar essencial à elaboração de instrumentos de busca. Estes podem ser de vários tipos, mas todos contêm informações que são obtidas através da análise dos documentos. Alguns instrumentos, tais como guias, inventários, listas e catálogos, mostram o caráter e o valor dos arquivos em função de sua proveniência; outros, como os guias por assunto e trabalhos de referência informativa (*reference information papers*) mostram o caráter e significado dos documentos em função do assunto de que tratam.

A atividade de tornar os documentos acessíveis é, sem dúvida, a mais importante de todas as atividades executadas por um arquivista. Significa fornecer os documentos, reproduções ou prestar informações relativas aos documentos ou neles contidas, ao governo e ao público. O arquivista pode ser levado a proceder a longas pesquisas em busca de determinados documentos, os quais devem ser selecionados entre muitos outros identificados, reunidos e apreciados quanto ao seu valor, antes de serem postos à disposição para uso. O arquivista pode ainda ter que proceder a pesquisas, levantamentos ou investigações, por sua própria iniciativa, a fim de preparar relatórios informativos (*reference reports*) sobre tópicos especiais, ou dar conselhos e prestar assistência na localização, interpretação e utilização dos arquivos.

Natureza da autoridade

A autoridade de um arquivista depende da posição e responsabilidade que lhe são atribuídas dentro da estrutura do governo ou administração a que serve.

Status *administrativo*. As posições que o arquivo pode ocupar na hierarquia administrativa vão desde as que lhe conferem inteira liberdade de ação até as de completa subordinação a algum outro órgão do governo. A posição reservada ao arquivista depende de vários fatores.

Um dos fatores é a situação do próprio trabalho de natureza arquivística no país. Começar é sempre difícil e isto é verdade, sobretudo no campo dos arquivos. Os obstáculos que o arquivista enfrenta ao iniciar o seu programa de trabalho são, algumas vezes, quase insuperáveis. O arquivista não pode superá-los sozinho. Há que contar com ajuda de administradores públicos esclarecidos, de pessoas eruditas, especialmente historiadores, e de todas as pessoas interessadas no desenvolvimento de uma consciência pública do valor dos documentos, e na obtenção do reconhecimento, por parte do governo, de que o zelo pelos documentos públicos é obrigação oficial. Os países raramente reconhecem o valor de seus documentos antes de atingirem a maturidade histórica, quando, por ironia, muitos de seus documentos possivelmente já terão desaparecido. E mesmo depois de o governo de um país ter dispensado autoridade e condições para o trabalho arquivístico, a tarefa do arquivista é ainda difícil. Inicialmente, em suas relações com as repartições, terá de enfrentar os hábitos enraizados de funcionários, em relações aos seus documentos, que os fazem considerá-los como de exclusiva propriedade de suas repartições, úteis apenas à administração corrente e sem interesse para estranhos.

A posição a ser ocupada pelo arquivista na hierarquia governamental depende também do caráter dos órgãos do próprio governo com que lida. O tamanho, a complexidade, o tempo de existência são aspectos importantes do caráter dos organismos e devem ser levados em consideração. Um arquivista, por exemplo, pode ocupar-se de documentos de muitos tipos de organizações governamentais: federal, estadual, municipal etc. Essas organizações podem ser antigas ou recentes, podem existir há séculos, como na maioria dos países europeus, ou somente há algumas décadas, como nos Estados Unidos e na Austrália.

Os arquivos nacionais atuais costumam gozar de um grau de autonomia relativamente alto na administração de seu trabalho. Os arquivos nacionais da França, Inglaterra e Estados Unidos, convém recordar, foram colocados em diferentes posições na estrutura governamental dos respectivos países. Os Archives Nationales ficaram subordinados a um ministro, ao passo que ao Public Record Office se deu uma situação de ministério independente. Os National Archives dos Estados Unidos inicialmente constituíam um órgão independente, porém mais tarde passaram a ser subordinados a outro órgão da administração.

Muitos arquivos estaduais e municipais subordinam-se a outros órgãos, de quem dependem, no que diz respeito a pessoal e finanças, embora alguns gozem de independência. Nos Estados Unidos, os arquivos estaduais que incidentalmente têm um controle completo sobre os documentos do estado ficaram em várias posições nas administrações estaduais. Em 13 estados são inteiramente independentes, em oito ficam subordinados às bibliotecas estaduais, em 15 subordinam-se a associações históricas e em nove outros subordinam-se a outros órgãos da administração.

De acordo com a natureza das funções que um arquivo deve cumprir, é óbvio que se lhe dê um lugar na escala hierárquica da administração que o habilite a tratar *independentemente* com todas as unidades do governo. A menos que tenha caráter de ministério, o arquivo deverá ser um órgão independente ou subordinado a outra unidade que possa tratar independentemente com todos os órgãos governamentais. No caso do Arquivo Nacional dos Estados Unidos a organização a que se subordina presta serviços do gênero *housekeeping* (assuntos relativos a material, edifícios e documentos) a todos os órgãos do governo. Muitos arquivos estaduais nos Estados Unidos, já foi dito, são entidades independentes, mas quando não o são, subordinam-se a outras entidades governamentais, como a bibliotecas, ou a associações históricas que podem tratar independentemente com todos os departamentos do governo.

Ao órgão encarregado da administração dos arquivos, deve-se, além disso, dar um lugar na hierarquia governamental que o habilite a tratar *efetivamente* com todos os outros órgãos da administração. O grau de eficiência de um arquivista, deixando-se de lado considerações de ordem pessoal, depende de sua situação no governo, e seu *status* dependerá da natureza do trabalho que deva executar. Em todo o seu trabalho, como já se acentuou, o arquivista mantém relações estreitas com todos os órgãos do governo a que serve. No seu trabalho, é claro, vê-se a braços com todas as espécies de problemas, uns relativos a assuntos de alta política e outros a operações de rotina. Se o programa do arquivo é novo, podem relacionar-se com assuntos ordinariamente tratados nos altos níveis da administração, tais como a posição do arquivo na estrutura governamental, sua autoridade legal e normas que afetam o governo em geral. Podem ainda relacionar-se com as diversas fases de execução do novo programa, tais como a conduta de levantamentos para determinar o caráter e o valor dos documentos, formulação de diretrizes quanto ao recolhimento ou transferência de documentos e sua preservação, questões de espaço para guarda e elaboração de programas de destinação. Se a maioria dos seus problemas envolve diretrizes tratadas em alto nível do governo, deve ser colocado em lugar suficientemente alto na hierarquia administrativa, que o capacite a tratar efetivamente com os funcionários sobre os próprios arquivos. Deve então estar habilitado a tratar com os demais departamentos do governo em bases de igualdade. Se, ao contrário, a maioria dos seus problemas é de natureza executiva, poderá ser situado em nível mais baixo na escala hierárquica. O arquivista, em resumo, deve estar habituado a tratar direta e igualmente com os funcionários ligados aos seus problemas.

Se a administração do arquivo é subordinada a outro órgão tal como a uma biblioteca ou a uma sociedade histórica fazem-se necessárias certas providências para assegurar sua eficiência. O programa arquivístico deve ser distinto e separado do programa do próprio órgão. Isso faz-se mister porque a metodologia da arquivística, como já foi anteriormente demonstrado, difere da metodologia de outras instituições, como a das bibliotecas e a das sociedades históricas, às quais comumente o arquivo se subordina, e também porque a profissão do arquivista não pode sobreviver de migalhas orçamentárias que possam cair da meda da entidade interessada, em primeiro lugar, em outros programas. As verbas destinadas ao programa de arquivo devem ser especificamente reservadas para aquele programa. Para garantir o êxito do programa é conveniente que se criem conselhos diretores independentes, nos quais o arquivista possa estar devidamente representado para examinar suas necessidades e os recursos de que pode dispor para atendê-las. Na maioria dos estados americanos esses conselhos não são remunerados, são órgãos apolíticos, vitalícios, compostos de educadores, historiadores e funcionários públicos, eleitos por sociedades históricas ou nomeados pelos governadores dos estados.

Responsabilidades

As responsabilidades de um arquivista em relação aos documentos públicos devem ser claramente definidas em lei. É especialmente importante que os materiais com que deverá trabalhar, isto é, os documentos oficiais, sejam legalmente definidos de início. O termo "documentos públicos", como já foi observado, pode ser definido de várias maneiras segundo as necessidades dos vários governos, mas devem ser sempre definidos com exatidão.

Uma definição de "documentos públicos" deve ser baseada na premissa de que tais documentos são propriedade pública. São de propriedade de todos os cidadãos, que, coletivamente, constituem o Estado. Nos Estados Unidos, a lei que criou o Arquivo Nacional diz que "todos os arquivos ou documentos *pertencentes ao governo dos Estados Unidos*[64] (Legislativo, Executivo, Judiciário etc.) estarão a cargo e sob a superintendência do arquivista. O conceito de propriedade pública que está implícito no texto da lei é expresso também em inúmeros trechos do Federal Records Act de 1950 que substituiu o National Archives Act.

---

[64] Grifo do autor.

O conceito de propriedade pública é importante para determinar o direito de um governo de reter e preservar os documentos criados no curso de sua atividade oficial. É difícil, contudo, formular uma lei ou regulamento que controle eficazmente o uso pessoal de documentos públicos. Nos Estados Unidos, desde os primeiros dias da República, a destinação de tais documentos tem sido objeto de arbítrio entre os mais altos funcionários do governo, como ministros e presidentes. Por tradição podem levar seus documentos quando se afastam do cargo. O precedente para a remoção dos papéis presidenciais foi estabelecido por George Washington, que, depois do segundo período presidencial, empacotou os seus papéis e mandou-os para Mount Vernon. Washington considerou seus papéis "uma espécie de propriedade pública, sagrada em minhas mãos".[65] Esses papéis permaneceram em Mount Vernon aproximadamente 30 anos, até que foram publicados por Jared Sparks (1789-1866). Posteriormente foram comprados pelo Departamento de Estado, que era, na época, depositário dos manuscritos do governo federal, e hoje se encontram na Biblioteca do Congresso entre os papéis de muitos outros presidentes.

O direito de os presidentes levarem consigo os documentos de seu gabinete ao deixarem o cargo foi aceito, de um modo geral, sem reclamações. Esse direito comumente estende-se apenas à correspondência e demais papéis criados no seu próprio gabinete. Não se estende a papéis que se tenham tornado parte de documentos do governo, os quais, segundo Jefferson, "tendo se tornado atos de organismos públicos, não pode haver demanda pessoal pelos mesmos".[66] Em nenhuma circunstância, realmente, papel algum deve ser retirado que possa deixar lacuna nos documentos oficiais de órgãos executivos. Considerando a crescente importância do gabinete de um presidente na estrutura do governo federal, o caráter dos documentos de seu gabinete tem se modificado gradativamente com o correr dos anos. Não mais são uma porção relativamente pequena de papéis, a maior parte de natureza pessoal, como os de Washington, que, nas suas horas de lazer, podia "examinar, ordenar e separar os papéis de real valor, daqueles de pouco ou nenhum valor".[67] Agora são muito volumosos e em grande parte de caráter

---

[65] Fitzpatrick, 1931-44, v. 25, p. 288.
[66] Lipscomb, 1903-04, v. 12, p. 309.
[67] Fitzpatrick, 1931-44, v. 34, p. 381.

impessoal. A Associação Americana de História, na sua reunião de 1945, resolveu de maneira muito conveniente que:

> "CONSIDERANDO que tem sido um hábito comum entre os presidentes dos Estados Unidos, quando de seu afastamento da Casa Branca, levarem consideráveis corpos de documentos, tanto oficiais quanto pessoais; e
> CONSIDERANDO que o governo federal possui agora admiráveis condições para o cuidado especial e a utilização de todos os arquivos oficiais e que o uso dos mesmos é essencial para os eruditos e funcionários do governo, na execução inteligente de suas funções em nossa democracia;
> DECIDE que a American Historical Association expresse e dê inteira publicidade ao seu mais fervoroso desejo de que, de agora em diante, os nossos chefes executivos possam levar, quando do seu afastamento, tão somente a correspondência de caráter estritamente pessoal."[68]

Uma nova tradição que está surgindo agora: os presidentes ao se afastarem depositam seus papéis em bibliotecas especiais, onde são, assim, oferecidos à nação e administrados como parte do sistema do Arquivo Nacional.

Devido ao caráter altamente pessoal do sistema de gabinete no governo federal dos Estados Unidos, o hábito de retirar os papéis públicos estendeu-se aos ministros. Comumente esses funcionários levam papéis que consideram pessoais e privados, especialmente papéis que mostram suas atividades como membros de partidos políticos e deixam os que consideram tratar de assuntos do governo. Mas, ocasionalmente, podem levar papéis oficiais que hajam produzido como uma proteção contra possíveis ataques à sua reputação ou ao seu trabalho. Por essa razão, já em 1800, foram feitas cópias para a imprensa da correspondência oficial de Timothy Pickering como secretário de Estado, com a permissão de John Marshall, sucessor de Pickering.[69] Os ministros podem também, ocasionalmente, retirar cópias de papéis oficiais que hajam produzido para diários ou memórias. O incentivo do hábito de funcionários públicos de manterem documentos pessoais não deve ser destruído, pois os diários e memórias, conquanto sejam, muitas vezes, subjetivos e cheios de enganos, são importante suplemento para os

---

[68] American Historical Association, 1945, v. 1, p. 8.
[69] White, 1948:501.

documentos públicos formais e difusos, acrescentando-lhes um certo colorido e detalhes íntimos.

A tradição de retirar os documentos públicos ao deixar a repartição não se estende a outros funcionários que não os ministros, embora, usualmente, aqueles funcionários levem consigo papéis privados e algumas vezes cópias de documentos públicos. Mas, é claro, os documentos produzidos ou recebidos em função das atividades oficiais ou no cumprimento da lei são de propriedade pública. Nenhum funcionário tem o direito legal ou moral de se apossar de documentos do governo. Pertencem à repartição, não ao funcionário; são de propriedade do governo e não de propriedade privada. Mesmo se feitos ou conservados por sua própria iniciativa e mesmo em forma de cópias, não são propriedade privada dos indivíduos a que dizem respeito. O governo tem direitos sobre todas as cópias de documentos públicos arquivadas nas repartições; pode, é claro, fazer o que lhe aprouver com as cópias que não interessam ao arquivo. Não há justificativa para o funcionário, usando o seu emprego público, acumular documentos tais como os que contêm dados confidenciais relativos a negócios, dos quais ele poderá tirar proveito pessoal quando deixar o cargo.

Os documentos públicos, pois, devem ser reconhecidos por lei como propriedade pública. O direito a tais documentos será exclusivamente do governo que os criou e serão conservados para a perpetuidade. Qualquer lei que diga respeito à administração de documentos públicos, portanto, deve incluir no seu texto normas para a sua reobtenção no caso de terem sido indevidamente alienados ou retirados da repartição. O dr. Waldo G. Leland observou, com muita propriedade, que "...o Estado deveria ter plenos poderes para restabelecer a posse de qualquer documento, onde quer que fosse encontrado, desde que se possa provar já ter constituído parte de seus documentos públicos, embora possa jamais ter sido realmente depositado num arquivo".[70] O dr. Randolph G. Adams, além disso, assinalou que "o direito comum permite que um Estado ou governo federal mova ações para recuperar uma peça de propriedade pública, tais como documentos de arquivos, a despeito do tempo em que tenha estado em mãos de particulares. O princípio básico é *nullum tempus occurrit regi*, que foi traduzido como "contra o rei não há prescrição". Noutras palavras, "o soberano não é atingido por qualquer lei de

---
[70] Leland, 1912a:266.

limitações que afete o direito de recuperação de um cidadão. Esse princípio é uma parte reconhecida do nosso direito porque protege o povo contra a negligência dos funcionários públicos".[71]

A legislação sobre os documentos públicos, além disso, deve definir claramente as responsabilidades de custódia do arquivista. O conceito de custódia pode ser explicado em relação ao conceito de propriedade pública. Os documentos públicos poderão ser conservados sob a custódia de qualquer órgão da administração, sem, contudo, ser de sua propriedade. Quando os documentos públicos são transferidos da custódia de um órgão para a de outro não há transferência de propriedade, pois os documentos eram e continuam a ser propriedade do Estado. Isso significa simplesmente que um órgão, em vez de outro, tem os documentos em suas mãos. As condições em que os documentos são mantidos depende da regulamentação que trata do assunto de transferência de documentos. Esta deve tornar claro que os documentos podem ser transferidos para um arquivo de custódia, não apenas no sentido físico, mas também num sentido legal. "Os documentos uma vez transferidos para um arquivo", segundo o dr. Waldo G. Leland, devem passar à custódia legal, bem como física, do arquivista. Nada mais do que atritos incômodos podem surgir de qualquer arranjo que permita que a custódia legal dos arquivos permaneça com quem não mais os possua".[72]

Legalmente, então, o arquivista deve ter a custódia dos documentos que estão sob a sua guarda física, no que diz respeito ao seguinte:

Primeiro, deve o arquivista ter sobre os documentos os mesmos direitos e privilégios que tinha a entidade que os criou, relativamente à reprodução e à autenticação de cópias.

Segundo, deve ter, em relação aos documentos, certos direitos e privilégios adicionais que não são comumente exercidos pelas entidades criadoras. Referem-se estes ao arranjo, à descrição e à publicação para fins que não aqueles para os quais foram originariamente criados — para servir a usos secundários de outras repartições e de particulares. Esses direitos e privilégios são necessários ao arquivista para o bom cumprimento de seus deveres.

As responsabilidades do arquivista no que concerne à avaliação de documentos públicos devem também ser claramente definidas. Deve haver

---

[71] Adams, 1939:95.
[72] Leland, 1912a:267.

disposições legais regulamentando o problema da destruição de documentos públicos. Essa regulamentação há que proibir a destruição de qualquer documento público por qualquer funcionário sem a devida aprovação da autoridade responsável pelos arquivos. Deve ser única. Não deverá existir outra forma de destruir os documentos públicos, e todas as outras leis que se choquem com as disposições instituídas devem ser revogadas.

As responsabilidades do arquivista no que diz respeito a tornar o material acessível ao uso devem ser definidas o mais precisamente possível. Desde que o arquivista tem documentos sob sua custódia, naturalmente os colocará em ordem, fará a devida descrição, e os publicará, para torná-los acessíveis ao uso. A lei, entretanto, deve estipular sob que condições tais documentos devem ser abertos ao uso — as normas a que tais restrições deverão obedecer, o caráter geral das restrições no uso e coisas semelhantes.

Uma comissão da Society of American Archivists preparou, em 1939, um modelo de projeto de lei para os arquivistas americanos. Aquele trabalho, publicado no *The American Archivist*, em abril de 1940, aborda todos os problemas a serem observados em qualquer projeto de legislação de arquivos.

Natureza da organização

O arquivista deve selecionar e formar cuidadosamente o seu pessoal, planejar o trabalho, definir os métodos e diretrizes a seguir e, em geral, desenvolver uma organização eficaz.

Criação da organização

A organização do arquivo deve basear-se principalmente em assuntos e não em funções. Por essa afirmativa quero dizer que o arquivo deve ser organizado de tal forma que o trabalho seja atribuído aos funcionários, tomando-se por base a relação dos documentos com determinadas áreas de assuntos ou campos de interesse, e não a sua natureza profissional especializada. Deve desenvolver o conhecimento dos princípios e técnicas de arranjo, descrição, publicação e utilização dos documentos em relação a determinados fundos de arquivos. Esse conhecimento pode, de fato, desenvolver-se com vantagem se limitado a esses fundos.

Aplicando-se esse método, além disso adquire-se um conhecimento especial quanto aos arquivos e seu conteúdo, arranjo, valor para fins de pesquisa etc. Esse conhecimento, que podemos chamar de especialização por assunto, é extremamente importante para uma atuação eficiente em relação aos arquivos; é tão importante quanto o conhecimento dos próprios princípios e técnicas de arquivo. O arquivo, portanto, deve ser organizado de maneira a desenvolver, no seu pessoal, com maior rendimento, o conhecimento por assuntos. Trata-se, então, de um tipo de organização na qual o pessoal é designado para trabalhar com certos grupos de documentos, tomando-se por base a relação dos mesmos para com as áreas de assunto ou campos de interesse. Esse critério de organização, além disso, deve ser estável, de modo que os funcionários possam tornar-se peritos nos assuntos, por campos de conhecimento, facultando a aplicação dessa especialização a programas de grande alcance, relativos ao arranjo e descrição de arquivos.

Considerando que os documentos modernos são muito volumosos, pode parecer que um arquivo poderia executar suas atividades em relação aos mesmos, de maneira mais eficiente, tomando-se por base a função, em vez dos assuntos. É óbvio que à proporção que o acervo de um arquivo aumenta em volume, mais trabalho de natureza material deve ser executado. Grandes massas de documentos terão que ser mudadas de um lugar para outro, empacotadas, armazenadas e restauradas. Por trás de todas estas atividades materiais estão as atividades profissionais básicas de análise e avaliação. As atividades materiais não podem ser empreendidas antes que o trabalho profissional básico tenha sido executado e, por outro lado, não devem ser executadas sem uma direção profissional.

Nos seus primeiros anos o Arquivo Nacional dos EUA era organizado em base funcional. Existiam divisões encarregadas de recolher, classificar, catalogar e prestar serviço de referência em relação a todos os documentos sob sua custódia. Esta forma de organização não logrou os resultados desejados e foi substituída por outra organização, que facilita o aperfeiçoamento do seu pessoal, numa base de especialização por assuntos. Na organização atual, a maioria das funções substantivas do Arquivo Nacional é executada por setores estanques de documentos (*records branches*), que se encarregam do material, digamos, relativo a guerra, riquezas naturais, e assuntos industriais etc. Algumas atividades são ainda atribuídas a unidades administrativas especializadas, que operam em bases funcionais.

As bibliotecas e os arquivos diferem em sua organização porque aquelas são, em geral, organizadas por função, e estes por assunto. A mesma diferença existe comumente entre um arquivo de custódia e um centro intermediário. Nestes, o trabalho pode ser executado com maior eficiência, se forem designados determinados funcionários para cada atividade, como a de transferir, empacotar, armazenar ou fornecer os documentos para uso.

Planejamento do trabalho

O trabalho de um arquivo nunca termina. É um trabalho para a posteridade, no duplo sentido de ser feito para e pela posteridade. Não há limite quanto ao tempo que se possa gastar na análise dos arquivos, no seu arranjo e na elaboração de instrumentos de busca. O número de itens avulsos com que um arquivista tem que lidar, mesmo nas pequenas instituições arquivísticas, é quase infinito. Dado o fato de os arquivistas ocuparem, em geral, toda a existência no seu trabalho, é comum imaginar-se que sejam velhos barbudos e curvados, trabalhando em armazéns mal-iluminados, levando documentos mofados de um lado para outro. Esse conceito não corresponde à realidade. Se um arquivista que lida com documentos modernos pretende executar sua tarefa, mesmo num grau muito reduzido, terá que ser um administrador eficiente, capaz de planejar e de dirigir o trabalho do pessoal que lhe é subordinado. Quanto maior a organização, maior a necessidade de cuidadoso planejamento.

A fim de formular os planos de trabalho, o arquivista deve, em primeiro lugar, determinar que trabalho há para ser feito. Com esse objetivo, ele deve dividir o acervo em segmentos, que podem ser chamados "grupos de arquivos" (*archives groups*), "grupos de documentos" (*record groups*) ou "série de documentos" (*record series*). O caráter e tamanho desses segmentos ou fundos depende do caráter e volume total dos documentos com que o arquivista deve trabalhar. O arquivista precisa analisá-lo, a fim de determinar que trabalho será exigido para a eliminação dos papéis sem valor, para colocá-los em boa ordem e para descrevê-los com os detalhes necessários, visando a torná-los acessíveis. Deve, então, formular um programa anual de trabalho, planejado de modo a cumprir as tarefas específicas que devam ser executadas em cada segmento de documentos.

Na execução dos programas de trabalho, o arquivista deve proceder uniformemente em relação a todo o conjunto de documentos. Assim, ele não deverá arranjar uma unidade em rigorosa ordem, deixando que tudo mais permaneça em desordem. Deverá proceder de maneira uniforme em todas as suas atividades. Não deverá, por exemplo, completar todas as atividades de arranjo, antes de levar a efeito parte de outras atividades, mas sim ir executando as várias atividades, simultaneamente. Deverá avançar progressivamente na execução de seus programas, degrau por degrau, ano por ano, adiantando todas as fases, em todos os seus grupos, na medida em que os recursos financeiros e de pessoal o permitam. Não deve permitir que se desvie de seu programa de trabalho, passando a despender todas as suas energias em assuntos que possam vir a ser, momentaneamente, objeto de sua atenção. Se pretende executar o seu programa de instrumentos de busca, por exemplo, não deve afastar-se do seu objetivo para atender a interesses especiais. Antes que tenha conseguido elaborar um guia geral para os documentos, não deve promover análises detalhadas de documentos para determinado historiador, relativos e um tópico histórico, acontecimento ou episódio específico, ou providenciar o preparo de índices de nomes de pessoas e lugares, só para servir aos genealogistas e antiquários.

Formulação de diretrizes e métodos

Uma definição das diretrizes e métodos técnicos e profissionais torna-se essencial para que se mantenham os altos padrões do trabalho arquivístico. As diretrizes e métodos dizem respeito à substância do trabalho do arquivista; determinarão se, de fato, o seu trabalho tem conteúdo profissional. É necessário, pois, que o arquivista formule, com a máxima precisão possível, as diretrizes a serem observadas pelo seu pessoal na programação e na execução das várias fases do seu trabalho, bem como elabore normas que indiquem, precisamente, como as várias atividades técnicas e profissionais devem ser executadas. Os National Archives, por exemplo, editaram um guia para seus funcionários, o *Handbook of procedures*, que contém uma declaração das diretrizes e métodos, organizado em relação às suas maiores funções. Esse *handbook* é suplementado pelos *Staff Information Papers*, que fornecem informações detalhadas sobre as atividades profissionais, tais como o preparo de inventários, preparo de listas ou preparo de documentos para microfilmagem.

Em todos os países, os arquivistas — estaduais, federais ou municipais — devem trabalhar em conjunto na determinação das diretrizes e métodos, a despeito de forçosas diferenças de ênfase em relação a seus trabalhos profissionais. Ao estabelecerem, por exemplo, padrões de avaliação, o arquivista federal terá provavelmente um ponto de vista diferente do ponto de vista do arquivista estadual. No entanto o essencial é que o critério pelo qual os valores são julgados sejam definidos nos níveis federal, estadual e municipal. No preparo de instruções sobre os instrumentos de busca, o arquivista federal, em face dos problemas de grande massa de documentos, deverá imaginar métodos que permitam obter, *grosso modo*, um controle imediato dos seus documentos e, posteriormente, um controle preliminar com alguns detalhes. O controle perfeito, com todos os detalhes, pode ter que esperar por muitas gerações. Em primeiro lugar, tratará de identificar e descrever os grupos de documentos criados no nível de órgãos ou serviços, e só então procederá à identificação das séries de documentos encontradas nos diversos grupos. Dará início à sua tarefa de análise, partindo da origem da organização e respectivas funções — não do ponto de vista dos assuntos. Fará a análise dos itens — documentos ou dossiês — somente depois de ter concluído certas etapas preliminares. O arquivista municipal, por outro lado, que lida na maior parte com itens individuais, deve ocupar-se com métodos que visem a identificar e descrever o conteúdo dos mesmos. Provavelmente, começará pelo preparo de instrumentos de busca de particularidades, como índices, listas e repertórios (*calendars*). Já o arquivista estadual resolverá o problema de produzir instrumentos de busca de um modo intermediário entre os métodos do arquivista federal e os do arquivista municipal. Todos os métodos, entretanto, visam a atender o mesmo objetivo — tornar os documentos conhecidos e possibilitar-lhes o uso, e, em última análise, os esforços de todos os arquivistas devem complementar-se mutuamente.

Treinamento

Para o êxito de qualquer programa de arquivo é essencial um corpo de funcionários com formação profissional. O arquivista deve possuir, em primeiro lugar, uma boa base em algum campo de conhecimentos, e, em segundo lugar, conhecimentos especializados quanto aos princípios e técnicas de arquivo.

Na Europa, um profundo grau de educação geral é requisito indispensável para admissão em estabelecimentos de ensino altamente especializados, como a École des Chartes, na França, e o antigo Instituto de Ensino de Arquivística e História, na Alemanha. A École des Chartes, fundada por decreto real de 22 de fevereiro de 1821, equipara-se a uma universidade, e os estudantes são admitidos unicamente através de um exame de admissão. Oferece um curso de três anos de duração. No primeiro ano lecionam paleografia, filologia romana, bibliografia e biblioteconomia (*library service*); as disciplinas ministradas no segundo ano são: diplomática, história das instituições francesas, arquivos franceses, arquivística (*archival service*) e fontes primárias da história e literatura francesa; no terceiro ano são: história do direito civil e canônico, arqueologia medieval e fontes primárias da história e literatura francesas. O antigo Instituto de Ensino de Arquivística e História organizado no Arquivo Privado do Estado da Prússia, em Berlim-Dahlem em 1930, era um alto curso de pós-graduação, onde os alunos só podiam ser admitidos se doutorados em história e se os trabalhos para o seu doutorado incluíssem estudos de metodologia e pesquisa histórica, paleografia, geografia histórica, história do direito e línguas germânicas. Nesse instituto os estudantes recebiam um treinamento intensivo em paleografia, no uso de fontes históricas medievais, no exame crítico de manuscritos, e no preparo de manuscritos para publicação, bem como em técnicas de arquivo relativas a materiais modernos. O trabalho daquele instituto vem sendo feito atualmente por escolas de arquivos em Marburg e Munique.

Nos Estados Unidos, os arquivos têm deixado a cargo das universidades o preparo básico de estudantes que os poderá tornar verdadeiros arquivistas. "Aos candidatos ao doutorado em filosofia, a instrução dada sobre história da América", segundo Samuel Flagg Bemis, eminente historiador americano, "oferece os elementos fundamentais para uma sólida preparação para a carreira arquivística, mas os estudantes que pretendam ingressar nessa profissão devem ser orientados para uma tese que os obrigue a manusear manuscritos de considerável extensão fora dos arquivos oficiais, proporcionando-lhes assim treinamento em problemas de diplomática e paleografia, no que se associam com a história americana".[73]

---

[73] Bemis, 1939:159.

Sou de opinião que a melhor formação preliminar que um arquivista pode ter é um curso superior de história. Isso dá-lhe um conhecimento da evolução do país e do seu governo, conhecimento básico para qualquer processo de apreciação dos valores de pesquisa eventualmente encontrados nos seus documentos públicos. Dá-lhe treinamento em metodologia da pesquisa, treinamento este necessário em todo o trabalho que executa quanto à racionalização dos documentos públicos, ao arranjo dos mesmos numa correta inter-relação, e ao descrevê-los em termos de organização e função. Desde a formulação do princípio básico arquivístico da proveniência, em meados do século XIX, os arquivos de todos os países deram ênfase à importância do treinamento em história por parte do arquivista.

A formação superior em história deve ser complementada por treinamento arquivístico especializado. Em setembro de 1953, o Arquivo Nacional americano criou um curso básico de formação para os seus novos funcionários profissionais. Esse curso pretendia atender aos dois objetivos seguintes: a) dar a todos esses servidores um conhecimento básico sistemático na profissão; e b) determinar, por meio de provas bastante rigorosas, as qualificações desses servidores para o trabalho profissional contínuo e para efeito de promoção. Como um incentivo aos que fizeram o curso e como um meio de corrigir certos erros no padrão do pessoal do Arquivo Nacional, concordou-se em que todos os que houvessem concluído o curso, passado nos exames e trabalhado durante um ano no grau profissional de principiante seriam promovidos a níveis de um grau mais elevado. Aquele curso não pretendia dar aos seus alunos um conhecimento pormenorizado dos assuntos específicos e dos documentos com que estariam diretamente ligados em suas funções individuais. Esse treinamento especializado é uma responsabilidade contínua dos supervisores dos setores e seções, de quem se espera que o aplique, de maneira sistemática ou ocasional no exercício da função. O curso básico de formação foi planejado mais para desenvolver nos alunos ampla versatilidade na profissão que os habilitaria a tratar com inteligência as tarefas que envolvessem assuntos e documentos com que não estivessem familiarizados e, assim, tornar possível uma flexibilidade maior de atribuições. Pretendia dar aos alunos um conhecimento correto da inteira organização e funções da instituição a que estavam ligados; conhecimento exato dos princípios básicos da arquivística; domínio das técnicas arquivísticas necessárias e um conhecimento geral dos mais importantes fundos de documentos do Arquivo Nacional. O curso consistia em leituras recomendadas, conferências semanais, debates, trabalhos práticos, preparo de instrumentos de busca individualmente supervisionados e uma série de provas. As conferências e debates estendiam-se por um período superior a oito meses.

A partir de setembro de 1955 o curso de treinamento do Arquivo Nacional passou a ser coordenado com os cursos ministrados pela American University, em Washington. O curso de treinamento pode ser frequentado por pessoas estranhas ao corpo de funcionários do Arquivo Nacional e é creditado pela universidade como uma das suas séries de cursos de história e administração de arquivos. O treinamento tem também sido ministrado em cursos anuais de verão de institutos de preservação e administração de arquivos dirigidos pela American University, em cooperação com os National Archives, a Biblioteca do Congresso e o Maryland Hall of Records.

CAPÍTULO 12

Avaliação dos documentos públicos modernos*

Os DOCUMENTOS OFICIAIS modernos são muito volumosos. Seu crescimento, em volume, corresponde de perto ao aumento da população, a partir de meados do século XVIII. Esse aumento da população tornou necessária a expansão da atividade governamental e essa expansão teve como uma das suas resultantes um tremendo aumento na produção de papéis. Como se aplicaram métodos tecnológicos modernos à produção de documentos, seu crescimento nas últimas décadas tem sido em progressão antes geométrica do que aritmética.

Uma redução na quantidade de tais documentos torna-se essencial, tanto para o próprio governo quanto para o pesquisador. O governo não pode conservar todos os documentos produzidos em consequência de suas múltiplas atividades. Torna-se impossível prover espaço para armazená-los, bem como pessoal para cuidar dos mesmos. O custo da manutenção de tais papéis vai além das posses da mais rica nação. Ao mesmo tempo, não se pode considerar que os pesquisadores estejam devidamente servidos pela simples manutenção de todos os documentos. Os especialistas se desorientam ante a enorme quantidade de papéis oficiais modernos. Os documentos devem ser reduzidos em quantidade para que sejam úteis à pesquisa erudita. "Mesmo os mais ardorosos defensores da conservação no interesse da história", de acordo com um folheto editado pelo Public Record Office britânico,[74] "começaram a temer que o *historiador do futuro, ao tratar do nosso próprio período, possa submergir na abundância de provas escritas*". Por essa razão, o interesse erudito nos documentos está muitas vezes na razão inversa de

---

* N. do T.: O capítulo da edição original foi substituído, por determinação do autor, por outro trabalho de sua autoria, mimeografado.
[74] Great Britain, Public Record Office, s.d., p. 1. Publicado no Brasil pelo Arquivo Nacional (Rio de Janeiro, 1959. 56p.), com tradução de Leda Boechat.

sua quantidade: quanto maior o número de documentos sobre um assunto, menor é o interesse pelos mesmos.

Na eliminação de documentos públicos modernos é preciso que se tenha o máximo cuidado para que se conservem os que têm valor.

De modo geral, a eficácia de um programa de redução de documentos pode ser avaliado de acordo com a correção de suas determinações. Num programa dessa natureza não há substituto para o cuidadoso trabalho de análise. Não há possibilidade de serem inventadas técnicas que reduzam o trabalho de decidir sobre os valores dos documentos a uma operação mecânica. Não há, tampouco, um processo barato e fácil para se descartar documentos a não ser que se decida pela destruição de tudo que haja sido criado, jogando-se, por assim dizer, tudo fora. Um tratamento assim drástico agradaria apenas aos niilistas que nada veem de bom nas instituições sociais ou nos seus documentos. As dificuldades na avaliação de documentos recentes são tão grandes que não admira que alguns arquivistas, em dado momento, tendessem a fechar os olhos e nada fazer. Como Luís XV antes da Revolução Francesa, eles pareciam sentir que "o velho regime perdurará por nossa existência, e depois de nós, o dilúvio".

Valores dos documentos

Distinção entre valores primários e secundários

Os valores inerentes aos documentos públicos modernos são de duas categorias: valores primários, para a própria entidade onde se originam os documentos, e valores secundários, para outras entidades e utilizadores privados. Os documentos nascem do cumprimento dos objetivos para os quais um órgão foi criado — administrativos, fiscais, legais e executivos. Esses usos são, é lógico, de primeira importância. Mas os documentos oficiais são preservados em arquivos por apresentarem valores que persistirão por muito tempo ainda depois de cessado seu uso corrente e porque os seus valores serão de interesse para outros que não os utilizadores iniciais. Essa utilidade permanente e secundária é que será objeto de consideração neste capítulo.

Distinção entre valores probatórios e informativos

Pode-se determinar mais facilmente os valores secundários de documentos oficiais se os analisarmos em relação a dois aspectos: a) a prova que contêm da organização e do funcionamento do órgão governamental que os produziu; e b) a informação que contêm sobre pessoas, entidades, coisas, problemas, condições etc. com que o órgão governamental haja tratado. A diferença entre os valores que se relacionam com esses dois aspectos pode ser esclarecida analisando-se a própria definição de *records* na Lei de Destinação de Documentos (Records Disposal Act) dos Estados Unidos de 7 de julho de 1943 (44 U.S. Code §366-80). Nessa lei a palavra documentos (*records*) é definida como incluindo, primeiro, todo o material que contenha prova de "organização, funções, diretrizes, decisões, normas, operações ou outras atividades do governo". Aqui, dá-se ênfase aos documentos essenciais relativos à origem, ao desenvolvimento e ao funcionamento de um órgão — documentos probatórios ou demonstrativos, que contêm o testemunho da existência e das atividades do órgão. A palavra *records* é, além disso, definida naquela lei como incluindo material que mereça ser preservado devido ao valor informativo dos dados nele contido. Aqui a ênfase recai nos documentos que contêm informação essencial sobre matérias com que o órgão lida, em contraposição a documentos sobre os seus próprios atos — os documentos de "pesquisa" que contêm informações úteis para estudos sobre uma variedade de assuntos.

Para efeito de estudo, os valores inerentes aos documentos decorrentes da prova que contêm da organização e funções serão chamados de valores probatórios. Por esse termo não me refiro ao valor inerente aos documentos públicos devido a qualquer qualidade ou mérito especial que tenham como provas. Não me refiro, no sentido atribuído pelo arquivista inglês *sir* Hilary Jenkinson, à santidade da prova dos arquivos que deriva da "custódia ininterrupta",[75] ou da maneira pela qual os documentos vieram às mãos do arquivista. Pelo contrário, refiro-me, um tanto arbitrariamente, ao valor que depende do caráter e da importância da matéria provada, isto é, da origem e dos programas substantivos, ou fim, da entidade que produziu os

---

[75] Great Britain, Public Record Office, 1949, parte 1, p. 6. Ver também Jenkinson, 1937:11.

documentos. Assim, não se trata aqui da qualidade da prova *per se*, mas do caráter da matéria provada.

Ainda para efeito de estudo, os valores inerentes aos documentos devido à informação que contêm serão chamados de valores "informativos". A informação pode relacionar-se, de modo geral, a pessoas, coisas ou fenômenos. O termo "pessoas" pode incluir tanto pessoas físicas quanto jurídicas. O termo "coisas" pode incluir lugares, edifícios, objetos e demais bens materiais. O termo "fenômeno" refere-se ao que acontece tanto a pessoas quanto a coisas: condições, problemas, atividades, programas, acontecimentos, episódios etc.

Deve-se ressaltar que essa distinção entre valor de prova e informativo é apenas para efeito de estudo. Os dois tipos de valores não se excluem mutuamente. Um documento pode ser útil por vários motivos. O valor que um documento contém devido ao testemunho que oferece da organização e funcionamento da administração pode ocasionalmente ser o mesmo que o valor derivado de sua informação sobre pessoas, coisas ou fenômenos.

Os atos de um governo no setor da diplomacia e da guerra, por exemplo, são os principais objetos de indagação nesses campos. Aqui, o valor probatório coincide, em grande parte, com o valor informativo, pois o historiador tanto se interessa pelos atos do governo em relação aos acontecimentos diplomáticos e militares quanto pelos acontecimentos propriamente ditos.

Valores probatórios

Razões para o teste dos valores probatórios

Há uma série de razões para aplicarmos consciente e deliberadamente o teste do valor probatório, no sentido em que essa expressão foi definida e pelas quais os documentos que têm tal valor devem ser preservados, sem considerar se há um uso específico imediato ou remoto dos mesmos.

Um governo responsável deve, certamente, preservar um mínimo de provas de como era a sua organização e de como funcionava, em todos os seus numerosos e complexos setores. Todos os arquivistas admitem que o mínimo a ser guardado são os documentos sobre a organização e o funcionamento e que além deste mínimo os valores tornam-se mais discutíveis.

Mediante uma seleção criteriosa de vários grupos e séries, um arquivista pode reunir, em um corpo de documentos relativamente pequeno, todos os fatos de importância sobre a existência de um órgão — seu modo de ação, sua política em relação a todos os assuntos, seus métodos e seu conjunto de atividades. Os documentos que contêm tais fatos são indispensáveis tanto para o próprio governo quanto para os estudiosos de administração pública. Para o governo, esses documentos representam fonte de sabedoria e experiência administrativa. Tornam-se necessários para dar consistência e continuidade às suas atividades. Contêm precedentes de determinadas diretrizes, normas, processos etc. e podem ser úteis como um guia para os administradores na solução de problemas do presente idênticos a outros já solucionados no passado, ou, o que é igualmente importante, evitam a repetição de erros. Contêm a prova de que cada órgão correspondeu fielmente à responsabilidade que lhe foi atribuída, e à prestação de contas que cada funcionário importante deve ao público a que serve. Para os estudiosos de administração pública que desejam analisar as experiências de um órgão em relação a atividades de organização, normas e diretrizes, constituem a mais fidedigna fonte do que foi realmente feito.

O teste do valor probatório é um teste prático. Envolve uma análise objetiva para a qual o arquivista moderno é especialmente treinado, pois a sua formação em metodologia histórica ensinou-o a examinar a origem, o desenvolvimento e o funcionamento das instituições humanas e a usar documentos para este fim. O teste não é fácil, mas é definitivo. Mostrará, primeiro, os documentos nos quais os julgamentos de valor podem ser feitos com um certo grau de segurança, dependendo esse grau da maneira mais ou menos completa pela qual os documentos foram analisados. Esse método pode ser aplicado por todos os arquivistas, pois parece não haver arquivista que tenha dúvida a respeito da conveniência de preservar o testemunho da organização e o funcionamento de todo e qualquer órgão. As diferenças de julgamento surgirão somente em relação à maior ou à menor quantidade de provas que deva ser preservada. O teste do valor de pesquisa, por outro lado, mostra os documentos sobre os quais os julgamentos podem divergir amplamente.

A informação obtida por um arquivista na aplicação do teste do valor probatório servirá também para determinar o valor dos documentos sob outros pontos de vista. O arquivista deve saber como um documento veio a existir para poder julgar o seu valor, qualquer que seja o seu objetivo. Os documentos públicos, ou, para este fim, os documentos de qualquer entidade, são produto de uma atividade, e muito do significado deles depende de suas relações com a atividade. Se a sua origem numa unidade administrativa do governo ou numa atividade particular é obscura, sua identidade e significado serão, provavelmente, obscuros. Neste ponto, diferem de manuscritos particulares, que muitas vezes têm significados próprios, sem relação com sua fonte de origem ou com outros manuscritos de uma coleção.

Na aplicação do teste de valor probatório, o arquivista provavelmente preservará documentos que têm também outros valores — documentos que são de utilidade não apenas para o administrador e para o estudioso de administração pública, mas também para o economista, o sociólogo, o historiador e os eruditos em geral.

Pontos de vista europeus sobre os valores probatórios

Os arquivistas de vários países desenvolveram padrões de avaliação que requerem a preservação dos documentos, que mostram como os órgãos oficiais eram organizados e como conduziam seus negócios. Os arquivistas alemães, em particular, foram bastante precisos a esse respeito.[76] Em 1901, H. O. Meissner, chefe do Arquivo Privado do Estado da Prússia, formulou alguns padrões de avaliação que exerceram pronunciado efeito na profissão arquivística alemã. Um deles é o de que pastas (no sentido de maços de documentos reunidos nos serviços de registro) relativas à direção executiva deveriam ser preservadas para cada unidade de organização. Entre os assuntos executivos que Meissner reconheceu como merecendo conservação se incluíram a organização, direção, sede, administração e pessoal da unidade. Outro padrão é o de que as pastas gerais (as que consistem em documentos sobre diretrizes, normas e coisas semelhantes que têm aplicação geral) deveriam ser preservadas nas unidades organizacionais centrais onde se originassem, isto é, onde emanassem do funcionamento de uma unidade da organização— e não em pontos aonde fossem meramente transmitidos ou recebidos; e que o valor das pastas gerais nas unidades subordinadas deve ser determinado

---

[76] A análise dos padrões alemães de avaliação baseia-se em Brenneke, 1953:38-43.

levando-se em conta as atividades de tais unidades. Um terceiro padrão é o de que os documentos de unidades organizacionais intermediárias devem ser preservados se tiverem relação com a administração de tais unidades e não meramente com sua direção superior. Um quarto padrão é o de que pastas de documentos especiais de unidades organizacionais inferiores ou subordinadas devem ser preservadas se se referem à administração de tais unidades. E um quinto padrão é o de que as pastas de documentos de órgãos judiciais devem ser preservadas se se relacionam com as atividades substantivas de tais órgãos ou se refletem o desenvolvimento de direitos e instituições permanentes, episódios históricos importantes, processos políticos ou os costumes e hábitos de tempos passados.

Pouco antes da II Guerra Mundial o Arquivo Privado do Estado da Prússia nomeou uma comissão especial para formular padrões de avaliação. A comissão foi dissolvida em 1940, antes de o conseguir, mas suas atividades estimularam uma revisão do problema de avaliação pelos arquivistas alemães. Na reunião de Gotha, Meissner salientou a importância de uma correta visão arquivística do trabalho de avaliação, insistindo em que a velha concepção de avaliação como uma questão de intuição ou de tato estava completamente desacreditada. Seus padrões foram endossados por H. Meinert, que salientou que as avaliações devem levar em conta a importância da fonte arquivística. Isso deve ser estabelecido considerando-se a posição de cada unidade organizacional na estrutura governamental, a natureza de suas atividades, e a relação das atividades destas para com as unidades organizacionais superiores e subordinadas. Os documentos, sustentou Meinert, não podem ser analisados individualmente como peças isoladas; devem ser avaliados em seu contexto administrativo.

Os arquivistas britânicos também salientaram a importância de preservar os documentos relativos ao funcionamento dos órgãos. Suas observações sobre a avaliação foram pela primeira vez enunciadas, de modo completo, em memorando publicado em 1943 pela British Records Association em conexão com a necessidade da época da guerra de recuperar papel usado. Num folheto publicado mais tarde pelo Public Record Office os princípios de avaliação contidos nesse memorando foram aplicados aos documentos oficiais. Esse folheto, intitulado *Principles governing the elimination of ephemeral or unimportant documents in public or private archives*, discute os princípios em relação à preservação de documentos para fins de negócios e de pesquisa.⁷⁷ Visando à pesquisa, os britânicos devem preservar os documentos para três "usos históricos ou gerais": a) mostrar a história da organização em causa; b) responder a questões técnicas relativas às suas operações; e c) atender a possíveis necessidades eruditas de informação que estejam incidental ou acidentalmente contidas nos documentos. Os dois primeiros desses usos se relacionam a "valores probatórios", o terceiro a "valores informativos", no sentido em que essas expressões são empregadas neste capítulo.

Para o primeiro, isto é, a história da organização em causa, o folheto britânico é a favor da preservação de documentos que contenham suficientes provas para mostrar "*o que era o negócio* ou outra forma de organização a cujas atividades hajam servido, *como* era conduzido, *por quem* e *com que resultados*". Indica que os documentos contendo esse testemunho são similares àqueles necessários à gerência dos negócios. Estes incluem *atas* (*minutas*) e outros documentos que determinam a política das decisões, séries principais de contabilidade (*accounts*); *correspondência* da qual decorram atividades significativas, *título de posse* (*muniments of title*) relativos a bens de raiz e a propriedades da pessoa ou organização em causa, e registros (*registers*) ou *memoranda* guardados regularmente de casos, testes, ou operações, transações transmitidas a outros ou operações executadas de modo geral, todos os documentos que refletem as diretrizes e as práticas passadas e presentes que possibilitariam a outra pessoa, caso desaparecesse o pessoal atual, ou os praticantes, continuar ou restabelecer o negócio ou trabalho". Entretanto, para fins probatórios, a seleção de documentos pode ser um pouco mais drástica do que para fins de negócios. "Muitas vezes", de acordo com o folheto mencionado, "todas as necessidades são atendidas preservando-se alguns documentos-chave e seleções representativas de séries regularmente guardadas e de grandes classes de documentos que ocorrem constantemente, de caráter rotineiro. *Especimens* devem ser selecionados, por seu caráter representativo, mais como ilustração da estrutura do negócio do que por qualquer interesse acidental."

Para o segundo uso, isto é, para responder a questões técnicas relativas às operações de uma organização, pelo folheto, preservar-se-iam provas

---

⁷⁷ Great Britain, Public Record Office, s.d., p. 1-2.

somente para as organizações que pertencessem a *"uma categoria de instituições ou negócios cujos arquivos raramente hajam sido preservados"*, que sejam eles próprios de "capital importância" em comparação a outros da mesma categoria, ou que pertençam a "uma categoria de negócios" etc. cuja história geral e desenvolvimento sejam de capital importância e *só possam ser investigados pelo uso de prova coletiva.*

Aplicação do teste dos valores probatórios

Até aqui tratamos do pensamento dos arquivistas europeus sobre a avaliação de documentos oficiais do ponto de vista de seu valor para documentar o funcionamento dos órgãos que os produziram; permitam-nos, agora, ocuparmo-nos dos padrões de avaliação relativos a valores probatórios dos documentos federais dos Estados Unidos.

De início é importante assinalar que as estimativas de valores probatórios devem ser feitas com base no conhecimento completo da documentação do órgão; não devem ser feitas tomando-se por base parte da documentação. O arquivista deve conhecer o significado de grupos especiais de documentos produzidos nos vários níveis da organização em relação a programas ou funções de maior importância. Em muitos órgãos federais, seções de vários níveis dentro da organização criam seus próprios arquivos, que são geralmente relacionados e muitas vezes duplicados, em parte pelo menos, com os de outras seções, quer superiores, quer inferiores. Nos serviços centrais de tais órgãos os documentos de ministérios podem ser relacionados com documentos dos departamentos; os documentos dos departamentos com os de divisões e os de divisões com os de seções. Os documentos de órgãos regionais podem ser relacionados com os de repartições estaduais, e os de repartições estaduais com os de serviços subordinados. O uso de técnicas modernas de duplicação pode, além disso, levar a uma ampla proliferação de documentos em qualquer repartição.

Ao analisar toda a documentação de um órgão, as decisões do arquivista quanto aos documentos que devam ser preservados dependem de diversos fatores, dos quais os mais importantes se resumem nas seguintes questões:

1. Que unidades de determinado órgão têm responsabilidade primordial pela formulação de decisões concernentes à sua organização, programas e normas? Que unidades exercem atividades auxiliares à formulação

de tais decisões? Que funcionários, fora da sede, têm arbítrio para formular tais decisões? Que séries de documentos são essenciais para refletir tais decisões?

2. A que funções do órgão os documentos se relacionam? São funções substantivas? Que série de documentos são essenciais para mostrar como cada função substantiva foi levada a efeito em cada nível da organização tanto no serviço central como nos locais?

3. Que atividades de supervisão e chefia estão envolvidas na administração de cada função? Quais são as operações sucessivas em sua execução? Que documentos dizem respeito à direção executiva, distintos da execução da função? Até que ponto são tais documentos materialmente duplicados nos vários níveis da organização? Que documentos resumem as sucessivas operações executadas no desempenho de uma função? Que documentos devem ser preservados, a título de exemplo, para mostrar os processos de trabalho nos níveis inferiores da organização?*

Vejamos agora, mais especificamente, que espécies de documentos devem ser conservadas como testemunho da organização e função.

Documentos sobre as origens

É óbvio que os documentos sobre as origens de qualquer empreendimento governamental devem ser preservados. Estes podem se relacionar com problemas ou condições que motivaram a criação de um órgão do governo, tais como queda de preços agrícolas, aumento do desemprego na indústria automobilística, tratamento desigual na regulamentação do comércio interestadual e coisas semelhantes. "Problemas importantes", conforme citação do eminente historiador australiano dr. C. E. W. Bean, em circular enviada a todos os ministérios pelo primeiro-ministro, "são, muitas vezes, encontrados na sua forma mais simples, no estágio original de qualquer empreendimento. Muitas vezes, nesse estágio, o objeto do empreendimento é mais claro e as dificuldades mais aparentes. Os documentos como origem de ação ou organização têm, por conseguinte, valor peculiar. Onde, por exemplo, surgiu um novo ministério nascido de um ramo de algum outro ministério e esse ramo, por sua vez, nascera

---

* N. do T.: Suprimiram-se três parágrafos do original, por determinação do autor.

de uma comissão ministerial (ou mesmo de um movimento público) que tentou atender a problemas relevantes quando os mesmos apareceram; a história desses esforços iniciais muitas vezes contém a mais importante lição para a posteridade".[78] Documentos que dizem respeito a problemas podem existir em forma de relatórios de investigações do Poder Executivo federal, atas de depoimentos perante comissões do Congresso, atas de conferências, memorandos e opiniões individuais. Documentos relativos à própria criação de um órgão do governo podem consistir em leis e decretos bem como de projetos e material subsidiário relativos à ação legislativa e executiva. Documentos que se relacionam com suas atividades iniciais provavelmente são bastante escassos. Nos primeiros estágios um órgão governamental normalmente consiste apenas em algumas pessoas, às quais compete planejar sua estrutura orgânica e seus programas. Os primeiros documentos — muitas vezes da maior significação para os primórdios da história de um órgão — são simplesmente atirados às gavetas das mesas de trabalho, e somente depois que as funções do órgão se tornaram bem--definidas é que os documentos são arquivados sistematicamente. As ordens administrativas e gráficos que inicialmente definem a estrutura e os programas de um órgão — os primeiros documentos de planejamento, embora simples esboços e talvez incompletos em seu conteúdo — devem ser cuidadosamente preservados.

Documentos sobre programas substantivos

É igualmente óbvio que, uma vez criado um órgão, alguns documentos sobre seus programas substantivos ou fim devem ser preservados. Um exemplo de como tais documentos podem ser selecionados e reduzidos a proporções manuseáveis — a menos de 1% do total — encontra-se no trabalho do Setor de Documentos do Serviço de Administração de Preços (Records Branch of the Office of Price Administration) durante a II Guerra Mundial. Esse órgão, como seu nome indica, controlava os preços e o racionamento de gêneros durante o período de guerra. Como base para o estabelecimento e a fixação de preços teve de colher dados econômicos sobre as várias in-

---

[78] O trecho que continha a nota 5 no original foi eliminado pelo autor; as demais foram renumeradas.

dústrias e, para conseguir que seus regulamentos fossem observados, teve de empreender um programa de fiscalização. Seus quatro principais programas, assim, relacionavam-se com "controle de preços", "racionamento", "contabilidade" e "fiscalização", cada um a cargo de uma grande unidade da organização. Para preservar os documentos desses programas, o Setor de Documentos do órgão selecionava certas espécies de documentos sobre cada programa em todos os níveis administrativos — nacional, regional, distrital e local — que, reunidos, continham informação sobre cada aspecto de sua direção e execução.

Muitas vezes existem relatórios narrativos sumários da direção e execução dos programas de um órgão. Esses relatórios podem ser em forma de: a) relatórios anuais das realizações, ou com outra periodicidade; ou b) histórico do órgão. Os relatórios periódicos que se fazem na maioria dos órgãos do governo são documentos importantes sobre as realizações, porém, insuficientes. São insuficientes porque, em geral, são muito breves, abordando apenas os pontos principais do trabalho e porque costumam não ser críticos, fornecendo pouca informação desfavorável ao órgão.

O histórico dos órgãos, muitas vezes preparados em relação a atividades de emergência de guerra, é também insuficiente como registro do trabalho de um órgão, embora constitua um suplemento muito valioso a sua documentação oficial. Em artigo publicado no *The Library Quarterly* de janeiro de 1946, o dr. W. J. Wilson, um historiador do Serviço de Administração de Preços, estabeleceu interessante analogia entre a sinopse de dados estatísticos e a sinopse de documentos de administração e operação. Verificou que a maioria dos dados estatísticos acumulados por aquele serviço, bem como pela Junta de Produção de Guerra (War Production Board), durante a II Guerra Mundial, poderia ser resumida em tabelas e listas. Afirmou que "a menos que as massas de dados econômicos (existentes em inúmeras formas administrativas e estatísticas) sejam resumidas estatisticamente, são, por assim dizer, inúteis para o trabalho científico". Julgava, igualmente, que "a menos que as massas de arquivos administrativos e executivos sejam sumariadas em relatos inteligíveis, são quase inúteis para o trabalho histórico". Concluiu, com base nessa analogia que admitiu ser imperfeita, que tais arquivos podem ser destruídos: a) "se a informação histórica importante (neles contida) houver sido extraída e satisfatoriamente apresentada em forma narrativa... exceto, talvez, em relação a certas amostras ou certos documentos ilustrativos de significação excepcional"; b) se "não houver probabilidade de neles jamais se basear uma narrativa histórica" devido a sua apresentação deficiente ou confusa; ou c) se não houver probabilidade de serem "usados um tanto prontamente para fins históricos". Mas essa afirmativa vai longe demais. A história administrativa, tal como qualquer outra espécie de história, não pode ser escrita definitiva ou objetivamente. Não importa quão bem-concebido e bem-executado seja um programa histórico; jamais poderá produzir trabalhos que sirvam como substitutivos dos documentos originais. As interpretações oficiais dos documentos podem ser influenciadas por muitos fatores — as tendências pessoais de quem escreve (em geral um elemento importante na confecção da história oficial dos órgãos), a capacidade de síntese histórica do escritor, o imediatismo com que escreve sobre o assunto etc. A função do arquivista é preservar o testemunho em que se possam basear reinterpretações, e não preservar apenas as interpretações oficiais correntes da prova; e preservar essa prova, imparcialmente, sem partidarismos de qualquer ordem, e da maneira tão completa quanto o permitam os recursos públicos.

Os documentos de diretrizes, da mesma forma que os relatórios sumários de realizações, devem ser separados dos demais, merecendo especial atenção num programa de retenção de documentos. A expressão "documentos de diretrizes" (*policy documents*), no sentido restrito, refere-se a documentos especiais que servem para comunicar diretrizes e normas de procedimento aos vários setores de um órgão. Não se pode fazer uma distinção rígida entre "diretrizes" (*policy*) e "normas" (*procedures*). Em geral diretrizes são princípios diretivos que indicam o curso de ação a ser seguido nas várias espécies de transações, enquanto as normas dão instruções detalhadas sobre os métodos e passos específicos a serem seguidos na execução dessas diretrizes. As diretrizes e as normas podem relacionar-se a assuntos de variados graus de importância. Os regulamentos, por exemplo, são de natureza permanente. Outros materiais de caráter informativo, tais como notícias, são geralmente de natureza temporária ou, quando muito, de natureza semipermanente. As diretrizes que englobam políticas e normas podem ser emitidas em várias séries, de acordo com o grau de importância, ou de acordo com o tipo de função a que se referem, isto é, auxiliar ou fim. Podem ainda ser emitidas em várias formas. As diretrizes de natureza permanente são apresentadas na forma de manuais ou guias, enquanto as de natureza temporária ou semipermanente do ponto de vista do funcionamento, destinadas a serem periodicamente substituídas, são normalmente divulgadas em séries de folhas soltas. Deve-se preservar, para fins de arquivo, conjuntos ou séries de todas as ordens emitidas. Normalmente devem ser encontradas no nível da organização em que foram produzidas, incluindo as ordens já revogadas bem como aquelas em vigor. Podem incluir uma série mestra de formulários criados para cada uma das normas seguidas. Devido ao tratamento descuidado que se dispensa aos documentos em órgão temporário, torna-se, muitas vezes, necessário designar determinadas coleções de papéis emitidos em série, como série de documentos, método este também importante nos órgãos regulares do governo. Essas séries podem incluir documentos de normas, diretrizes, organização e relatórios. Tais documentos são muitas vezes reproduzidos em inúmeras cópias e são liberalmente distribuídos pelas várias seções. A menos que se faça um esforço deliberado para os juntar em séries de documentos, estes frequentemente não são acumulados, nem preservados sistematicamente.

A expressão "documentos de diretrizes", no seu sentido mais amplo, pode incluir muitos documentos que se relacionam com o curso de ações seguido num órgão. Pode incluir, além das séries de instruções relativas a diretrizes e normas, todas as espécies de documentos — correspondência, atas de conferências, estudos de assessores, relatórios de realizações e relatórios especiais, pareceres e interpretações jurídicas, gráficos organizacionais e funcionais, memorandos definindo ou delegando poderes e responsabilidades etc. Resumindo, pode incluir qualquer documento que mostre a que se deve o aparecimento de tais programas, bem como os que mostram como os programas foram administrados ou executados.

Os documentos de diretrizes, no sentido lato da expressão, não devem ser considerados uma classe separada de documentos. Nenhuma iniciativa deve ser tomada para reuni-los numa série distinta. Durante a II Guerra Mundial desenvolveu-se um programa para criar uma série de documentos referentes às diretrizes (*policy documentation file*) de um dos órgãos de guerra. Planejou-se selecionar documentos de diretrizes (no sentido amplo) e reuni-los num arquivo separado, organizado de acordo com o Sistema Decimal de Dewey. Os critérios de seleção não foram suficientemente bem-definidos, nem o poderiam ter sido, pois não podiam ser bastante amplos para incluir todos os documentos importantes e, se o houvessem sido, ter-se-iam tornado, em grande parte, sem sentido. Geralmente, quando documentos individuais são arbitrariamente tirados de seu contexto, isto é, dos arquivos das unidades administrativas que os criaram, perdem muito de sua expressão como um documento de organização e função. Se os documentos visam a servir como prova da organização e função, há que ser mantido o arranjo que lhes foi dado pelas unidades administrativas que os criaram; não se deve reorganizá-los pelos assuntos ou por outro princípio qualquer.

Os documentos, pois, compreendidos na expressão "documentos de diretrizes" devem ser preservados de modo a refletir o trabalho diário de determinação da política e de sua execução na unidade organizacional que os produziu. Devem ser selecionados, repartição por repartição, de modo que os vários grupos preservados mostrarão como era organizada determinada entidade e como executava suas funções. Ao apreciar os valores probatórios dos documentos públicos o arquivista deve estar particularmente informado quanto à organização, pois esses valores dependem em grande parte da situação do serviço que os produziu na hierarquia administrativa do órgão. Em geral, os documentos dos serviços decrescem em valor à medida que se desce na hierarquia administrativa de um órgão.

A maior parte da documentação significativa quanto às origens e aos programas de um órgão encontra-se nos arquivos da "administração superior". Estes deveriam ser preservados virtualmente intactos no caso dos chefes de departamentos executivos e órgãos dependentes, embora devam ser expurgados de documentos de administração geral. Muitas vezes tais arquivos devem ser preservados, no caso de funcionários administrativos de maior categoria, logo abaixo das chefias dos órgãos, tais como chefes de departamentos (*bureaux*) ou chefes de unidades organizacionais que são equivalentes a departamentos, como serviços e administrações da organização central, e escritórios regionais e estaduais da organização. Os documentos de direção executiva encontram-se muitas vezes nos arquivos centrais dos serviços. A preservação de tais documentos pode implicar a guarda desnecessária de grande quantidade de papéis quase sem importância. Se os documentos forem adequadamente classificados, enquanto de uso corrente, isso não acontece.

O grau a que se deve descer na escala administrativa, a fim de recolher a documentação significativa, varia de órgão para órgão e, geralmente, é determinado pela extensão em que as atividades de suas unidades organizacionais diferem em caráter, ou em que suas responsabilidades administrativas se apresentam descentralizadas. Num órgão executivo, como o Ministério do Comércio, por exemplo, os vários departamentos e serviços tratam de assuntos como meteorologia, comércio exterior e interno, padrões de medidas, pesquisas litorâneas e geodésicas. Esses diferentes assuntos não podem ser tratados de modo centralizado, exceto de maneira muito geral. Os documentos importantes sobre programas, planos, diretrizes etc. são, é óbvio, criados no nível de departamento. O grau de extensão em que os documentos de um determinado funcionário devem ser preservados depende da autoridade substancial por ele exercida, e não da autoridade aparente; se realmente planeja, dirige e administra o trabalho de sua unidade ou se é mero agente de comunicação de ordens vindas de superiores. Os documentos de funcionários-chave podem incluir seus arquivos de correspondência, atas de conferências e reuniões de funcionários, diários (se existirem), memorandos, ordens e várias provas da ação oficial.

Ligados aos gabinetes da maioria dos chefes de órgãos do governo encontram-se várias unidades organizacionais empenhadas em pesquisas e investigações decorrentes da formulação de planos, diretrizes e normas, ou empenhadas em problemas jurídicos, matéria orçamentária, relações públicas ou administração interna. Os *documentos de pesquisa e investigação* são de importância incontestável, pois frequentemente contêm a explicação dos programas do governo — as razões do aparecimento dos mesmos e o porquê de seu tratamento dessa forma. Podem incluir estudos feitos pelos funcionários de *staff* e relatórios especiais que analisam os trabalhos realizados e a realizar ou desenvolvem planos, diretrizes ou normas. Até mesmo os papéis que servem de base aos trabalhos de pesquisa e investigação podem ter valor e devem ser examinados cuidadosamente. Em *assuntos jurídicos* o arquivista deve normalmente preservar os arquivos de correspondência do principal funcionário em matéria jurídica, pareceres e interpretações, memorandos, delegações de autoridade e outros documentos que dão informação básica sobre as decisões legais do órgão. No que concerne a *matéria orçamentária* o arquivista deve normalmente preservar cópias dos orçamentos submetidos ao Bureau de Orçamento e à Câmara dos Deputados, e papéis afins, como estimativas de créditos pedidos e justificativas.

Os funcionários encarregados das *relações públicas* cuidam principalmente das publicações que muitas vezes apenas distribuem e dos materiais de publicidade por eles preparados. A forma desse material não constitui fator determinante ao se considerar se devem ou não ser conservados num arquivo de custódia permanente, pois incluem-se livros entre as formas de material documentário abrangidas na definição do termo "arquivos" (*archives*). As publicações produzidas no cumprimento das funções substantivas devem, geralmente, ser preservadas de preferência em bibliotecas do que em arquivos. Esse é o caso dos boletins, folhetos, circulares e demais publicações de órgãos que se ocupam de atividades científicas, estatísticas ou de pesquisa. Há, entretanto, exceções a essa regra. As coleções de publicações de caráter administrativo criadas por um órgão, básicas para a compreensão de suas funções ou organização, e as publicações acumuladas por um órgão, básicas para a formulação de suas próprias diretrizes, devem ser conservadas num arquivo de custódia. As publicações contidas em documentos que dizem respeito à criação dos órgãos podem também ser consideradas conserváveis, especialmente se os documentos contêm os rascunhos de sucessivas redações de publicações importantes que refletem mudanças substanciais no conteúdo.

Material de *publicidade* produzido em conexão com atividades informativas e de promoção deve ser preservado num arquivo de custódia, e não em bibliotecas. Esse material fornece a documentação mais importante dos programas que certos órgãos são obrigados a realizar para dar a conhecer ao público suas atividades. Materiais de publicidade podem existir na forma de comunicados à imprensa e ao rádio, boletins, folhetos, gráficos, cartazes etc. São produzidos muitas vezes em grandes quantidades, mas geralmente desaparecem quase tão rapidamente quanto foram criados, pois são frequentemente considerados não abrangidos na definição de "documentos" (*records*). O problema em relação ao material de publicidade é o de se organizar coleções (*master files*) preservando-se um exemplar e eliminar todas as duplicatas. Essas séries devem ser mantidas pelo setor onde se originaram os documentos. Os recortes de jornais, se necessários para registrar atividades informativas ou funções substantivas de um órgão, na falta de material documentário mais adequado, e se organizados de modo a que possam ser utilizados, devem ser guardados. A procedência dos recortes deve também ser levada em consideração. Os recortes extraídos de jornais e revistas não sindicalizados, especializados e menores devem ter preferência sobre os dos jornais de grandes metrópoles, que podem ser facilmente encontrados, por exemplo, na Biblioteca do Congresso dos Estados Unidos.

Sobre a *administração interna* ou atividades de *housekeeping* tais como atividades de pessoal, propriedade, material e viagens, relativamente poucos documentos precisam ser guardados para fins arquivísticos. Ao avaliar certos tipos de tais documentos deve-se levar em consideração a retenção, pela Contadoria Geral (General Accounting Office), pelo Tesouro e pela Comissão de Serviço Público (Civil Service Commission), de documentos correlatos. O valor dos documentos de contabilidade de determinados serviços para estudo das práticas contábeis do governo federal, por exemplo, é afetado pelo trabalho da Contadoria Geral desde 1921, através da progressiva normalização dos sistemas contábeis do governo. Antes dessa época, os documentos sobre tais práticas eram encontrados em vários órgãos e nas comissões que investigavam as práticas contemporâneas; os relativos ao período posterior encontram-se nos arquivos da Contadoria Geral. O valor dos documentos de certos serviços de pessoal, igualmente, vem sendo, nos últimos anos, afetado pela padronização progressiva das normas de pessoal da Comissão de Serviço Público. Os documentos centrais sobre recrutamento, treinamento, promoções, aposentadorias e coisas semelhantes são, por conseguinte, adequados para guarda; os documentos de órgãos relacionados com administração de pessoal só devem ser preservados se refletem atividades especiais ou distintas. Os métodos que são seguidos em matéria de propriedade e material são também praticamente os mesmos em todos os órgãos, e os documentos que lhes são relativos não contêm, em geral, muito de essencial à compreensão do funcionamento de um órgão específico. Geralmente, então, os documentos concernentes a atividades de administração interna que se distinguem, que diferem do padrão normal, ou que dizem respeito a problemas peculiares a um órgão específico devem ser preservados; os pertinentes a atividades de administração interna normal não o devem ser.

Documentos relativos à *execução de programas de governo* são difíceis de gerir do ponto de vista arquivístico. Esses documentos não só compreendem a maior massa, mas também apresentam os mais sérios problemas de avaliação. A linha divisória entre a direção executiva e a execução de programas de governo não é muito definida. Os documentos que comprovam matéria genuinamente importante, relativa quer à direção, quer à execução, têm valor permanente. Conquanto não se possa fazer uma distinção precisa entre os documentos relativos à execução detalhada dos programas de um órgão e os relativos à direção de um modo geral, a diferença entre os dois é perceptível. Normalmente, num programa típico de governo, ocorrem diversas atividades inter-relacionadas que dizem respeito a questões tanto mais detalhadas quanto mais se desce na escala administrativa. Nessa escala, o nível inferior compreende atividades que se referem a relações do governo com pessoas, coisas ou fatos específicos e o mais alto compreende atividades que se relacionam com a administração e as diretrizes que se refletem nos relatórios sumários das realizações e nos documentos mais gerais relativos a tais assuntos. De modo geral, a prova do programa de um órgão diz-se suficientemente demonstrada se fornecida em forma de: a) sumários (estatísticos ou narrativos) das operações de natureza específica; b) uma seleção de documentos sobre transações particularmente importantes; e c) uma seleção de documentos sobre operações representativas de todas ou da maioria das operações de uma determinada espécie.

A extensão da documentação exigida sobre as operações específicas de um órgão depende da eficiência do seu sistema de relatar. Num sistema eficaz as realizações serão registradas em relatórios narrativos e estatísticos para fins administrativos, ou seja, para avaliar o progresso, formular ou rever diretrizes e normas etc.; tais relatórios, muitas vezes, servem como um bom substitutivo de vasta quantidade de documentos detalhados sobre operações de rotina. Ocasionalmente, podem assumir a forma de histórico das atividades, como os das juntas locais do Serviço de Administração de Preços (Office of Price Administration) durante a II Guerra Mundial. Na maioria dos órgãos, inclusive nos mal-administrados, os padrões de atividades e as realizações nos níveis administrativos inferiores estão, geralmente, suficientemente representados por uma quantidade limitada de documentos de uma ou outra espécie. Em geral, tais atividades são realizadas de acordo com ordens, regulamentos, manuais de serviço e outras determinações baixadas pelos escalões superiores. Em um dos *Staff Information Papers* do Arquivo Nacional de Washington intitulado *The appraisal of current and recent records*, o dr. G. Philip Bauer observou que "variações significativas de diretrizes, métodos ou normas e ocorrências notáveis geralmente se concretizam nos escalões superiores, através de relatórios, correspondências e queixas, ou então deixam de constar dos documentos da seção subordinada".

Ocasionalmente, os sumários necessitam ser suplementados por documentos sobre ações específicas que têm um significado especial para a história de um órgão. Sobre o cumprimento das regulamentações de preço, racionamento e aluguéis do Office of Price Administration, por exemplo, foram selecionados alguns processos a serem conservados: a) com a finalidade de ilustrar a aplicação de várias sanções, tanto judiciais quanto administrativas, nos níveis federal, estadual e municipal; b) para ilustrar as particularidades jurídicas mais interessantes no cumprimento de tais sanções; e c) para documentar importantes acontecimentos na história dos litígios do órgão. Um dos critérios para a seleção de processos foi, assim, o significado das ações a que diziam respeito. As ações iniciais empreendidas em novos órgãos ou em novos programas podem também merecer farta e completa documentação mesmo no nível inferior das operações. Igualmente, ações que fogem nitidamente das normas usuais, quando não registradas no nível em que se tomam as decisões, devem ficar consignadas em documentos preservados, a título de amostras, como prova da decisão política e do método adotado.

Ocasionalmente, também, os documentos sumários podem exigir uma suplementação através de uma seleção de documentos que ilustrem o padrão ou norma de ação. Aqui a ênfase não está no inusitado ou significativo, mas no usual ou normal. As operações nos níveis inferiores da organização podem ser ilustradas pela retenção, quer de todos os documentos de determinados serviços, quer de determinados documentos desses serviços. Durante a II Guerra Mundial, um certo número de juntas locais (*local boards*) de preço e racionamento do Office of Price Administration foram consideradas *records boards*, cujos documentos eram preservados na sua totalidade para ilustrar como vários problemas foram tratados no nível da junta local. Essa documentação das atividades das juntas locais é suplementada pelos já mencionados históricos e por determinadas classes de documentos administrativos, selecionados de várias juntas; provavelmente essa documentação ultrapassa o necessário. "Mesmo os documentos de uma repartição local, preservados para exemplificar os processos administrativos nos níveis mais inferiores", diz Bauer no seu trabalho, "provavelmente causarão desapontamento quando atentamente examinados em relação aos documentos dos serviços centrais".

Em geral, não seria necessária a preservação de todos os documentos de determinados serviços; alguns grupos ou séries de documentos provenientes de um ou mais serviços contêm, geralmente, toda a prova de que se necessita sobre a norma ou o padrão. Alguns processos relativos à solução de questões trabalhistas, por exemplo, bastam como documentos das normas adotadas. Habitualmente, se existe algum interesse permanente quanto aos atos individuais de um órgão, esse se prende mais à natureza desses atos do que ao processo governamental utilizado.

Valores informativos

Os valores informativos, como se pode deduzir da própria expressão, derivam da informação contida nos documentos oficiais relativa aos assuntos de que tratam as repartições públicas e não da informação ali existente sobre as próprias repartições. A maioria dos documentos oficiais modernos preservados em arquivos de custódia é valiosa, menos pela prova que oferecem da ação do governo do que pela informação que apresentam sobre pessoas determinadas, situações, eventos, condições, problemas, coisas e propriedades que deram origem a competente ação. Muitas das maiores séries de documentos dos National Archives, por exemplo, foram recolhidas mais em razão da informação que contêm sobre outros assuntos do que mesmo pela própria ação do governo. Entre tais séries encontram-se as volumosas tabelas de recenseamentos, os documentos sobre serviço militar, pensões, listas de passageiros, títulos de propriedade e várias espécies de processos individuais. Na maioria dos exemplos tais séries esclarecem a atividade dos órgãos do governo, mas, em proporção mínima em relação ao seu volume, não constituindo, por isso mesmo, fator de importância na seleção para preservação; presume-se que outros documentos mostrem mais eficazmente as atividades das repartições.

Teste dos valores informativos

Na apreciação do valor informativo existente nos documentos oficiais o arquivista não leva em grande consideração a origem dos documentos — que órgão os produziu, ou de que atividades resultaram. O interesse aqui reside na informação que contêm. Há alguns testes pelos quais se pode julgar dos valores informativos dos documentos oficiais. São eles: a) unicidade; b) forma; e c) importância.

Unicidade

O teste de unicidade deve ser cuidadosamente definido para ter expressão. Ao aplicar o teste o arquivista deve levar em conta tanto a unicidade da informação quanto a unicidade dos documentos que contêm a informação.

O termo "unicidade", aplicado a informação, significa que a informação contida em determinados documentos oficiais não será encontrada em outras fontes documentárias de forma tão completa e utilizável. A informação é obviamente única se não pode ser encontrada em outro lugar. Mas a informação em documentos públicos raramente é de todo única, pois em geral tais documentos se relacionam a assuntos também tratados em outras fontes documentárias e a informação que contêm pode ser idêntica, ou quase idêntica, à contida em outras fontes. A fim de ser considerada única para fins de avaliação, a informação não precisa ser completamente diferente de todas as demais, porém deve dizer respeito a assunto sobre o qual não exista outra informação documentária tão completa ou tão conveniente quanto nos documentos oficiais.

Ao aplicar o teste da unicidade à informação contida em documentos, o arquivista deve examinar todas as outras fontes de informação sobre o assunto objeto de consideração. Essas fontes tanto compreendem material produzido fora quanto dentro do governo. Os materiais estranhos ao governo podem ser publicados ou inéditos; podem consistir em manuscritos privados, jornais, livros, *near prints* ou qualquer outra forma de documentação. Os materiais do governo são as várias séries de documentos relativas ao assunto em consideração. O arquivista deve compreender a relação existente entre tais séries e ser capaz de identificar as séries específicas que merecem ser preservadas. Para determinar se um corpo de documentos é a única boa fonte de informação sobre um dado assunto, é preciso ser um verdadeiro perito no mesmo — familiarizado com todos os recursos externos, com os trabalhos de pesquisa, bem como com os outros documentos do governo que tratam do assunto em questão. O arquivista federal deve conhecer toda a documentação significativa que se relacione com seu campo de especialização; o arquivista estadual deve, comumente, conhecer toda a documentação significativa para a história do seu estado.

Ao aplicar o teste da unicidade à forma dos documentos e não à informação neles contida, o que o arquivista tem a considerar é a duplicação física dos documentos oficiais. No governo federal dos Estados Unidos, como é bem sabido, há uma grande e talvez desnecessária proliferação de documentos. Não apenas se duplicam os documentos de um nível administrativo para o outro, mas podem existir diversas cópias de um documento dentro de um determinado serviço. Embora não haja tanta probabilidade de se encontrar documentos que contenham valores informativos em tantas formas ou séries quanto os documentos que têm valores probatórios, há necessidade, contudo, de comparar-se cuidadosamente os documentos que contêm informações sobre determinada matéria, a fim de evitar que se preserve mais de uma cópia dos mesmos. Ilustrando esse ponto: os documentos que contêm dados econômicos apresentados pelas várias firmas comerciais ao Office of Price Administration para obter reajustamentos de preços foram duplicados, até certo ponto pelo menos, nos serviços regionais, no central e nos escritórios nacionais dos departamentos de fiscalização e de preço (*enforcement and price departments*) daquele órgão. Um cotejo dos documentos de reajustamento de preços foi necessário para evitar a guarda de cópias em duplicatas.

Devido às maiores dificuldades técnicas que nossos ancestrais encontraram na publicação e duplicação de informações e devido à inevitável perda de muitos documentos através dos séculos antes que se generalizasse o zelo pelos arquivos, os documentos do passado remoto possivelmente serão a única fonte remanescente de informação sobre muitas matérias de que tratam. Isso levou o arquivista alemão Meissner a formular a máxima "a idade avançada deve ser respeitada"[79] nos documentos. Os arquivistas de diversos países estabeleceram datas-limite antes das quais propõem que todos os documentos sejam conservados. Na Alemanha é o ano de 1700; na Inglaterra, 1750; na França, 1830, e na Itália, 1861. A data italiana corresponde aproximadamente, por coincidência histórica, à adotada pelo Arquivo Nacional dos Estados Unidos, onde se preservam quase todos os documentos ainda existentes criados antes da Guerra Civil, iniciada em 1861.

---

[79] Brenneke, 1953, cap. 2, p. 40.

Enquanto os documentos oficiais têm probabilidade de ser mais valiosos como fonte de informação quando rareiam outras fontes de material documentário, o inverso desse princípio é também verdadeiro. A proporção de documentos oficiais que merece preservação permanente diminui à medida que outras espécies de material documentário aumentam em quantidade. É duvidoso que os governos possam justificar, em face de outras formas de documentação recente, a guarda de mais do que uma pequena proporção dos volumosos documentos oficiais contemporâneos. Mas a tarefa de avaliação do arquivista torna-se mais difícil à medida que a documentação da sociedade aumenta em quantidade. Este deve aplicar padrões de seleção com discriminação tanto maior quanto mais recentes sejam os documentos com que trata e deve, sobretudo, aplicar-lhes o teste da unicidade com grande severidade, pois, "não se põe termo em multiplicar muitos livros" — e muitos outros tipos de material documentário, parafraseando o pregador (Ec. 12, 12).

Forma

Ao aplicar o teste da forma, o arquivista deve novamente levar em conta: a) a forma da informação nos documentos, e b) a forma dos documentos.

Aplicado à informação, o termo "forma" refere-se principalmente ao grau de concentração da informação. A informação pode ser concentrada em documentos no sentido de que: a) uns poucos fatos são apresentados em dado documento sobre muitas pessoas, coisas ou fenômenos; b) muitos fatos são apresentados sobre algumas pessoas, coisas ou fenômenos; ou, c) muitos fatos são apresentados sobre matérias diversas — pessoas, coisas e fenômenos. No primeiro caso a informação pode ser dita extensa, no segundo, intensa e no terceiro, diversa. As tabelas de recenseamentos e as listas de passageiros, por exemplo, fornecem informação extensa, no sentido de que cada tabela ou lista diz respeito a muitas pessoas. Os processos de várias juntas trabalhistas ou outros órgãos julgadores, investigadores ou regulamentadores servem como exemplos de documentos que contêm informação intensa sobre um número limitado de assuntos específicos. Os relatórios dos agentes regionais do Serviço de Extensão Agrícola e de agentes consulares e diplomáticos do Departamento de Estado servem como exemplos de documentos que contêm informação sobre matéria diversa. Os arquivistas britânicos expressaram, no seu folheto, suas ideias sobre a concentração de informação em documentos pelo critério advogado de que se devem preservar os documentos comerciais que "afetem, nomeiem ou abordem por inferência *um grande número de pessoas e/ou coisas ou tópicos*" e, particularmente, "se pessoas e coisas são envolvidas em quantidade". Em geral, os documentos que representam concentração de informação são os que mais se prestam à preservação arquivística, pois os arquivos quase sempre têm problemas de espaço para a guarda de documentos.

O termo "forma" aplicado aos documentos e não à informação neles contida refere-se à condição física dos documentos oficiais. A condição física é importante, pois, se os documentos vão ser preservados num arquivo, devem apresentar-se de forma que possibilitem a outros, que não os próprios criadores, usá-los sem dificuldade e sem recorrer a dispendioso equipamento mecânico ou eletrônico. Cadernos de notas de química, por exemplo, possivelmente não serão inteligíveis a outros que não os químicos que neles registraram os resultados de suas experiências, e fichas perfuradas ou fitas gravadas comumente só são utilizáveis com o concurso de equipamento de alto custo.

O arranjo também é importante. Certas séries de documentos por vezes são preservadas pelo arquivista simplesmente porque se apresentam de maneira particularmente utilizável. Se lhe é dado escolher entre diversas séries relativas a um certo assunto, optará por preservar as séries cujo arranjo mais facilite a obtenção da informação. Por exemplo, os relatórios dos agentes e adidos agrícolas americanos, embora duplicados nos arquivos do Departamento de Estado, estão sendo preservados como uma série separada, acumulada pelo Serviço Agrícola Estrangeiro (Foreign Agricultural Service), do Ministério da Agricultura, porque o arranjo em que são mantidos facilita mais o seu uso do que as cópias dos relatórios incorporados ao sistema classificado de arquivamento do Departamento de Estado.

Importância

Ao aplicar o teste da importância o arquivista encontra-se no domínio do imponderável, pois quem pode dizer de maneira definitiva se um certo corpo de documentos é importante, para que fim e para quem? O arquivista presume que sua primeira obrigação é conservar os documentos que contenham informação que satisfará as necessidades do próprio governo, e depois disso, por mais indefinidas que sejam, as dos pesquisadores e do público em geral.

O arquivista há que levar em consideração os métodos correntes de pesquisa de várias classes de pessoas e a probabilidade de que, em circunstâncias ordinárias, farão uso efetivo de materiais arquivísticos. Dará, normalmente, prioridade às necessidades do historiador e de outros estudiosos de ciências sociais, mas é óbvio, deve também preservar documentos de vital interesse para o genealogista, o pesquisador de história local e o antiquário. Entretanto, preservará documentos para usuários pouco prováveis, tais como pessoas interessadas em campos técnicos altamente especializados e em campos científicos, que não fazem amplo uso de documentos no exercício normal de suas profissões, e que, possivelmente, não usarão materiais arquivísticos a eles relativos.

Os documentos oficiais tanto podem ter significação coletiva quanto individual. O valor de pesquisa em geral deriva da importância da informação num conjunto de documentos, e não da informação contida em peças isoladas. Os documentos têm significação coletiva se a informação que contêm é útil para estudos de fenômenos sociais, econômicos, políticos ou outros, distintos de fenômenos relativos a pessoas ou coisas. Os documentos da Repartição Geral de Terras (General Land Office), por exemplo, coletivamente, mostram como as terras do domínio público passaram para mãos particulares e como o Oeste foi colonizado; individualmente, os títulos de propriedade têm também valor para estudos biográficos e para estudos da história das famílias. No seu artigo "The selection of records for preservation", o dr. Philip C. Brooks observou, com muita propriedade, que "...na sua maioria, os documentos que têm valor histórico possuem-no não como documentos separados, mas como grupos, que, considerados em conjunto, refletem as atividades de alguma organização ou pessoa, ou retratam os acontecimentos e condições quotidianas de trabalho, antes que os acontecimentos e condições que se dão uma única vez".

Os documentos relativos a pessoas e coisas podem, é lógico, ter um valor de pesquisa individual em relação a pessoas ou coisas específicas. Normalmente, quanto mais importante a pessoa ou a coisa, mais importante é o documento que lhe diz respeito. Tais documentos podem também ter valores sentimentais, devido à associação dos mesmos a heróis, episódios dramáticos, ou a lugares onde se passaram acontecimentos importantes. Em geral, tais valores estão em peças de documentos avulsos, tais como a Proclamação de Independência, embora sentimentalistas extremados os atribuam a todos os documentos relativos a assuntos objetos de sua reverência, não importa quão volumosos ou insignificantes possam ser. Para tais pessoas, a utilidade de determinar fatos significativos é apenas uma consideração secundária. Mas os arquivistas devem exercitar seu senso de proporção ao julgar o valor sentimental.

Antes de aplicar o teste da importância, o arquivista deve estar certo de que os documentos satisfazem os testes de unicidade e forma. O teste da importância relaciona-se, como já vimos, a fatores imponderáveis — a matérias que não podem ser avaliadas com real certeza. Os testes de unicidade e forma, ao contrário, referem-se a fatores ponderáveis — a assuntos que são passíveis de ser avaliados na base de fatos que não deixam dúvidas.

O arquivista, normalmente, traz para o desempenho de sua tarefa um conhecimento geral adquirido durante sua formação acadêmica, sobre as fontes e os resultados das pesquisas. No cumprimento de suas atribuições, o arquivista adquire, normalmente, um conhecimento especializado de campos de assuntos pertinentes aos documentos com que trabalha. E ao mesmo tempo que executa o serviço de referência, toma conhecimento das verdadeiras necessidades da pesquisa. Adquire também um conhecimento da documentação produzida pelos órgãos com que trata, de modo que pode reduzir a proporções manuseáveis a quantidade de documentos a serem usados para pesquisa. Mas se não possui tal conhecimento, há que, deliberadamente, procurar adquiri-lo, pesquisando e comparando a documentação existente sobre os diversos assuntos, e se a sua investigação não der resultado, não hesitará em consultar especialistas no assunto.

Aplicação do teste dos valores informativos

Vejamos agora como os testes de unicidade, forma e importância foram aplicados aos grupos de documentos dos National Archives que contêm informações sobre: a) pessoas; b) coisas; ou c) fatos (*phenomena*). Ao estudar a informação relativa a esses três elementos, não se presume que os documentos se refiram exclusivamente a um ou a outro; pode acontecer, e acontece muitas vezes, que se refiram a mais de um deles.

Documentos relativos a pessoas

O termo "pessoa", devemos lembrar, foi definido como incluindo tanto pessoas físicas quanto jurídicas. Os valores dos documentos relativos a pessoas serão tratados com referência à informação que contêm sobre as próprias pessoas, não com referência às suas informações sobre as condições, os problemas, as situações e coisas que o valham que afetam as pessoas.

Os governos modernos produzem documentos relativos a pessoas em grandes quantidades. Certos tipos de documentos, como tabelas de recenseamento, pretendem incluir todos os indivíduos de um país; outros, relativos a classes específicas, muitas vezes representam grandes segmentos da população, tais como trabalhadores, fazendeiros, soldados e beneficiários de serviços de assistência social; outros ainda referem-se a classes ainda mais especializadas, tais como trabalhadores temporários mexicanos ou porto-riquenhos, índios e outros grupos nacionais. À medida que se amplia o controle do governo sobre seus cidadãos, mais documentos são criados em relação a eles. Com o serviço militar universal, por exemplo, criam-se documentos para a totalidade da população masculina de certo limite de idade, documentos esses que podem, ao menos parcialmente, duplicar as informações contidas nas tabelas de recenseamento. Os documentos sobre um determinado soldado podem, ainda, ser criados em relação a várias fases de sua vida militar — seu serviço prestado nas forças armadas, seu prontuário médico, sua reforma e pensão. E esses documentos, por sua vez, podem ser suplementados por documentos de sua vida civil, tais como a tributação de sua propriedade, relação com programas de assistência do governo, controle de seu negócio, se do tipo sujeito a fiscalização do governo e várias outras atividades que o podem colocar em contato com o governo. As atividades de assistência social, em particular, resultam na produção de volumosos documentos pertinentes a pobreza e dependência, crimes e delinquência, doenças e problemas sanitários etc.

O problema de decidir que documentos sobre seres humanos devem ser guardados é particularmente difícil. Os documentos, é óbvio, são muitos em quantidade e duplicados em conteúdo. A informação que apresentam sobre pessoas é, em grande parte, de caráter impessoal, particularmente nos anos mais recentes, quando as relações entre governo e cidadãos se tornaram mais formais e impessoais. A informação sobre qualquer pessoa em particular, além disso, não é extensa e muitas vezes consiste tão somente em simples fatos necessários ao estabelecimento de sua identidade. Os documentos contêm poucos detalhes íntimos, que se encontram em diários ou correspondência pessoal.

Se considerados isoladamente e apenas em referência à informação pessoal que contêm, os documentos relativos a pessoas, em sua maioria, apresentam pouco valor de pesquisa. Do ponto de vista de sua significação para estudos demográficos, sociológicos ou econômicos são, em geral, importantes apenas no conjunto. Para tais estudos têm valor somente se usados coletivamente e devido à informação sobre fatos que atingem certo número de pessoas e não devido à informação que contêm sobre as pessoas individualmente. E, em geral, encontram-se sinopses estatísticas dos dados que contêm, em enumerações e tabelas estatísticas, publicadas ou não. Do ponto de vista do significado histórico ou biográfico apresentam importância individual apenas até o ponto em que as pessoas a que dizem respeito são importantes. O arquivista, é óbvio, preservará todos os documentos, qualquer que seja o caráter dos mesmos, relativos a pessoas notáveis que hajam vivido no passado; mas, como poderá saber quem se tornará notável entre os milhões sobre os quais estão se criando documentos agora?

Entre as grandes séries de documentos dos National Archives pertinentes a pessoas encontram-se os censos demográficos; servem para ilustrar a maioria dos problemas que surgem na avaliação de documentos pessoais.

Considerando que os formulários originais são muito volumosos, justifica-se que o arquivista pergunte, pelo menos momentaneamente, se as sinopses estatísticas impressas do conteúdo daqueles não atenderiam, satisfatoriamente, às necessidades dos pesquisadores. Uma boa parte da informação geral contida nos originais encontra-se nos relatórios finais. O *Statistical abstract of the United States*, publicado periodicamente pelo Bureau of the Census, contém, igualmente, grande riqueza de dados estatísticos. Foi suplementado pelo *Historical statistics of the United States, 1789-1945*, publicado pelo mesmo serviço em 1949, com novo suplemento em 1954. As publicações estatísticas do Bureau são tão numerosas que a lista das mesmas forma um livro de tamanho bem razoável — o *Catalog of the United States census publications, 1790-1945*, publicado pelo Bureau em 1950.

Os dados de interesse social inéditos produzidos pelo Bureau são, entretanto, também muito valiosos, segundo C. Luther Fry, que há alguns anos escreveu um artigo intitulado "Making use of census data", publicado no *Journal of the American Statistical Association* de junho de 1930. Fry assinala que os dados sobre população contidos em relações e tabelas inéditas de anos recentes são classificados de acordo com o sexo, a cor ou a raça, a naturalidade e a descendência, que mostram vários fenômenos tais como a população rural por localidades, o estado civil das classes de população e fatos relativos às condições de vida, e que em geral são mais indicáveis para fins de pesquisa do que as estatísticas publicadas, devido ao fato de serem divididos por localidades menores.

Os originais dos recenseamentos demográficos de 1790 a 1880 são, não obstante, preservados nos National Archives, um dos poucos grandes arquivos do mundo que preservam esse tipo de documento. Conquanto as sinopses estatísticas, publicadas ou inéditas, aparentem conter a maior parte da informação necessária aos pesquisadores, tais sinopses, ocasionalmente, são consideradas inadequadas. Este é, por exemplo, o caso de estudos sobre a fixação ou movimentação dos grupos nacionais que só podem ser identificados observando-se os nomes dos indivíduos. Aqui os formulários originais têm que ser usados. Os formulários são também usados ocasionalmente pelos pesquisadores que desejam obter ou certificar-se de fatos básicos sobre pessoas, para estudos históricos ou biográficos. Entretanto, são usados mais amplamente para pesquisas genealógicas e para a confirmação de fatos que são ordinariamente derivados de documentos vitais quando existem tais documentos sobre pessoas. Até certo ponto, então, os censos demográficos respondem aos testes de unicidade e importância.

A informação sobre a população dos Estados Unidos fornecida nos formulários dos censos é exaustiva, tanto em período de tempo quanto em área. Os formulários dão cobertura quase total acerca da população do país a cada 10 anos e representam uma concentração de informações sobre indivíduos, pois contêm muitos fatos pessoais, em espaço relativamente reduzido (embora os formulários do último censo fossem tão volumosos que foram reduzidos a microfilme). Começando com o censo de 1850, os formulários usualmente indicam o nome, a idade, o estado, o território ou o país de nascimento de todo cidadão livre dos Estados Unidos. Conquanto o conteúdo dos formulários varie de país para país, e num mesmo país, de um recenseamento para outro, comumente contêm informações relativas a características pessoais (família, sexo, estado civil, idade), *status* político (lugar de nascimento, nacionalidade, língua e raça), *status* social (educação, religião) e *status* econômico (ocupação, rendimentos) dos cidadãos. Devido ao seu arranjo e à forma concentrada de suas informações, os formulários censitários atendem também ao teste da forma.

Existem numerosos outros grupos de documentos dos National Archives que contêm dados pessoais sobre indivíduos. Alguns desses são valiosos devido à informação individual que contêm. São exemplos os requerimentos de propriedade, de passaportes, de pensões, as listas de passageiros, os documentos de antigos funcionários (tanto militares como civis) e os documentos de imigração e naturalização. Em outros, embora uma vez mais contendo informação sobre indivíduos, o seu valor não está nesse fato, mas sim no de tratarem de uma classe de pessoas. Como exemplos temos os processos de fazendeiros que participaram da Administração de Reajustamento Agrícola (Agricultural Adjustment Administration) e dos programas de reabilitação rural durante a depressão econômica de 1930, meeiros sulistas, trabalhadores migrantes, trabalhadores temporários mexicanos e porto-riquenhos, índios, criminosos e outros. Nesse caso os documentos têm valor devido à informação que prestam sobre uma classe de pessoas, e não devido a informações sobre pessoas específicas. Em tais classes a informação não é exclusiva ou mesmo primordialmente de natureza pessoal, pode referir-se a fenômenos econômicos, geográficos ou outros. Isso nos leva dos valores pessoais aos valores para estudos de fatos. Trataremos destes nos parágrafos seguintes, onde serão considerados os documentos sobre vários tipos de fenômenos.

Na seleção de documentos, tendo em vista a informação que contêm sobre pessoas, dois critérios são possíveis. O primeiro é selecionar aqueles que representam concentrações de informações, tais como formulários de recenseamentos cujos documentos *de per si* fornecem informação extensa, intensa ou diversa, em forma concentrada. O segundo é selecionar um certo número de documentos ou pastas que sejam representativos ou ilustrativos do todo, ou que sejam suficientes para esclarecer os fenômenos investigados.

Na última alternativa, isto é, naquela de selecionar, para retenção, um número limitado de processos sobre indivíduos, dois princípios podem ser adotados: a) o de seleção especial; e b) o de amostra estatística. O princípio de seleção especial pode ser ilustrado pela retenção, nos National Archives, de um número limitado de pastas de assentamentos pessoais de servidores civis federais. Em relação aos primeiros anos, tais pastas estão repletas de documentos de natureza informativa que vêm sendo conservados. Em relação aos últimos anos, somente são selecionados para preservação as de empregados-chave que serviram ao governo ocupando uma posição administrativa, executiva ou supervisora. Aqui as pessoas são individualmente importantes, de modo que a seleção é feita em relação a indivíduos e não em relação a assuntos de natureza social. O princípio da seleção especial pode também ser aplicado para se obter uma documentação sobre fenômenos sociais ou de outra natureza. O princípio da amostragem estatística aplica-se apenas quando os documentos são selecionados para estudo de fenômenos coletivos e não individuais. Trataremos de tais aplicações em parágrafos posteriores, onde serão considerados os documentos sobre vários tipos de fenômenos.

Antes de terminar a discussão sobre os documentos que contêm informações sobre pessoas, dedicaremos um pouco mais de atenção ao problema do uso, para fins pessoais, de tais documentos. Os usos aqui considerados serão os que se referem aos direitos financeiros, legais ou civis dos indivíduos. Resumindo-se, até que ponto vai a obrigação, por parte do arquivo, de preservar documentos para usos puramente pessoais?

Os documentos oficiais são a última prova de todos os direitos e privilégios permanentes do cidadão e a prova imediata de todos os direitos temporários de propriedade e financeiros que derivam das relações do cidadão com o governo ou a elas estão ligados. Certos direitos de propriedade e financeiros são de longa duração, outros são de natureza passageira.

Entre os mais importantes documentos relativos a pessoas encontram-se os que firmam os fatos de sua existência, identidade e estado civil. Esses fatos são essenciais ao estabelecimento de toda uma série de direitos colaterais, como direitos de propriedade, privilégios de cidadania e para fins de benefícios sociais de várias espécies. Os National Archives preservam um certo número de grandes grupos de documentos que contêm atos vitais sobre pessoas e compilaram uma lista dos mesmos para os que procuram informações relativas a idade e cidadania. Os formulários de recenseamento, dos quais já nos ocupamos bastante, constituem o mais importante grupo de tais documentos e são amplamente usados para determinar fatos sobre pessoas, os quais, comumente, derivam de documentos vitais, quando existem. O próprio Bureau of the Census criou uma unidade organizacional que se ocupa exclusivamente de fornecer dados vitais extraídos dos formulários dos recenseamentos de 1880, 1900 e 1920. Seus serviços são idênticos aos executados pelos registros civis.

Em toda sociedade adiantada, o Estado tem se ocupado da manutenção de documentos vitais de nascimentos, casamentos e óbitos. A história da manutenção desses é muito longa. O registro formal de informações sobre nascimentos, casamentos e óbitos, no mundo de língua inglesa, começou em 1538, quando Henrique VIII ordenou que os responsáveis pelas igrejas paroquiais de toda a Inglaterra registrassem em livros todo batismo, casamento ou enterro que ocorresse na paróquia. Essa prática estendeu-se a outros países cristãos, de modo que no século XVIII havia se generalizado o registro legal de dados vitais pelos ministros protestantes e católicos. Em 1789, durante a Revolução Francesa, a responsabilidade pelos registros franceses transferiu-se dos ministros da Igreja para os funcionários municipais em todo o país. No século seguinte outros países europeus adotaram a prática da França, tornando tais registros uma responsabilidade do Estado, e não da Igreja. Na Inglaterra foi promulgada uma lei de registro civil em 1836, criando um oficial de registro central responsável pelos documentos e estatísticas de nascimento, casamentos e óbitos, segundo a causa, em toda a Inglaterra e País de Gales. Essa lei de 1836 foi o protótipo das leis de registro para as colônias britânicas, incluindo-se a da Austrália e de certos estados americanos, notadamente Massachusetts, que promulgou a primeira Lei de Registro Civil na América em 1842. Em meados do século XIX, diversos estados americanos aprovaram leis exigindo que se fizessem registros públicos de nascimentos, casamentos e óbitos e que se enviassem cópias de tais documentos a uma agência central de estatísticas vitais na capital do estado. O estado de Nova Jersey iniciou essa prática em 1848 e os de Rhode Island e Virgínia em 1853. Em grande parte devido à agitação da Associação Americana de Saúde Pública (American Public Health Association), fundada em 1872, vários outros estados adotaram o sistema de registro civil, de modo que em 1919 todos os estados tinham um registro central de estatísticas vitais.[80]

Os documentos vitais relativos a nascimentos, óbitos e casamentos deveriam ser, e de fato são, permanentemente conservados pelos respectivos

---

[80] United States, National Office of Vital Statistics, 1954, v. 1, p. 2-12.

estados. O governo federal no futuro ficará, por conseguinte, desobrigado de qualquer necessidade de guardar grandes corpos de documentos por conterem casualmente informação sobre nascimentos, casamentos e óbitos, como faz agora em relação aos primeiros períodos da história norte-americana.

Outra classe importante de documentos relativos a pessoas é a que estabelece fatos relativos a propriedade. A maioria de tais documentos refere-se a direitos de propriedade de natureza puramente temporária, tais como os que nascem de contratos com o governo, acordos de empréstimos e coisas semelhantes. Estes têm valor apenas na vigência dos compromissos entre o governo e as pessoas implicadas no caso. Há, entretanto, certos direitos de propriedade, como assinalou o arquivista alemão Meissner, que se referem a matérias substanciais, tais como títulos de propriedade de terras, outrora propriedade do Estado. Nos National Archives, essa classe de documentos é mais bem-exemplificada pelos documentos que se relacionam com a transferência de títulos de terras do domínio público para pessoas privadas, do General Land Office.

Outra classe importante de documentos relativos a pessoas é a que estabelece fatos a respeito de serviços prestados ao governo, como militares ou civis. Esses fatos são também essenciais no estabelecimento de vários direitos colaterais, tais como o direito a pensões e a outros benefícios. Os documentos de caráter pessoal dos servidores civis do governo federal são muito sucintos nos últimos anos. Contêm apenas a informação necessária para estabelecer os direitos dos servidores e, por conseguinte, estão sendo guardados no centro intermediário de documentos (Records Center) de St. Louis, estado de Missouri, apenas enquanto persistem tais direitos.

Há inúmeras outras classes de documentos que são de importância para os indivíduos na comprovação de seus "direitos". A lista destas é interminável. Surgem cada vez que um indivíduo tem qualquer espécie de relação com o governo. A extensão, o prazo e o lugar no qual o governo deve preservar tais documentos são assuntos de política do governo. Para os documentos que se referem a relações de caráter puramente transitório entre o cidadão e a administração pública, são válidas as conclusões de Bauer no seu trabalho: primeiro, "um órgão criado para proteger ou regulamentar certos interesses privados deve, é lógico, manter os documentos adequados e preservá-los enquanto os interesses primordialmente afetados por eles subsistem" e, segundo, "um bom princípio para fixar o período de retenção de tais documentos deve ser o de considerá-los em relação àqueles interesses abrangidos na jurisdição da repartição criadora ou acumuladora e não em relação a todos os direitos e interesses ilimitados que possam ser defendidos pelo uso colateral dos mesmos".

Além dos documentos que se referem a pessoas, individualmente, há inúmeros grupos de documentos nos National Archives que contêm dados sobre entidades coletivas. Tais documentos existem, em geral, na forma de processos (*case files*) que dizem respeito a relações do governo com entidades particulares, ou na forma de declarações (ou relatórios) prestadas ao governo por entidades de determinado tipo. Entre os processos há os relativos a casos de falência, concordatas e de ações perante tribunais distritais e de reclamações, a causas trabalhistas nas diversas juntas trabalhistas, à fabricação e à colocação no mercado de alimentos e drogas e à regulamentação do comércio interestadual, dos transportes e das comunicações. Entre as declarações e os relatórios há os apresentados ao Bureau de Minas pelas indústrias de mineração sobre vendas, produção, emprego etc.; a Administração de Troca de Mercadorias (Commodity Exchange) sobre comércio na Junta de Comércio de Chicago (Chicago Board of Trade); a Comissão de Títulos e Câmbio (Securities and Exchange Commission) sobre entidades que emitem apólices de seguros; a Comissão de Comércio Federal (Federal Trade Commission) e a outras repartições regulamentadoras e fiscalizadoras do governo federal. Em geral, tais declarações ou relatórios são submetidos ao governo em obediência a regulamentos ou por força de citação judicial prevista em lei e o uso dos mesmos é restrito durante períodos de tempo relativamente longos. São conservados devido à informação que contêm sobre os negócios e as condições financeiras em geral, não pela informação sobre determinadas firmas.

Entretanto, há exemplos excepcionais, em que os documentos são conservados para estudo de determinadas firmas. É o caso dos papéis da Chesapeake and Ohio Canal Company relativos aos anos de 1785 a 1939, que foram adquiridos pelo governo e que, é óbvio, são de valor para o estudo da história dos negócios, bem como para o estudo das melhorias internas. Se os documentos sobre determinadas firmas merecem preservação, os critérios de seleção de documentos desse gênero, sugeridos pelos arquivistas britânicos, são tão bons quanto quaisquer outros. Os arquivistas britânicos, no seu folheto sobre os princípios de eliminação, sugeriram, relembremos, que se devem preservar documentos de firmas pertencentes a uma categoria cujos documentos "raramente hajam sido preservados", ou que sejam de "importância incomum" em comparação com outros da mesma categoria, ou ainda que pertençam a uma categoria cuja história geral e evolução "apenas possa ser acompanhada pelo uso de prova coletiva". Como a maioria dos documentos sobre indivíduos, entretanto, os documentos sobre entidades coletivas são preservados sobretudo pelo seu significado coletivo, não pelo valor dos mesmos no estudo de firmas, individualmente. Desse modo, têm valor para estudos de vários fenômenos econômicos e sociais e serão tratados em parágrafos posteriores.

Documentos relativos a coisas

O termo "coisas", recordemos, foi definido como incluindo lugares, edifícios e outros objetos materiais. No estudo dos documentos sobre coisas, os valores a serem considerados são os que derivam da informação que contêm sobre as próprias coisas e não da informação sobre o que acontece às coisas.

Entre as coisas, o ser humano se preocupa, fundamentalmente, com a terra na qual vive. Os National Archives preservam muitas séries de documentos relacionadas com terra; documentos sobre recursos minerais, produzidos pelo Bureau de Minas; sobre a classificação dos solos, produzidos pelo Bureau de Solos; sobre pesquisa e exploração, produzidos pelo Geological Survey; sobre as propriedades de terras que hajam sido parte do domínio público, produzidos pelo Serviço Geral de Terras (General Land Office) e sobre vários outros de seus aspectos topográficos, geológicos e geográficos.

Os documentos relativos a terras, outrora parte do domínio público, servirão para ilustrar a maioria dos problemas de avaliação que aparecem em relação a documentos sobre coisas. Trata-se dos papéis de posse de terra do Serviço Geral de Terras, dos quais existem cerca de 19 mil pés cúbicos ($538m^3$) nos National Archives e entre os quais se encontram muitos requerimentos para a constituição de bens de família (*homestead lands*), durante os anos de 1862 a 1950. Os papéis de posse da terra contêm descrições das terras por subdivisão, seção, vila e lugar. Desde que o título de propriedade da terra baseia-se nos documentos que a transferem do domínio público para o privado, esses são retidos principalmente pela prova que contém os direitos legais ou o direito de propriedade dos indivíduos que detêm agora a posse da terra. Os documentos terão que ser conservados para esse fim enquanto existir o presente sistema de registro de títulos de bens imóveis. Se estivesse em uso o Sistema Torrens de registro de títulos de propriedade da terra, a guarda da inteira cadeia de documentos sobre escrituras de transações, a partir do título original, seria desnecessária.[81] Os papéis de posse da terra de cada requerente de um bem de família do domínio público, como frisado anteriormente, contêm informações pessoais, como idade, lugar de nascimento e, conforme o caso, informações sobre naturalização. São, pois, usados com bastante frequência para fins genealógicos. Conquanto os papéis de posse da terra, como um todo, possam ser usados para estudos da colonização do Oeste e para estudos relativos à alienação de terras públicas, raramente são usados para esse fim. A informação que contêm sobre o caráter das terras propriamente dito é insignificante. Esses papéis, considerando o seu volume e arranjo, dificilmente atendem ao teste da forma e mal atendem ao teste da importância, mas os valores primários que ainda possuem são tais que, pelo sistema atual de transmissão de títulos de terras, nenhum funcionário do governo ousaria recomendar a sua destruição.

No Arquivo Nacional dos Estados Unidos, os documentos relativos, de um modo mais geral, às terras do país incluem explorações geográficas militares, ou não, e levantamentos como os de Lewis e Clark em 1803-06; levantamentos geológicos como os de Hayden (1667-79), King (1867-80), Powell (1869-79) e Wheeler (1869-79); levantamentos do domínio público pelo Serviço Geral de Terras e levantamentos de limites e de ferrovias. Esses documentos contêm informações geográficas, topográficas, geológicas, botânicas e etnográficas. Essas informações são importantes. As fontes onde se apresentam são únicas e conquanto estejam grandemente dispersas e, ocasionalmente, hajam sido removidas da custódia pública, são perfeitamente trabalháveis e mais o seriam se pudessem ser reunidas.

Entre outras coisas sobre as quais se conservam documentos no Arquivo Nacional estão as feitas pelo homem — coisas, de modo geral, relativamente transitórias — e os documentos relativos às mesmas, portanto, têm menor probabilidade de apresentar valor permanente. Entre tais documentos incluem-se os relativos aos melhoramentos internos do país, como docu-

---

[81] Ver verbete sobre Sistema Torrens na *Encyclopedia americana*, 1936, v. 26, p. 708-9.

mentos da Chesapeake and Ohio Canal Company, anteriormente mencionados, de estradas de ferro, sobre as quais se encontram documentos em diversos grupos, e de construções. Os documentos sobre edificações podem servir para ilustrar os problemas de avaliação de documentos relativos a coisas artificiais. É óbvio que não há necessidade de conservar documentos sobre a maioria das edificações, privadas ou públicas, e que nem mesmo se faz mister a conservação, por exemplo, dos relativos a detalhes arquitetônicos e estruturais, pois existe informação impressa sobre tais aspectos. Os documentos sobre edificações são arquivisticamente importantes apenas se os próprios prédios são importantes e se adquirem importância devido às ligações que com eles se estabelecem, por se identificarem com importantes personagens, ou acontecimentos históricos, ou por serem exemplos representativos das construções de determinado período. As casas de nossos presidentes — Mount Vernon, Monticello, The Hermitage — e os prédios onde se passaram importantes fatos históricos — Independence Hall, Casa Branca, Capitólio — são importantes por suas associações e praticamente todos os documentos relativos aos mesmos são, pois, importantes. Na avaliação de documentos sobre tais estruturas, o lema para documentos do século XIX deveria ser "guardar tudo". Para os documentos de origem bem mais recente, entretanto, é óbvio que, mesmo no caso dos relativos aos lugares de maior importância, não se pode guardar tudo, pois muitos documentos provavelmente se relacionam com assuntos de menor importância, de economia doméstica.

    O interesse do Serviço Nacional de Parques (National Park Service), do Ministério do Interior, por documentos sobre lugares verdadeiramente históricos é importante. Cada fragmento de informação sobre tais lugares pode ser importante para os historiadores do Serviço de Parques e, portanto, merece ser preservado para os mesmos. De modo geral, é verdadeira a observação do arquivista alemão Meissner, relativa a documentos sobre edificações, qual seja, a de se conservarem os documentos relativos a bens imóveis se fixam os direitos do Estado quanto a tais bens, ou se se relacionam à administração de propriedade que seja de interesse especial ou histórico.

    Outra classe de documentos relativos a objetos feitos pela mão do homem dos quais se encontram numerosos exemplos nos fundos do Arquivo Nacional consiste em documentos sobre navios. Existem séries muito grandes de tais documentos, como planos, incluindo desenhos, projetos, plantas etc. de vasos de guerra, entre os documentos do Ministério da Marinha, e de navios mercantes, entre os documentos do Ministério do Comércio. Os primeiros navios construídos nos Estados Unidos despertam interesse, tanto de antiguidade como de erudição, que se refletem, perfeitamente, no *The American Neptune,* periódico trimestral devotado aos vários aspectos da pesquisa naval. Um exame de suas páginas mostra que os documentos contendo informações sobre desenho, construção e operação de vários tipos de navios em diferentes épocas são de real interesse para um grande grupo de pessoas. Mas é duvidoso que o mesmo interesse de pesquisa, ocorrido praticamente em relação a todos os documentos dos antigos, se verifique em relação à maioria dos documentos de novos navios, e que, por conseguinte, o arquivista encontre justificativa para guardar nada mais do que algumas classes selecionadas de documentos sobre navios relativamente novos.

Outro tipo de documento sobre objetos feitos pelo homem encontrado nos National Archives é o relativo à concessão de patentes pelo governo dos Estados Unidos. Esse grupo de documentos ilustra a razão pela qual certos documentos têm valor, antes pela informação neles contida sobre objetos, do que por refletirem no processo administrativo do governo, embora, é lógico, documentos de patentes possam também servir a este último caso. A patente concedida a Galileu pelo doge de Veneza, em 1594, por inventar "uma máquina de puxar água e irrigar terra",[82] por exemplo, esclarece de maneira interessante o sistema de patentes existente naquele tempo, assim como mostra os progressos tecnológicos do período. Os monopólios e patentes concedidos pelas colônias americanas, antes do governo federal, esclarecem quanto à vida industrial do período colonial. A primeira patente concedida na América para maquinaria pertenceu, naturalmente, a equipamento agrícola. Foi concedida por Massachusetts, em 1646, a Joseph Jenks. Trata-se de um engenho para fazer foices e "diversas espécies de ferramentas cortantes".[83] Outros direitos de manufatura durante o período colonial dizem respeito à fabricação de sal, potassa, piche, melaço, velas, óleo de linhaça, brim, papel e pregos. As patentes concedidas por Thomas Jefferson, quando ministro de Estado, incluem as de John Fitch por sua invenção do navio a vapor e a de Eli Whitney por seu invento para descaroçar algodão. Também mostram

---

[82] Frederico, 1929b:294.
[83] Frederico, 1929a:360.

incidentalmente a contribuição de Jefferson no estabelecimento do sistema de patentes. Os primeiros arquivos de patentes com seus requerimentos e respectivos planos, desenhos e esquemas são importantes pela informação que contêm quanto ao desenvolvimento tecnológico do país.

Mas, enquanto os arquivos de patentes mais antigas têm indubitável interesse para a pesquisa, isso é menos certo nos mais recentes. À medida que o país se desenvolveu tecnologicamente, as patentes relativas a seus processos e invenções industriais e mecânicas tornaram-se progressivamente mais especializadas. Os arquivos recentes, sobretudo os posteriores a 1900, em geral referem-se a pequenas partes de processos ou máquinas altamente complicadas e raramente a uma descoberta mecânica inteiramente nova que haja tido ou possa ter um impacto maior na vida econômica do país. Assim, são menos significativos, individualmente, do que os arquivos mais antigos. E a informação que contêm encontra-se, em grande parte, nos anos recentes, em fontes documentárias publicadas. As próprias patentes impressas contêm a maior parte das informações cuja guarda, pelo governo, seria justificável para mostrar o desenvolvimento da tecnologia, do ponto de vista das patentes. Apenas um número muito limitado de arquivos de patentes individuais relativos aos mais significativos progressos tecnológicos pareceu merecer preservação no período posterior a 1900.

Documentos relativos a fenômenos

O termo fenômeno, relembraremos, refere-se aqui ao que ocorre com pessoas ou coisas — as condições, atividades, programas, fatos, episódios, e coisas semelhantes. Os fenômenos registrados em documentos oficiais são de interesse principalmente para os cientistas sociais, mas alguns podem ser de interesse para os naturalistas. Se os fenômenos são antigos, interessam principalmente aos historiadores; se novos, aos sociólogos, economistas ou estudiosos de administração.

Desde que a maioria dos documentos que passam à custódia do arquivista é relativamente antiga, os interesses da pesquisa histórica são para ele os mais importantes. Um arquivista, não importa qual seja sua experiência, ordinariamente apreciará os documentos principalmente por seu valor ou interesse histórico. Esta foi a base pela qual Armando Gaston Camus (1740-1804) e Pierre Claude François Daunou (1761-1840), os primeiros diretores dos Archives Nationales, avaliaram os documentos pré-revolucionários da França.

Os arquivistas modernos, em geral, têm experiência como historiadores e pode-se, pois, presumir que sejam bastante competentes para apreciar o valor dos documentos oficiais, com vistas à pesquisa histórica. A maioria dos arquivistas tende a preservar todos os documentos que se referem de maneira significativa a pessoas, episódios ou acontecimentos importantes. Nenhum arquivista americano, por exemplo, destruiria, em sã consciência, algo de valor relativo a um episódio como a Rebelião do Whisky, a um acontecimento como a compra da Louisiana ou a um personagem como Abraham Lincoln. E se o conhecimento de história do arquivista for amplo, provavelmente preservará documentos relativos a pessoas e episódios cuja influência no curso dos acontecimentos, embora menos conhecida, haja sido digna de consideração. A maioria dos arquivistas, é provável, conservará as fontes materiais básicas para estudos da história diplomática, política e militar, que outrora constituíram o principal interesse dos historiadores. Os National Archives, por exemplo, conservam os despachos oficiais, relatórios e instruções do Departamento de Estado necessários ao estudo das relações exteriores, os arquivos de comissões, relatórios e diários da Câmara e do Senado necessários ao estudo de assuntos políticos e as várias séries necessárias ao estudo de comando de guerra, produzidas pelos ministérios da Guerra e da Marinha. Mas o objetivo é ter um quadro completo dos negócios diplomáticos e militares. Essas fontes básicas devem ser suplementadas por muitas outras séries de documentos de natureza especializada. As séries sobre matéria diplomática, por exemplo, devem ser suplementadas por documentos relativos a assuntos econômicos, particularmente documentos produzidos pelas repartições do governo que tratam de comércio internacional, assim como pelos documentos relativos à opinião pública, como comunicados de imprensa, notícias radiofônicas, filmes e discos.

A avaliação de documentos do ponto de vista do interesse histórico torna-se difícil quando os documentos se referem a grandes movimentos históricos, causas históricas etc. Aqui pode tornar-se necessária uma escolha discriminatória entre os documentos existentes. Um movimento como a expansão para o Oeste dos Estados Unidos, por exemplo, pode ser seguido em diversos grupos de documentos nos National Archives, incluindo-se os do Serviço de Índios (Bureau of Indian Affairs), Serviço de Administração de Terras (Bureau of Land Management) e de vários outros serviços do governo.

Quando os documentos se referem a assuntos sociais ou econômicos recentes, faz-se necessário, para sua avaliação, maior grau de conhecimento especializado do que o possuído ordinariamente pelos historiadores. Aqui entra em jogo o conhecimento dos economistas, sociólogos e estudiosos de outras disciplinas. Documentos oficiais recentes, de interesse para tais estudiosos, surgem especialmente das atividades reguladoras e de assistência social dos governos modernos. Podem ser de real significação para os estudos de vários aspectos de sociologia moderna. Podem ser usados, por exemplo, para estudar as consequências das atividades de assistência pública — o que aconteceu a organizações de economia privada sob controle do governo — ou os padrões rurais e urbanos que estão se desenvolvendo no país, tendências sociais etc.

À medida que se retroage no tempo, a informação sobre assuntos sociais e econômicos torna-se menos completa. Os documentos sobre negócios são quase tão escassos para o século XIX como são abundantes para o século XX e quase todos os que ainda existem, relativos a período mais antigo, devem, pois, ser preservados. Documentos oficiais, em geral, relativos a assuntos sociais e econômicos anteriores à I Guerra Mundial devem ser cuidadosamente comparados com outras fontes documentárias para determinar se contêm informação única.

A documentação atual sobre assuntos sociais e econômicos entretanto é muito volumosa. Só as publicações do governo federal (o qual, de fato, se tornou o maior editor do mundo) já fornecem grande riqueza de informação de tais assuntos. Especialmente sobre a economia do país, encontra-se uma série e um volume de informação sempre crescente em forma impressa que se refere, entre outras coisas, à produção agrícola e industrial da nação, ao comércio, consumo, desemprego, condições financeiras, preços, renda e custo de vida. Entre os órgãos do governo que imprimem dados estatísticos e informações sobre as condições econômicas estão o Serviço de Recenseamento (Bureau of the Census), o Serviço de Comércio Interno e Internacional (Bureau of Foreign and Domestic Commerce), o Serviço de Estatística do Trabalho (Bureau of Labor Statistics), o Serviço de Economia de Negócios (Office of Business Economics), o Serviço de Economia Agrícola (Bureau of Agricultural Economics), a Comissão de Tarifas (United States Tariff Commission), a Comissão de Comércio Federal (Federal Trade Commission), a Junta de Governadores do Sistema de Reserva Federal (Board of Governors of the Federal Reserve System).

Na avaliação de documentos de assuntos sociais e econômicos, o arquivista deve aplicar com rigor o teste da unicidade. No National Archives and Records Service esse teste foi recentemente aplicado a uma grande série de declarações de impostos, apresentadas por certos tipos de empresas ao Serviço de Rendas Internas (Internal Revenue Service).[84] Aquelas declarações, compreendendo cerca de 100 mil pés cúbicos (2.832m^3) do período de 1909 até hoje, reconhecidamente contêm informação que, se não encontrada em outro lugar, seria útil para certos tipos de pesquisas. A análise, entretanto, mostrou que informação substancialmente semelhante sobre as empresas que apresentaram declarações, embora com algumas exceções, encontrava-se em algum outro lugar. O analista concluiu que fontes publicadas comercialmente e outras fontes oficiais seriam melhores do que a série em questão para um estudo da economia dos negócios em geral, e também para um estudo de qualquer empresa importante, em particular.

De modo geral, o pesquisador pode confiar na enorme massa de literatura publicada para efeito de informação sobre a evolução dos problemas sociais e econômicos quotidianos recentes nos EUA. As fontes publicadas geralmente fornecem informação adequada sobre esses problemas. Os documentos públicos originais sobre os mesmos são demasiado volumosos para serem preservados *in extenso* e é principalmente com vistas ao anormal ou inusitado que o arquivista deve preservar tais documentos. Ao preservar quaisquer documentos sobre assuntos sociais e econômicos contemporâneos normais, há que ser em forma de sumário ou seleção de amostra.

Várias grandes séries de documentos estão sendo preservadas pelos National Archives por conterem informação inusitada ou fora do normal sobre condições econômicas ou sociais. Esse tipo de documentos pode ser ilustrado pelos traslados das audiências da Administração de Recuperação Nacional (National Recovery Administration), que refletem as condições da indústria durante a depressão econômica de 1930, e pelos documentos relativos a preço e contabilidade do Serviço de Administração de Preços (Office of Price Administration), que refletem a condição da indústria sob a economia dirigida da II Guerra Mundial.

---

[84] Goebel, 1956.

Quanto a documentos mais recentes sobre assuntos sociais e econômicos, deve aplicar o princípio da seleção especial. Esse princípio significa, simplesmente, que alguns documentos são selecionados para preservação, porque contêm dados que são representativos ou ilustrativos do todo, porque tratam de um acontecimento ou ação importante ou significativa, ou porque contêm dados considerados próprios para um estudo de condições sociais e econômicas específicas. É bom distinguir-se imediatamente esse princípio do princípio de amostragem estatística. Este último, adotado no início do século XX, requer um conhecimento do método que o arquivista, em geral, não possui. As técnicas de coleta, classificação e análise estatística, de correlação de dados, cômputo de médias e probabilidades, previsões, curvas e compilação de números-índices são técnicas altamente especializadas, parte de uma disciplina distinta. E as técnicas de amostragem estatística, mesmo que o arquivista as conheça, não podem ser aplicadas ordinariamente à seleção de documentos. O arquivista preserva documentos para usos desconhecidos; o estatístico deve conhecer, *a priori*, os modos específicos pelos quais suas amostras serão usadas. O arquivista seleciona documentos que têm características ilustrativas do todo; o estatístico, de acordo com fórmulas matemáticas bem-definidas, seleciona uma amostra que apresente informação de fidedignidade mensurável, sobre características particulares do universo de onde é tomada. Uma amostra estatística é mais exata do que o corpo representativo ou ilustrativo de documentos preservados pelo arquivista.

Na seleção de dados sobre o programa de empréstimo de recuperação da Administração de Seguro Agrícola (Farm Security Administration), uma repartição agrícola da última crise econômica dos Estados Unidos, foram aplicados critérios baseados nos métodos estatísticos ou que muito deles se aproximam. Aqueles critérios foram descritos pelo dr. Carl J. Kulsrud em artigo do *The American Archivist* de outubro de 1947, intitulado "Sampling rural rehabilitation records". Ao conceder financiamentos de recuperação para auxiliar os clientes, a repartição preparou para cada cliente uma pasta contendo relatórios, correspondência e outros papéis. Essas pastas são ricas em informação sobre os fatores sociais, econômicos e humanos que levaram ao programa de empréstimo de recuperação. São úteis, portanto, para estudos sociais e estudo das condições econômicas no período de depressão, bem como para estudo e avaliação dos processos, ideologias e técnicas seguidas no programa. Considerando que os arquivos eram muito volumosos, preparou-se uma amostra que preservou apenas 3% do total. A amostra incluía todos os processos de condados típicos em 134 áreas rurais distintas, de acordo com a classificação do Bureau de Economia Agrícola do Ministério da Agricultura.

O princípio da seleção especial é mais tipicamente ilustrado pelo que se faz nos National Archives na preservação de várias espécies de causas trabalhistas. Na seleção para retenção de processos da Junta Nacional de Relações Trabalhistas (National Labor Relations Board), por exemplo, determinou-se a importância de questões individuais em relação aos seguintes padrões: a) as conclusões envolvidas no caso; b) a influência do caso no desenvolvimento de princípios, precedentes ou padrões de julgamentos; c) a contribuição do caso para o desenvolvimento de métodos e de normas; d) o efeito do caso na economia nacional ou local, ou na indústria, e e) as greves de empregados, de patrões etc. resultantes da questão.

Documentos que concentram dados sociais e econômicos, que podem ser explorados estatisticamente, assemelham-se, em caráter, aos que contêm sinopses de dados pessoais. As tabelas produzidas pelos censos industriais e agrícolas, ao menos exteriormente, são semelhantes às tabelas dos censos demográficos. As tabelas de censos econômicos e agrícolas, contudo, não possuem o mesmo valor que as tabelas dos censos demográficos, principalmente porque a informação que contêm é quase sempre utilizada no seu conjunto e não em relação a negócios individuais, ou unidades agrícolas, e porque os conjuntos têm sido satisfatoriamente tabelados e enumerados.

Na avaliação de documentos, cujo conteúdo pode ser resumido estatisticamente, tais como formulários administrativos, tabelas e questionários estatísticos, o arquivista é aconselhado a agir cautelosamente. Se a repartição governamental que produziu os documentos para fins estatísticos não os explorou completamente, é pouco provável que alguém mais o faça, pois os pesquisadores estranhos ao governo, em geral, não dispõem de meios para a dispendiosa exploração de tais documentos. Se os documentos não foram criados para fins estatísticos, é pouco provável que forneçam estatísticas acuradas ou significativas. Durante a II Guerra Mundial (7 de janeiro de 1944) realizou-se uma conferência com um grupo de peritos e técnicos de negócios sobre o possível uso dos formulários de racionamento de gasolina, pneus e automóveis do Office of Price Administration. Depois de discutirem o assunto ao máximo, os peritos concordaram que os formulários não precisavam ser conservados para fins de se compilar por eles quaisquer estatísticas nacionais. "Os argumentos usados", segundo o dr. W. J. Wilson, "parecem incluir os princípios capitais que regem a avaliação de documentos para fins estatísticos".[85] Foram eles:

- massas de dados estatísticos originais não precisam ser preservadas depois que a informação estatística haja sido satisfatoriamente extraída;
- massas de dados não utilizáveis não precisam ser retidas mais tempo do que o necessário para determinar o caráter irremediavelmente falho das mesmas;
- massas de dados utilizáveis raramente serão usadas de fato se não o forem em prazo mais ou menos imediato;
- massas de dados utilizáveis não devem ser conservadas por períodos indefinidos de tempo pela simples hipótese de que possam ser empregadas algum dia; e
- todas essas considerações se aplicam ainda de maneira mais convincente a dados reunidos em formulários, registros e outras fórmulas administrativas do que a dados reunidos em questionários comuns.

De modo geral, pois, o arquivo de custódia deve preservar apenas a informação resumida — e não a grande massa de tabelas e questionários nos quais se baseiam os resumos.

Ao passo que os documentos de interesse para o cientista social se referem, principalmente, a fenômenos que envolvem pessoas, os de interesse para o cientista natural referem-se, em grande parte, a fenômenos que envolvem coisas materiais.

Documentos científicos apresentam problemas especiais de avaliação para o arquivista. Estes surgem principalmente em relação a documentos necessários para pesquisas científicas posteriores, não em relação a documentos pertinentes à história das atividades científicas no governo federal, que se prestam claramente à preservação arquivística.

---

[85] Wilson, 1946:14.

A documentação científica pode apresentar-se na forma de dados puros, resultantes da observação e mensuração de vários fenômenos, ou na forma de tabelas e resumos de tais dados. O arquivista normalmente prefere conservar apenas as tabelas e os resumos. No caso de investigações científicas, entretanto, os documentos originais, ou matéria-prima, podem também ter valor, pois muito do detalhe essencial em tais documentos pode perder-se, no curso de sua tabulação e sumarização. As tabelas, em geral, apresentam apenas as médias e os resumos, apenas as mais importantes características de cada tipo de medida.

O valor dos dados no seu estado original depende da natureza dos fenômenos que foram observados e medidos, e do grau em que as observações e medidas podem ser exploradas por outros que não os próprios que as levantaram. Justifica-se, talvez, que um arquivista conserve os dados que derivam das medidas de fenômenos básicos, como sejam os da terra, oceanos e atmosfera. Nos National Archives os documentos que contêm observações da terra são mais bem-exemplificados pelos relatórios do Coast and Geodesic Survey (1832-1942). Esses relatórios contêm dados derivados de observações astronômicas, magnéticas, sismográficas, gravidade e de outras espécies. Em muitos casos constituem apenas a fonte autêntica da qual se podem deduzir modificações naturais e artificiais nas condições físicas da área pesquisada. Os documentos que contêm observações oceanográficas incluem os relatórios de várias pesquisas feitas pelo Serviço Hidrográfico (Hydrographic Office), bem como os diários náuticos coligidos por Matthew Fontaine Maury (1806-73) para compilar as suas cartas de ventos e de correntes oceânicas. Os documentos contendo observações atmosféricas são representados pelos documentos climatológicos e meteorológicos recebidos do Serviço de Meteorologia (Weather Bureau) e devolvidos pelos National Archives àquele depois que passou a dispor de instalações adequadas para cuidar dos mesmos e explorá-los, embora os National Archives conservem microfilmes dos documentos anteriores a 1890.

Em geral, os documentos científicos, como qualquer outro tipo de documentos, devem apresentar valores outros, além dos temporários a que devem sua produção, para merecerem preservação permanente. Em geral, esse não é o caso quando dados científicos originais se referem a mensurações e observações levadas a efeito em experiências controladas de laboratórios, que podem ser repetidas. Documentos de experiências químicas e biológicas não merecem assim, acredita-se, ser conservados num arquivo de custódia.

Os documentos científicos, na sua forma original, podem também apresentar dificuldades para o arquivista devido a sua forma. São, em geral, muito volumosos. Muitas vezes têm atributos que tornam seu uso ulterior impraticável. Podem ser inteligíveis apenas às pessoas que registram os dados. Como no caso de fichas perfuradas produzidas no trabalho estatístico, podem apresentar-se numa forma difícil de interpretar sem se recorrer a meios mecânicos ou eletrônicos. Podem apresentar-se em forma de registros feitos por instrumentos em fitas ou filmes, ou chapas fotográficas, gráficos ou fichas. E essas formas apresentam problemas especiais de armazenamento, bem como de uso.

Conclusões

Diversas observações gerais podem agora ser feitas quanto à avaliação dos documentos oficiais modernos, a saber:

1. Não se pode reduzir a padrões exatos as considerações a serem observadas na determinação dos valores dos documentos. Nossos padrões podem ser pouco mais do que princípios gerais. Nunca se podem tornar exatos, embora, é claro, as séries ou tipos de documentos produzidos por determinada repartição pública, que atendem a certos padrões gerais, possam ser precisamente identificados. Os padrões não devem ser encarados como absolutos ou finais. Na melhor das hipóteses, servirão tão somente como guias para orientar o arquivista através dos traiçoeiros caminhos da avaliação.

2. Como os padrões de avaliação não podem ser exatos ou precisos, não precisam ser aplicados com absoluta consistência. Os arquivistas podem fazer uso de diferentes critérios na avaliação de documentos de diferentes períodos, pois o que tem valor para uma época passada pode ser insignificante para o presente. O historiador americano Justin H. Smith (1857-1930) observou que "algumas pessoas falam muito de material sem importância, mas o que um pesquisados considera 'droga' pode ser precioso para outro, e o que hoje em dia parece sem valor pode vir a ser considerado altamente importante amanhã".[86] Os arquivistas de diferentes arquivos de custódia podem também

---

[86] American Historical Association, 1910:312.

usar diferentes critérios na avaliação de tipos semelhantes de documentos, pois o que é de valor para um pode não interessar ao outro. Uma consistência absoluta no julgamento dos valores informativos é tão indesejável quanto impossível de ser obtida. Julgamentos diversos podem resultar em que documentos sobre determinados assuntos sejam preservados em determinados lugares, embora não mereçam uma preservação total. Julgamentos diversos podem também distribuir o peso de preservar a documentação de um país entre seus vários arquivos de custódia, fazendo com que um preserve o que outro possa descartar. Certos documentos federais podem assim ficar mais adequadamente preservados em depósitos regionais do que no Arquivo Nacional, devido a conterem informação de tal modo detalhada que só pode ser preservada, no nível nacional, em forma condensada, ou porque a informação que contêm é mais de interesse local ou regional do que nacional.

3. Uma vez que os padrões de avaliação não podem ser absolutos ou finais, devem ser aplicados com moderação e bom-senso. O arquivista não deve conservar nem demais, nem de menos. Deve seguir o preceito de Aristóteles: "moderação em tudo, excesso em nada". Esse preceito, neste caso, equivale a dois dos padrões de Meissner que são "evitar os extremos" e "abstração em demasia é um perigo".

4. A avaliação de documentos não deve se basear em intuição ou em suposições arbitrárias de valor. Deve ser, ao contrário, baseada na análise total da documentação relativa ao assunto a que se referem os documentos em questão. A análise é a essência da avaliação arquivística. Ao mesmo tempo que aquilata os valores probatórios dos documentos, o arquivista deve levar em conta o conjunto da documentação do órgão que os produziu. Não deve proceder a avaliações baseando-se em partes, ou baseando-se nas unidades administrativas do órgão, separadamente. Deve relacionar o grupo particular de documentos que está sendo considerado com outros grupos, para entender-lhes o significado como prova da organização e função. Sua apreciação, é lógico, depende do grau da análise das origens e inter-relações dos documentos. Igualmente, ao apreciar os valores informativos dos documentos, o arquivista deve levar em consideração a documentação total em conexão com o assunto a que se refere a informação. Deve determinar se aquele grupo de documentos em questão contém informação única e se apresenta uma forma que o torne útil como uma fonte de informação, e só depois de feito

isto deverá entrar no reino do imponderável — em questões de importância para pesquisa. Sua avaliação dos documentos, mais uma vez, depende da profundidade com que houver analisado todas as outras fontes documentárias sobre o assunto com que se relacionam os documentos.

5. Se a sua análise não fornece a informação necessária à avaliação dos documentos, o arquivista deve procurar o auxílio de especialistas. É lógico que não se pode esperar que um arquivista conheça as necessidades da pesquisa de todas as matérias de erudição. Ocasionalmente, ele poderá ter que avaliar documentos que envolvam conhecimentos além de sua esfera. Na avaliação de documentos necessários a assuntos nos quais não tenha experiência, deverá, se necessário, procurar o auxílio de especialistas naqueles campos. Quando se trata de um grande arquivo, por certo se encontrarão alguns especialistas em assuntos vários entre o seu pessoal, cujas aptidões especiais podem servir na avaliação de grupos especiais de documentos oficiais modernos. Se o arquivo é uma instituição de pequeno vulto, o número de especialistas será limitado e a necessidade de ajuda exterior será maior. Os National Archives têm lançado mão de um grupo de especialistas para ajudar na avaliação de documentos da Contadoria Geral (General Accounting Office), órgão do Poder Legislativo que faz a auditoria das operações fiscais dos órgãos do Executivo.[87] Os documentos oferecidos por aquela repartição abrangiam os anos de 1776-1900 e compreendiam mais de 65 mil pés cúbicos (1.840m³). Essa documentação, é lógico, apresentava muito pouco valor pela prova que continham da organização e função, mas, uma vez que cobriam a totalidade da história nacional dos EUA, provavelmente incluiriam informações incidentais, ou acidentes sobre importantes fenômenos históricos, econômicos e sociais. A avaliação desses documentos foi uma tarefa onerosa que não poderia ter sido bem executada por qualquer pessoa, por maiores que fossem seus conhecimentos das fontes e das necessidades da pesquisa. Depois que os documentos foram examinados por vários especialistas em diversos assuntos do próprio Arquivo Nacional, entretanto, recorreu-se à ajuda de especialistas em história militar, história do Oeste e administração pública.

---

[87] Holverstott, Lyle J. The General Accounting Office Accession: its history and significance. *National Archives Accessions* 52:1-11, Feb. 1956.

6. Antes de buscar a ajuda de especialistas o arquivista deve fazer o trabalho básico de análise, preliminar à avaliação de documentos. Deve, em primeiro lugar, reunir os dados sobre os documentos em questão, que são essenciais para se determinar a unicidade e a forma da informação neles contida; descrever as várias séries a serem apreciadas, indicando sua forma e volume, tipos de informação que oferecem, sua relação para com outros grupos ou séries que contêm informação idêntica, sua relação para com fontes já publicadas etc., a fim de que os especialistas consultados possam mais rapidamente determinar que séries ou grupos particulares contêm informação valiosa às investigações de vários assuntos e quais os que contêm essa informação na forma mais própria ao uso e mais condensada.

7. Ao procurar determinar o interesse dos especialistas por determinados grupos de documentos, o arquivista deve exercer o papel de moderador. O arquivista que lida com papéis modernos sabe que nem todos podem ser preservados, que alguns terão que ser destruídos e que, na realidade, uma destruição discriminada de parte deles é um serviço prestado à erudição. Inclina-se, portanto, o arquivista a concordar com a observação de que "abstração em demasia" na apreciação dos documentos "é um perigo", pois sabe que qualquer erudito com um pouco de ingenuidade intelectual pode encontrar uma justificativa plausível para conservar quase todo documento já produzido. Ao avaliar certas grandes séries de documentos úteis a estudos sociais e econômicos, portanto, deve levar em conta as dificuldades práticas acarretadas pela preservação das mesmas e chamar a atenção dos pesquisadores interessados em preservá-las. Deve mostrar que uma seleção cuidadosa dos documentos produzidos por um governo moderno é necessária se não se quiser abarrotar suas estantes com material insignificante que fará, literalmente submergir o de valor. Deve chamar a atenção para o fato de que um governo dispõe apenas de uma quantia limitada de verbas para a preservação de suas fontes documentárias e que estas verbas devem ser aplicadas judiciosamente para a preservação das mais importantes dessas fontes.

Capítulo 13

Preservação de documentos

Os DOCUMENTOS MODERNOS são, por assim dizer, quase tão efêmeros quanto volumosos. Para os céticos em relação ao valor dos documentos modernos, esse fato pode servir de consolo. Não haverá perigo de submergir-se na inundação de documentos públicos modernos, pois estes desaparecerão rapidamente, quase na mesma proporção em que foram produzidos. Contudo, para o arquivista moderno a durabilidade do material sob sua custódia é assunto do maior interesse.

O arquivista da atualidade deve levar em consideração dois fatores que afetam a preservação do material sob sua custódia, fatores esses apontados pela Repartição de Normas Técnicas (Bureau of Standards) como agentes "externos" e "internos" de deterioração. Os agentes externos decorrem das condições de armazenagem e de uso; os internos são inerentes à própria natureza material dos documentos. Cabe ao arquivista precaver-se contra esses agentes destrutivos, provendo-se de instalações que anulem ou reduzam os efeitos maléficos dos agentes externos e empregando métodos que preservem os materiais perecíveis, seja na forma original, seja em qualquer outra forma.

Equipamento de armazenagem

Em 1931 o Bureau of Standards iniciou um levantamento nas principais bibliotecas a fim de determinar até que ponto as condições de armazenamento eram responsáveis pela deterioração do material por elas armazenado. Em relatório publicado em 1937, o Bureau afirmou que "a luz, a temperatura, a umidade, a poluição ácida do ar e as impurezas no papel foram indicadas como os principais agentes de deterioração".[88] Os agentes externos mais responsáveis pela deterioração, segundo o Bureau, são os gases ácidos da atmosfera

---

[88] Kimberly & Scribner, 1937:1.

moderna e particularmente o dióxido sulfúrico. Este, que resulta de processos industriais modernos, é encontrado em muitas das grandes cidades, conforme mostra a seguinte tabela:[89]

Cidades	Toneladas de H^2SO^5 por milhas quadradas por ano
Glasgow	194,1
Londres	180,2
Salt Lake City	134,0
Manchester, Inglaterra	95,0
São Francisco	83,1
Filadélfia	83,1
Berlim	16,1

A poluição ácida do ar, bem como outros fatores externos de deterioração, temperatura e umidade desfavoráveis, somente podem ser tratados pelo uso de aparelhos modernos de ar-condicionado. Nas áreas onde se observa elevada poluição atmosférica, os prédios destinados a arquivos devem ser equipados com aparelhos de ar-condicionado. O relatório do National Bureau of Standards recomenda várias outras medidas para eliminar os fatores de deterioração na armazenagem.

Outras medidas e equipamentos necessários num edifício de arquivo são examinados, detalhadamente, no boletim dos National Archives, intitulado *Buildings and equipment for archives*, editado em junho de 1944. Esse boletim contém três artigos. O primeiro é de Louis A. Simon, superintendente da Divisão de Arquitetura do Departamento do Tesouro dos Estados Unidos por ocasião do planejamento e da construção do edifício do Arquivo Nacional, e que participou ativamente no planejamento do edifício. Simon considera que "não há maneira mais segura de evitar erros no projeto de edifícios de arquivos do que seguir os métodos adotados no planejamento de edifícios industriais, ou seja, preparar um diagrama mostrando as operações que ali serão executadas. Tal diagrama enfoca desde o momento em que os documentos deixam o seu lugar de origem

---

[89] Kimberly & Hicks, 1931:5.

até a chegada ao lugar definitivo, nas galerias dos depósitos de arquivos, abrangendo também a vida subsequente desses documentos como parte do corpo geral de arquivos". A opinião citada, é óbvio, pressupõe a participação de um arquivista profissional qualificado, quando do planejamento de qualquer estrutura destinada a fins arquivísticos. Esse ponto é tratado ainda mais detidamente por Victor Gondos, Jr., no segundo artigo, intitulado "Collaboration between archivists and architects in planning archives buildings". Gondos sugere que o arquivista deve conhecer a quantidade de documentos que terá sob seus cuidados e ter uma previsão do índice de acumulações futuras. Munido desses dados poderá calcular inteligentemente a área necessária e discutir com o arquiteto. Gondos entende que o arquivista deve considerar três pontos fundamentais: "distribuição racional do espaço, atendimento do público e prevenção de danos". No exame desses fatores o arquivista levará em consideração o espaço necessário às funções administrativas e às operações executivas. As operações executivas de um arquivo requerem espaço tanto para salas de trabalho onde se possa receber os documentos e proceder à respectiva limpeza, restauração, encadernação e duplicação, espaço para a zeladora, assim como para salas de pesquisas, e — o que é mais importante — para os depósitos (*stacks*) de armazenagem dos documentos. No terceiro artigo, intitulado "Equipment needs to be considered in constructing post-war archival depositories", William J. Van Schreeven oferece informações sobre o equipamento que se faz necessário no ponto vital dos edifícios de arquivos, ou seja, nos depósitos onde os documentos são armazenados. Van Schreeven chama a atenção para certas peculiaridades a serem levadas em conta relativamente aos depósitos: a) não usar equipamentos planejados para outros fins que não os de arquivo, como, por exemplo, estantes padronizadas para bibliotecas; b) procurar obter equipamentos conversíveis e flexíveis, ao máximo; c) procurar localizar os depósitos em áreas adjacentes às salas de pesquisas para permitir o fornecimento direto; e d) o equipamento dos depósitos deve proteger ao máximo os documentos. Van Schreeven faz objeções quanto ao uso de equipamento de arquivos verticais padronizados nos depósitos e conclui que "o arquivamento horizontal parece oferecer a solução mais satisfatória para o acondicionamento, nas estantes, de documentos não encadernados". Vários tipos de receptáculos ou caixas podem ser usados. Nos National Archives foram instaladas, inicialmente, latas de aço de elevado custo para a armazenagem horizontal dos documentos. Esse equipamento, no entanto, foi substituído por caixas de papelão, mais econômicas, de manuseio mais fácil descritas no *The American Archivist*, de julho de 1954, nas quais os documentos são guardados verticalmente.

É óbvio que um arquivo público deve oferecer condições materiais adequadas para abrigar o acervo que lhe é confiado pelo governo a que serve. Essas condições são particularmente importantes em qualquer programa novo de arquivo; as atividades relacionadas com o arranjo, descrição e consulta ficam em plano secundário, em face do importante problema da preservação dos documentos. Nas etapas iniciais de um novo programa todas as outras atividades devem estar subordinadas ao importante aspecto da colocação dos documentos a salvo de qualquer perigo de destruição. O espaço é a condição essencial para a preservação dos documentos. Se a quantidade de documentos produzidos por um governo é tão grande a ponto de se tornar necessário mais espaço para os conter, uma providência decisiva deve ser tomada quanto ao seu destino. O arquivista intervém nesse momento, pois, quando as repartições estão superlotadas de documentos, os administradores tendem a proceder à limpeza e fazer desaparecer "os entulhos" acumulados por gerações e, com estes, valiosos documentos públicos. Se, em tais circunstâncias, o arquivista não providenciar espaço para acomodar os documentos, ser-lhe-á difícil evitar a destruição indiscriminada. Análises de documentos visando à limpeza das repartições são inoportunas se não se dispõe de dependências para preservar os documentos cujo valor tais análises revelam. Se ao iniciar um novo programa de arquivo não se pode contar com uma estrutura permanente — e o comum é que não se possa — deve-se procurar encontrar dependências provisórias. Como essas dependências visam a preservar os documentos, é mister que os resguardem de agentes destrutivos como poeira, temperatura e umidade desfavoráveis, luz solar, insetos e roedores, roubos, mutilações e incêndios e inundações.

Equipamento de restauração

Os agentes internos de deterioração, relembremos, são aqueles inerentes ao próprio material dos documentos. Encontram-se nas substâncias de que são feitos e nos meios utilizados para proceder os respectivos registros. Tanto as substâncias quanto os meios empregados tornaram-se mais perecíveis com o decorrer do tempo. Os documentos antigos e medievais eram feitos de argila, papiro, pergaminho e velino, materiais fortes e de grande durabilidade. Mesmo os documentos da Idade Moderna, até meados do século XIX eram feitos de papel fabricado de trapos (algodão, linho e cânhamo) também relativamente fortes e duráveis. Antes de meados do século XIX as tintas de escrever eram de três tipos: a chamada tinta nanquim, noz de galha, e a sépia, todas bastante duráveis, principalmente a primeira. Mas os documentos modernos são produzidos em papel de polpa de madeira e escritos com tintas fabricadas de tinturas de carvão de alcatrão. São portadoras dos agentes de sua própria destruição.

Talvez a melhor maneira de assegurar a preservação dos documentos seja utilizar materiais permanentes na sua feitura. É uma medida preventiva a ser adotada por ocasião da produção de documentos, e que pode ser determinada por lei ou regulamentos emitidos por força de lei, exigindo o uso de papéis e tintas permanentes para documentos de valor permanente. O anteprojeto de lei publicado no *The American Archivist* de abril de 1940 contém medidas a serem tomadas relativamente ao papel e à tinta. Entretanto, a maioria dos documentos públicos e, particularmente, os dos grandes órgãos governamentais são produzidos em papel de pouca duração e com tintas não permanentes, apesar de a maioria dos documentos apresentar valor.

Para restaurar um grande número de documentos com rapidez e com um mínimo de pessoal qualificado, o arquivista há que adotar métodos modernos de restauração. Vários desses métodos, tanto antigos quanto modernos, são descritos em detalhe no boletim dos National Archives intitulado *The repair and preservation of records*, publicado em setembro de 1943. O novo método de restauração enfaticamente defendido naquele boletim é o da laminação de documentos, entre duas folhas de acetato de celulose, adotado nos National Archives por recomendação do National Bureau of Standards. No relatório sumário da pesquisa sobre a preservação de documentos, editado em 1937, o Bureau asseverou: "Considerando-se que o acetato de celulose é termoplástico (isto é, torna-se fluido sob a ação de calor e pressão) seria facilmente aplicado pela colocação de uma folha impressa entre duas folhas de acetato de celulose ligeiramente maiores, e passando-se o conjunto em uma prensa hidráulica, sob a ação de calor e pressão, obtém-se uma unidade homogênea". "Do processo laminação", continua o Bureau, "resulta um produto que é infinitamente mais satisfatório (do que os conseguidos através dos mais antigos métodos de restauração) do ponto de vista do aumento da resistência contra a deterioração. Os documentos laminados com acetato de celulose sob a ação do calor e da pressão resistem muito bem ao teste de envelhecimento provocado artificialmente e tornam-se muito resistentes à ação de insetos e ao mofo. Conservam a flexibilidade do papel comum e não apresentam qualquer dificuldade à leitura".[90]

Atualmente, nos Estados Unidos, a aplicação das folhas de acetato de celulose obedece a dois métodos: o usado no Arquivo Nacional e o método inventado por W. J. Barrow na Biblioteca do Estado da Virgínia. No Arquivo Nacional uma folha de plástico é colocada sobre uma lâmina de aço. Sobre a folha de plástico põe-se o documento a ser restaurado, cujos fragmentos são colados ao plástico por meio de um solvente incolor, a acetona. O documento preparado é então coberto com outra folha de plástico e mais outra lâmina. Superpõem-se diversos jogos de lâminas de aço com documentos envolvidos em plásticos sobre a prancha de uma prensa hidráulica aquecida a vapor. Sob o calor e a pressão, o acetato de celulose adere às fibras do papel. Na laminação de documentos cartográficos ou outros quaisquer que estejam em condições muito frágeis, adiciona-se ainda um reforço de papel de seda japonês.

Na Biblioteca do Estado da Virgínia e na Biblioteca do Congresso, segundo o método de Barrow, o documento a ser restaurado sofre um processo de neutralização antes de ser laminado. Em artigo publicado no *The American Archivist*, em julho de 1943, Barrow sustenta que "os documentos devem ser tratados em relação à acidez, antes de se tentar a restauração por qualquer método". Seu tratamento de pré-laminação consiste em submeter-se o documento a uma solução de hidróxido de cálcio para neutralizar a acidez e a uma solução de bicarbonato de cálcio para evitar que a acidez se renove. O processo de preparar o documento para a máquina de laminação é essencialmente semelhante ao empregado no Arquivo Nacional, mas usa-se sempre acrescentar o papel de seda japonês ao documento a ser laminado. A máquina de laminação de Barrow consiste em uma prensa cilíndrica acionada por mola que funciona como uma máquina de "espremer roupa". Cada documento envolvido no papel de seda e na película plástica passa entre duas lâminas aquecidas eletricamente e então entre dois cilindros rotativos movimentados

---

[90] Kimberly & Scribner, 1937:24.

por um motor elétrico. Sob o calor e a pressão, o acetato de celulose e o papel japonês se fundem com o documento submetido ao processo de restauração.

Ao fazer a resenha do Boletim dos National Archives que trata da restauração e preservação de documentos, D. L. Evans, atual diretor do Public Record Office, indagou: "...que garantia existe da permanência das qualidades do novo material, de que, com o decorrer do tempo, sua transparência não será prejudicada pela descoloração e de que sua flexibilidade não dará lugar à fragilidade?"[91] Após 20 anos de experiência com o processo de laminação, os National Archives julgaram razoável, ao menos em parte, esse ceticismo. Por isso, em 1954, o National Bureau of Standards iniciou uma nova pesquisa sobre o processo de laminação. Essa pesquisa, programada para um período superior a três anos, está sendo patrocinada conjuntamente pelo Arquivo Nacional, Biblioteca do Congresso, Serviço de Mapas do Exército e pela Biblioteca do Estado da Virgínia. Tem como objetivos: a) obter as informações necessárias para determinar quais as especificações do acetato de celulose de qualidade comercial utilizável que apresentará o máximo de estabilidade para a laminação; b) determinar se o pré-tratamento dos documentos por meios alcalinos, antes da laminação é necessário ou apenas conveniente, levando em consideração o efeito da acidez no papel, tinta e película de laminação e o efeito do pré-tratamento do documento (particularmente quanto à legibilidade da escrita); c) determinar o aumento de resistência resultante do uso de reforço de papel japonês de vários tipos e pesos, à rotura e às dobras, e aquilatar do efeito de tal reforço quanto à legibilidade; d) determinar o efeito da laminação sobre as tintas e os papéis; e) obter dados comparativos sobre o equipamento de laminação plano e o cilíndrico; e f) fazer um estudo preliminar das novas películas plásticas, ainda não existentes na praça quando do aparecimento do processo de acetato de celulose, para determinar a viabilidade de emprego dessas novas películas para fins de laminação.

Alternativas para a restauração

Em certas circunstâncias a reprodução de documentos pela microfilmagem pode ser considerada uma alternativa à restauração. Embora o micro-

---

[91] British Records Association/Technical Section, 1945:12.

filme não deva ser visto como processo definitivo, tanto a base de acetato de celulose que apresenta quanto a emulsão dessa base são razoavelmente duráveis. Pode, além disso, ser reproduzido facilmente antes que comece a se deteriorar. Para determinar se a redução a microfilme é viável, o arquivista deve levar em consideração as respostas às seguintes questões:

- As condições físicas, a forma e o arranjo dos documentos permitem que sejam reproduzidos pela microfotografia?
- Qual a correlação entre o custo estimado da reprodução e o da restauração, considerando-se o custo do espaço que pode ser economizado pela reprodução?
- Os documentos apresentam valores intrínsecos que justifiquem a preservação na forma original?

Capítulo 14

Princípios de arranjo de arquivos

Os PRINCÍPIOS QUE se aplicam ao arranjo de documentos públicos num arquivo de custódia devem ser distintos dos princípios expostos nos capítulos anteriores, os quais se aplicam ao arranjo dos mesmos nas próprias repartições de origem. O encarregado dos documentos de uma repartição, note-se bem, comumente se preocupa apenas com o arranjo daqueles criados pela sua própria repartição. Sob um sistema de registro, esses documentos podem ser arranjados, numa base ministerial, como na Austrália e Nova Zelândia, ou por divisões, dentro dos ministérios, como na maioria dos países europeus. Podem, outrossim, ser arranjados por um sistema de arquivamento americano em grupos correspondentes às operações de um órgão, de uma subdivisão administrativa desse órgão, ou de um funcionário particular dessa subdivisão. O arranjo dos documentos nas repartições do governo visa a servir a fins correntes ou primários e é feito de acordo com esquemas de classificação e arquivamento convenientes.

Os princípios de arranjo que se aplicam a arquivos de custódia diferem daqueles aplicados nas repartições, em muitos pontos. O conservador de arquivos (*archivist*) não se ocupa apenas com o arranjo dos documentos de uma única repartição, como é o caso do arquivista encarregado dos documentos (*record officer*) de uso corrente. Ocupa-se do arranjo de todos os documentos sob sua custódia, os quais emanam de diversos órgãos, de muitas subdivisões administrativas e de numerosos funcionários individuais. Arranja seus documentos para uso não corrente, em contraposição ao uso corrente, e arranja-os de acordo com certos princípios básicos da arquivística e não segundo qualquer classificação predeterminada ou esquema de arquivamento.

Os princípios de arranjo de arquivos dizem respeito, primeiro, à ordenação dos grupos de documentos, uns em relação aos outros e, em segundo lugar, ao ordenamento das peças individuais dentro dos grupos. Examinemos a evolução desses princípios e como devem os mesmos ser aplicados aos arquivos modernos.

Evolução dos princípios de arranjo na Europa

Anteriormente ao século XIX, não haviam sido criados na Europa princípios gerais de ordenação de arquivos. À medida que os documentos eram recebidos por um arquivo, eram comumente incorporados às coleções existentes, de acordo com algum esquema de cabeçalhos de assuntos predeterminados, tal como se faz atualmente na classificação de livros nas bibliotecas.

Na França

Durante a Revolução Francesa, recapitulando, foi criada uma administração nacional dos arquivos públicos, pelo decreto de 25 de junho de 1794. Os primeiros diretores dos Archives Nationales, instituição que se tornou o arquivo central da França, foram Armand-Gaston Camus (1740-1804) e Pierre-Claude-François Daunou (1761-1840). Como ambos eram bibliotecários, adotaram para os documentos cuja administração lhes fora confiada um arranjo esquemático. Camus estabeleceu quatro grupos chamados *séries* para os documentos do governo central e a esses grupos Daunou, que o sucedeu em 1804, acrescentou 20 outros. Esses grupos, a que se atribuíram letras como símbolos, foram organizados nas seguintes seções: *Seção Legislativa*, com os símbolos A a D, constituída de grupos de documentos do período revolucionário, tais como as atas da Assembleia Nacional, leis, decretos e registros de eleições e votações; *Seção Administrativa*, com os símbolos E a H, que consistia em grupos de documentos de vários órgãos administrativos; uma *Seção Histórica*, com os símbolos J a M, que incluía o *Trésor des Chartes*, bem como grupos de memórias históricas, eclesiásticas e miscelâneas; uma *Seção Topográfica*, com o símbolo N, que consistia em planos e mapas; a *Seção de Propriedade*, com os símbolos P a T, que incluía títulos de domínios, papéis de príncipes, documentos relativos a sequestros; e uma *Seção Judicial*, com os símbolos U a Z, que consistia em grupos de documentos de vários órgãos judiciais, tais como tribunais revolucionários, chancelarias, tribunais de justiça etc.

Os subgrupos, chamados *sous-séries*, dentro dos grupos, também representavam um agrupamento racional, ao invés de se basearem na proveniência, embora muitos subgrupos fossem estabelecidos tomando-se por base a origem dos mesmos numa determinada instituição ou gênero de instituição.

Os documentos do governo central nos Archives Nationales, então, foram inicialmente arranjados de acordo com um esquema "metódico", criado arbitrariamente, derivado da experiência biblioteconômica. Os grupos e subgrupos de documentos, subsequentemente, mudaram, em caráter, à proporção que os documentos neles incluídos mudavam, e foram aumentando em número, gradativamente. Em 1867, como demonstra o *Inventaire général sommaire des Archives de l'Empire* (Paris, 1867), já haviam sido criados 35 grupos; em 1891 o seu número era de 39, como se pode observar pelo *État sommaire par séries des documents conservés aux Archives Nationales* (Paris, Delagrave, 1891); e em 1937 havia 46, como se evidencia no *États des inventaires des Archives Nationales, Communales et Hospitalières au prémier janvier 1937* (Paris, H. Didier, 1938). De acordo com a última dessas publicações, os grupos foram organizados em três seções: uma *Seção Antiga* para os arquivos anteriores a 1789; uma *Seção Moderna* para os posteriores a 1789; e uma *Seção Secretarial* para os documentos de natureza administrativa produzidos pelos próprios Archives Nationales.

O primeiro grande passo teórico, que diferia do velho método de arranjo de arquivos de acordo com esquemas de classificação predeterminados, ocorreu quando Guizot (1787-1874), ministro da Instrução Pública de 1832 a 1839 e primeiro-ministro de 1840 a 1848, baixou regulamentos relativos ao arranjo de documentos dos *départements* que haviam sido colocados sob a jurisdição dos Archives Nationales, pela lei de 26 de outubro de 1796. O primeiro desses regulamentos foi publicado em 8 de agosto de 1839 e completado por circular emitida pelo ministro do Interior, conde Duchatel (1803-67), em 24 de abril de 1841. Essa circular, intitulada *Instructions pour la mise en ordre et le classement des archives départementales et communales*, estabeleceu um esquema lógico para o agrupamento de documentos dos *départements* que, embora modificado por dois suplementos posteriores, ainda está em vigor.

Os princípios gerais estabelecidos para a execução desse esquema foram os seguintes:

a) os documentos deviam ser agrupados por fundos (*fonds*), isto é, todos os documentos originários de uma determinada instituição, tal como uma entidade administrativa, uma corporação ou uma família, seriam agrupados e considerados como o *fonds* daquela determinada instituição;

b) os documentos de um *fonds* deviam ser arranjados por grupos de assuntos, e a cada grupo seria atribuído um lugar definitivo em relação aos outros grupos; e

c) as unidades, nos grupos de assuntos, seriam arranjadas conforme as circunstâncias, em ordem cronológica, geográfica ou alfabética.

Esse esquema,[92] depois de modificado por dois suplementos, prevê o agrupamento de documentos dos *départments* nos seguintes fundos:

I. FUNDOS ANTIGOS (Anteriores a 1790)

Arquivos civis

A. Atos do poder soberano e do domínio público.
B. Cortes e jurisdições.
C. Administrações provinciais.
D. Instrução pública, ciências e artes.
E. Assuntos feudais, famílias, tabeliões, comunas, negócios civis e corporações.
E. Suplementos — Fundos das comunas.
F. Fundos miscelâneas relacionados com arquivos civis.

Arquivos eclesiásticos

G. Clero secular.
H. Clero regular.
I. Suplemento — Fundos de asilos.
J. Fundos miscelâneas relacionados com arquivos eclesiásticos.

II. PERÍODO INTERMEDIÁRIO (1790-1800)

L. Administração de 1789 ao ano VIII.
Q. Domínios.

III. FUNDOS MODERNOS (Posteriores a 1800)

K. Leis, ordenações e decretos.
M. Pessoal e administração geral.

---

[92] Esquema encontrado no *Annuaire des Bibliothèques et des Archives*, 1927:7.

N. Administração e contabilidade departamental.
O. Administração e contabilidade comunal.
P. Finanças.
R. Guerra e negócios militares.
S. Serviços públicos.
T. Instrução pública, ciências e artes.
U. Justiça.
V. Religião.
X. Estabelecimentos de assistência.
Y. Estabelecimentos correcionais.
Z. Miscelânea.

A circular de 24 de abril de 1841 formulou o princípio básico de *respect des fonds,* pelo qual todos os documentos originários de uma "autoridade administrativa, corporação ou família" devem ser agrupados, constituindo fundos. Dentro desses os documentos devem ser arranjados por assuntos, e após, em ordem cronológica, geográfica ou alfabética. As relações entre os grupos de assuntos, dentro de um fundo, devem ser determinadas pelo conteúdo dos mesmos. O grupo importante deve preceder o grupo menos importante e o geral deve preceder o específico. Por exemplo, o inventário dos documentos de um mosteiro, ou cartulários de um mosteiro, contendo transcrições de seus documentos mais importantes, devem ser colocados nas prateleiras antes dos documentos naqueles inventariados ou transcritos. O arranjo das peças num grupo de assunto poderá ser determinado pela seguinte indagação de ordem prática: que arranjo permite ao arquivista responder a qualquer pergunta possível, feita quer por um órgão do governo, quer por um pesquisador particular, no menor tempo e da maneira mais acurada? Afirma-se que os "pedidos de informação, em geral, contêm, como ponto de partida para as pesquisas, uma data, o nome de um lugar, ou de um indivíduo, dependendo da natureza da informação. Por conseguinte, o arranjo deve derivar do ponto de vista cronológico, geográfico ou alfabético. Quando se tratar, por exemplo, de uma coleção de decretos ou leis, ou de decisões judiciais, as peças devem ser arranjadas em ordem cronológica, visto que um pesquisador, geralmente, indica a data de tais documentos. Se, por outro lado, se tratar de assuntos de municipalidades, é preferível o arranjo geográfico, visto que os pesquisadores habitualmente indicam o nome da municipalidade... Se se tratar de documentos relativos a pessoas, é claro que o arranjo alfabético pelos nomes dos indivíduos facilita as buscas".[93]

O princípio básico da circular de 24 de abril mereceu uma exposição mais precisa por ocasião da reunião da Comissão de Arquivos criada pelo ministro do Interior, que teve lugar mais tarde, a 8 de junho. Nessa reunião, o eminente paleógrafo Natalis de Wailly (1805-86) justificou o princípio de *respect des fonds* nos seguintes termos:

> "Uma classificação geral de documentos por fundos e (nos fundos) por assunto, é a única maneira adequada de se assegurar a realização imediata de uma ordem regular e uniforme. Tal classificação apresenta várias vantagens. Em primeiro lugar, é mais simples de se pôr em prática do que qualquer outro sistema, pois consiste tão somente em reunir peças das quais apenas é necessário determinar a origem. Num grande número de casos, essa classificação é feita com mais facilidade, porquanto consta simplesmente da reprodução da ordem atribuída por seus donos anteriores; essa ordem pode, talvez, ser conseguida por meio de inventários existentes, sendo, neste caso, suficiente confrontar os documentos inventariados e dar-lhes outra vez a ordem original. Se, ao invés de seguir esse método, se propõe uma ordem teórica, baseada na natureza das coisas, todas essas vantagens se perdem."[94]

As origens do princípio básico do *respect des fonds* encontram-se, pois, na circular de 24 de abril de 1841 e na exposição de Wailly de 8 de junho do mesmo ano.

Embora o princípio do *respect des fonds* tenha, assim, sido formulado em 1841 e desde então, de modo geral, venha sendo observado na França em relação a grupos de arquivos maiores, seria um engano concluir que o sistema de *classement général par fondes* foi aplicado aos documentos dos vários corpos administrativos menores. No esquema reproduzido, para o arranjo dos documentos dos *départments*, por exemplo, o princípio do *respect des fonds* não foi aplicado com igual rigor aos três grupos principais. Do esquema se evidencia que os documentos anteriores a 1790 foram organizados em *fonds* pelos órgãos de origem, havendo cada qual recebido uma letra como símbolo

---

[93] A análise das práticas francesas baseia-se, em grande parte, nos seguintes trabalhos: Weibul, 1934; 52-72; Kaiser, 1931:125-30; Güthling, 1934:28-51. Esta é uma nova versão de Schellenberg, 1939.

[94] Apud Kaiser, 1931:25.

definitivo. Os documentos dos anos revolucionários de 1790 a 1800 foram simplesmente agrupados em um único fundo, método que se justifica pelos desenvolvimentos políticos e administrativos especiais daquele período. Os documentos posteriores a 1800 não foram, absolutamente, agrupados pelos órgãos de origem, mas tão somente agrupados, de preferência, por categorias gerais de assuntos, tais como documentos de finanças, judiciais, de serviços públicos, sem levar em conta se tiveram origem numa prefeitura ou em algum outro corpo administrativo do *département*. Para os documentos das municipalidades, 15 categorias de assuntos foram, uma vez mais, criadas e os documentos agrupados segundo as mesmas, sem cogitar-se, nem de leve, de sua origem. Assim, é digno de nota o fato de somente uma parte dos documentos dos departamentos haver sido organizada segundo os órgãos de origem e que, no arranjo dos documentos das municipalidades, o princípio do *respect des fonds* foi inteiramente negligenciado.

Conquanto o princípio do *respect des fonds* não haja sido adotado consistentemente na França, depois de sua formulação em 1841, deu-se, contudo, um importante passo à frente. O antigo sistema de arranjar os documentos de acordo com algum sistema arbitrário de classificação de assuntos foi abandonado, ao menos teoricamente, e substituído por um sistema baseado em princípio aplicável de maneira geral. Esse princípio é o de agrupar os documentos oficiais de acordo com a natureza das instituições públicas que os acumulam.

Na Prússia

O princípio do *respect des fonds* evoluiu e foi ampliado na Prússia, onde se decidiu, primeiro, que os documentos públicos devem ser agrupados de acordo com as unidades administrativas que os criaram (e não de acordo com a natureza das instituições que os criaram, como na França) e, em segundo lugar, que o arranjo dado aos documentos pelos próprios órgãos criadores deve ser preservado no arquivo de custódia permanente.

O princípio de agrupar os documentos oficiais de acordo com a origem nos organismos públicos administrativos é chamado *Provenienzprinzip* ou princípio da proveniência. Esse princípio foi expresso, pela primeira vez, pelo eminente historiador Heinrich von Sybel (1817-95) depois que se tornou diretor do Arquivo do Estado da Prússia em 1874. No seu *Regulative für die*

Ordnungsarbeiten im Geheimen Staatsarchiv,[95] publicado em 1º de julho de 1881, instituiu ele um novo sistema para a organização dos documentos daquele arquivo. Essas regras, que haviam sido formuladas pelo arquivista Max Lehmann (1845-1929), foram discutidas numa conferência de funcionários do Arquivo do Estado da Prússia em 1º de julho e aprovadas por unanimidade. O §2º desse regulamento enuncia o princípio fundamental baseado no princípio francês do *respect des fonds*, de que "o arranjo dos documentos do Arquivo do Estado deve ser feito de acordo com a proveniência de suas partes constituintes". O *Provenienzprinzip* simplesmente estabelecia que as principais divisões, no Arquivo do Estado, deviam ser formadas pela separação dos documentos originários nas diversas unidades administrativas do governo. O reagrupamento dos documentos de diferentes órgãos, por assuntos, foi então reconhecido como um método impraticável, especialmente depois do grande aumento que sofreu o volume dos documentos transferidos. O §7º do regulamento deu um efeito retroativo ao princípio da proveniência, a tal ponto que os documentos do gabinete do conselho e do ministro do Exterior, que haviam sido incorporados aos dos conselheiros privados, foram segregados e mantidos como coleções separadas. Da mesma forma, os documentos do governo central do Reino de Westphalia, que passaram a ser administrados pelo Arquivo do Estado da Prússia, tiveram de ser vigorosamente separados dos documentos com os quais haviam sido misturados.

No §4º do regulamento de 1º de julho de 1881, criou-se um novo princípio chamado *Registraturprinzip*. Este estabelecia que os documentos de cada órgão devem ser mantidos, no arquivo de custódia, na ordem dada pelo serviço de registro do órgão, e não reorganizados por grupos de assuntos. Os documentos oficiais da Prússia eram devidamente arranjados pelos serviços de registro antes de serem transferidos para o Arquivo do Estado e, na sua totalidade, os documentos que foram assim arranjados são comumente chamados de registros. A declaração do *Registraturprinzip*, exposta no §4º do regulamento, diz o seguinte:

> "Assim que um órgão comece a recolher ou transferir seus documentos, deve-se designar uma área (*Repositur*) somente para os documentos daquele órgão. Dentro dessa área, os papéis oficiais devem ser mantidos

---

[95] Ver também Posner, 1950:133-41.

na ordem e com as designações que receberam no curso das atividades oficiais do órgão."

Esse princípio baseia-se no fato de que antes de os documentos serem cedidos a um arquivo foram devidamente arranjados nos serviços de registro dos órgãos que os criaram. Ao contrário do sistema francês, pelo qual os documentos de um *fonds* eram substancialmente reorganizados para atender às necessidades de pesquisas, o sistema prussiano estabeleceu a manutenção de registros segundo as funções administrativas dos órgãos governamentais. Ao contrário das instruções francesas de 1841, que se referem a um "arranjo" (*disposer*) dos fundos de qualquer órgão, "de acordo com uma certa ordem" e à classificação de documentos "segundo o conteúdo dos mesmos", as instruções prussianas de 1881 determinam a manutenção de "corpos de arquivos" ou "entidades" (*Archivkörpern*) na ordem em que foram criados.

Em 12 de outubro de 1896, os diversos arquivos provinciais da Prússia foram induzidos a adotar o regulamento estabelecido em 1881 para o arquivo central em Berlim. Em 6 de julho de 1907, formularam-se instruções definitivas para a organização dos documentos nesses arquivos provinciais. Essas instruções referem-se, em parte, à destinação dos documentos que, como um resultado das mudanças territoriais, vieram para o arquivo de províncias a que não pertenciam. Os documentos "dos registros dos órgãos centrais do Estado Brandeburg — Prússia" foram segregados e transferidos para o Arquivo do Estado da Prússia.

Nos Países Baixos

O princípio da proveniência, como o desenvolvido na Prússia, foi aceito nos Países Baixos, onde lhe foi dada uma justificativa teórica pelos três arquivistas holandeses.[96] Esse princípio recebeu a sanção oficial do governo holandês em regulamento expedido pelo ministro do Interior, em 10 de julho de 1897. Um ano mais tarde, os arquivistas holandeses Muller, Feith e Fruin publicaram o seu bem conhecido manual que se tornou a bíblia dos arquivistas modernos e que foi traduzido para o alemão em 1905, o italiano em

---

[96] A análise das práticas holandesas baseia-se no artigo de Weibull (1934) e no capítulo "The arrangement of archival documents" de Muller & Fruin, 1940, cap. 2, nota 1.

1908, o francês em 1910 e o inglês em 1940.* Esse manual contém princípios de arranjo e descrição cuidadosamente elaborados e recapitula os pontos de vista expressos em numerosas conferências da Associação de Arquivistas dos Países Baixos e na *Nederlandsch Archievenblad*.

Como os prussianos, os arquivistas holandeses se ocuparam dos documentos arranjados de acordo com o sistema de registro. Todos os seus princípios de arranjo, por isso, referem-se aos documentos organizados nos serviços de registro ou *Archiefs*. O princípio fundamental adotado pelos arquivistas holandeses e por eles considerado "o mais importante de todos" é o seguinte: "O sistema de arranjo deve basear-se na ordem original do registro (*Archief*), o qual, na sua essência, reflete a organização do corpo administrativo que o produziu". Ao descreverem esse princípio, os autores do manual estudaram os méritos relativos das duas alternativas de sistemas: uma, o arranjo dos documentos sob vários cabeçalhos de assuntos arbitrários, tal como se pode encontrar normalmente nas classificações de biblioteca; a outra, o arranjo dos documentos correspondendo à organização administrativa do governo, que os criou. Um sistema de cabeçalho de assuntos, frisaram eles, não pode incluir tudo; é imposto arbitrariamente do exterior e não deriva da ordem ou conteúdo de uma coleção. Assim, este força um grupo de arquivos numa "forma estranha". Conquanto possa ajudar a um pesquisador, pela consulta a determinado cabeçalho para certo assunto, poderá desviá-lo do caminho correto, porquanto outros cabeçalhos podem conter documentos sobre aquele mesmo assunto e, na verdade, um único documento pode tratar de muitos assuntos. De fato, não se podem organizar, consistentemente, documentos sob cabeçalhos de assuntos, devido à variedade de assuntos que um único documento, ou um único volume, pode tratar. Por outro lado, os autores sustentam que o sistema de arranjo de documentos de acordo com a sua organização no registro fornece uma base satisfatória para buscas sob uma variedade enorme de assuntos e pode ser aplicado consistentemente. Esse sistema baseia-se no trabalho dos encarregados dos registros, os quais, quer consistente, quer inconsistentemente, seguem regras definidas para preservar e arranjar os documentos que lhes são confiados — regras que se baseiam no caráter dos

---

*N. do T.: Português em 1960. Ver referência completa na nota do cap. 2.

documentos e na solicitação oficial para trabalho a ser feito com os mesmos. Por isso não é possível, tampouco desejável, que se destrua a ordem original do registro para substituí-la por outra baseada no que possa parecer um esquema mais lógico de cabeçalhos de assuntos.

Enunciando esse princípio, os arquivistas holandeses frisaram a necessidade de manter a "ordem original" de um serviço de registro. "A ordem original do registro", explicaram, "não foi criada arbitrariamente, não resulta do acaso, mas, ao contrário, é consequência lógica da organização do corpo administrativo de cujo funcionamento o registro é produto". Insistiram em que a "ordem original" criada num serviço de registro, e não num esquema atribuído pelos arquivistas para refletir a estrutura administrativa do órgão governamental, deve ser aplicada no arranjo dos documentos. Se a "ordem original" não tiver sido mantida, sustentaram, o objetivo principal do arquivista deve ser restabelecê-la. De acordo com essas premissas formularam o princípio corolário que "no arranjo de um registro (*Archief*) (...) a ordem original deve, tanto quanto possível, ser restabelecida. Só depois pode julgar-se até que ponto convém desviar-se dessa ordem".

Para reconstituir a "ordem original" de um registro, os arquivistas holandeses sugeriram certas regras definidas. Tendo em conta que, no transcurso do tempo, os documentos são mantidos por diferentes grupos de funcionários de registro, que se sucedem, podem ter sido feitas alterações nos planos originais pelos quais foram organizados. Se tais alterações estiverem de acordo com o desenvolvimento orgânico do corpo administrativo que produziu o registro, devem ser mantidas; mas se resultam de erros e distrações por parte dos últimos funcionários de registro, deve restabelecer-se a ordem original dos documentos "para atender à ideia principal da qual surgiu a ordem antiga". O manual enuncia este princípio, da seguinte maneira: "A ordem em que os documentos são recebidos de um serviço de registro pode ser modificada a fim de corrigirem-se divergências em relação ao plano geral do registro, quer se atribuam tais divergências a erros dos funcionários do registro, quer a alterações temporárias do sistema de registro". Porém, só devem fazer-se alterações na ordem original em casos especiais, como irregularidades sem maior importância atribuídas aos funcionários do registro, inserções erradas, desvios ocasionais do plano geral de registro, arquivamento de documentos mais antigos com mais recentes, com o objetivo de facilitar a consulta, ou coisa semelhante.

Os arquivistas holandeses compararam o trabalho de restabelecer a ordem original de um *Archief*, ou registro, ao trabalho de um paleontólogo que lida com os ossos de um animal pré-histórico. À semelhança de um paleontólogo que junta o esqueleto de um animal daquela época, colocando cada osso na sua posição correta, ainda que possa ter estado separado do resto ou lhe falte uma parte, assim também o arquivista deve reconstituir o esqueleto da organização de um registro. O princípio firmado é de que, "no arranjo de um registro, deve-se lembrar de que os documentos que contêm os atos do corpo administrativo, ou de algum de seus funcionários agindo em caráter oficial, formam o esqueleto do registro". Por isso, ao restabelecer as partes constituintes de um registro na sua ordem original, o arquivista deve começar pela série principal que contém os atos do corpo administrativo.

Os arquivistas holandeses formularam vários princípios a serem seguidos depois que o esqueleto da organização tenha sido restabelecido. Esses princípios são facilmente encontráveis na tradução inglesa oferecida por Arthur H. Leavitt. Ao contrário do arranjo para tais materiais recomendado pelos franceses que foi o cronológico, geográfico ou alfabético, os arquivistas holandeses preferem que sejam arranjados numa ordem que corresponda, exatamente, à ordem em que estão organizadas as séries principais. Nenhum agrupamento arbitrário deve ser feito se as principais séries criadas no registro podem ser determinadas. Deve existir uma relação definida e bem-fundada entre as peças e as unidades orgânicas do registro. As peças soltas que aparentem haver formado, previamente, parte de séries ou dossiês devem ser combinadas novamente, se possível, nas séries ou dossiês. Se não for possível determinar a ordem original de tais peças soltas, poder-se-á organizá-las, quer de acordo com o sistema de dossiês, de agrupar documentos por assuntos, quer de acordo com o sistema de séries, pelo qual se agrupam os documentos por unidades orgânicas, dependendo do sistema seguido nos registros em que se originaram. Se razões não existem para a preferência de um desses sistemas, recomenda-se a aplicação do sistema de dossiês.

Na Inglaterra

Sir Hilary Jenkinson, no seu *Manual of archive administration*, oferece uma informação bastante completa sobre as práticas arquivísticas inglesas quanto ao arranjo de documentos oficiais. O Public Record Office britânico, da mesma forma que o Arquivo Nacional da Prússia e o dos Países Baixos, trabalha com o produto dos serviços de registro, mas esse produto, como já vimos, é diferente de seus equivalentes no continente europeu. Os registros ingleses, relembramos, consistiam em rolos que continham entradas de documentos recebidos e expedidos. A estes se relacionaram em grande volume, documentos originais subsidiários, cuja ligação com os rolos era, frequentemente, muito tênue. Por isso, o problema não era guardar os corpos de documentos depositados nos serviços de registro, intactos, ou conservar a sua ordem original, e sim identificar os corpos administrativos que produziram os documentos e estabelecer a relação dos documentos com os registros. A organização de documentos públicos num arquivo de custódia, segundo Jenkinson, tem por objetivo claro "estabelecer ou restabelecer o arranjo original". Os documentos devem ser arranjados em *grupos* (*archive groups*), por ele definidos como acumulações "resultantes do trabalho de uma administração que constituía um todo orgânico, completo por si mesmo, capaz de tratar, independentemente, sem qualquer autoridade adicional ou exterior, de todos os aspectos do caso que lhe pudesse ter sido apresentado normalmente". Dentro desses *grupos de arquivos* os documentos devem ser arranjados na sua ordem original. Jenkinson duvida de que o método sugerido pelos arquivistas holandeses para organizar documentos seja o bastante. De acordo com aquele método, os documentos devem ser agrupados por séries principais que formem o esqueleto da organização e das quais as peças soltas passam a ser subsidiárias. E os invertebrados, pergunta Jenkinson, "grupos" que não têm séries principais? Sugere este último uma análise para determinar as funções de uma administração que produziu tal "grupo de arquivo". Essas funções irão constituir os cabeçalhos gerais sob os quais devem ser organizadas as classes de documentos. Se as peças avulsas não podem ser reunidas nessas classes funcionais, podem ser dispostas por qualquer sistema, segundo Jenkinson — "alfabético, cronológico, pela forma, ou por qualquer outro" —, desde que se mantenha o número de entrada (*accession number*) dos materiais e que nenhuma "pasta original, pacotilha ou volume" sejam desfeitos. Na sua opinião, justifica-se que o arquivista quebre uma ordem original bem-estabelecida, apenas "no papel, conservando o arranjo físico, onde há um arranjo determinado" no estado em que foi o mesmo encontrado. Jenkinson admite que haja circunstâncias especiais nas quais se possa transigir quanto ao princípio fundamental de conservação da ordem original, mas adverte que o arquivista que empreende tal rearranjo "assume uma responsabilidade muito grave".

Evolução dos princípios de arranjo na América

Nos Estados Unidos, os princípios de classificação de arquivos foram objeto de frequentes discussões nas conferências anuais de arquivistas da American Historical Association entre 1909 e 1917. Uma das primeiras e mais convincentes exposições dos princípios básicos de classificação foi feita pelo dr. Waldo G. Leland, na conferência de 1909. Num trabalho sobre *American archival problems* afirmou que "de modo geral o princípio enunciado pelos holandeses, ao qual aderiu a maioria dos arquivos europeus, o *herkomstbeginsel, respect des fonds ou principe de la provenance* deve ser adotado. Os arquivos devem ser classificados de acordo com sua origem, devem refletir os processos pelos quais vieram a existir". O dr. Leland reiterou essa afirmação alguns anos mais tarde em artigo da maior importância: "The National Archives: a programme", publicado em 1912 na *American Historical Review* e republicado em 1915 na série *Senate Documents*. Nesse artigo, afirmou que "nenhum sistema de classificação decimal, nenhum método aperfeiçoado de biblioteconomia, nenhum arranjo essencialmente cronológico ou alfabético pode ser aplicado eficazmente à classificação de arquivos. O trabalho lamentável que Camus e Daunou realizaram nos Archives Nationales, tentando aplicar um sistema lógico de classificação, deve servir de advertência. A entidade administrativa há que ser o ponto de partida e a unidade. O classificador deve ter um perfeito conhecimento da história e das funções do órgão cujos documentos esteja arranjando, deve saber que relação existia entre este e os demais órgãos e inteirar-se da relação entre cada uma das funções". Porém, uma exposição mais completa de G. Leland sobre os princípios de classificação encontra-se num relatório de recomendações sobre a administração de arquivos estaduais, que faz em 1913, para a Education Building Commission do estado de Illinois. Nesse relatório escreveu: "Em primeiro lugar, é essencial um guia dos órgãos oficiais e de sua história que mostre a origem e as funções de cada órgão, a origem dessas funções, se transferidas de outro órgão ou se oriundas de nova legislação, as modificações dessas funções ou a sua supressão, a organização do órgão, com suas modificações dessas funções ou a sua supressão, a organização do órgão, com suas modificações e, finalmente, a extinção do órgão (se não mais existe), que diga se as funções foram suprimidas ou transferidas para outros órgãos... Cada órgão oficial é uma unidade administrativa e os seus documentos formam um grupo homogêneo que reflete as atividades do mesmo. Este grande grupo, seguindo-se a organização e funções do órgão, naturalmente se divide em subgrupos e estes em séries. Então, o princípio a ser observado é que os arquivos devem ser classificados de modo que reflitam, claramente, a organização e as funções que os produziram. Essa é a essência do famoso princípio *respect des fonds*".

Na conferência de 1914 dos arquivistas americanos, Ethel B. Virtue, do Departamento de História de Iowa, apresentou o trabalho "Principles of classification for archives". Esse trabalho, destinado a ser um capítulo do manual para arquivistas planejado por ocasião da conferência de 1912, aceitou o princípio do *respect des fonds* como princípio básico de classificação de arquivos a ser seguido nos Estados Unidos e demonstrou sua aplicação nos arquivos de Iowa. Com a criação dos National Archives em 1934, os princípios de Leland e de outros, que representavam em grande parte opiniões baseadas nas práticas europeias, foram aplicados pela primeira vez a uma volumosa massa de documentos modernos.

Um dos primeiros problemas que preocuparam os arquivistas do governo federal americano foi o da definição da unidade de arquivo — o chamado *fonds*, *archive group* ou que outro nome se lhe dê — que serviria como principal unidade de arranjo num arquivo de custódia. O imenso volume de documentos que passaram à custódia dos National Archives — aproximadamente 800 mil pés cúbicos (22.656 m^3) numa década — havia que ser dividido em algumas unidades de forma a possibilitar o seu manuseio para fins de arranjo, descrição, serviço de referência, relatórios estatísticos e para outros fins administrativos.

Os arquivistas americanos usaram o termo *record group* para designar essas unidades. Uma anomalia curiosa se verifica: na Inglaterra, onde o arquivo central da nação se chama Record Office, as unidades de arquivo chamam-se *archive groups*, enquanto nos Estados Unidos, onde a instituição equivalente se chama Archives, as unidades de arquivos chamam-se *record groups*. O termo *record group* foi definido oficialmente nos National

Archives, em fevereiro de 1941, como significando "uma grande unidade arquivística estabelecida de modo um tanto arbitrário, considerando-se devidamente o princípio da proveniência e o desejo de se dar à unidade um tamanho e caráter convenientes para os trabalhos de arranjo, descrição e publicação de inventários.[97]

Os *record groups* americanos diferem dos seus equivalentes europeus. Contrastam com os *archive groups* ingleses devido à diferença das unidades administrativas do governo que criaram os *record groups*. O conceito inglês de grupos fechados — acúmulos que "resultaram do trabalho de uma administração que foi um todo orgânico, completo por si só, competente para lidar independentemente, sem nenhuma autoridade adicional ou exterior, com todos os aspectos de qualquer questão que normalmente se lhe apresentasse — não pôde ser adotado. Esse conceito aplica-se principalmente a documentos mortos — acúmulos passados a que não mais se acrescentarão documentos, ou documentos de órgãos extintos. Embora a história administrativa do governo federal esteja cheia de entidades extintas, para algumas das quais se constituíram grupos, os arquivistas dos National Archives tinham, sobretudo, de lidar com órgãos vivos. A organização governamental com que se ocupavam não era uma organização estática que permitisse a criação de um número fixo de grupos; era uma organização dinâmica. Suas unidades orgânicas e funções estavam em constantes alterações. Nos National Archives, pois, criaram-se os *record groups* para os documentos das unidades administrativas de diferentes condições e autoridade na escala hierárquica do governo. Não havia necessidade de que as unidades administrativas que criaram, acumularam ou onde se mantiveram os grupos fossem unidades administrativas completas, nem independentes, como na Inglaterra. Podiam, é lógico, ser órgãos independentes, mas podiam também constituir partes de órgãos maiores.

Os *record groups* contrastam também com os *fonds* franceses que representavam documentos de tipos similares de instituições. Apenas os chamados *collective record groups* se assemelham aos *fonds* franceses, porquanto compreendem documentos de diferentes órgãos (tais como comitês ou comissões do Congresso) que tenham certas características em comum.

---

[97] United States. National Archives. *Archivist's memorandum*. Feb. 1941. n. A-142.

T. R. Schellenberg • 255

Os *record groups* são, é lógico, muito diferentes dos produzidos pelos serviços de registro da Prússia e dos Países Baixos. Os *record groups* dos National Archives geralmente consistem na documentação produzida por uma unidade administrativa no nível de *bureau*. Essa documentação tanto pode consistir em materiais arquivados (*filed*) como em materiais não arquivados (*unfiled*). Os materiais arquivados podem ter sido conservados num *bureau*, numa divisão ou mesmo no nível de seção. Os elementos que constituem um *record group* americano são, dessa forma, muito mais numerosos e muito mais variados em forma e caráter do que os de um registro europeu. A maioria dos *record groups* contém diversos subgrupos estabelecidos, em geral, tomando-se por base as origens organizacionais e funcionais dos mesmos. Os subgrupos constituem-se de séries de documentos, estabelecidas tomando-se por base o seu arranjo de acordo com um sistema de arquivamento, assunto ou afinidade funcional, ou uniformidade física de seus tipos de documentos. E as séries, por sua vez, constituem-se de unidades de arquivamento, isto é, volumes, pastas e dossiês, documentos ou formulários arquivados individualmente. Esses elementos, individual ou coletivamente, refletem em grau muito maior do que os seus equivalentes europeus a organização e a função das unidades administrativas que os produziram.

Um problema menos difícil, para os arquivistas do governo federal americano, foi o de decidir que princípios deveriam orientar a atribuição dos documentos em setores de documentos (*record branches*) dentro dos National Archives, para fins de administração. O princípio adotado foi o de distribuir a documentação escrita por *record groups*, segundo a relação dos mesmos para com um certo número de grandes campos de assunto, como sejam, defesa, indústria ou recursos naturais etc. As relações dos assuntos considerados para este fim são definidas principalmente em termos das funções gerais dos órgãos que criaram os documentos. Assim, os documentos criados pelo Ministério da Agricultura e pelos órgãos independentes, de um modo geral interessados em atividades agrícolas, situam-se no Setor dos Documentos de Riquezas Naturais (Natural Resources Records Branch) e, dentro deste, na Seção de Documentos da Agricultura (Agricultural Records Section). Os mapas, as ilustrações e os discos pertencentes a todos os grupos estão localizados, para fins administrativos, em dois setores que dispõem de equipamento e pessoal especializado no tratamento desse tipo de material.

Um terceiro problema que preocupou os arquivistas do governo federal americano foi o arranjo dos grupos. Esse problema foi tratado pela primeira vez no *Staff Information Paper*, intitulado "Principles of arrangement", publicado em junho de 1951.* Nos primeiros anos de atividade do Arquivo Nacional, dois fatores dificultaram o arranjo dos grupos nas galerias, segundo um esquema lógico. Desses, o mais importante dizia respeito ao caráter do próprio governo federal que produzia os documentos. A multiplicidade dos órgãos, a complexidade e o fluxo da organização dos mesmos impossibilitaram um arranjo inteiramente lógico de todos os grupos. Outro fator importante foi a maneira pela qual os documentos eram recolhidos. Nos seus primeiros anos o Arquivo Nacional lutou para conseguir a custódia, o mais rápido possível, do grande volume de documentos acumulados no governo federal, desde que fora criado. Esse acúmulo foi sendo liberado pouco a pouco, pelos órgãos da administração, em inúmeras pequenas parcelas. Não se podia identificar que documentos deveriam ser atribuídos a determinado grupo antes de se proceder a análise da origem dos mesmos e não se podia calcular, com exatidão, antecipadamente, a área e o equipamento necessários a cada grupo. Há alguns anos, porém, os setores de documentos (*record branches*) elaboraram planos ideais para o arranjo dos acervos atuais e para novos recolhimentos, tais como se podia prever. Esses planos estão sendo agora postos em execução. Todos os documentos que se encontram no Arquivo devem, até o fim do ano fiscal de 1956, estar em ordem.

Um princípio básico dos planos é o arranjo dos grupos numa relação quer de organização, quer de função entre si. O método de arranjar grupos segundo a organização é preferível sempre que possível. Esse plano de arranjo é, em geral, seguido quando se criam grupos para cada um dos diversos *bureaux* ou serviços que constituem um grande órgão governamental, como um ministério, por exemplo. Nesse caso os grupos são arranjados de acordo com a estrutura hierárquica do órgão maior. Onde o arranjo segundo a organização é impraticável ou, por qualquer razão, menos conveniente, usa-se o arranjo funcional. Por este criam-se grupos para uma sequência de órgãos ou serviços relativos a uma função, arranjados de modo a mostrar a evolução

---

* N. do T.: Tradução para o português publicada pelo Arquivo Nacional, no Rio de Janeiro, em 1969. 19p.

das organizações governamentais que executaram as mesmas funções. Ao determinar-se o arranjo dos grupos nas galerias, levam-se também em conta razões referentes à acessibilidade.

Outro princípio básico dos planos de arranjo é manter os grupos como unidades integrais. A lógica que determina a criação dos grupos exige que os documentos, em cada um deles, sejam conservados juntos sem que se misturem aos mesmos documentos de outros grupos. Só se admite que se retirem documentos de um grupo quando haja uma parte que requeira equipamento especial, ou quando são classificados como de segurança, caso em que não podem ser conservados juntos com o corpo principal do grupo a que pertencem.

Um quarto problema que mereceu a atenção dos arquivistas do governo federal americano foi o arranjo dos elementos dentro dos grupos. Esses elementos são os subgrupos, as séries e as peças individuais. Os subgrupos são, em geral, os documentos das subdivisões da unidade administrativa que produziu o grupo. Frequentemente os órgãos para os quais se criaram grupos passaram por tantas reorganizações que os documentos acumulados pelas muitas unidades que se sucederam ou pelas unidades extintas dos órgãos perderam a sua identidade administrativa. As funções dos órgãos podem ter permanecido sem alterações ainda que as unidades que as executaram tenham sido modificadas ou extintas e os documentos pertinentes às funções podem abranger muitas unidades sem mostrar, claramente, os que foram produzidos pelas unidades sucessivas. Nesses casos, os subgrupos são estabelecidos em relação às funções. Ocasionalmente, os subgrupos naturais de documentos, dentro de um grupo, não correspondem às unidades de organização, nem às funções; correspondem, antes, a tipos de documentos que não coincidem, nem com as linhas funcionais, nem com as de organização. Nesses casos, as características físicas dos documentos distinguem os subgrupos. O *Staff Information Paper* intitulado "Principles of arrangement" dá instruções quanto ao arranjo dos subgrupos de acordo com as relações entre si, quanto à organização ou à função, ou de acordo com os tipos de documentos que contenham.

Os subgrupos, por sua vez, em geral se compõem de séries que são definidas de maneira diferente nos Estados Unidos e na Europa. As diferenças de definição devem ser claramente compreendidas. Na Europa, em geral, o termo *archival series* aplica-se às unidades de arquivamento de um serviço de registro que contém documentos de um determinado tipo. Estas são as chamadas *Reihenakten* na Alemanha, *liasse* na França e *Bundel* nos Países Baixos. Devem ser diferenciados das unidades de arquivamento que contêm uma variedade de documentos pertinentes a assuntos específicos, chamadas na Alemanha *Sachakten* e na França e Países Baixos *dossiers*. Nos Estados Unidos, o termo *series* pode aplicar-se a agregados de documentos de um tipo específico, como na Europa. Pode, entretanto, aplicar-se também a um corpo inteiro de documentos, organizado de acordo com um sistema de arquivamento completo em si, sem considerar o fato de as unidades de arquivamento nesse sistema serem de um tipo específico. O significado ampliou-se para incluir até agregados de documentos reunidos sem uma ordem perceptível, cujo único traço de coerência é a relação comum com um assunto ou atividade específica. Esse uso ampliado do termo corresponde à definição encontrada em qualquer dicionário: "um certo número de coisas... que se apresentam ou se sucedem em ordem e ligadas por uma relação de semelhança".

Nos National Archives as séries dos subgrupos são arranjadas segundo um esquema lógico que reflete a inter-relação das séries e onde se aplica a relação das séries para com a organização, funções, períodos cronológicos, lugares ou assuntos. As considerações a serem observadas no arranjo das séries estão expostas no *Staff Information Paper* "Principles of arrangement", já mencionado.

O passo final e o mais pormenorizado no arranjo dos documentos diz respeito aos documentos avulsos, pastas, dossiês, volumes ou outras unidades de arquivamento. As unidades de arquivamento em geral consistem em documentos reunidos pelo fato de se relacionarem com o mesmo assunto ou ato, ou devido a terem a mesma forma. Essas unidades, cujo tamanho e caráter podem variar, são em geral colocadas numa sequência que é determinada pelo sistema de arquivamento empregado. Num sistema de assunto — quer seja em ordem alfabética, assunto-numérica, classificada, quer outra qualquer — os documentos serão, ordinariamente, arquivados juntos sob rubricas, cada qual abrangendo uma ou mais pastas, as quais, por sua vez, contêm vários documentos. Num sistema de *case-file* (pastas individuais ou processos), quer arranjados em ordem numérica, quer segundo qualquer outro método, os documentos serão reunidos em pastas (*case folders*) ou dossiês. Onde se reúnem os documentos tomando-se por base a semelhança de forma que apresentam, as unidades de forma serão consideradas, muitas vezes, unidades de arquivamento. Esse é o caso de volumes encadernados.

Se a unidade de uma série deriva do fato de estar organizada de acordo com um sistema de arquivamento em si, será conservada precisamente em ordem, quer alfabética, numérica, quer cronológica que lhe foi atribuída pelo serviço de origem. O problema de novo arranjo surge quando essa ordem sofreu modificações ou se perdeu, ou quando em circunstâncias excepcionais é ininteligível. Nesses casos, o arquivista tentará restabelecer a ordem dada aos documentos pelo órgão, quando em uso corrente. Num sistema de assunto as pastas ou dossiês serão reunidos sob cabeçalhos adequados e os cabeçalhos serão arranjados segundo a ordem prescrita pelo sistema de arquivamento empregado pelo órgão. Os documentos individuais dentro de cada pasta serão colocados em sequência adequada. Nas pastas modernas costuma-se arquivar tais documentos na ordem cronológica inversa, a última peça colocada na frente, enquanto em muitas pastas antigas a ordem oposta é empregada. A ordem adotada pelo órgão criador será observada pelo arquivista. Ao restabelecer o arranjo das pastas, faz-se referência aos esquemas de arquivamento, se existem, ou aos índices, títulos de assuntos, rótulos de pastas, símbolos de arquivamento e similares.

Se uma série foi criada tomando-se por base a forma dos documentos, o problema do arquivista é bastante fácil. Os volumes encadernados, por exemplo, são, geralmente, colocados nas prateleiras, numa simples ordem cronológica ou numérica.

Se o arranjo dado aos documentos pelo órgão de origem é ininteligível ou de tal ordem que torne o serviço de referência muito difícil, o arquivista pode planejar um sistema próprio. Tais sistemas novos devem, entretanto, proteger a integridade dos documentos, refletindo as suas origens funcionais ou administrativas, e devem ser planejados de modo a facilitar o uso que se possa prever para os documentos.

Se os documentos de um órgão são recebidos em completa desordem, sem qualquer ordem aparente, também neste caso o arquivista pode elaborar um sistema próprio. As séries miscelâneas, especialmente, serão arranjadas na ordem que mais convier para tornar conhecido o caráter e a importância das mesmas. As peças individuais nestas séries podem ser agrupadas pelo assunto, atividade, tipo, lugar ou data, dependendo da natureza dos documentos. Na elaboração de um sistema de arranjo segue-se o princípio de que "a simplicidade é o caminho mais curto para a acessibilidade".

Conclusões

1. Geralmente, os documentos públicos modernos devem ser guardados em unidades distintas que correspondam à sua origem em determinado órgão governamental. Isso concorda com os princípios da proveniência (*provenance*). Esse princípio teve aceitação na arquivística por razões várias: a) o princípio protege a integridade dos documentos no sentido de que as suas origens e os processos pelos quais foram criados refletem-se no seu arranjo. A maioria dos documentos do governo se acumula em conexão com atos oficiais e, como os atos do governo se relacionam entre si, através da função e da organização administrativa, assim os documentos são mais inteligíveis quando conservados juntos, sob a identidade do órgão ou da subdivisão do órgão, pelo qual foram acumulados e na ordem geral que lhes foi dada por aquele órgão; b) o princípio ajuda a revelar o significado dos documentos, pois os assuntos de documentos individuais somente podem ser completamente compreendidos, no contexto, com documentos correlatos. Se os documentos são arbitrariamente tirados do seu contexto e reunidos de acordo com um sistema subjetivo ou arbitrário qualquer, o real significado dos mesmos, como prova documentária, pode-se tornar obscuro ou até se perder; e c) o princípio dá ao arquivista um guia exequível e econômico para o arranjo, descrição e utilização dos documentos sob sua custódia. Quebrar as unidades existentes e substituí-las arbitrariamente por novas consumiria, inutilmente, grande parte do tempo do arquivista, e a complexidade e diversidade de assuntos que os documentos cobrem tornariam irrealizável o acabamento de qualquer tarefa desse gênero.

2. Comumente, o acervo de um arquivo deve ser dividido para fins administrativos, em algumas unidades ou grupos. Para estabelecer esses grupos, vários fatores devem ser levados em consideração. O primeiro e mais importante desses fatores é a proveniência dos documentos. Os limites ou fronteiras dos grupos, em resumo, devem ser definidos tomando-se por base a origem dos mesmos, no órgão público. O tipo de órgão pode ser definido de modo um tanto vago, como na França, onde certos tipos de instituições,

tais como órgãos administrativos, corporações ou famílias são considerados fontes ou *fonds* de classes de documentos. Ou pode ser definido com precisão, como na Prússia e nos Países Baixos, onde os documentos arranjados num serviço de registro são considerados a unidade de tratamento no arquivo de custódia. Ou pode ser definido, como na Inglaterra, onde o órgão é a unidade administrativa do governo que têm autonomia quase completa. Em se tratando de documentos modernos, outros fatores, além da proveniência, podem também ter que ser considerados, para efeito de estabelecimento dos grupos de documentos. Não deve haver grupos demais, nem de menos, pois um número excessivamente reduzido ou excessivamente grande complicará a tarefa de sua administração. Os grupos devem, em resumo, ser estabelecidos considerando-se o seu número e tamanho. A entidade administrativa que os produziu não precisa ter sido completa e independente, como na Inglaterra, mas deve, no entanto, ter sido de tal ordem que os seus documentos possam ser prontamente distinguidos de outros grupos de documentos, considerando-se a relação desses para com a função ou o campo de assunto.

3. Normalmente, os documentos preservados pelo testemunho que contém da organização e da função devem ser mantidos na ordem que lhes foi atribuída pelos órgãos que os criaram, mantiveram ou acumularam. Conquanto essa ordem não reúna os documentos por assuntos que atenderiam a todas as necessidades dos pesquisadores, é a única maneira viável de colocarem-se os documentos em ordem, conservando-se, ao mesmo tempo, os valores de prova quanto ao funcionamento do governo. Dar novo arranjo, de acordo com algum plano arbitrário, a documentos que já estejam em ordem, ou parcialmente ordenados, seria um extravagante desperdício de tempo, e impor um plano de arranjo arbitrário aos poucos documentos que estejam inteiramente desordenados não atenderia a qualquer objetivo concebível. O arquivista, portanto, deve resistir a todos os esforços empreendidos por pesquisadores e estudiosos no sentido de induzi-lo a arranjar os documentos de acordo com um sistema abstrato universal de classificação de assuntos. Isso se aplica tanto ao arquivista empregado pelo arquivo central do país, como por qualquer outro órgão do governo.

O princípio de preservar a ordem original atribuída aos registros foi objeto de um exame crítico, por parte de Carl Gustaf Weibull, arquivista sueco de

Lund, no artigo publicado originalmente no *Scandia Tidschrift for historisk forskning* (3:52-77, 1930) e republicado em alemão no *Archivalische Zeitschrift* (42-43:53-72, 1934). Weibull põe em dúvida a validade da tese dos arquivistas holandeses de que a "ordem original" dos documentos atribuída pelos serviços de registro deva ser aceita, como uma norma, para o arranjo dos mesmos num arquivo de custódia. "Não se pode negar", escreveu ele, "que até certo ponto o seu arranjo indica as suas principais características. Um registro cujo arranjo obedeça ao sistema de séries dificilmente pode ser reorganizado pelo sistema de arranjo por dossiê... Mas essa atitude muito se distancia da real atividade de organização de arquivos que tem, em primeiro lugar, um caráter restaurador e, apenas em segundo plano, deve considerar os interesses da pesquisa histórica. A justificativa de que a ordem original serviu, e ainda serve, convenientemente, aos fins oficiais é de difícil defesa. Na maioria dos casos os funcionários inicialmente deixaram tão somente que os documentos se acumulassem, sem os arranjar conforme um sistema bem-pensado, na ordem que lhes parecia mais simples, cronologicamente, à medida que os recebiam, ou possivelmente arranjando-os em um ou dois grupos, como, por exemplo, separando as cartas ou separando os papéis relativos a vários protocolos, e assim por diante. Os sucessores adotaram o mesmo mecanismo, eventualmente com probabilidade de criar ainda mais grupos ou subdivisões".

Segundo Weibull, o objetivo da organização de arquivos não é o de um paleontólogo motivado por tradições de um museu, de repor os documentos numa ordem que por si só é um fim. De preferência, afirma Weibull, é possibilitar a resposta a perguntas formuladas por pesquisadores, funcionários ou não, tão rápido e acuradamente quanto possível — objetivo acentuado pelos franceses já na quarta década do século XIX, quando formularam o princípio do *respect des fonds*. Weibull insistiu no fato de que o ponto de vista de pesquisa, tornado obscuro por considerações teóricas, deve receber novamente a ênfase que merece, quer as pesquisas sejam levadas a efeito para responder a questões de natureza administrativa, quer sejam para estudos históricos, no verdadeiro sentido da palavra. Se se aceita a validade deste ponto de vista na organização de documentos, deve-se agrupá-los logicamente por assunto nos *fonds* ou grupos (*archival groups*) tanto quanto este agrupamento seja possível e praticável. Ao agir assim, menciona Weibull, o arquivista estaria realizando um trabalho, não de mera restauração, mas de caráter verdadeiramente criativo.

Fruin, o único sobrevivente do triunvirato holandês que compilou o manual, expressou, no *Nederlandsch Archievenblad*, suas objeções à afirmativa de Weibull, sustentando que "os arquivos visam, em primeiro lugar, a esclarecer as atividades administrativas de órgãos do governo" e salientou que o arquivista não se pode antecipar às necessidades da pesquisa de caráter erudito e que qualquer agrupamento de documentos de uma unidade orgânica por assunto pode facilitar as pesquisas de um grupo, à custa das inconveniências que pode acarretar a outras pesquisas.

George Winter, diretor do Arquivo do Estado da Prússia, expressou opinião semelhante quanto às críticas de Weibull no *Korrespondenzblatt des Gesamtvereins der deutschen Geschichtsund Altertumsvereine* (138-47, 1930). Entretanto, em artigo anterior, "The principle of provenance in the Prussian State Archives", publicado na *Revista de la Biblioteca, Archivo y Museo del Ayuntamiento de Madrid* (10:187), admitiu que a organização de documentos num serviço de registro, antes da liberação dos mesmos para um arquivo de custódia, era para "preservar, preliminarmente, os fundos na sua estrutura orgânica". Assim, escreveu:

> "Admitidamente — e com essa admissão desejamos levar em consideração algumas exceções fundamentais no abandono do princípio da proveniência — a existência de um arranjo de registros razoável, ou a possibilidade de restabelecer tal arranjo, é condição preliminar para a preservação dos *fonds* na sua estrutura orgânica. Existiriam, particularmente nos primeiros tempos, registros nos quais o agrupamento e a manutenção de documentos não era sistemática, era tola e impraticável. Em tais casos o arquivista não deve — como qualquer pessoa criteriosa admitirá — se ater àquele princípio com exagero, mas ao contrário, deve tentar um arranjo inteiramente novo."

Deve fazer-se uma exceção à regra de preservar os documentos na ordem original, no caso de documentos modernos, quando estes receberam novo arranjo nos órgãos governamentais, depois de servirem a seus objetivos primários. O arranjo original deve ser preservado se reflete o uso feito dos documentos quando correntes, mas novos arranjos artificiais que visaram servir a outros fins que não os correntes só devem ser preservados no arquivo de custódia permanente se atendem às necessidades arquivísticas. Diversos exemplos ilustrativos de tais arranjos artificiais novos podem ser citados.

No Gabinete do Ministro da Guerra (Office of the Secretary of War) a correspondência recebida do período relativo a 1800-1924 foi dividida em grupos de assuntos e ainda em um grupo miscelânea geral, o que obrigava a pesquisas em vários lugares. Nos National Archives restituiu-se à correspondência a ordem original a qual se deduziu dos registros a ela relativos, isto é, a ordem alfabética dos nomes de quem escrevia.

O Serviço de Índios (Office of Indian Affairs) também deu nova ordem aos seus primeiros papéis não encadernados. Os anteriores a 1824, quando se criou um Bureau of Indian Affairs, foram colocados num arquivo e arranjados em rigorosa ordem alfabética. Esse arquivo compunha-se, em grande parte, de dois grupos de documentos de sucursais (documentos da fábrica Creek, 1794-1822, subordinada ao extinto Office of Indian Trade, e os documentos da Agência Cherokee, 1800-24), mas incluíam também documentos de no mínimo 20 serviços diferentes do governo. Na criação desse arquivo não só se desconheceu o problema da proveniência dos documentos, como também, quase sempre, se separaram as cartas anexas das que as transmitiam. Nos National Archives aquele arranjo cronológico criado artificialmente voltou a ser organizado conforme as séries constituintes originais.

Um corpo artificial de documentos navais foi criado pelo Serviço de Arquivo e Biblioteca da Marinha (Office of Naval Records and Library), organizado em 1882 como parte do Serviço de Informações Navais (Office of Naval Intelligence). Uma das importantes funções daquele serviço é o de coletar, preservar e dispor para uso os documentos operacionais do *Naval Establishment*. Antes da I Guerra Mundial os primeiros documentos encadernados do Gabinete do Ministro da Marinha (Office of the Secretary of the Navy), do período 1800-85, passaram à custódia daquele serviço. A esse grupo se acrescentaram outros volumes encadernados de vários serviços, repartições e pequenas atividades do Estabelecimento Naval. Depois da I Guerra Mundial, o Serviço de Arquivo deu especial atenção à coleção de todos os documentos de operações navais de que dispunha, e adquiriu muitos outros documentos, tanto originais como transcrições — de fontes oficiais, públicas e particulares, cobrindo desde a Revolução até a I Guerra Mundial. Essa coleção de documentos foi disposta em dois grandes grupos: um "arquivo por área" e outro "arquivo por assunto" — e todos os documentos foram ordenados cronologicamente sob uma área indicada ou sob um dado assunto. Finalmente, cada arquivo foi dividido em duas partes, uma abrangendo o período de cerca de 1775 a 1910 e a outra de 1910 até o presente. Os documentos oficiais que foram colocados naqueles arquivos procederam de diferentes fontes. Em alguns casos, volumes mal-encadernados foram desfeitos e os documentos individuais colocados sob uma área ou assunto. Frequentemente, documentos relativos a operações navais eram tirados de outros corpos de documentos e colocados nessas séries. A maioria veio dos arquivos do Office of the Secretary of the Navy, do Office of Detail e do Bureau of Navigation. Nos arquivos por "área" e por "assunto" formou-se uma valiosa coleção de comprovada utilidade no estudo da evolução das operações navais. O arranjo da coleção, entretanto, exemplifica práticas que em geral se aplicam a manuscritos históricos antes que princípios arquivísticos aceitos. Os National Archives não executaram modificação importante no arranjo dos arquivos por "área" e "assunto" mas os volumes encadernados dessa coleção foram arranjados em séries, em vez de obedecer à cronologia.

A Junta de Produção de Guerra (War Production Board), da II Guerra Mundial, atribuiu um arranjo artificial a uma grande parte de seus documentos. De acordo com o programa de documentação daquele órgão, criou-se um "arquivo de documentação das diretrizes" (*policy documentation file*) obedecendo a um Sistema de Classificação Decimal Dewey. Os documentos sobre diretrizes foram selecionados e incorporados a esse arquivo, com a intenção de refletir todas as facetas da organização e funcionamento do órgão. Quando se extinguiu esse órgão, cerca de 40% dos documentos que fixavam política diretriz haviam sido selecionados. O restante foi selecionado obedecendo a um programa criado às pressas que utilizou um grande número de pessoas, porém sem o devido treino. Esse programa de selecionar e organizar os documentos individuais que firmavam política, além de pretender demais, ia contra todos os princípios de arranjo arquivístico aceitos. Pois critérios de seleção que devam ser bastante amplos, para captar todos os documentos significativos, perdem o sentido e a sua interpretação tem que ser, em grande parte, subjetiva. Aquela junta, por isso, preferiu não definir seu critério. E o arranjo dos documentos num arquivo classificado destruiu muito do significado inerente aos documentos em face da relação dos mesmos uns com os outros.

Em geral, se os documentos, *per se*, são tirados arbitrariamente do seu contexto, isto é, das pastas das unidades administrativas que os criaram, e são reorganizados por um sistema classificado ou por outro sistema qualquer, perdem a sua integridade como documentos da organização e função. Se os documentos devem servir como prova da organização e da função, faz-se mister que se mantenha o arranjo que lhes foi dado pelas unidades que os criaram e não podem ser reorganizados tomando-se por base o assunto ou qualquer outro ponto. E, assim se procedendo, todo o preceito de boa prática arquivística que se tem desenvolvido, quer neste país, quer no estrangeiro, está sujeito a ser violado.

Pode-se abrir uma exceção à regra de se preservarem os documentos na ordem original, no caso desta ordem ser difícil de determinar ou de ser manifestamente má. Enquanto a maioria dos documentos que se formam nos governos europeus é organizada nos serviços de registro antes de passarem aos arquivos de custódia, muitos documentos do governo federal dos EUA são deixados em absoluta desordem. Diversas tentativas foram feitas no sentido de dar-se uniformidade, em escala nacional, aos métodos de conservação dos documentos nos órgãos do governo, mas tudo que se conseguiu foi a adoção de sistemas que tendem a complicar, ao invés de simplificar, a organização dos documentos de um órgão qualquer. Poucos documentos, mesmo atualmente, são organizados tendo-se em mente a sua eventual transferência para um arquivo de custódia. E no passado, quando aqueles não existiam, os documentos eram tão somente acumulados e depois de haverem servido aos seus fins de uso corrente eram relegados a depósitos onde não estorvassem. Em geral, falta a condição básica para que se possa aplicar os princípios de arquivos alemães e holandeses, relativos à preservação da ordem original dada num serviço de registro. A reconstituição da ordem original é, pois, muitas vezes difícil e às vezes indesejável. A ordem original — para usar as palavras do diretor do Arquivo do Estado da Prússia, ao descrever os registros mais antigos — não é sistemática, é tola e impraticável. Nesses casos o arranjo a ser atribuído aos documentos deve ser determinado pelo arquivista.

4. Geralmente, os documentos modernos que são conservados pelo seu conteúdo informativo — sem referência ao seu valor como testemunho da organização e função — devem ser mantidos na ordem que melhor sirvam às necessidades dos pesquisadores e dos funcionários. Uma boa proporção de documentos modernos é preservada, como já foi observado, unicamente pela informação que contém sobre pessoas, lugares ou sobre matéria social, econômica, científica etc. Tais documentos devem ser arranjados, unicamente,

tendo-se em vista facilitar a sua utilização pelos estudiosos, cientistas e outros, sem observar como estavam arranjados na repartição. Um exemplo de documentos dessa natureza são os relatórios climatológicos recebidos pelo Arquivo Nacional do Surgeon General's Office, da Smithsonian Institution, do Signal Office e do Serviço de Meteorologia. De acordo com o arranjo original desses relatórios tornava-se impossível determinar que dados climatológicos existiam sobre determinado lugar. Foram, por essa razão, reorganizados. As séries criadas por cada um dos órgãos foram conservadas intactas, mas os volumes que continham os relatórios foram desencadernados e os relatórios individuais ordenados por lugar (estado e município) e, então, em sequência cronológica.

Capítulo 15

Arranjo de papéis ou arquivos privados*

Até bem pouco tempo, nos Estados Unidos, a maioria dos métodos adotados no tratamento de papéis privados era formulada por bibliotecários. Os papéis com que tinham de lidar vinham-lhes às mãos como agregados de peças díspares e desorganizadas, originários de famílias importantes na história do país. Esses papéis eram comumente chamados de "manuscritos históricos". Os princípios e as práticas que se criaram relacionam-se com o tipo de peças com que os bibliotecários estavam acostumados a lidar, isto é, simples unidades avulsas.

Só nos últimos anos é que os bibliotecários estão lidando com coleções que, em quase todos os sentidos, são semelhantes a grupos de arquivos. Trata-se das coleções de documentos produzidos por entidades de várias espécies, instituições culturais, comerciais, igrejas etc., que muitas vezes consistem em peças que têm uma relação orgânica entre si. Como a quantidade de papéis privados existente aumentou demasiadamente, os bibliotecários foram forçados a recorrer a métodos adequados ao tratamento de tal massa de papéis, ou seja, aos métodos do arquivista. Assim, muito se aproximaram o bibliotecário e o arquivista em sua metodologia, particularmente no que diz respeito a material documentário de comum interesse para ambos.

A expressão "papéis privados" é empregada deliberadamente, ao invés da convencional "manuscritos históricos". O termo "manuscritos", no sentido mais restrito da palavra, inclui somente documentos escritos à mão ou datilografados. O termo "documentos" (*records*) é um termo genérico que se aplica a toda espécie de material documentário. Aqui pretendo usar um termo mais amplo do que "manuscrito" e mais limitado do que documento. O termo "papéis privados" inclui material cartográfico e em forma de texto impresso, manuscrito ou datilografado. Tanto inclui material que se origina de uma pessoa quanto de uma entidade.

---

* N. do T.: Inserido depois do cap. 14 do trabalho original por determinação do autor.

Neste capítulo pretendo tratar, em primeiro lugar, das unidades de papéis privados que devem ser organizadas, coleções e componentes das coleções; em segundo lugar, dos princípios e técnicas a serem seguidos no tratamento de tais unidades; e, em terceiro, do sistema de notação (ou símbolos) que se deve aplicar no arranjo de tais unidades.

Tipos de coleções

As coleções de papéis privados dividem-se em dois tipos que podem ser diferenciados pela maneira pela qual eles vieram a existir. São: a) coleções naturais ou orgânicas, e b) coleções artificiais.

Coleções naturais

O termo "coleções naturais" pode ser empregado para aglomerados de material documentário que se formam no curso normal dos negócios ou da vida de entidades privadas — individuais ou coletivas — como firmas comerciais, igrejas, instituições ou organizações. Tais coleções têm certas características bem definidas. Cada qual é comumente oriunda de uma mesma fonte e reunida concomitantemente com as ações a que se refere. Tais coleções são o produto de atividade orgânica, e por essa razão foram chamadas por Lester J. Cappon, ex-presidente da Society of American Archivists, de "coleções orgânicas". Em relação à maneira pela qual nascem são idênticas aos grupos de arquivos. Para todos os fins, os termos "arquivos" e "coleção natural" poderiam ser usados indiferentemente e a única razão por que preferi o termo "coleção" neste texto é que o termo "arquivos" é muitas vezes reservado para designar os documentos de uma repartição pública e não é convencionalmente usado em relação ao conteúdo de um depositório de manuscritos.

Coleções artificiais

Em oposição às coleções naturais de papéis privados, as coleções artificiais de tais papéis são constituídas depois de ocorridas as ações a que se relacionam, não concomitantemente, e em geral derivam de diversas fontes, e não de uma única. São, além disso, verdadeiras coleções, no sentido de que várias peças são "colecionadas", isto é, reunidas. No caso de papéis de família, por exemplo, a coleta terá sido feita, provavelmente, por um determinado membro da família, talvez um filho da pessoa cujos papéis estão sendo preservados. A coleta, é lógico, pode também ser feita por outros: colecionadores para fins comerciais, estudiosos, curadores ou arquivistas para fins genealógicos ou de pesquisas. O próprio depósito de manuscritos criará comumente pelo menos uma coleção artificial de peças avulsas, adquirida peça por peça de várias fontes.

Quanto mais antigos forem os documentos de uma coleção, maior a probabilidade de ser a coleção artificial em caráter. A maioria dos papéis do século XIX terá sido dispersadas no transcurso em muitos anos após os acontecimentos a que dizem respeito. São assim constituídos em coleções artificiais. Papéis privados mais recentes, tendo passado por poucas mãos, muitas vezes vêm para um repositório obedecendo a um arranjo que reflete alguma atividade prolongada. Se não são assim arranjados, é ainda muitas vezes possível associá-los com a atividade da qual resultou a produção dos mesmos.

Conquanto as expressões "coleção natural" e "coleção artificial" pareçam um tanto forçadas e arbitrárias, principalmente considerando que o termo "arquivo" poderia ser igualmente usado no caso de um dos dois tipos de coleção, essas expressões são aqui usadas para dar ênfase a um importante ponto do arranjo. É o seguinte: quanto mais a coleção é o produto de atividades contínuas, mais importante é o seu arranjo original e mais própria se torna a aplicação do princípio básico da arquivística da "proveniência" pelo qual os documentos devem ser preservados na ordem que lhes atribuíram seus criadores.

Componentes das coleções

Uma coleção de papéis privados pode ser dividida em suas classes e tipos físicos da mesma maneira que um grupo de arquivos. Na maioria dos grupos de arquivos americanos os documentos podem ser classificados em três classes, do ponto de vista material. Na classe de audiovisuais encontram-se filmes, fotografias e discos; na classe cartográfica, mapas e plantas; a classe de documentos textuais compõe-se de muitos tipos físicos. Numa repartição os mais comuns são correspondência, relatórios e ordens. À medida que as atividades de um governo se ampliam, inúmeros outros tipos são criados, a maioria deles para executar uma atividade de rotina ou para qualquer outro fim específico.

As coleções de papéis privados, da mesma forma, compõem-se de várias classes de documentos. As peças audiovisuais e cartográficas encontram-se muitas vezes intercaladas com os documentos textuais. A classe de documentos textuais, por sua vez, também pode consistir de muitos tipos físicos, embora, comumente, estes não sejam tão numerosos como nos grupos de arquivos. Os tipos mais comuns são os livros de contas, cartazes, recortes, correspondência, diários, diários comerciais, impressos, jornais, títulos de propriedade, livros de contabilidade, cartas, copiador de cartas, minutas, livros de encomendas, folhetos, patentes, petições, plantas, cartas, copiadores de cartas prensadas, protocolos, recibos, reminiscências, livro de vendas, livro de recortes, sermões, discursos e livros de pagamentos.

Uma coleção natural de papéis privados pode também ser dividida em séries da mesma maneira que um grupo de arquivos. Nos Estados Unidos uma série de arquivo é definida como um corpo de documentos, pastas, ou dossiês que foram reunidos por uma atividade específica. Esse corpo de documentos pode ser arranjado segundo a forma ou origem dos documentos ou pode simplesmente ser reunido para atender a uma necessidade administrativa específica. Uma série de papéis privados pode ser estabelecida em bases semelhantes. Compreenderá, normalmente, todos os papéis: a) agrupados sob um sistema particular de arquivamento; b) relativos a um assunto particular ou atividade; ou c) de um determinado tipo físico.

Uma coleção artificial, ordinariamente, não é divisível em séries e consiste, na sua maioria, em peças avulsas.

Arranjo das coleções

As coleções de documentos privados, quer naturais, quer artificiais, devem ser arranjadas de acordo com os seguintes princípios:

1. Como regra geral, cada coleção deve ser reunida como uma unidade separada e integral, da mesma maneira que um grupo de arquivos originário de uma fonte específica é conservado como uma unidade integral. Cada cole-

ção é uma entidade por si mesma, e como tal deve ser tratada. A coleção não deve ser dividida em partes para formar outras coleções. Papéis relativos a um importante personagem não devem ser retirados para formar uma nova coleção. Não se deve, tampouco, fazer uma coleção separada de determinados tipos de papéis, tais como livros de contas. Não há justificativa para se mutilar uma coleção de papéis privados.

Enquanto a maior parte de grande número de coleções de papéis privados consiste em documentos escritos em formato e tamanho que permitem ser guardados juntos, algumas peças podem ter que ser retiradas das coleções por merecerem um tratamento especial. Quando tais peças são retiradas, deve-se anotar a relação destas com a coleção da qual foram retiradas.

Entre tais peças estão os materiais audiovisuais e cartográficos, que são normalmente retirados, mesmo nos arquivos de custódia, das coleções nas quais estão integrados e colocados com peças da mesma natureza. Documentos textuais que apresentam problemas especiais de armazenagem devido às suas características físicas — tamanho, volume ou forma — podem também ser removidas e colocados em lugares especiais onde podem ser acomodados. Certas peças impressas, tais como folhetos, impressos e jornais, podem ser removidos se o repositório de manuscritos mantiver arquivos de folhetos, impressos, ou de jornais, onde possam ser incorporados; caso contrário, devem ser deixadas com a coleção em que se encontram. Recortes, separatas e outros memorandos impressos não devem ser, em geral, retirados.

2. Se, no mesmo repositório, tanto se encontram *coleções de documentos privados como arquivos públicos*, os dois tipos de materiais *devem ser guardados* em depósitos *separados* ou ao menos em partes separadas do depósito. A intercalação de papéis privados com arquivos públicos é uma falta imperdoável na profissão arquivística.

3. *As coleções devem ser separadas por classes, somente se houver áreas disponíveis para cada classe.* Como as coleções de papéis privados são muitas vezes administradas por bibliotecários — ou por historiadores familiarizados com os métodos biblioteconômicos —, vários esquemas para a classificação de tais coleções têm sido inventados, pois é prática bibliotecária ordenar as coisas segundo sistemas de classificação. Assim, Neal Harlow, que em 1948 fez um levantamento das técnicas empregadas no tratamento de material manuscrito

em diversas bibliotecas universitárias e especializadas, concluiu que, "numa biblioteca, as coleções são divididas em hemisférios: oriental e ocidental; noutra, por áreas linguísticas e geográficas e mais algumas especializações de assuntos; noutra ainda, em arquivos do governo, papéis privados e especializações de assuntos; numa quarta biblioteca, em manuscritos literários, material histórico no seu campo de especialização e em todos os demais; e uma biblioteca comercial, que é por si mesma uma coleção especializada num assunto, classifica por "indústria", fato bastante curioso, deixando de lado o esquema para grandes coleções".[98] Em geral, as coleções de papéis privados têm sido arranjadas: a) em relação aos assuntos; b) em relação aos lugares (arranjo geográfico); c) em relação ao tempo (arranjo cronológico); d) tipo de documentos incluídos; ou e) uma combinação de temas, lugares, tempo e outros fatores.

O sistema planejado para o arranjo das coleções da Divisão de Manuscritos da Biblioteca do Congresso foi descrito pelo seu chefe-assistente, J. C. Fitzpatrick, no seu livro *Notes on the care, cataloguing, calendaring and arranging of manuscripts*, da seguinte maneira:

> "Esse arranjo, excetuados os grandes grupos de papéis pessoais de americanos ilustres, pode ser geralmente chamado de cronológico-geográfico. Segue a sequência dos acontecimentos desde a descoberta do Hemisfério Ocidental, através da exploração e colonização como um desenrolar natural: primeiro, as Índias Ocidentais, a América Espanhola, o México, a América Central e a do Sul, em geral; depois por países e suas divisões geográficas; e dentro dessas divisões, em ordem estritamente cronológica; depois, a América do Norte, cujos documentos estão agrupados por colônias britânicas, francesas, espanholas e outras. Esse grupo contém toda a miscelânea geral da Revolução, todos os manuscritos de ordem geral que não pertencem especificamente a nenhuma das 13 colônias originais. O arranjo cronológico da miscelânea da Revolução começa com a reunião do Primeiro Congresso Continental, incluindo todos aqueles manuscritos criados pelas atividades da Confederação Geral das Colônias, e não claramente emanadas de uma delas em particular. Os papéis do Congresso Continental formam um grupo distinto dentro deste esquema geral; depois deles, cada um dos 13 estados tem seu arranjo estritamente cronológico, que, por conveniência, ignora a Revolução como um período. Depois do 'Grupo Revolucionário' vem o período da Confederação (1783-1789) e o 'Estados Unidos — Miscelânea' desta última data em diante. Os estados, *per se*, outros que não os 13 originais, têm cada qual arranjo cronológico

---

[98] Harlow, 1955:207.

próprio, e os papéis pessoais, começando com a nobre série de papéis dos presidentes, e seguindo-se na ordem das administrações, são arranjados por grupos com o único objetivo de facilitar o seu manuseio. Outros grupos existem como os dos Índios, Livros, Jornais e Diários dos regimentos, Contabilidade mercantil, Miscelânea do Exército, Marinha Mercante, Grã-Bretanha, Países estrangeiros e outros grupos cronológicos naturais. Embora esse arranjo tenha sido consideravelmente simplificado no correr dos anos, conserva hoje a sua característica 'cronológico-geográfica'."[99]

A Huntington Library, em San Marino, Califórnia, outro importante repositório de manuscrito, ordena sua coleção nos depósitos, da seguinte maneira:

Mapas e plantas
Religião (bíblias, salmos, breviários, *horae* etc.)
História e literatura medieval geral
Música e arte
Drama
História inglesa e europeia
Literatura
História da Califórnia e do México
História dos Estados Unidos
Arquivos (Ellesmere, Hastings, Stowe, Battle Abbey)

A William L. Clements Library, em Ann Arbor, Michigan, também um importante repositório de fontes manuscritas, divide sua coleção em dois grupos, "dependendo de a pessoa que escreveu haver vivido no Hemisfério Oriental ou Ocidental". Dentro dessas duas divisões geográficas as coleções são ordenadas alfabeticamente, segundo os nomes das pessoas.

A classificação de coleções de papéis privados difere da classificação de livros. Aquelas têm características físicas que dificultam o agrupamento em classes. Pelo fato de serem coleções grandes e desproporcionais, não podem ser inseridas em estantes, como se faz com os livros, de modo a indicar, pela localização, a relação com os assuntos. Mais importante ainda é que as coleções de documentos privados não são unitárias em caráter. Não são unitárias em sua apresentação física, tais como correspondência, folhetos,

---

[99] United States, Library of Congress/Manuscripts Division, 1934:8-16.

recortes de jornais e volumes encadernados. Também não são unitárias nos seus assuntos, pois uma dada coleção pode relacionar-se com muitos tópicos e lugares e pode cobrir vários períodos. E essas múltiplas relações podem ser mostradas de maneira mais fácil e mais útil no papel, isto é, em documentos descritivos e em instrumentos de busca, do que pela sua localização material.

O arranjo de coleções de documentos privados baseado num esquema de classificação só se justifica em repositórios de manuscritos muito grandes nos quais existem vários depósitos. Pode-se colocar em cada setor as coleções pertencentes a grandes classes. Mas não se devem estabelecer classes além dos grandes assuntos que podem ser convenientemente mantidos separadamente nas dependências existentes. E as classes devem ser mutuamente exclusivas e não cobrirem assuntos comuns.

Esse agrupamento das coleções em classes pode ser justificado argumentando-se que o trabalho do repositório de manuscritos pode ser administrado mais eficientemente se estiverem assim agrupados. Por tal agrupamento o trabalho do pessoal pode ser departamentalizado e, dentro de cada unidade da organização que trata de uma classe de coleções, pode ser executado todo o trabalho de ordenação, descrição e utilização destas. Esse princípio de administração é usado nos National Archives, distribuindo os grupos de documentos que pertencem a grandes assuntos por determinadas unidades organizacionais. Pela atribuição dos trabalhos com os documentos baseada nos assuntos pode-se desenvolver no pessoal um certo grau de especialização.

Conquanto os grandes repositórios julguem vantajoso classificar suas coleções, não se podem elaborar classificações padronizadas que se possam empregar indiscriminadamente. Os assuntos das coleções variam de um repositório para outro. São poucos os repositórios nos Estados Unidos que tentam acumular coleções que se relacionam com toda a história do país. A Divisão de Manuscritos da Biblioteca do Congresso é uma das poucas que faz isso. A maioria dos repositórios estaduais interessa-se, principalmente, pelos manuscritos pertencentes ao seu estado, embora alguns adquiram material referente a regiões inteiras. Alguns repositórios interessam-se, principalmente, por fontes de caráter especializado, tais como as relativas à indústria, instituições religiosas, ou outras organizações especiais. O arranjo das coleções deve ser diferente em cada repositório, pois não há — de maneira marcante — dois repositórios cujas coleções se relacionem. Um plano que satisfaça a um repositório não satisfará a outro.

4. *As coleções devem ser normalmente colocadas nos depósitos na ordem em que são recolhidas.* Uma coleção consiste em todos os papéis derivados de uma determinada fonte. Comumente tais papéis são trazidos para o repositório de uma única vez. Quando se dá o caso de adições a uma coleção, essas adições consistem em lotes de papel de pouca importância que escaparam quando se fez o primeiro recolhimento. Quando as adições são demasiado grandes, havendo dificuldade em se colocar junto do primeiro material, devem ser tratados como coleções separadas.

Um esquema de arranjo, diz Neal Harlow, no artigo supracitado "deve ser simples, permitir expansão e deve ser de fácil manuseio pelos funcionários que o conheçam". Um esquema classificado, não importa qual seja o seu tipo, ordinariamente não permite expansões. As novas coleções têm de ser encaixadas nas classes preexistentes, e não há ser humano que possa elaborar um esquema que preveja exatamente o espaço para aquisições futuras. Qualquer esquema de classificação, por esse motivo, assemelha-se a favos de mel com casulos vazios para serem preenchidos à proporção que o material vai sendo colecionado no futuro. Todos os esquemas classificados têm por características os "compartimentos" e, na maioria, em tais esquemas há desperdício de espaço. Dada a negligência na arrumação que resulta do uso destes, destroem o próprio objeto de qualquer esquema de arranjo que é facilitar a busca.

O sistema mais simples e mais prático de arranjar as coleções é em ordem de acesso. Esse sistema deve ser seguido em todos os depósitos de manuscritos, exceto nos muito grandes. Os depósitos são usados, progressivamente, à proporção que o acervo do repositório aumenta sem perturbar as relações entre o material adquirido anteriormente, e evita espaços vazios. As coleções são numeradas na ordem em que são recebidas, e esses números servirão bem para fins de controle. Esse sistema tem sido usado, com conspícuo sucesso, na Alderman Library da Universidade da Virgínia.

Arranjo dos componentes das coleções

O passo mais importante e mais difícil no tratamento de papéis privados é distinguir as partes constituintes de uma coleção. Esse passo é importante porque é um passo essencial, preliminar a qualquer descrição real dos papéis. A maioria dos papéis privados, assim como a maioria dos arquivos, deve ser descrita coletivamente, isto é, por agregados de itens, ao invés de cada um de *per se*. E antes que isso possa ser feito, é preciso estabelecer, em primeiro lugar, as unidades de descrição coletiva. Essas unidades são chamadas de séries, na falta de um termo melhor. Mesmo que os papéis devam ser descritos item por item, isso pode ser feito muito mais facilmente se as unidades coletivas dos quais são parte houverem sido primeiro estabelecidas e identificadas.

O passo é importante também porque é um passo preliminar à real utilização dos papéis. Se uma coleção estiver bem dividida nas suas partes constituintes, e se essas partes forem bem identificadas e adequadamente descritas nos instrumentos de busca, a pesquisa na coleção é feita com muito mais facilidade. Muito menor será o número de unidades onde se deve proceder a buscas; as buscas são limitadas e não há necessidade de se correr a coleção inteira.

Os componentes de coleções de papéis privados devem ser arranjados de acordo com os seguintes princípios:

1. *Sempre que existam séries numa coleção natural, devem ser mantidas como unidades distintas e integrais.* A maioria das coleções naturais de papéis privados — e naturais são muitas das coleções recentes — são grupos orgânicos no sentido em que foram criados por uma entidade, como uma igreja, um negócio, uma instituição erudita ou coisa parecida, ou por uma pessoa ou família dedicada a uma determinada atividade. Uma coleção natural deve ser dividida em suas partes constituintes da mesma maneira que um grupo de arquivo. Aproximadamente, os mesmos passos devem ser dados. No caso de um grupo de arquivo a sua proveniência é analisada. O órgão do governo que o criou é estudado e a sua estrutura e funções são determinadas. As unidades dos documentos são então estabelecidas em relação às subdivisões da organização e das funções. Uma coleção de papéis privados produzidos por uma entidade é semelhante, em estrutura, a um grupo de arquivos ou fundo. Se é uma coleção grande, pode ser dividida tanto organizacional como funcionalmente. As unidades coletivas de papéis podem ser estabelecidas de forma a representar as acumulações de determinadas subdivisões organizacionais daquela entidade ou as acumulações resultantes de determinadas atividades. Se a coleção é pequena, provavelmente só

pode ser partida em bases funcionais, isto é, em relação às atividades. Uma grande coleção de papéis privados produzidos por um indivíduo tem, também, algumas características de um grupo de arquivos, pois o indivíduo que cria uma grande coleção deve executar muitas atividades para criar muitos papéis, e estas atividades, provavelmente, são a base pela qual seus papéis são agrupados e organizados durante a sua vida.

Para determinar quais as partes constituintes de uma coleção, é necessário analisar a coleção como um todo. Esse fato foi apontado por Ellen Jackson, num excelente artigo sobre "Manuscript collections in the General Library", publicado no *Library Quarterly*, abril de 1942. A autora declara:

> "É mais do que inútil — e extremamente perigoso — tentar arranjar qualquer porção de uma coleção sem uma certa familiaridade com o todo. Mesmo que os papéis aparentem completa desordem, desfazer um antigo arranjo pode destruir a chave vital da natureza e condição original da coleção inteira. O bibliotecário ou assistente que dela se ocupa nada pode fazer de melhor, ao iniciar o trabalho, do que sentar-se e começar a exploração, como um arqueólogo cavando um monturo qualquer, sem procurar nada de especial, mas atento a qualquer detalhe significante que seus olhos possam encontrar, sempre lembrado de que o arranjo do material pode ser tão significativo como o próprio material."[100]

As coleções naturais devem ser preservadas no arranjo original, desde que esse arranjo seja determinável e inteligível. Para tais coleções, a fórmula matemática que todo colegial conhece — o todo é igual à soma das partes — não se aplica. A coleção, no seu todo, como mostra o dr. Cappon,[101] é mais do que a soma das partes, porque a coleção tem um significado que emana do seu arranjo, da maneira pela qual foi organizada durante sua criação, ou do contexto em que os documentos foram conservados. Esse arranjo pode mostrar sequências de tempo, relações pessoais, ou relações orgânicas. Se lidos em ordem cronológica, por exemplo, os documentos individuais podem mostrar as coisas que realmente aconteceram, como nasceu determinada ideia e como se transformou em ação, ou como se desenvolveu o pensamento de uma pessoa. Essas coisas são mostradas num grau que jamais seria possível se os documentos fossem simplesmente considerados

---

[100] Jackson, 1942:276-7.

[101] Virginia. University Library. *Thirteenth annual report on historical collections*. 1942-43:2.

separadamente — como peças isoladas. Da mesma maneira, se lidos em relação a pessoas particulares sob um arranjo alfabético, os documentos individuais podem revelar de maneira exata como se desenvolveu uma amizade, ou como as opiniões sobre diferentes assuntos foram trocadas entre duas pessoas que se corresponderam. Se lidas em relação a uma atividade, os documentos podem esclarecer como começou uma organização, que trabalho foi executado, ou o que resultou do seu trabalho — assuntos que seriam inteiramente obscuros pela simples consideração de uma peça isolada. Resumindo, a coleção tem mais significado como um todo do que os documentos individuais dentro da mesma têm separadamente, e essa significação adicional deriva do contexto no qual os documentos foram conservados e usados, isto é, das séries que foram estabelecidas para os mesmos. A ordem na qual os documentos foram acumulados ou o sistema de arquivamento pelo qual foram organizados podem trazer alguma luz sobre a natureza da coleção, da mesma maneira que a ordem na qual os arquivos são acumulados esclarece quanto à organização e ao funcionamento do órgão que os criou.

Sempre que existam séries numa coleção natural, deve-se aplicar o princípio de administração de arquivos da proveniência. As séries devem ser preservadas para refletir, tanto quanto possível, as atividades que resultaram na sua produção. Os papéis que são arranjados sob um determinado sistema de arquivamento devem ser considerados uma série. Devem ser conservados na ordem que lhes foi dada ao tempo que se acumularam. Não devem ser reordenados.

2. *Se não existem séries, devem ser criadas pelo agrupamento de peças individuais dentro das coleções.* Geralmente, não se encontram séries em coleções artificiais. As peças de tais coleções comumente não são arranjadas por nenhum sistema perceptível. Se o são, o sistema terá sido imposto aos mesmos depois de sua criação pelos membros da família, curadores, arquivistas, estudiosos ou colecionadores.

O arranjo dado às peças de uma coleção artificial de papéis pessoais não tem valor presumível, mas deve ser julgado estritamente segundo os seus méritos. A sua importância consiste somente em tornar a coleção acessível ao uso. As peças avulsas não apresentam mais valor devido à posição que ocupam entre as outras peças, embora um bom arranjo possa tornar o significado dos mesmos mais evidente. As peças valem pelo que são, e podem ser tratadas nos repositórios, individualmente, sem referência ao grupo ou coleção da qual formam parte. Neste ponto, deve-se notar que diferem, fundamentalmente, dos arquivos nos quais cada peça extraída do seu contexto comumente perde algo de seu significado. O seu arranjo não resulta da atividade na qual tiveram origem, como é o caso, em geral, dos arquivos. O arquivista ou responsável não deve, pois, ter escrúpulo ao dar novo arranjo às peças avulsas de uma coleção artificial.

Além disso, as séries não são prontamente perceptíveis nem mesmo nas coleções naturais. Habitualmente, tais coleções chegam aos repositórios num inteiro estado de desordem, geralmente atribuído a razões diversas. Os papéis podem não ter sido arranjados adequadamente enquanto se acumularam. Podem ter sido tirados do seu arranjo ao serem relegados a lugares onde não estorvassem, para onde, comumente, se enviam os documentos obsoletos.

A divisão em séries é aconselhável apenas nas grandes coleções. Nas pequenas, as peças — a despeito da apresentação física ou proveniência — devem, simplesmente, ser conservadas numa série única. Isto deve ser feito por ser a maneira mais fácil. As coleções artificiais, que consistem em peças miscelâneas recebidas avulsas e de várias fontes e que se encontram na maioria dos repositórios de manuscritos, devem ser conservadas como uma série simples. As várias peças devem ser arranjadas na ordem em que são recebidas, e devem receber números para indicar essa ordem. Deve-se manter um registro como uma prova de como foram adquiridos e como um meio de as controlar.

Numa grande coleção, como já se apontou anteriormente, a divisão em séries é essencial, tanto para o trabalho de descrever, como para o uso dos documentos privados. As séries, geralmente, são difíceis de se estabelecer. Devem ser estabelecidas numa base *ad hoc* para cada coleção. Elas variam em quantidade e em aspecto físico, de coleção para coleção. Ao se estabelecerem séries, é preciso que se leve em consideração os seguintes fatores: a) o arranjo dos papéis; b) as características físicas dos mesmos; e c) relação dos papéis para com assuntos ou atividades.

O primeiro desses fatores não se aplica aqui, pois estamos tratando de coleções onde não existem séries, isto é, não são perceptíveis, considerando-se o arranjo dado aos papéis. O segundo fator, isto é, o que se relaciona com o aspecto físico, é geralmente levado em consideração na tarefa de arranjar coleções de papéis privados. O bibliotecário-historiador Worthington C. Ford, que foi um dos primeiros curadores de manuscritos a se pronunciar sobre o arranjo de papéis privados, recomendou o agrupamento do material de uma coleção de acordo com a apresentação física e forma do material. Ao escrever sobre "Manuscripts" na obra de Charles C. Cutter, *Rules for a dictionary catalog*, em 1940, afirmou que uma coleção deve ser dividida em três classes, a saber: "a) volumes separados de material distinto, tais como livros de regimento (*orderly books*), diários de exploração, ou relatório formal de governo; b) uma coleção de correspondência de caráter público ou de um órgão público; e c) papéis avulsos que não têm ligação uns para com os outros e são de natureza eventual".[102] Neal Harlow sugere no seu artigo já mencionado que nas grandes coleções pode haver "subgrupos por forma, tais como correspondência pessoal, papéis de negócios diários, discursos etc.". Ellen Jackson sugere que a coleção pode geralmente ser dividida em diários, livro de contabilidade e correspondência. Robert B. Downs indica que as coleções, na biblioteca da Universidade do Estado da Carolina do Norte, dividem-se nos seguintes tipos: diários, reminiscências, cartas, documentos das fazendas e livros de contabilidade.[103] A maioria das grandes coleções de papéis privados pode ser dividida em séries baseadas na apresentação física dos mesmos. As cartas são o primeiro tipo que normalmente se reúnem para formar uma série. Não se precisa estabelecer uma série para cada tipo físico diferente encontrado numa coleção; em geral são suficientes as séries para os principais tipos físicos. O número de séries a serem estabelecidas depende do tamanho e da complexidade da coleção.

Se as séries não podem ser estabelecidas com base na apresentação material dos papéis envolvidos, podem ser estabelecidas com base nas suas relações para com uma atividade ou assunto. A maioria das coleções de papéis pessoais é divisível em dois grupos: um que se relaciona com assuntos puramente pessoais, ou de família e outro que se relaciona com a atividade pela qual a pessoa cujos papéis estão sendo preservados se notabilizou. Esses grupos podem ser considerados séries. Se a pessoa se ocupou de diversas atividades igualmente notáveis, podem ser estabelecidas séries para cada uma delas. Assim, pode haver uma série relativa a um tipo particular de atividade ou a um acontecimento específico. As séries devem ser estabelecidas em função das atividades, com muito cuidado, para evitar que uma cubra a

---

[102] Ford, 1904:135.
[103] Downs, 1938:374.

outra, pois muitas vezes os papéis de várias atividades são inter-relacionados, como por exemplo os papéis pessoais e os de atividades profissionais. As séries, para resumir, devem ser mutuamente exclusivas, de modo que as peças individuais caberão unicamente a uma delas.

3. No arranjo de peças avulsas dentro de séries existentes ou criadas, devemos, normalmente, adotar as seguintes práticas:

a) *A correspondência deve, em geral, ser arranjada em ordem cronológica ou alfabética*, embora em circunstâncias especiais alguma outra ordem possa ser atribuída.

Devemos reiterar aqui que as peças de correspondência dentro de coleções naturais não devem, de forma alguma, ser arranjadas, mas devem ser deixadas na ordem dada às mesmas pelos criadores, sempre que a sua ordem original seja identificável e inteligível.

Devemos ainda a chamar atenção para o fato de que, embora o arranjo das peças dentro de uma série de correspondência seja aqui examinado separadamente, a série de correspondência, como tal, deve ser sempre conservada com outras séries, com as quais tenha relação.

Ambos os sistemas, cronológico e alfabético, são tão simples que podem ser aplicados mesmo por auxiliares inexperientes. Sob qualquer dos sistemas, os fatos que têm de ser averiguados podem ser estabelecidos facilmente — num caso, as datas, no outro, os nomes. Ambos os sistemas têm o mérito de serem muito objetivos.

O arranjo cronológico tem a sanção de longo uso e muitas vezes é preferido ao sistema alfabético. Já em 1904, Worthington C. Ford expressou sua preferência pelo arranjo cronológico. Ele o faz na sua seção sobre "*Manuscripts*" que se encontra na obra de Cutter, *Rules for a dictionary catalog*, que se tornou a obra padrão de referência que orientou, por muitos anos, a prática bibliotecária no que diz respeito a manuscritos. Escreveu ele: "Dois sistemas de arranjo são oferecidos: um alfabético, que reúne todas as cartas escritas por um mesmo homem, e outro cronológico, que dispõe o material, sem levar em conta quem o escreveu, porém considerando a data em que foi escrito. Para informação pessoal, a classificação alfabética é a mais simples; entretanto, para fins históricos, e todas as grandes coleções possuem um interesse histórico maior do que o pessoal, o arranjo cronológico oferece vantagens mais distintas" (p. 136).

Quando o sistema cronológico foi inicialmente aplicado a manuscritos, o equipamento moderno de arquivamento que permite outros sistemas de arranjo, de um modo geral, não existia. Esse sistema, todavia, foi aplicado quando era uso produzir repertórios (*calendars*), nos quais as peças eram anotadas em ordem cronológica. Esse é o sistema ideal para calendários. A prática de arranjar cronologicamente tornou-se agora tão arraigada, que cartas tiradas de coleções naturais são, muitas vezes, completamente reordenadas em sequência cronológica, embora suas relações orgânicas sejam prejudicadas por tal reordenação.

O arranjo cronológico é aquele que tem maior significação para o historiador, que é quem mais uso faz de documentos pessoais, pois coloca as informações sobre fenômenos, pessoas e coisas numa sequência de tempo ou numa sequência que conta uma história. A significação de várias cartas, muitas vezes, pode ser determinada pela sua leitura em sequência e, por assim dizer, "lendo-se nas entrelinhas" o que aconteceu numa dada época.

O arranjo alfabético pode ser ocasionalmente preferido ao cronológico. Esse é o caso quando as relações pessoais que aparecem nas cartas são mais importantes do que a sequência cronológica dos acontecimentos nelas narrados. Comumente, a correspondência de natureza pessoal tem maior significado se disposta numa base pessoal antes que cronológica, como frisou Ford. Por essa razão, cartas entre pessoas importantes têm sido, muitas vezes, publicadas separadamente. Assim, foi publicada separadamente por Dumas Malone a *Correspondence between Thomas Jefferson and Pierre Samuel Dupont de Nemours* e a *Correspondence of John Adams and Thomas Jefferson*, por Paul Wilstach. Aqui as relações intelectuais entre Jefferson e seus amigos são o que mais importa. Quando, então, as cartas são significativas, sobretudo pelas informações pessoais que contenham, podem ser agrupadas em relação às pessoas, não em ordem cronológica.

Os interesses da erudição histórica são igualmente atendidos, quer pela disposição alfabética, quer pela cronológica. Se documentos pessoais forem arranjados alfabeticamente, seu conteúdo e significação podem ser divulgados com maior facilidade, em instrumentos de busca, do que se forem dispostos cronologicamente, porque as datas não são tão descritivas quanto os nomes. A importância de uma coleção pode ser indicada, pelo menos parcialmente, pela lista de nomes dos que a produziram. Os nomes são importantes para a pesquisa histórica, quer seja focalizando assunto nacional, estadual, quer local. Tornam-se mais importantes à medida que a pesquisa se localiza, isto é, se reduz a uma localidade ou pessoa.

Outra questão é saber se as peças de correspondência podem ser dispostas em outra ordem que não a cronológica ou a alfabética. Os sistemas e equipamentos modernos de arquivamento, que começaram a ser usados desde que Ford formulou a sua máxima sobre o arranjo da correspondência, tornam possíveis todas as espécies de arranjo e particularmente o de assunto ou classificado. Se estes novos sistemas podem ser efetivamente aplicados à nova correspondência, por que não à antiga?

À parte o fato de os documentos pessoais serem difíceis de agrupar pelos assuntos, há também dificuldades na aplicação de novos métodos de arquivamento. Os sistemas de assuntos e classificados são mais difíceis de se adotar do que o sistema cronológico ou alfabético. São também menos objetivos. A classificação por assuntos é, por certo, muito subjetiva, pois envolve uma escolha de assuntos, em relação aos quais os documentos devem ser organizados, e uma determinação de assunto principal tratado em cada carta, onde vários assuntos podem ser focalizados.

Frequentemente, quando se arranja a correspondência, retiram-se os anexos das cartas individuais, às quais foram juntadas. Esta prática é usual, quando a correspondência é arranjada cronológica ou alfabeticamente, pois, é claro, a ordem em si é interrompida se os anexos ficam com as cartas, com as quais vieram. Por isso, os anexos são retirados e colocados em ordem cronológica ou alfabética. Como em geral a relação da carta e do anexo é importante, deve ser feita uma nota a lápis, talvez, como é a prática da Biblioteca do Congresso para mostrar a relação;

b) *Documentos em forma de livro*, incluindo livros de cópias prensadas de correspondência expedida, livros de contabilidade, diários, livros de pedidos e similares, *devem ser normalmente dispostos em ordem cronológica ou, se numerados, em ordem numérica*. Os livros, evidentemente, podem ser agrupados em séries. Assim, Robert B. Downs, da Biblioteca da Universidade da Carolina do Norte, sugere três agrupamentos lógicos possíveis: a) de acordo com o tipo; b) de acordo com o autor (entidade ou pessoa); e c) de acordo com o lugar de origem.

Downs indaga "se uma referência ao assunto seria conveniente" e acrescenta que, temporariamente, está organizando os volumes alfabeticamente pelos autores, mas que esse esquema satisfaz apenas em parte. Normalmente as séries de volumes manuscritos, exatamente como outras formas físicas de documentos pessoais, devem ser agrupadas, segundo seu tipo físico. Assim devem-se organizar séries distintas para cada tipo de volumes, isto é, para livros de cópia de cartas, livros de contabilidade, livros de recortes e similares. Dentro das séries, os volumes em geral devem ser ordenados cronológica ou alfabeticamente.

c) *Outros tipos físicos devem ser arranjados em qualquer ordem que pareça mais apropriada, de forma a facilitar o seu uso.* Podem ser dispostos numérica, cronológica ou alfabeticamente por nome ou assunto, ou noutra ordem qualquer.

O método de arranjo depende, até certo ponto, de ser a série aberta ou fechada. Num arquivo em fase de acumulação, ou crescimento, em peças tais como panfletos e outros impressos que podem ser retirados de uma coleção para tratamento especial, uma ordem estritamente numérica deve ser adotada normalmente e deve ser mantido um registro para indicar a fonte de cada documento e para fornecer um meio de controlá-los.

Numa série fechada, à qual nada mais será acrescentado, qualquer um dos diversos sistemas de arranjo pode ser adotado.

Uma série fechada de documentos impressos, como folhetos e outros, identificáveis por autor e título, deve ser arranjada em ordem alfabética, por assunto ou pelo nome dos autores. Se a série é muito grande, um arranjo de assuntos é conveniente. A lista dos cabeçalhos de assuntos, segundo os quais os documentos serão agrupados, deve ser preparada numa base *ad hoc* para cada série. Os cabeçalhos de assunto devem ser tirados de uma análise da acumulação de tais documentos e não de cabeçalhos anteriormente escolhidos, baseados em esquemas de classificação de bibliotecas, nem é preciso dividir, invariavelmente, os assuntos em classes e subclasses, como se faz nos esquemas de classificação biblioteconômica. A divisão dos assuntos em classes e subclasses deve ser decidida tomando-se por base o tamanho e complexidade da série em questão. A classificação não deve ser dividida além do ponto necessário para localizar as buscas a um grupo razoavelmente pequeno.

Uma série fechada de recortes deve ser normalmente agrupada, primeiro em base geográfica, e depois segundo o assunto. Ocasionalmente, uma classificação cronológica simples é preferida. Minutas, relatos, sermões ou discursos devem ser classificados normalmente, em ordem cronológica.

Sistemas de notação

Um sistema de notação ou símbolos, se aplicado às coleções de papéis privados e a seus componentes, provará ser de utilidade. Tais símbolos podem ser puros, isto é, somente números ou somente letras, ou mistos, isto é, números e letras combinados. Um sistema de notação, quando aplicado aos papéis privados, serve a fins diferentes daqueles a que serve quando aplicado a material de biblioteca. Numa biblioteca, os símbolos são básicos na maioria dos sistemas de classificação. Indicam a colocação do material nas estantes. Mostram a classe e a subclasse de assunto a que pertence uma certa peça e sua posição relativa entre outras peças na classe e subclasse. Certos símbolos também têm características mnemônicas: indicam certas formas de material (anuário, enciclopédias etc.) e certas áreas geográficas.

Um sistema de notação tem apenas uma aplicação e utilidade limitada quando aplicado a papéis privados. Papéis são diferentes de livros em sua natureza substantiva e física. "O manuscrito comum, distinto do livro comum, tem uma individualidade que desafia os esquemas de classificação, prontos para uso e adaptáveis à maioria das obras impressas", segundo o dr. Cappon. "Igualmente um *corpus* de papéis manuscritos, sendo algo mais do que a soma de suas partes, não aceita um arranjo artificial sem a perda de caráter." As peças de biblioteca são usualmente peças distintas a que podem ser afixados símbolos, enquanto documentos privados, frequentemente, consistem de agregados de peças heterogêneas em seu conteúdo e tipo físico, de maneira que só com grande dificuldade os símbolos podem ser afixados. Somente coleções artificiais consistem em peças distintas, e mesmo estas são frequentemente agrupadas em séries para fins de arranjo e descrição. As coleções naturais comumente consistem em séries ou agregados de peças que têm entre si uma relação orgânica.

Na elaboração de um sistema de notação para papéis privados, deve-se reconhecer que o sistema não pode servir às mesmas finalidades a que serve uma classificação biblioteconômica. Quando aplicados a papéis privados, os símbolos são úteis, principalmente, como elemento de identificação e não de classificação. Não podem mostrar o arranjo de papéis por classes de assunto (que não se adaptam ao arranjo pormenorizado de papéis privados) exceto em relação às classes muito extensas, criadas em grandes repositórios de manuscritos. Nem podem eles ser usados com proveito para mostrar o arranjo de papéis privados em relação à estrutura orgânica. Porém, seu valor é inegável para a administração interna e trabalho profissional de um repositório de manuscritos, se usados criteriosamente e para as finalidades a que possam atender:

a) *Os símbolos devem ser usados para identificar coleções como um todo*. Quando atribuídos a coleções, os símbolos facilitam o trabalho de administração e o trabalho profissional nas coleções, proporcionando um sistema taquigráfico de identificação. Tornam mais fácil a referência às coleções nos documentos de caráter administrativo, tais como registros de entradas, de programas de trabalho e nos documentos profissionais, tais como instrumentos de busca e pedidos de serviços de referência.

Os símbolos atribuídos às coleções devem ser simples e puros. Se as coleções forem arrumadas na ordem de recebimento, os símbolos devem consistir, simplesmente, em números atribuídos a cada uma das coleções. Se as coleções forem arranjadas em ordem de classificação, como nos grandes repositórios de manuscritos, os símbolos tanto devem indicar a classe como a ordem em que as coleções foram recebidas na classe.

b) *Os símbolos devem também ser usados para identificar as séries dentro das coleções*. Quando atribuídos a séries, os símbolos são especialmente úteis no trabalho de descrição, quando da análise de peças individuais dentro das séries, como nos índices, catálogos e listas. São úteis na restauração da ordem de uma série, depois de a mesma ter sido misturada com o uso. Facilitam também a referência às séries nas requisições e nas citações.

Os símbolos devem ser atribuídos às séries identificadas numa coleção. Habitualmente, é mais fácil aplicar símbolos aos componentes de uma coleção de papéis privados do que aos de um grupo de arquivos. Os grupos de arquivos em geral não são fechados, como acontece com as coleções de papéis privados, e os símbolos podem ser usados eficazmente somente no caso de um corpo de material documentário ao qual não se farão adições. As séries de arquivos, além disso, frequentemente são arranjadas sob sistemas que têm notações próprias e essas notações, dadas no período de vida corrente, são utilizadas pelos arquivistas depois que as séries lhes chegam às mãos. Assim, um arquivista usa as notações já aplicadas aos componentes do seu grupo; o conservador do manuscrito, por outro lado, raramente encontra tais notações em suas coleções. Assim sendo, este tem consideravelmente mais liberdade do que o arquivista para idealizar um sistema de notação para o seu material.

Capítulo 16

Descrição de arquivos públicos*

No capítulo 10 — Destinação dos documentos — mostrei como se podem descrever os documentos para fins de descarte, quer em relação à substância, quer em relação à estrutura. Mencionei que os documentos, quanto à substância, são descritos fazendo-se referência ao órgão administrativo que os criou, às funções, ou às atividades. Os documentos são descritos estruturalmente, dando-se informação sobre a natureza física dos mesmos e sobre os sistemas segundo os quais são arquivados ou classificados.

Neste capítulo pretendo tratar das várias maneiras pelas quais os documentos públicos devem ser descritos num arquivo de custódia. O arquivista deve também considerar, na descrição para fins de referência, os mesmos elementos levados em conta na descrição dos documentos para fins de descarte. São, no conjunto, semelhantes aos de um catálogo descritivo de biblioteca que identifica os livros por autor e título e dá informações sobre suas várias características físicas, tais como edição, colofão e paginação. No entanto, os elementos são de identificação mais difícil em documentos do que em livros. O primeiro elemento na descrição de documentos é a autoria, que é indicada mencionando-se o nome da unidade administrativa, dentro do órgão governamental, que os criou; o segundo elemento é o tipo físico a que pertencem os documentos — correspondência, relatórios, ordens, tabelas e outros; o terceiro elemento é o título da unidade que está sendo descrita — geralmente uma breve identificação da função, atividade ou assunto a que se refere; o quarto é a estrutura física da unidade — partes de um grupo classificado de documentos, volumes encadernados, maços de documentos ou caixas.

O material do arquivo é, em geral, descrito em termos de sua autoria, tipo, título e estrutura, quer as unidades a serem descritas sejam grandes ou

---

* N. do T.: No original, cap. 15.

pequenas. A quantidade poderá, é lógico, variar, mas todos esses elementos devem ser tomados em consideração na descrição.

Em quase todas as instituições de arquivo do mundo, os mesmos quatro elementos aparecem na descrição de documentos. A maior diferença na técnica de descrição, entre os países que usam sistemas americanos de arquivamento, relaciona-se com o elemento tipo físico e com o de estrutura física. É meu intento tratar rapidamente dessas diferenças, mostrando primeiro os tipos de instrumentos de busca usados na Europa, aqui representados pela França, Alemanha e Inglaterra, e depois os tipos de instrumentos de busca do Arquivo Nacional dos Estados Unidos.

Instrumentos de busca europeus

França

O acervo dos Archives Nationales divide-se, como já vimos em capítulo anterior, em diversos grupos *(séries)*. Essa divisão iniciou-se com os quatro grupos estabelecidos por Camus e gradativamente foi aumentando em número até atingir os cerca de 50 atualmente existentes, e tem mudado, ocasionalmente, suas características, à medida que os documentos passaram de um grupo para outro. Os grupos de documentos, por sua vez, são subdivididos em diversos subgrupos *(sous-séries)* que consistem, em geral, de fundos *(fonds)* ou documentos originários de determinadas fontes ou tipos de fontes. Os arquivos, em si, compõem-se principalmente de volumes *(registres)* e de documentos, os quais se apresentam em forma de pastas *(liasses)* e peças avulsas *(pièces)*. Os documentos são em geral colocados em caixas de papelão *(cartons)*. Esses são, pois, os materiais a serem descritos.

Para fins de descrição e arranjo, os franceses usam símbolos para designar esses materiais. Os grupos de documentos são designados por uma ou várias letras maiúsculas (A, AD, B, F, ZZ etc.). Os subgrupos são designados por números arábicos ou romanos colocados em expoente (F^7, AD^{XV} etc.). As caixas ou os volumes são designados por números arábicos. Assim, "F^7, 2201" indica os documentos do grupo F, subgrupo 7, caixa 2201. Usa-se um asterisco ou estrela para indicar que se trata de um livro de registro ou volume encadernado. Assim, "F^{7*} 2200" indica um volume encadernado ou registro no grupo de documentos F, subgrupo 7. As caixas, as pastas, assim como as peças individuais de que se compõem são, em geral, numeradas, de modo que é possível fazer-se referência a uma peça específica num grupo da seguinte maneira: "F^7, 2201, pasta 2, peça 7". Os instrumentos de busca preparados pelos Archives Nationales estão ligados a esse sistema de notação.

O tipo mais geral de instrumentos de busca que se faz nos Archives Nationales são os guias, que cobrem todos ou a maioria dos grupos. O primeiro desses foi compilado por Daunou, em 1811, e recebeu o título de *Tableau systématique des Archives de l'Empire au 15 août 1811*. A este se seguiu um inventário geral ao qual já me referi em capítulo anterior, iniciado por M. de Laborde e editado sob o título *Inventaire général sommaire*, em 1867. Esse inventário contém uma enumeração das peças ou unidades de arquivamento (*articles*) — volumes encadernados, pastas e caixas — que se encontram em cada grupo. Seguiu-se, em 1871, um *Inventaire sommaire et tableau méthodique des fonds conservés aux Archives Nationales*, que contém uma análise da proveniência e do assunto dos grupos de documentos pré-revolucionários. O último inventário geral, a que também já me referi, foi o *État sommaire*, editado em 1891, no qual o acervo dos Archives Nationales é dividido em 39 grupos e, cada grupo, subdividido em subgrupos, da seguinte maneira:

Grupo de documentos F — Administração — França em geral
    Subgrupos F^1 — Administração — geral
              F^2 — Administração — departamental
              F^3 — Administração — comunal
              F^4 — Contabilidade — geral
              F^5 — Contabilidade — departamental
              F^6 — Contabilidade — comunal
              F^7 — Polícia   — geral etc.

Em cada subgrupo, os volumes, caixas, ou pastas, são numerados da seguinte maneira:

Subgrupo F^7 — Polícia   — geral
          *1-2200 — Registros gerais e repertórios
                  1792-1837
          2201-2312 — Registros administrativos, transcritos de
                  embargos, cópias de cartas, relatórios,

	listas e registros de controle de nomes etc. 1792-1830
.... 4001-4215	— Relatórios e boletins policiais ano ix-1859
.... 4825-6l38	— Papéis relativos à emigração

Outro tipo, mais detalhado, de instrumentos de busca produzido nos Archives Nationales é o inventário ou repertório. Há dois tipos de inventários: a) inventários numéricos ou sumários (*inventaires numériques ou sommaires*); e b) inventários analíticos (*inventaires analytiques*). Em 1938, foi publicada uma relação de inventários e repertórios preparados pelo Arquivo Nacional, sob o título *État des inventaires des Archives Nationales, départamentales, communales et hospitalières au premier janvier 1937*. Como essa relação segue o arranjo dos próprios arquivos, ela serve como guia para os grupos e subgrupos existentes quando de sua publicação. Na Biblioteca do Congresso, em Washington, encontram-se microfilmes dos inventários não publicados, abrangendo a "Seção Moderna" dos Archives Nationales; uma lista desses foi publicada no relatório anual da American Historical Association, em 1951.

Os inventários numéricos ou sumários consistem, tão somente, em uma lista numérica das unidades de um grupo — volumes, caixas ou pastas. Representam o primeiro passo na análise dos documentos. Nestes, o conteúdo das caixas ou das pastas é identificado em termos gerais. Se as peças individuais de uma caixa ou de uma unidade de arquivamento são de tipo físico semelhante, elas são simplesmente identificadas pelo tipo físico e pelas datas extremas. Se, por outro lado, essas peças apresentarem características físicas diversas, as unidades de arquivamento devem ser identificadas em termos de peças particularmente importantes, em geral peças às quais se deve a criação de outras. Quando se compilam tais inventários, fazem-se notas, usualmente sobre as capas das unidades de arquivamento que chamam a atenção, para uso posterior no trabalho de descrição, de documentos particularmente importantes, de lacunas de períodos e coisas semelhantes. Um tipo de repertório numérico de arquivos, do porto de Argel, subgrupo IA, encontra-se reproduzido no *Notice sur l'organisation des dépôts d'archives des arrondissements maritimes et des sous dépôts historiques* publicado pelo Service des Archives et Bibliothéques, em Paris. Esse repertório divide-se em seções, tais como "ordens e instruções", "correspondência" e "despachos ministeriais" e as unidades de arquivamento e volumes são listados sob essas seções da seguinte maneira:

*442 — "Registros de pessoal" do comando das forças navais, defesas móveis e vasos estacionários na Argélia, indicando os movimentos militares dos oficiais 1903-1906
453 — Documentos enviados ao C.A., comando naval na Argélia, bem como aos membros do Conselho do governo 1909-1913
454 — Honrarias e apresentações — cerimônias — visitas — prêmios sob o comando do C.A., comando naval na Argélia 1893-1916
455 — Reorganização do comando dos movimentos militares no Porto de Argel 1898-1908

Os inventários analíticos, compilados somente depois que os inventários numéricos ou sumários tenham sido completados, contêm descrições bastante minuciosas quanto ao conteúdo das caixas e dos volumes encadernados nos grupos de documentos. Dão o número de unidades de arquivamento e de peças avulsas de cada caixa. Se a unidade de arquivamento consiste em documentos heterogêneos, faz-se uma análise peça por peça e um resumo do conteúdo das peças mais significativas com tais minúcias que frequentemente se usam os sumários em substituição aos originais. Se as unidades de arquivamento, por outro lado, são de conteúdo homogêneo, são descritas em termos de tipo de documentos dos quais se compõem. Os inventários, entretanto, não apresentam, via de regra, descrição minuciosa, peça por peça, do conteúdo das unidades de arquivamento, pois demandariam muito tempo para prepará-los e se tornariam demasiadamente longos para publicar.

Alguns inventários analíticos descrevem os documentos por caixas (ao invés de unidades de arquivamentos das caixas). Um modelo de inventário desse tipo, dos arquivos da Marinha central, subgrupo BB[4] que se encontra no *Notice sur l'organisation*, consta do seguinte:

1499. "Dossiês sobre Madagascar" — 11 dossiês 1868-1897
      b. Negociações, assinatura e execução do tratado Franco-Malgaxe, de 17 de dezembro de 1885 — 137 peças 1883-1886

Correspondência com Maigrot, cônsul italiano agindo como mediador entre as duas partes; com R. P. Cazet, prefeito apostólico de Madagascar; com Rainilaiarivony, primeiro-ministro, e com os plenipotenciários de Madagascar (peças em malgaxe), traduções destas últimas, minutas preliminares e tratado de paz. Despachos do ministro; cópias de cartas dos ministérios de Negócios Exteriores e Correios, correspondência com o cônsul francês em Zanzibar.

j. Cartas do general Galliéni, comandante supremo das tropas nos territórios militares de Madagascar, para o comandante de divisão. — divisão 53 peças.

1-3. Transações correntes — (out. 25 — nov. 17, 1896.) 4. Organização dos territórios ocupados, extensão da zona pacífica (nov. 28). 5. Confirmação do telegrama relativo à repartição do pessoal do Porto de Majunga e à flotilha (dez. 12). 6. Ação da divisão naval do oceano Índico na costa oeste de Madagascar (dez. 12). 7. Mudanças de pessoal (dez. 27). 8. Projeto para a construção do sinal luminoso (jan. 5, 1897).

Alemanha

O acervo de diversos arquivos alemães consiste, em geral, em grupos criados pelos órgãos governamentais. Um grupo de documentos comumente consiste em documentos de um ministério alemão, o correspondente a um departamento executivo do governo federal dos Estados Unidos. O grupo se compõe de subgrupos recebidos dos diversos serviços de registro de divisões do ministério. Cada subgrupo consiste, geralmente, em unidades de arquivamento ou pasta (*Akten*) nas quais as peças individuais são presas na ordem em que se acumularam. As pastas ou unidades de arquivamento que são ordenadas segundo esquemas de classificação são identificadas, na capa, por meio de entradas que indicam sua origem num órgão (*Behörde*) ou num serviço de registro (*Registratur*), seu título (*Rubrum*), datas, e classificação ou número de chamada.

O acervo dos arquivos geralmente também inclui grupos especiais que são criados para material de significado especial ou de determinadas características físicas. Entre os materiais de arquivo, para os quais se criam grupos especiais, estão os tratados e documentos em pergaminho (*Urkunden*) que são reunidos sem se levar em conta a sua proveniência. Criam-se grupos especiais também para mapas, selos, retratos e outros tipos de material.

No arquivo, o seu material, quer se trate de documentos soltos ou de pastas, é em geral reunido em maços, guardados em posição horizontal ou amarrados em capas de papelão bastante firme e guardados em posição vertical nas estantes. Em geral cada maço compreende de quatro a oito polegadas de material, e o papel ou capas onde são colocados, em geral, são marcados com números de chamada ou outras indicações do conteúdo dos mesmos.

O tipo geral de instrumentos de busca, ou guias produzidos na Alemanha são semelhantes aos franceses. Os guias alemães (*Ubersich der Bestände*), encontrados na maioria dos arquivos alemães apenas em manuscritos, identificam os diversos grupos de documentos sob custódia e indicam a proveniência, datas--limite, volume aproximado e muitas vezes também a localização nas galerias ou depósitos. Como exemplos de guias impressos produzidos por alguns arquivos temos os do Arquivo do Estado da Prússia publicados em 1934, sob o título *Übersicht über die Bestände des geheimen Staatsarchivs zu Berlim-Dahlem*, e do Arquivo de Württemberg, publicado em 1937, em Stuttgart, sob o título *Gesamtübersicht über die Bestände der Staatlichen Archive Württembergs*. Neste último guia aqui citado o acervo (*Bestände*) de diversas instituições de arquivos do estado de Württemberg foi agrupado sistematicamente para fins de descrição sob 10 grandes classes estabelecidas como base na origem dos documentos e na cronologia. Por exemplo, há cabeçalhos para os documentos de "Agências do Período Transacional 1803-17", e para os "Arquivos Recentes das Agências Centrais e Intermediárias, 1806-17". Esses grandes cabeçalhos, indicados por letras maiúsculas, são, por sua vez, subdivididos em subgrupos criados, na sua maioria, tomando-se por base a proveniência dos documentos, tais como arquivos relacionados com "Assuntos Financeiros" ou "Assuntos Militares". Sob cada um desses subgrupos descreve-se o conteúdo dos maços, indica-se seu lugar de custódia e anotam-se os instrumentos de busca que foram preparados para os mesmos por meio de símbolos. Daremos a seguir um trecho desse guia:

E 64. *Confederação Alemã* (1819-1869)
Contém tratados, ordens, protocolos relativos à Confederação em geral.

Um repertório por Pfaff, 1825, com suplementos por Lotter e outros.

E 65-68.   *Confederação Alemã*

        1 volume com registro.
        1ª div. [de um esquema de classificação]. Diversas pastas dos representantes de Württemberg em Frankfurt e relatórios originais para o ministro dos Negócios Exteriores (1815-1826).
        2ª div. Arquivos dos plenipotenciários militares de Württemberg na Dieta federal (1818-1846).
        3ª div. Arquivos do ministro dos Negócios Exteriores de Württemberg relativos a assuntos da Confederação Alemã (1816-1866) e à Comissão Federal Militar (1851-1866).
        4ª div. Cópias de tratados (1806-1861) do registro da legação de Württemberg junto à Dieta federal.

E 69.   *Império Alemão (1870-1871)*

        Tratados relativos à anexação de Württemberg ao império alemão. Um repertório por Pregizer, 1876.

Os repertórios e inventários preparados na Alemanha são semelhantes aos preparados na França. Os repertórios (*Repertorien*) consistem de listas não publicadas, manuscritas ou datilografadas, encadernadas em volumes, nos quais as pastas individuais ou unidades de arquivamento de um grupo de documentos são identificadas de maneira breve. Considerando-se que sistemas de classificação cuidadosamente elaborados, em uso nos serviços de registros alemães, fornecem informação acurada sobre o conteúdo de tais pastas ou unidades, os arquivistas alemães usam essa informação para preparar os seus repertórios. Os títulos ou cabeçalhos de assuntos dados às pastas nos registros são escritos em papéis ou em fichas. Estes são então arranjados na ordem em que as pastas devem ser listadas nos repertórios, geralmente a ordem em que as pastas são colocadas nas galerias, mas ocasionalmente pode-se dar a eles um arranjo alfabético ou cronológico.

Além de repertórios, produzem também outro tipo de instrumento de busca, não publicado, a análise (*Analyse*). As análises são instrumentos de busca especiais preparados somente para documentos de interesse excepcional que se possam encontrar em pastas ou unidades de arquivamento. Descrevem os documentos com tal minúcia que se considera supérflua para a maioria dos documentos, em face da informação acurada fornecida sobre os mesmos nos registros.

Os inventários (*Inventare*) são repertórios impressos, geralmente aumentados com explanações do significado e da inter-relação dos arquivos e com indicação da literatura pertinente, não encontrada nos repertórios. Os inventários dividem-se em diversos tipos: inventários gerais que abrangem todos os grupos de documentos; inventários especiais que se referem a arquivos sobre um assunto especial em um ou mais grupos de documentos e inventários analíticos que contêm informações completas sobre importantes documentos históricos, tais como pergaminhos ou tratados. Ilustrações sobre a maneira pela qual os vários tipos de materiais — tais como pergaminhos, tratados, manuscritos — são descritos ou listados podem ser encontradas no *Inventare des Groszherzoglich Badischen General Landesarchivs* publicado em Karlsruhe, entre 1901 e 1911. O método de descrever os maços de documentos oficiais é ilustrado pela seguinte entrada, sob o cabeçalho de assunto "Emigração" tirado do volume 3 daquele inventário:

    8.   1763-1766.   Relatórios da Dieta Imperial e arquivos relativos à emigração de colonos alemães para a Rússia e relativos às várias contramedidas tomadas pelos Estados alemães. 1 maço.

Inglaterra

Informações gerais sobre o acervo do Public Record Office podem ser obtidas do seu *Summary of records*, que já conta diversas edições. Na edição de 1950, os *archives groups* são listados em ordem alfabética, segundo seus títulos descritivos, e sob cada grupo as classes são identificadas pelos títulos descritivos e datas, e listadas em ordem numérica. Alguns grupos de arquivos, pelo que se pode deduzir do *Summary*, compõem-se de várias divisões.

O grupo de arquivos do Almirantado por exemplo, compreende as 11 divisões seguintes:

Secretaria
Abastecimento, Departamento de

Assistente-geral, Marinha Real
Contabilidade Geral, Departamento de
Fundo Chatham
Hospital de Greenwich
Junta Naval
Médico, Departamento de
Pagamento da Marinha, Seção de
Superintendente do Departamento Naval
Transporte, Departamento de

As classes são criadas tomando-se por base, como no caso do grupo de Almirantado, o tipo de documento e tomando-se por base as áreas geográficas ou políticas, em outros casos, como nos grupos do Serviço das Colônias ou de Relações Exteriores. Outros fatores são também levados em consideração para se estabelecerem as classes.

O acervo do Public Record Office divide-se em 78 grupos, que são designados por títulos abreviados ou por letras-símbolos, como por exemplo: Admiralty (Adm.), Colonial Office (C.O.), Foreign Office (F.O.), Home Office (H.O.) e assim por diante. Os grupos, por sua vez, dividem-se em 3.259 classes (em 1949). Para o grupo Almirantado, algumas das primeiras classes, das quais existem 116, são: "Cartas recebidas", "Cartas expedidas", "Atas" e "Patentes da Armada". As classes são designadas por números arábicos; assim, a classe 2 do grupo "Admiralty" é citada como "Arm. 2". As classes se compõem de "peças" — volumes, rolos, maços etc. — das quais calculou-se que existiam 680 mil em 1949. A primeira peça da segunda classe do grupo "Admiralty" seria então citada como "Adm. 2/1" e o primeiro documento dentro dessa peça seria citado como "Adm. 2/1/1".

Já foram publicados diversos guias do acervo do Public Record Office, o último dos quais por Giuseppi, que está agora sendo substituído por uma nova edição, que aparecerá em partes, à medida que forem completadas. O *Guide to the manuscripts preserved in the Public Record Office*, de Giuseppi, publicado já há 30 anos, descreve o acervo por grupos e classes, e dá um índice para o conteúdo de assuntos dos mesmos. Um trecho desse guia, tirado da classe 2 do grupo "Admiralty", servirá para ilustrar o tipo de informação descritiva que fornece:

Documentos do Almirantado
Departamento do Secretário
Cartas expedidas
1656 a 1859. 1756 vols. Classificadas sob cerca de 30 cabeçalhos, dos quais mencionamos abaixo os mais importantes. Na maioria dos casos cada volume é indexado, mas alguns relativos a seções especiais são aqui anotados.
Ordens e Introduções, 1656 a 1815
Digest, 1660 a 1790, 2 vols. MSS
Cartas dos Lordes, 1660 a 1815. As cartas dos Lordes aos Secretários de Estado, a partir de 1695, estão em livros separados.
Cartas do Secretário, 1679 e 1815. Subdividem-se da seguinte maneira:
Cartas gerais, 1679 a 1746.
Cartas para Repartições Públicas e para os Almirantes, 1746 a 1815.
Index, 1802 a 1807, in Index. Ec. Ser. III, Nos. 29-34.
Cartas comums, 1746 a 1808.
Cartas para Capitães e Capitães-tenentes, 1809-1815.
Cartas relativas aos Tribunais e a Negócios do Almirantado e Vic-Almirantado, 1663 a 1815.

Em conexão com o preparo de seu guia, Giuseppi arrolou os instrumentos de busca que se relacionam com o acervo do Public Record Office que foram transcritos num *Catalogue*, em oito volumes.

O mais comum desses instrumentos de busca são as listas, preparadas em grande número, sendo algumas impressas. Depois que os documentos são arranjados em grupos e classes e as *pieces* nas classes numeradas, compilam-se listas de peças individuais ou dos documentos nas classes. Estas listas são uma simples enumeração das peças ou documentos identificados apenas pelo número e data. A *List of Admiralty records* (Londres, 1904) impressa servirá para ilustrar o estilo das entradas. Na classe 2 do grupo de documentos do Almirantado: "Cartas expedidas", os documentos são descritos sob alguns subcabeçalhos, tais como "Ordens e Instruções", "Cartas dos Lordes", "Cartas do Secretário", que, note-se, correspondem a entradas no *Guide* de Giuseppi. Daremos a seguir um trecho da citada *List*:

	Ordens e Instruções
Número	*Data*
1	1665-1679
2	(Falta)
3	1689, mar. — 27 de jul.
4	1689, 29 de jul. — 17 de dez.
5	1689, 8 de dez. — 1690, 14 de maio
6	1690, 14 de maio — 25 de nov.
7	1690, 26 de nov. — 1691, 29 de maio
8	1691, 30 de maio — 1692, 22 de jan.
9	1692, 21 de jan. — 18 de ago.

Algumas listas, como por exemplo as relativas ao grupo *Colonial Office*, contêm algumas informações descritivas. Um trecho da Classe 5 "América e Índias Ocidentais" serve para ilustrar esse tipo de entrada:

Referência C.O.5	Data	Descrição *Correspondência Original — Secretário de Estado*
3	1702-1710	Despachos e Miscelânea
4	1711-1732	Despachos e Miscelânea
5	1733-1748	Despachos e Miscelânea
6	1749-1754	Despachos e Miscelânea
7	1755-1779	Despachos e Miscelânea
8	1780-1783	Despachos e Miscelânea (Militares)
9	1710-1713	Expedição contra o Canadá
10	1710-1752	Massachusetts; New Hampshire; Rhode Island
11	1711-1713	Delegados de Transportes, Conselho Privado, Delegados de Contabilidade

As espécies de informações que podem de fato ser encontradas em um dos itens acima, digamos, no 9, identificado como "Expedição contra o Canadá", deduz-se do guia de Charles M. Andrews, *Guide to the materials for American history to 1783 in the Public Record Office of Great Britain,* em dois volumes (Washington, 1912-14), que descreve esse item da seguinte maneira:

"Contém cartas do comandante em chefe e de outros oficiais ao secretário de Estado, com relatórios, cópias de cartas, diários, petições, representações e resoluções dos conselhos de Guerra
"Alguns documentos relativos a questões da Carolina do Norte em 1712; um documento datado de 1685, outro de 1709.
"Cartas dos governadores das colônias e outras pessoas relativas a assuntos de cooperação colonial
"Pronunciamentos e petições outras que não militares
"Cartas do agente colonial
"Mapas de fortes, rios etc."

Outro tipo de instrumento de busca produzido no Public Record Office são as listas descritivas (*descriptive lists*), que, como o nome indica, fornecem mais informações descritivas do que as que se encontram nas listas comuns; os inventários (*inventories*), que fornecem informação sobre o caráter, conteúdo, tamanho e integridade das classes de documentos sem especificar as peças individuais ou documentos de que se compõem; os índices (*indexes*), que são listas em ordem alfabética de nomes ou assuntos com referências a documentos onde podem ser encontrados; os calendários (*calendars*), que contêm descrições e extratos de documentos individuais; e transcrições (*transcripts*), que são reproduções exatas dos documentos individuais.

Instrumentos de busca americanos

O Arquivo Nacional desenvolveu um programa de instrumentos de busca que se caracteriza pelos documentos com os quais lida. Os documentos do governo federal dos Estados Unidos têm certas características que os diferenciam dos guardados nas instituições mais antigas na Europa. Os documentos, de modo geral, são documentos modernos, pois muito poucos deles originaram-se antes do século XIX. Não apresentam, portanto, os problemas de identificação que apresentam os documentos mais antigos, documentos medievais. Não se requer um conhecimento das ciências auxiliares da história e de línguas medievais para descrever a fonte ou o conteúdo dos mesmos. Os documentos são de formas modernas. Consistem em inúmeros tipos físicos, sendo os mais comuns correspondência, relatórios, memorandos e instruções; mas também incluem formulários criados para as operações de rotina de um governo grande e moderno. Entre estes últimos estão os requerimentos, autorizações, laudos, solicitações, certificados, queixas, contratos, escrituras, manifestos, notificações, folhas de pagamento, petições, questionários, recibos, declarações, tabelas, especificações, comprovantes, fianças e coisas semelhantes. Os documentos são ordenados segundo sistemas modernos de arranjo, os quais, já se observou, variam de simples sistemas numéricos, alfabéticos e de assuntos, até os sistemas altamente complicados de assunto-numérico, dúplex-numérico, decimal de Dewey e outros. Esses sistemas, além disso, não se aplicam de maneira uniforme nos diversos órgãos do governo, nas diversas repartições de um mesmo órgão. A aplicação desses sistemas varia de um órgão para outro e, num órgão, de serviço para serviço. Os documentos não são centralizados como na Europa, onde não se encontram serviços de registros (*registry offices*) em nível inferior ao de divisão; ao contrário, os documentos são descentralizados até o último grau, de modo que quase todo funcionário do governo mantém arquivos relativos às suas atividades particulares.

Como já se observou no capítulo 14, o acervo do Arquivo Nacional, da mesma maneira que o de arquivos da Europa, divide-se para fins administrativos, em um certo número de grandes grupos. Os grupos, cerca de 300, consistem na maioria das vezes em documentos de órgãos isolados (e de seus antecessores) no nível de *bureau* na estrutura governamental como por exemplo Serviço de Índios, Guarda Costeira ou Serviço de Meteorologia. Em alguns casos os documentos de diversos órgãos foram reunidos na base de suas relações administrativas ou outras relações, para constituir grupos "coletivos". Os grupos servem como estrutura básica para todas as atividades de arranjo, análise e descrição.

Num grupo, as unidades descritas no Arquivo Nacional são bem diferentes, em caráter e forma, daquelas de que falamos no caso da França, Alemanha, e Inglaterra. Nestes últimos países, relembremos, as unidades de descrição eram, em geral, volumes, maços ou caixas. Nos Estados Unidos as unidades são, norma geral, séries, às quais, como foi observado no capítulo precedente, dá-se no Arquivo Nacional uma definição especial, talvez um pouco forçada. Uma série, tal como é aqui concebida, geralmente reúne todos os documentos arranjados num único sistema de arquivamento. Tais documentos são considerados como constituindo uma série, mesmo que o seu volume atinja milhares de pés cúbicos. Mas o termo série é também aplicado a agregados independentes de documentos tendo uma forma física comum ou relativos a uma mesma atividade ou assunto. Ocasionalmente, é lógico, os documentos podem ser descritos em unidades menores do que séries, tais como volumes, pastas ou documentos. O atual acervo do Arquivo Nacional compreende milhares de séries de documentos e milhões de documentos criados por centenas de órgãos.

Na descrição de seus documentos o Arquivo Nacional considera dois aspectos diferentes. Por um lado, os documentos são descritos em relação às suas origens, quanto à organização e função; este é o aspecto da *provenance*. Por outro lado, os documentos são descritos em relação aos assuntos. Este é o aspecto de *pertinence*.

Descrição segundo a proveniência

Na descrição de documentos do ponto de vista de sua proveniência pode-se distinguir diversas etapas. A primeira é descobrir qual a unidade administrativa específica, dentro de uma complexa hierarquia governamental, que produziu o corpo de documentos objeto de consideração. A segunda é procurar saber da função ou atividade que deu origem aos mesmos. A terceira é identificar o tipo físico dos documentos, isto é, se consistem em correspondência, relatórios, ordens, tabelas etc. O quarto é determinar o seu arranjo, isto é, se obedecem a um sistema de arquivamento, ou se foram simplesmente reunidos por se relacionarem com um determinado assunto ou atividade, ou por terem uma forma especial. Essas informações básicas sobre a origem administrativa e funcional, tipo e arranjo dos documentos surgem no preparo de todos os instrumentos de busca do Arquivo Nacional que levam em consideração o aspecto da proveniência.

O Arquivo Nacional produz instrumentos de busca gerais que cobrem todos os grupos sob sua custódia. Estes são os chamados guias e são publicados para uso dos demais órgãos do governo e para o público. O *Guide to records in the National Archives*, publicado em 1948 como uma edição completamente revista de *Guide* anterior, de 1940, cobre mais de 800 mil pés cúbicos (22.656m^3) de documentos recolhidos em 247 grupos. Esse novo *Guide* é amplamente indexado quanto aos assuntos dos grupos. Em 1946 o Arquivo Nacional publicou um guia em forma reduzida, intitulado *Your government's records in the National Archives*. Os guias gerais analisam os documentos em termos de sua proveniência e reúnem as informações que aparecem nos vários instrumentos de busca que são preparados para cada grupo de documentos.

A entrada do grupo 84, documentos dos postos de serviço no exterior do Departamento de Estado, do *Guide* de 1948, servirá para ilustrar o método de execução. Na nota introdutória, a entrada contém uma página (45 linhas) da história dos serviços diplomáticos e consulares e dos seus documentos, com referência à literatura pertinente. A esta se seguem parágrafos onde se descrevem, em termos gerais, os documentos dos postos diplomáticos e consulares. Estes últimos são descritos da seguinte maneira:

> "*Documentos dos postos consulares*. 1790-1943. 8.280 pés.
>
> Os postos consulares são geralmente representados por peças como instruções do Departamento, instruções de posto supervisor e cópias de despachos e relatórios para os mesmos; correspondência geral, documentos de taxas recebidas pelos serviços de notário, embarcações e miscelânea; documentos de passaportes concedidos e visados; documentos relativos a nascimentos, casamentos e óbitos de cidadãos americanos; documentos relativos à cessão de propriedade, aquisição de bens de raiz e à proteção dos cidadãos americanos; conhecimentos de mercadoria embarcada ou recebida no distrito consular; diários de acontecimentos e memorandos, e documentos financeiros e inventários dos bens dos postos. Além disso, nos casos de consulados em portos marítimos há documentos da chegada e partida de navios americanos e descrição da respectiva carga; lista da tripulação embarcada, dispensada ou falecida; documentos de protestos e outros documentos marítimos. Vários registros e índices são também apresentados. No Arquivo Nacional há documentos de cerca de 690 postos consulares. Estão representados quase todos os países onde têm sido mantidos postos, exceção feita a Noruega, Suécia, Dinamarca, Países Baixos e Turquia, dos quais se receberam poucos ou nenhum documento."

Para cada grupo o Arquivo Nacional produz uma série de instrumentos de busca que vão do geral ao específico, tornando-se progressivamente mais minuciosos à medida que os documentos são analisados em unidades menores. Nos mais gerais desses instrumentos de busca, as notas de registro do grupo de documentos (*record group registration statement*), o próprio grupo e a unidade de referência. O inventário preliminar (*preliminary inventory*), menos geral do que o *registration statement*, descreve os documentos em termos de séries. A descrição dos documentos torna-se específica nas *listas detalhadas ou especiais (detailed ou special lists)*, que vão além do nível de série e enumeram ou descrevem as peças individuais, como sejam os volumes, as pastas e os documentos.

Notas de registro do grupo de documentos visam a fornecer um mínimo de informações essenciais sobre o grupo de documentos das quais se pode dispor pouco depois de criado o grupo e que podem ser facilmente conservadas em dia por meio de revisões à medida que novos documentos são recolhidos. Estabelecer um controle maior nesse estágio preliminar na análise de documentos é impraticável. Os *registration statements* são usados principalmente como instrumentos de trabalho do pessoal do Arquivo Nacional, e devido às suas frequentes revisões servem para suplementar os guias gerais que cobrem todos os documentos sob custódia. Consistem em documentos narrativos ou descritivos de uma ou duas páginas, que dão os principais fatos quanto à origem, à organização e às funções dos órgãos cujos documentos constituem os respectivos grupos; descrições sumárias dos documentos pertencentes aos grupos sob custódia do arquivista; referência às transações de recolhimento pelas quais os documentos deram entrada no arquivo; nomes dos setores do Arquivo Nacional sob cuja reponsabilidade imediata estão os documentos, e declarações resumidas quanto à localização de outros documentos que não estão sob a custódia do arquivista e que se enquadrariam nos grupos de documentos.

O *"Registration of Record groups n. 84"* servirá para ilustrar o tipo de informação dada nas notas de registro. Esse registro contém um resumo muito breve, aproximadamente a quarta parte do contido no *Guide*, sobre a história dos serviços diplomáticos e consulares e respectivos documentos. Os documentos dos postos consulares são descritos como consistindo em:

> "...comunicações recebidas e expedidas pelo Departamento de Estado postos diplomáticos supervisores, outros estabelecimentos consulares, firmas comerciais e outras organizações e indivíduos; documentos de nascimentos, casamentos e óbitos de cidadãos americanos; documentos relativos à cessão de propriedade, à aquisição de bens de raiz e à proteção de cidadãos americanos; conhecimentos de mercadorias embarcadas ou recebidas nos distritos consulares; diários de acontecimentos e memorandos; documentos financeiros e inventários dos bens dos postos, e (no caso de consulados em portos de mar) vários documentos marítimos relativos a navios e a marítimos americanos."

Os *inventários preliminares* (*preliminary inventories*) representam um segundo estágio na descrição de documentos de acordo com a proveniência. Instruções sobre o modo de prepará-los encontram-se no *Staff Information Paper* nº 14, do Arquivo Nacional. Normalmente, um inventário preliminar deve cobrir todo um grupo de documentos. Quando um grupo tem origens administrativas muito complexas e pode ser convenientemente dividido em partes distintas, estas podem ser tratadas em inventários preliminares separados. O inventário preliminar tem caráter provisório e é preparado o mais rápido possível, uma vez recolhidos os documentos. É preparado, preliminarmente, para uso do próprio pessoal do arquivo, não somente como um instrumento de busca, mas também como um meio de estabelecer o controle, para vários fins administrativos, quanto aos documentos que se encontram no Arquivo Nacional. Os inventários preliminares fornecem informações quanto ao caráter dos documentos, em termos das origens administrativas e funcionais, dos tipos, cobertura cronológica, geográfica, ou de assunto, relação com outros documentos e arranjo dos mesmos. Essa informação é dada na introdução, onde o grupo é descrito e identificado como um todo, nas entradas analíticas de séries que são agrupadas por cabeçalhos administrativos, funcionais etc., e em apêndices que em geral dão informações adicionais sobre o conteúdo e o arranjo de determinadas séries. Os inventários que se preparam no Arquivo Nacional dos Estados Unidos diferem dos preparados na maioria dos arquivos de países da Europa, principalmente quanto à unidade de descrição empregada. A unidade é a série. Dão-se títulos às séries que distinguem o tipo de documento que incluem e juntam-se outros atributos de identificação como as datas-limite e a quantidade. Sob cada título de série dá-se um parágrafo conciso com informação adicional sobre a forma, origens administrativa e funcional e sobre outras características pertinentes. Os apêndices, em geral, consistem em listas de entradas por assunto tiradas dos cabeçalhos do esquema de arquivamento, dos cabeçalhos das pastas e da análise do conteúdo de determinada série.

O inventário preliminar do grupo nº 84, que será tomado para ilustrar a forma de entrada, cobre apenas documentos de postos de representação diplomática e consulares. A introdução contém informação mais completa do que a que se encontra no *Guide* ou na Nota de Registro (*Registration Statement*) sobre a história dos serviços diplomáticos e consulares e sua documentação. Essa informação é suplementada em apêndices, por listas da categoria dos representantes diplomáticos e consulares nos postos mencionados no inventário; por uma reprodução dos regulamentos relativos à manutenção dos documentos do posto e ao sistema de identificação usado para tais documentos; por uma lista relativa aos despachos do Departamento de Estado, e por uma lista dos secretários de Estado. A forma de entrada de cada série de documentos é ilustrada pelos seguintes exemplos:

DESPACHOS PARA O DEPARTAMENTO DE ESTADO.
Dez. 31, 1833 — jul. 19, 1912.
17 vols.   3 pés   61

Cópias das comunicações do consulado para o Departamento de Estado. Incluem-se relatórios, pedidos de instruções particulares, notificação de recebimento de instruções e explanações sobre conduta. A maioria dos relatórios submetidos pelo consulado até 1900 é extensa e pormenorizadas e faz alusão a todas as fases de atividade dentro da jurisdição de Amsterdã. Os assuntos tratados mais frequentemente são importação e exportação dos Países Baixos, manufatura, agricultura, embarcações e mercado de diamantes. Incluem também alguns relatórios sobre as condições sociais, econômicas e políticas contemporâneas. Arranjo cronológico. A partir de 6 de novembro de 1906 cada volume inclui um índice de assunto. Os despachos de 26 de outubro de 1866 são relacionados e resumidos no registro descrito na entrada 74. A partir de ago. de 1912 despachos semelhantes são incluídos na correspondência geral descrita na entrada 76.

RELATÓRIOS ANUAIS E OUTROS RELATÓRIOS PARA O
DEPARTAMENTO DE ESTADO
Out. 1881 — abr. 1907
5 vols.   8"   72

Cópias de relatórios comerciais anuais e demais relatórios especiais apresentados ao Departamento de Estado.
Típicos são os relatórios sobre as condições de trabalho nos Países Baixos, indústria de calçado e de couro, sufrágio geral nos Países Baixos, mercado de diamantes, comércio de café, de açúcar e de óleo comestível. Cada volume contém um índice de assunto. Arranjo cronológico. Os relatórios são relacionados no registro descrito na entrada 74. Relatórios idênticos anteriores a out. de 1881 e do período de 1907-12 são incluídos nos despachos descritos na entrada 61. A partir de ago. de 1912, aparecem na correspondência geral descrita na entrada 76.

REGISTRO DE CARTAS EXPEDIDAS
Out. 29, 1866 — Mar. 31, 1911
5 vols.   4"   74

Este registro mostra a data e o número de cartas, a quem e a que lugar foram enviadas, o assunto ou conteúdo, número de anexos e o total do porte pago. Refere-se a cartas descritas nas entradas 61, 63, 65/68, 70 e 72. Depois de 1911 o registro foi substituído pelo descrito na entrada 78. Arranjo cronológico.

Catálogos em fichas, preparados a título de experiência nos primeiros anos do Arquivo Nacional, representam simplesmente outra forma de fornecer informação idêntica à que se encontra nos inventários preliminares. A experiência em catalogar arquivos é descrita no artigo do ex-chefe da Divisão de Catalogação, John R. Russel, intitulado "Cataloguing at the National Archives" publicado no *The American Archivist* de julho de 1939. Naquela experiência fizeram-se fichas de entrada principal, às quais se deu arranjo alfabético, segundo o nome dos órgãos do governo de onde os arquivos procederam. Para cada órgão prepararam-se fichas históricas contendo, no fundo, a mesma informação que se encontra na introdução dos inventários preliminares. Os documentos de cada órgão do governo foram divididos, para fins de catalogação, em grupos de séries e em séries, ambos correspondendo às divisões dos inventários preliminares. Prepararam-se também fichas para as unidades recolhidas (*accession units*). Conquanto a experiência de catalogação tenha demonstrado ser possível apresentar informações descritivas sobre arquivos, em forma de fichas, foi abandonada quando se iniciou o atual programa de preparar inventários preliminares.

Listas detalhadas ou especiais de documentos são, por vezes, preparadas no Arquivo Nacional, mas o preparo das mesmas não é recomendado como uma rotina no programa de instrumentos de busca. Considerando que essas listas são, em geral, preparadas em relação a assuntos, tratarei das mesmas nos diversos parágrafos seguintes dedicados aos instrumentos de busca por assuntos.

Descrição segundo a pertinência

O segundo dos dois aspectos que podem ser tomados na análise de documentos, isto é, o aspecto da pertinência do assunto, é adotado no Arquivo

Nacional apenas em limitada escala. O tratamento pelo assunto é difícil e se justifica que o arquivista o adote somente onde serve para tornar a informação acessível a uma classe considerável de consulentes, em uma forma que lhes seja mais conveniente. O público geral, em regra, não está familiarizado com a estrutura hierárquica do governo e se interessa pelos assuntos independentemente dos órgãos que lidam com os mesmos. Para favorecer a máxima utilização de seu acervo, justifica-se, pois, que um arquivo de custódia desenvolva um programa de análise de documentos em relação ao assunto, antes que pela proveniência.

O acervo do Arquivo Nacional poderia, sem dúvida, ser descrito por assuntos em guias gerais. Os grupos de documentos já estão, por razões de ordem administrativa, reunidos em grandes classes que se relacionam com assuntos, tais como guerra, riquezas naturais e economia industrial. Apesar de estas classes serem demasiado grandes para servir de base para a compilação de guias por assuntos, poderiam ser divididas em um número limitado de classes de assuntos menores. Num programa que visasse produzir uma série de guias de arquivos sobre determinados assuntos, poder-se-iam selecionar alguns assuntos que fossem razoavelmente coordenados em importância e que se excluíssem mutuamente, cobrindo todos os grupos do Arquivo Nacional. Se tal lista de assuntos fosse feita, todas as séries de documentos poderiam então ser descritas na ordem da pertinência das mesmas com os assuntos selecionados, em vez da relação para com os grupos em que se encontram.

O controle de assuntos daquele acervo poderia também ser suprido por meio de um catálogo em fichas. Na compilação de tal catálogo seria necessário: a) determinar os assuntos principais de cada unidade de arquivos descrita; b) identificar as unidades nas fichas segundo a origem, isto é, órgão administrativo e específico dentro da estrutura governamental que os criou; e c) preparar fichas de entradas secundárias ou adicionais pelos cabeçalhos de assuntos selecionados para cada unidade de arquivos na qual o assunto é representado. O Arquivo Nacional não considera viável o preparo de um catálogo em fichas do seu acervo. A lista de assuntos seria quase que interminável. Embora, segundo as instruções existentes, a determinação do conteúdo de assunto das séries constitua rotina do método de inventariar, os assuntos cobertos pelas séries raramente são identificados em outros termos que não os mais gerais. Isso é verdade, sobretudo no caso de séries longas que compreendem todos os documentos arranjados segundo sistemas de classificação. Para preparar um catálogo de assunto, seria necessária uma nova análise da maioria das séries para identificar os assuntos a que dizem respeito. O número de fichas de assuntos necessárias para cada unidade de arquivos seria muito grande. Em cada ficha de entrada de assunto a série (ou talvez a peça individual), o subgrupo e o grupo teriam de ser identificados e, a menos que se usassem símbolos, a identificação seria muito complexa.

Embora o Arquivo Nacional não tenha considerado viável um catálogo de assuntos em ficha, produz dois tipos de instrumentos de busca especiais que descrevem os documentos em relação a assuntos particulares. Um deles é o *Reference Information Paper*. Durante e depois da II Guerra Mundial, publicaram-se diversos. Cada um trata de um assunto especial cujos documentos se encontram em muitos grupos diferentes. Diversos são relativos a áreas geográficas, a artigos (tais como produtos de borracha ou de madeira) e a outros assuntos que eram de particular interesse para as repartições de guerra. Até hoje cerca de 40 foram publicados e devido aos assuntos que cobrem possibilitam ao pesquisador determinar o caminho a seguir entre a complexidade de centenas de séries de documentos de muitos órgãos diferentes. Um bom exemplo é o recente trabalho intitulado *Materials in the National Archives relating to the historical programs of civilian government agencies during World War II*. Aí se descrevem séries de documentos pertinentes criados ou coligidos por unidades históricas da época da guerra e conjuntos de minutas ou outros materiais significativos acumulados no processo de escrever relatos históricos. No apêndice são relacionados documentos individuais de especial interesse para programas históricos, manuscritos históricos, estudos, relatórios e esboços históricos.

O segundo tipo de instrumento de busca especial são as listas detalhadas ou especiais (*detailed or special lists*). O *Staff Information Paper* nº 17 do Arquivo Nacional dá instruções quanto ao preparo destas. Pode-se distinguir dois grandes tipos de listas: um indica que documentos existem sobre determinado assunto e o outro sobre que assuntos determinados documentos versam. No primeiro os documentos são listados em relação aos assuntos; no último, listam-se os assuntos em relação aos documentos.

O primeiro tipo de lista pode ser seletiva ou exaustiva, no sentido de que apenas determinadas peças, ou todas as pertinentes a um dado assunto, podem ser incluídas. Um exemplo de lista exaustiva é a preparada para os documentos relativos aos agentes especiais do Departamento de Estado, de

1789 a 1906. Essa lista, preparada por Natalia Summers, abrange os documentos relativos a missões especiais de ministros e cônsules que receberam instruções para desempenhar funções não relacionadas com seus cargos. Reúne informações sobre todas as peças relativas a determinado assunto sem considerar a relativa importância das peças. Os documentos, dispersos entre muitas séries de documentos do Departamento de Estado, são listados pelos nomes dos agentes, da seguinte maneira:

RINGGOLD, CADWALADER   1853
Para negociar a concluir tratados de amizade e de comércio com os soberanos das ilhas dos oceanos Índico e Pacífico com os quais possa ser vantajoso para os Estados Unidos manter tratados.

Missões Especiais:

Vol. 3 — Para Ringgold, instruções para negociar e assinar tratados Mar. 2, p. 25 (1853).

Cartas Miscelânea

Do sec. da Marinha, sugerindo — Ringgold para serem dados poderes diplomáticos, Mar. 1 (1853).

Despachos, China:

Vol. 9 — De R. McLane, Am. Min. em Hong Kong, Mar. 20, nº 1; Em Macau, abr. 8, nº 2, inclui correspondência com Ringgold; de P. Parker, em Cantão, a respeito de Ringgold, jul. 4; de McLane, em Xangai, nov. 18, inclui correspondência com Ringgold (1854).

Um exemplo de lista seletiva é a preparada para certos documentos da Administração de Recuperação Nacional (National Recovery Administration). As listas seletivas ajudam a solucionar o problema de grande massa de documentos para o consulente, pela escolha, para menção especial, de peças de importância em relação a um assunto específico, chamando, assim, a atenção do consulente para as melhores fontes de informação sobre o assunto que lhe interessa. Isto é exemplificado na lista da Administração de Recuperação Nacional, que identifica, na íntegra, documentos individuais selecionados e usa símbolos para mostrar a localização nas respectivas séries, como se segue:

Controle Industrial

> Levantamento Sumário Preliminar de Controle Industrial e Medidas de Recuperação em Países Estrangeiros: Suplemento relativo à Austrália. Sem autor. Mar. de 1935. 21p. e apêndice SR & P.
>
> Levantamento Sumário Preliminar de Controle Industrial e Medidas de Recuperação na Grã-Bretanha, Alemanha, Itália e França. Sem autor. Mar. de 1935. 42p. e apêndice SR & P.
>
> Plano Racional para a Divisão de Controle Industrial segundo a Lei de Recuperação, por Chaves R. Cosby. 18 de set. de 1933. Paginação não consecutiva. MR & D.
>
> Regulamento de Relações Industriais da Austrália, por Carroll B. Spender. Mar. de 1936. ii, 23p. WM 60.

O segundo tipo de listas detalhadas ou especiais consiste, simplesmente, em uma enumeração dos assuntos sobre os quais versam os documentos de uma determinada série ou grupo. Um excelente exemplo pode, uma vez mais, ser dado através do grupo nº 84, isto é, documentos dos Serviços Diplomáticos ou Consulares. A Lista Especial nº 9, intitulada *"List of Foreign Service Post Records in the National Archives"*, enumera os postos diplomáticos e consulares da seguinte maneira:

> Abissínia *ver* Etiópia
>
> | | | |
> |---|---|---|
> | Albânia, | 1922-39 | 44 pés cúbicos |
> | Alemanha, | 1935-1913 | 89 pés cúbicos |
> | Argentina, | 1820-1932 | 72 pés cúbicos |
> | Áustria, | 1837-1935 | 168 pés cúbicos |
>
> Áustria-Hungria *ver* Áustria
>
> | | | |
> |---|---|---|
> | Bélgica, | 1832-1935 | 101 pés cúbicos |
> | Estônia, | 1930-37 | 5 pés cúbicos |
> | Etiópia | 1908-36 | Com os documentos consulares de Adis-Abeba. |
> | Finlândia, | 1920-38 | 17 pés cúbicos |
> | França, | 1789-1935 | 410 pés cúbicos |

Capítulo 17

Descrição de papéis ou arquivos privados*

Neste capítulo é meu intuito prosseguir no estudo do problema da administração dos papéis privados, iniciado no capítulo 15, onde dediquei especial atenção aos princípios básicos do arranjo de papéis dessa natureza.

Aqui pretendo abordar: a) o caráter geral de um programa de descrição de papéis privados; b) unidades e elementos que devem ser observados no ato de descrevê-los; c) a descrição por unidades de diversos tamanhos — coleções, séries e unidades avulsas; d) a descrição em relação aos assuntos; e e) a descrição total.

O trabalho de descrição pode ser considerado uma tarefa profissional.

Ao realizar esse trabalho, o arquivista se inteira da procedência, do conteúdo, do arranjo e do valor dos papéis. Esses dados são por ele registrados em instrumentos de busca que servem a um duplo propósito: a) tornar os papéis conhecidos às pessoas que possam vir a se interessar pelos mesmos; e b) facilitar ao arquivista a pesquisa.

Os instrumentos de busca são, dessa maneira, um meio de eliminar o elemento pessoal no trabalho de atender, e de dar a essa função bases seguras e metódicas.

O trabalho de descrição requer um certo grau de abnegação, pois o arquivista torna-se, à medida que descreve o material sob sua guarda, cada vez menos necessário quando do seu uso. Por meio dos instrumentos de busca que prepara, compartilha com os colegas e com o público em geral o conhecimento dos papéis sob seus cuidados. E assim deve ser. A função do arquivista é revelar os tesouros de pesquisa a ele confiados e não monopolizá--los e impedir sua consulta. Uma atitude de domínio e reserva em relação ao acervo é imperdoável no arquivista. Deve registrar seu conhecimento no papel e não o guardar apenas na cabeça. Deve descrever o material sob sua guarda de maneira que outros, usando as descrições por ele feitas, possam se

---

* N. do T.: Inserido depois do cap. 15 do trabalho original por determinação do autor.

inteirar do conteúdo, arranjo e valor daquele. E, à medida que prossegue no seu trabalho de descrição, o acervo de seu depósito torna-se, gradativamente, mais acessível a todos que com ele trabalham ou que devam consultá-lo.

Alguns arquivistas se veem tentados a fazer-se indispensáveis à instituição onde trabalham, guardando para si o conhecimento pessoal que possuem do acervo. O fato de a instituição depender deles para a prestação de serviços dá-lhes uma espécie de segurança, o que os leva a não destruir essa segurança fazendo trabalhos que tornariam sua intervenção pessoal desnecessária.

O arquivista não deve temer prejudicar-se tornando acessível aos outros, na forma de instrumentos de busca (*finding aids*), o conhecimento que possui de seu material. Obviamente, o seu conhecimento pessoal nunca poderá ser completamente suplantado pelos instrumentos de busca. Por mais bem-preparados que sejam tais instrumentos, eles não podem transmitir todo o conhecimento existente no cérebro de um arquivista bem-informado. Nem foram esses instrumentos concebidos para suplantar sua atuação. São meros instrumentos de "auxílio" (*aid*) no verdadeiro sentido da palavra, visando simplesmente ajudar o arquivista e o pesquisador a encontrar o material necessário. O conhecimento do arquivista é ainda necessário para ajudar a localizar o material com mais facilidade e em maior abundância.

Caráter do programa de descrição

Algumas considerações gerais devem ser levadas em conta ao se elaborar um programa de descrição de papéis privados. A essas desejo dedicar alguma atenção nos parágrafos seguintes:

1. *Os papéis privados devem ser descritos tanto coletiva quanto individualmente.* Nos Estados Unidos, as técnicas empregadas na descrição de papéis privados têm sido elaboradas, em grande parte, pelos bibliotecários e essas técnicas, como é bem sabido, referem-se sobretudo ao tratamento de peças avulsas. É uma questão discutível se as técnicas baseadas principalmente nos princípios biblioteconômicos fornecem a base para um bom programa de descrição de um depósito de manuscritos. Durante muitos anos essas técnicas foram aplicadas sem se discutir. Talvez haja chegado a ocasião de se indagar sobre a utilidade de produzir vários instrumentos de busca para peças avulsas, de avaliar a conveniência de tais instrumentos,

de se procurar outros métodos de descrição que melhor atendam ao propósito de tornar conhecido e acessível o material existente nos depósitos de manuscritos.

Se um arquivista concentra sua atenção na descrição de peças avulsas, é provável que não consiga, nem de longe, oferecer aos pesquisadores a espécie de serviço de referência que é possível por meio de um programa bem-planejado. A obstinação pelas peças avulsas que pode levar o arquivista a relacioná-las em lista, catálogo e calendário pode ter como resultado que o seu depósito superlote de volumoso material não tratado, ao qual não pôde dedicar a menor atenção. Muitos repositórios de manuscritos não dispõem de tempo nem recursos para produzir instrumentos de busca que se refiram às peças avulsas, cobrindo todo o seu acervo.

Uma técnica que deve ser empregada em todos os depósitos de manuscritos é a da descrição coletiva. Trata-se de técnica própria de arquivo, desenvolvida por arquivistas que se ocupam dos documentos modernos. Significa que os documentos são descritos coletivamente, por unidades de vários tamanhos. Geralmente as maiores unidades de um repositório de manuscritos são as coleções e muitos arquivistas aprenderam a descrevê-las em guias e em outros instrumentos de busca gerais. A unidade a que se tem dedicado pouca atenção e que, no entanto, a merece em especial, é a série. É uma unidade intermediária entre a coleção e a peça individual.

A técnica da descrição coletiva é um verdadeiro "atalho" para se atingir o objetivo de se conseguir controlar o acervo de um depósito. Nenhum arquivista estará suficientemente integrado em sua profissão antes de compreender e aprender como aplicá-la. E, uma vez aprendida a técnica, ele deve primeiro descrever os documentos coletivamente por grupos e séries e depois, somente se o caráter e valor dos documentos justificarem tratamento individual, os descreverá por peças avulsas. Se ele não aprender a técnica, é provável que se debata perdido entre as inúmeras peças individuais encontradas em todos os depósitos, mesmo nos pequenos.

2. *Os papéis privados devem ser descritos da maneira, de forma a facilitar seu uso.* Aqui dá-se ênfase à seleção do método de descrição.

As diferentes coleções de papéis privados possuem diferentes valores e, consequentemente, diferentes usos. Algumas são úteis especialmente aos genealogistas, algumas principalmente aos estudiosos de antiguidades e outras têm um interesse essencialmente erudito e contêm poucas informações sobre pessoas ou lugares.

Diferentes tipos de instrumentos de busca são necessários às diversas classes de pesquisadores. Se um instrumento visa a servir eficazmente às necessidades de um genealogista, deve conter informações sobre pessoas. Se visa a servir às necessidades de um antiquário, deve conter informação sobre lugares ou coisas e, se visa a servir às necessidades do pesquisador, deve conter informações que divulguem o valor e o conteúdo de várias coleções. O interesse cultural dos papéis privados pode ser mais bem-servido por um programa de instrumentos de busca que seja exaustivo na sua cobertura e seletivo em seus métodos de análise de documentos. Ao procurar um repositório, o pesquisador quer, em primeiro lugar, inteirar-se, ainda que superficialmente, de todo o acervo. Deve-se, portanto, fornecer-lhe um instrumento de busca que contenha informação, embora provisória e superficial, sobre todas as coleções de papéis sob a custódia do repositório. Depois desse exame inicial do acervo, decidirá se certas coleções nele contidas são pertinentes ao assunto objeto de sua pesquisa. Sobre essas quererá mais informações do que as que se oferecem num instrumento de busca que cobre todas as coleções. No caso de coleções de papéis privados que são sobretudo de interesse genealógico ou antiquário, os índices de nomes de pessoas, lugares e coisas, em geral, atenderão às necessidades do especialista, da mesma forma que atendem às do genealogista e antiquário. Nas coleções que têm um interesse de pesquisa geral, o pesquisador espera obter informação sobre sua proveniência (que pessoas ou entidades as criaram), caráter (classes físicas e tipos) e conteúdo (relação com assuntos ou atividades).

O arquivista deve, então, decidir duas coisas: a) determinar que espécies de instrumentos de busca devem ser preparados para as várias coleções de documentos. Deve, assim, adaptar o seu programa de descrição de modo a facilitar as finalidades específicas a que determinadas coleções de papéis podem servir. Em relação a cada coleção, ele deve usar o método que melhor atenda ao objetivo de tornar conhecido o seu conteúdo, arranjo e importância; e b) determinar que espécies de instrumentos de busca são especialmente necessárias para servir à sua clientela. Enquanto um programa de descrição deve servir às necessidades de todos os tipos de consulentes — pesquisadores em geral, genealogistas e antiquários —, deve servir particularmente bem às necessidades das principais espécies de consulentes.

O arquivista não deve formular um programa de descrição que exija um tratamento inteiramente uniforme de cada coleção sob sua custódia. Seu programa deve ser flexível. Infelizmente, somente por uma questão de uniformidade e consistência, os arquivistas, muitas vezes, produziram certos tipos de instrumentos de busca — índices, catálogos e similares — sem considerar se são necessários ou de possível uso. Muitos deles, interessados sobretudo em pesquisas genealógicas, prepararam índices de nomes de pessoas e, muitas vezes, gavetas após gavetas de índices em fichas. Outros, para servir à mesma necessidade, prepararam extensos apanhados biográficos de pessoas importantes no Estado ou na comunidade. Alguns, interessados em pesquisa sobre lugares, prepararam índices para os nomes dos locais. Outros, que ainda possuem a custódia de correspondência ou dos primeiros documentos importantes para a história de uma área, laboriosamente prepararam repertórios. E muitos, seguindo as práticas biblioteconômicas, acumularam catálogos sobre catálogos. E outros, não sabendo que espécie de instrumentos de busca preparar, nada fizeram.

Uma coisa é certa: cada repositório de manuscritos, a despeito do grau em que deva servir uma clientela especializada, deve tornar seu acervo acessível (de modo geral) ao pesquisador. Por falta de um bom planejamento do programa de instrumentos de busca, os arquivistas, muitas vezes, só podem atender às simples necessidades dos genealogistas e dos antiquários; os pesquisadores são mal atendidos. Assim, os repositórios criados por grupos religiosos, sociedades históricas locais ou organizações dedicadas à genealogia devem servir não apenas aos seus interesses especiais; devem servir também aos interesses da pesquisa erudita, pois os seus acervos incluem, em geral, materiais que têm um interesse para a pesquisa geral mais amplo do que o das instituições que os criaram.

3. *Todos os documentos de um repositório devem ser imediatamente descritos em instrumentos de busca provisórios.* O arquivista deve abster-se definitivamente da descrição pormenorizada das séries e peças individuais até que esteja habilitado a fornecer informações imediatas sobre todo o acervo de seu repositório. Essas informações devem ser fornecidas por meio de instrumentos de busca provisórios e talvez mais gerais.

4. *Os documentos devem ser descritos em detalhes progressivamente maiores.* Um arquivista deve não somente traçar um programa de descrição

que atenda às necessidades específicas de sua clientela, que torne conhecido o conteúdo e a importância de coleções particulares e que dê imediato conhecimento de todas as coleções; ele deve também planejar um programa de descrição que dê constantemente mais informações sobre o seu acervo à medida que disponha de recursos para a descrição do mesmo. O objetivo de uma descrição mais intensa, é óbvio, é melhorar a qualidade do serviço de referência. O programa de descrição para cada repositório de manuscritos deve, por conseguinte, incluir a produção de uma série de instrumentos de busca cuja sequência vai do geral para o específico, tornando a descrição cada vez mais pormenorizada, à medida que o trabalho de descrição continua. Tal programa de descrição deve ser cuidadosamente planejado e as considerações a serem levadas em conta para o estabelecimento de uma ordem de prioridade no preparo de instrumentos de busca para as várias coleções são: primeiro, o uso que delas é feito e, segundo, a importância das mesmas para a pesquisa. Deve haver seleção tanto no programa como no método de descrição.

5. *Os instrumentos de busca devem ser de forma a: a) tornar mais conhecido o conteúdo, arranjo e importância; e b) facilitar o uso dos papéis privados.* A forma em fichas se adapta, é claro, aos instrumentos de busca das bibliotecas. Os sistemas de indexação e catalogação em fichas foram criados pelo Library Bureau, pouco depois de fundado por Melvil Dewey, em 1876. As coleções de bibliotecas são coleções que crescem constantemente, havendo necessidade de se introduzir novo material em vários lugares da coleção e, por outro lado, as fichas, que podem ser inseridas em qualquer ponto de um fichário, são assim adequadas à descrição das peças distintas na coleção de uma biblioteca, cada qual inserida em seu próprio lugar, à medida que seja adquirida.

Os instrumentos de busca de papéis privados devem ser em forma de fichas sempre que se deseje: a) identificar assuntos específicos nos papéis, como sejam nomes de pessoas, lugares, objetos, tópicos e coisas semelhantes; e b) identificar documentos específicos ou avulsos. Por isso as fichas se prestam ao preparo de catálogos de assuntos, índices de nomes e de tópicos.

Os instrumentos de busca de papéis privados devem ser em forma de páginas sempre que se desejar descrever coletivamente tais papéis. Assim as descrições de coleções como um todo, ou de séries dentro de coleções, devem normalmente aparecer em páginas, em vez de fichas. A apresentação em página é conveniente por várias razões:

A primeira é o espaço reduzido das fichas. A procedência de uma coleção muitas vezes não pode ser indicada em poucas palavras e é necessário mais espaço do que o normalmente existente nas fichas. Da mesma forma o conteúdo, o arranjo e a importância de determinadas séries, muitas vezes, não podem ser indicados em poucas palavras, pois que tais séries podem consistir de muitos tipos físicos e podem se relacionar com diversos assuntos ou atividades. É necessário mais espaço do que o normalmente existente nas fichas.

A segunda razão é a falta de continuidade de informação nas fichas. Cada ficha, em geral, contém informações que não se relacionam com as de outras fichas. A intrincada relação entre as várias séries não pode ser mostrada nas fichas sem se recorrer à elaboração de referências cruzadas. Nas páginas, ao contrário, as relações orgânicas e de assunto das várias séries podem ser mostradas pelo modo em que se agrupam e arranjam as séries.

A terceira razão é que o fator expansibilidade dos fichários não é necessário no caso de instrumentos de busca de coleções de manuscritos. As coleções de papéis privados não têm possibilidade de aumentar como acontece com as coleções das bibliotecas. São, em geral, fechadas, no sentido de que não mais recebem acréscimos. Se houver acréscimos serão feitos comumente como *adenda* e não como inserções nas coleções.

6. *Um sistema de notação (ou símbolos) tem apenas uma aplicação limitada na descrição de papéis privados.* As relações de assuntos não podem ser realmente mostradas por símbolos. Não existe sistema de classificação (com símbolos para as várias classes de assuntos) que possa ser imaginado e aplicado a papéis privados desde que os assuntos variam de coleção para coleção. Os símbolos usados para indicar assuntos nos esquemas de classificação de bibliotecas (tais como o Sistema Decimal de Dewey e o da Biblioteca do Congresso) não têm valor quando aplicados a papéis privados. Não podem ser aplicados do mesmo modo a duas coleções. Em virtude das diferenças no modo de aplicação a cada coleção, somente são inteligíveis aos arquivistas que os aplicaram.

Não se pode imaginar uma série de símbolos padronizados para mostrar as relações orgânicas dos componentes de uma coleção que, como no caso de grupos de arquivos, diferem de coleção para coleção.

Os símbolos atribuídos a unidades de papéis privados são úteis apenas para fins de referência e citação, não para descrição.

Unidades e elementos de descrição

Nos parágrafos seguintes é meu intento dedicar um pouco de atenção a dois assuntos: a) as unidades segundo elas mesmas; b) os elementos em relação aos quais os papéis privados devem ser descritos.

Unidades de descrição

Antes que o arquivista possa descrever qualquer material documentário é necessário que saiba o que está descrevendo. Deve conhecer as ligações físicas de cada unidade com que lida. Os papéis privados, na minha opinião, dividem-se logicamente em três espécies. São elas: a) as coleções; b) as séries dentro das coleções; e c) as unidades documentais avulsas dentro das séries.

As maiores e as menores dessas unidades são facilmente identificáveis e são, em geral, estabelecidas pelo arquivista no curso de criação das mesmas. Assim, um arquivista normalmente não tem dificuldades em definir os limites de uma coleção. Consiste simplesmente em todo o material documentário recebido de uma determinada fonte, comumente, de uma única vez, mas ocasionalmente em mais de uma. Assim, também o arquivista normalmente não tem dificuldade em identificar as unidades documentais avulsas. Em geral consistem em unidades físicas isoladas, tais como: a) volumes encadernados; b) pastas ou maços, ou c) peças ou documentos avulsos.

Os métodos de descrição formulados nos Estados Unidos na maioria relacionam-se com as grandes e com as pequenas unidades de papéis privados, isto é: com as coleções e com as unidades avulsas. Tem-se dispensado menos atenção às técnicas descritivas que se aplicam a coleções do que às que se aplicam a peças avulsas. Em sua bibliografia sobre a administração de papéis privados os bibliotecários americanos têm-se preocupado quase que exclusivamente com estas últimas. Alguns de seus artigos relativos à elaboração de repertórios e às técnicas de elaboração de índices aplicam-se principalmente a tais peças isoladas. E somente os bibliotecários que têm tido experiência de arquivo se ocupam de outras unidades de tratamento que não peças avulsas.

Há, contudo, unidades intermediárias entre as coleções e as peças isoladas a que o arquivista deve prestar atenção, se deseja executar um bom programa de descrição. Deve definir essas unidades cuidadosamente.

Tais unidades, as séries, são estabelecidas, como acentuei anteriormente, tomando-se por base o arranjo dos papéis, seu tipo físico ou sua relação com o assunto ou atividade.

O arranjo e a descrição não são, assim, funções separáveis; uma se confunde com a outra. Ao descrever os documentos o arquivista simplesmente o faz em relação a unidades que foram fixadas durante o seu arranjo. A divisão de uma coleção em diversas séries capacita-o a descrever os documentos coletivamente, isto é, descrever uma quantidade de peças individuais sob uma única entrada.

Elementos da descrição

Os papéis privados, da mesma maneira que os documentos oficiais, podem ser descritos em relação a dois aspectos distintos: a) conteúdo substantivo; e b) forma unitária e arranjo.

Podem ser descritos substantivamente em relação à origem, assunto e datas. Os elementos substantivos são claramente mostrados quando se responde às seguintes questões:

1. Quem?
   Pessoa ou entidade que produziu ou colecionou os papéis.
   Pessoa ou entidade a que dizem respeito os papéis.
2. Onde?
   Lugar ou lugares em que os papéis foram produzidos.
   Lugares a que os papéis dizem respeito.
3. Quê?
   Atividade orgânica, se houver, a que se deve a produção dos papéis.
   Fenômenos ou fatos, quer envolvam pessoas ou coisas, que se acham registrados nos papéis.
4. Quando?
   Datas-limite entre as quais a coleção foi produzida.
   Datas dos fatos a que se reporta a coleção.

Os papéis privados podem ser descritos estruturalmente, em relação ao tipo e forma física e ao volume. Os elementos físicos ou estruturais são claramente mostrados quando se respondem as seguintes questões:

1. Se um simples documento, de que espécie?
   Carta?
   Memorando?
   Instruções?
   Formulário? etc.
2. Se um conjunto de documentos, de que espécie?
   Pasta?
   Maço?
3. Se um volume encadernado, de que espécie?
   Registro?
   Copiador de cartas?
   Livro de cópias prensadas? etc.
4. Quantos documentos existem?
   Em metros lineares?
   Número de volumes?
   Número de pastas, de maços?
   Número de documentos avulsos ou de peças?

Descrição dos grupos

Normalmente, os grandes grupos de papéis privados devem ser descritos pelas seguintes espécies de documentos que servem como um meio de prover um controle imediato e atualizado sobre todo o material sob custódia.

Registro de recolhimentos

O registro de recolhimentos ou entradas (*accession registers*) deve destinar-se a servir a propósitos administrativos e não a servir como instrumento de busca. Toda vez que se processa novo recolhimento, faz-se uma entrada no registro para a fonte de onde proveio o material e as condições de aquisição. A informação para esse tombamento deve ser obtida do próprio doador ou vendedor e através de rápido exame do material, imediatamente antes ou após a aquisição.

O lançamento deve, normalmente, ser feito numa folha documento, mantida com outras semelhantes, por um sistema de folhas soltas, ou numa ficha. Deve conter os seguintes dados sobre cada recolhimento: a) a proveniência, indicada pelo nome da pessoa ou entidade que produziu, colecionou, vendeu ou doou os papéis ao repositório de manuscritos, ou pelos três; b) o caráter, que deve ser indicado por meio de informação sobre os principais tipos físicos e formas aí encontradas, o assunto, refletido pela natureza da atividade que deu origem à sua produção, o caráter de seu produtor, e as datas em que foram produzidos; e c) as condições de aquisição, incluindo, se convier, informação sobre o preço de compra, restrições quanto ao uso e direitos autorais que couberem.

Folha descritiva inicial

Deve-se preparar uma folha descritiva inicial (*initial description sheet*) para cada coleção, logo após o recebimento, ou assim que sofra novo acréscimo. No Arquivo Nacional esta folha se chama Folha de Registro (*Registration sheet*) e na Divisão de Manuscritos da Biblioteca do Congresso chama-se Registro (*Register*). A folha descritiva destina-se a servir como um instrumento de busca inicial, e deve conter todas as informações que se possam obter prontamente através de um rápido exame da coleção, antes que seja ordenada. O caráter provisório da folha descritiva há que ser reconhecido e deve evitar-se qualquer tentativa no sentido de prové-la de uma informação acurada ou completa.

Normalmente, a folha descritiva deve consistir em um breve documento (uma ou duas páginas) narrativo ou descritivo que se organiza da seguinte maneira: a) uma breve identificação da coleção, como um todo, na qual figure o nome da pessoa ou entidade que a produziu, ou o nome do colecionador. Se o nome do produtor é indicado, mencionar profissão ou profissões da pessoa (ex.: advogado, clérigo, dramaturgo, inventor) ou a atividade da entidade (ex.: fabricação de automóveis, exploração de minas de carvão); b) um parágrafo descritivo sobre a coleção, como um todo, no qual se indicam informações quanto aos principais tipos físicos e formas nela encontrados; o conteúdo de assunto, listando-se as pessoas importantes, lugares, coisas ou fatos com que a coleção se relacione, desde que identificáveis através de um rápido exame; e as datas-limite em que a coleção foi produzida ou reunida; e c) uma declaração sobre condições de acesso aos documentos, indicando, se for o caso, restrições quanto ao uso e direitos autorais que couberem.

Descrição das séries

As séries de manuscritos, da mesma forma que as séries de arquivos, são estabelecidas pelo arquivista durante o arranjo dos documentos. São, como foi dito, as unidades intermediárias entre as coleções e as peças documentárias individuais. Tão logo seja possível, no programa de analisar coleções, deve-se descrever as séries. Há dois tipos de instrumentos de busca nos quais isto é normalmente feito: a) inventários; e b) catálogos de séries.

Inventários

Um inventário de papéis privados é muito similar, em organização e conteúdo, a um inventário de arquivos públicos. Deve, normalmente, constar de duas partes, a primeira consistindo em uma introdução e a segunda, nas entradas das séries.

A introdução de um inventário conterá informação quanto à origem e caráter da coleção e quanto às condições de uso.

Nos parágrafos sobre a origem, a informação a ser fornecida é idêntica à relativa à história administrativa fornecida no inventário de arquivos de um órgão governamental. Se uma pessoa produziu a coleção, os parágrafos sobre sua proveniência devem conter um esboço biográfico da mesma. A informação contida nesse esboço sugere quanto ao conteúdo da coleção, na mesma forma que a história administrativa de um órgão governamental indica o conteúdo de um grupo de arquivos. O resumo biográfico indicará suas principais atividades (em relação às quais os documentos provavelmente existem em sua coleção), indicará outras pessoas com quem haja convivido, e os anos de existência. Dessa forma se referirá à maioria dos elementos pertinentes a uma análise da substância de uma coleção — as datas, os assuntos ou atividades a que diz respeito e as pessoas nela mencionadas.

O resumo biográfico deve ser idêntico aos que se encontram nos dicionários biográficos. Deve, por exemplo, mostrar o seguinte:

- datas (dia, mês e ano) e lugar de nascimento e morte;
- nomes do pai, mãe (nome de solteira), cônjuge e filhos, nomes de irmãos e avós, se importantes, mudanças no nome de família ou do próprio nome;

- ocupação e condições econômicas dos pais;
- escolas, colégios, universidades frequentados e graus colados (cursados ou honorários); e
- carreira, ocupação ou profissão, acontecimentos ou fatos notáveis a que a pessoa esteve ligada, cargos ocupados, organizações ou instituições a que pertenceu, trabalhos (literários, científicos etc.), lugares em que residiu.

Se a coleção foi produzida por uma entidade, os parágrafos sobre a origem devem conter um apanhado histórico da mesma. Nesse apanhado a informação mencionará as datas (dia, mês e ano) de sua criação e dissolução (se dissolvida); os lugares em que funcionou; os nomes das pessoas ligadas à entidade, inclusive fundadores e funcionários; a espécie de atividade, negócio, profissão, instituição, organização, e assim por diante; e a significação do que produziu ou de suas atividades.

A introdução deve também conter informação quanto ao caráter da coleção como um todo, com indicações relativas ao arranjo e organização e sua relação para com outros materiais documentários, e informações quanto ao uso, incluindo restrições e direitos de propriedade literária que se aplicarem.

Cada série deve ser descrita separadamente e a entrada típica para a série deve mostrar o tipo ou tipos físicos dos documentos, as datas-limite entre as quais foram produzidos, substância (proveniência e assunto), quantidade e o número que lhe foi atribuído. Um inventário é, pelo próprio nome, um levantamento ou arrolamento de peças. No caso de um inventário de papéis privados, o arrolamento deve ser feito pelas séries que existem e pelos assuntos (usando essa palavra em seu sentido lato) a que dizem respeito as séries. Os nomes das pessoas e lugares e os tópicos de assuntos mencionados nas séries devem ser destacados. Se isso é feito, as entradas das séries fornecem a base para produzir outros instrumentos de busca, pois a informação sobre nomes e tópicos pode ser usada no preparo de catálogos de assuntos e índices.

Se uma coleção de papéis privados é bem pequena e não se presta a ser dividida em séries separadas, a coleção inteira deve ser considerada uma série, e a informação igualmente versará sobre os principais tipos físicos contidos na coleção, datas-limite entre as quais foi produzida, substância e quantidade.

Catálogos de séries

A catalogação, técnica oriunda da prática biblioteconômica, não é um método recomendado para a descrição de papéis privados. Como esses papéis são frequentemente administrados por bibliotecários, a técnica de catalogá-los tem sido aplicada. As unidades de catalogação numa biblioteca são comumente precisas e definíveis — peças isoladas. As únicas unidades precisas e facilmente definíveis em uma coleção de manuscritos ou são as coleções ou os documentos avulsos. Essas unidades ou são muito grandes ou muito pequenas para admitirem uma catalogação adequada. Uma entrada catalográfica para uma coleção dificilmente é expressiva, enquanto várias entradas para as peças individuais são, frequentemente, muito numerosas e igualmente sem significado.

Catálogos de unidades intermediárias, isto é, de séries, raramente são feitos pela simples razão de que o conceito de série não é compreendido pela maioria dos que possuem sob sua custódia papéis privados. E a catalogação é de utilidade duvidosa quando aplicada a séries cuja apresentação física e conteúdo de assunto são muito variáveis. A diversidade de conteúdo e de tipo físico torna difícil descrever as séries adequadamente em forma de fichas.

Os catálogos de séries simplesmente contêm a mesma informação dada nos inventários de séries; a única diferença consiste em que um é em forma de fichas e o outro em páginas. No catálogo de séries a informação deve ser a seguinte: as fichas relativas à entrada geral devem informar sobre a origem da coleção, como um todo, tal qual na introdução de um inventário, enquanto as fichas de entradas de séries devem dar informação sobre cada série, tal como nas entradas de séries de um inventário.

As fichas sobre cada uma das coleções em um repositório (tanto as entradas gerais quanto as entradas de séries) devem ser colocadas no catálogo sob uma das seguintes ordens: alfabeticamente, pelos títulos das coleções, ou numericamente, pelos números atribuídos à coleção.

Descrição das unidades documentárias

As unidades documentárias são, normalmente, descritas em três espécies de instrumentos: a) listas; b) catálogos de peças; e c) repertórios. Nos parágrafos seguintes pretendo dedicar um pouco de atenção a cada um desses três tipos de documentos.

Listas

As listas de unidades documentárias (volumes, maços, pastas, documentos avulsos) contêm uma breve descrição de cada uma dessas unidades na coleção ou na série dentro da coleção. As listas, em geral, aparecem em forma de páginas. Nas listas as unidades documentárias são identificadas e descritas principalmente em termos de sua forma física. As características físicas de cada peça são indicadas através de respostas às mesmas questões que foram tratadas acima sob o título "Elementos da descrição". A informação referente à substância de uma peça, quando se dá, é em geral bem sucinta e limitada à proveniência (autoria) e suas datas.

Raramente se justifica que um arquivista prepare listas de peças individuais com objetivos que não sejam os de dar conta das próprias unidades documentárias. A menos que os dados descritivos sejam um tanto completos, as listas não são particularmente úteis como instrumentos de busca. Comumente a informação sobre cada unidade é demasiadamente resumida para elucidar o pesquisador. Se de todo são preparadas, devem ser somente para as peças mais valiosas de certas séries ou coleções.

Catálogos de unidades documentárias

Os catálogos de unidades documentárias são semelhantes aos catálogos de séries, apenas os documentos descritos (os maços, as pastas e os documentos avulsos) são menores do que as séries.

A informação dada sobre cada unidade é idêntica à das listas. As fichas de entrada das unidades devem ser incorporadas ao catálogo de séries e colocadas após as fichas de entrada das respectivas séries.

As peças individuais, como foi visto anteriormente, são muito pequenas para serem catalogadas. Não merecem a atenção requerida no processo de catalogação que é, no todo, um processo um tanto lento. Dar a cada peça individual o tratamento padrão completo de catalogação resulta em uma perda de energia e esforço e é provável que desvie de um trabalho mais construtivo o pessoal do repositório de manuscritos. Se os catálogos de unidades chegarem a ser preparados, devem ser feitos somente para as séries que contenham peças de valor incomum.

Repertórios (calendars)

Os repertórios ou calendários de peças avulsas contêm substancialmente mais informações sobre os documentos do que as listas, e sempre se referem a peças individuais e não a agregados de peças, tais como maços, pastas ou volumes. Normalmente, se compõem de três partes: a) a introdução; b) as entradas das peças; e c) o índice.

A introdução deve conter uma descrição coletiva das peças que estão sendo arroladas no repertório, incluindo informações sobre sua fonte e significado.

As entradas das peças devem constar de três partes. A primeira é a linha do título de cada peça indicando a data — uma vez que as peças nos repertórios se apresentam em ordem cronológica —, os nomes do destinatário e de quem escreve o documento. A segunda parte é uma entrada, em parágrafo, na qual a matéria de cada peça é indicada por uma das duas formas seguintes: na forma de resumo corrido dos principais fatos e ideias; nessa forma o repertório é essencialmente um instrumento de busca no qual o conteúdo das peças individuais é indicado em forma condensada. A outra é em forma de uma reprodução da linguagem do documento sobre os aspectos essenciais, com as próprias palavras do escritor, e de um resumo dos assuntos não essenciais. Consegue-se o resumo através da omissão de palavras e através da interpretação do texto. Nesta última forma o repertório é um produto intermediário entre o instrumento de busca e a publicação documentária. Os historiadores, principais utilizadores dos repertórios, têm, por vezes, manifestado preferência por esse tipo de calendário. A terceira parte da entrada das peças refere-se às características físicas dos documentos através de símbolos alfabéticos que são usados da seguinte maneira:

C — Carta ou escrito em forma de comunicação.
CF — Carta firmada.
CFA — Carta firmada, autógrafo.
D — Documento outro que não carta.
DE — Documento firmado.
DFA — Documento firmado, autógrafo.
NA — Nota autógrafa.

Os índices devem incluir os nomes de pessoas e de lugares mencionados nos documentos arrolados no repertório. A elaboração de um calendário é um processo moroso e dispendioso, o que se justifica quanto a documentos de alta significação. Esses documentos devem, é evidente, ter grande valor de pesquisa para compensar o tempo despendido no seu tratamento. Sem dúvida, essa foi a razão pela qual o Bureau of Rolls and Library do Departamento de Estado preparou, de 1893 a 1903, o calendário dos papéis de Jefferson, Madison e Monroe. Se as entradas do calendário são em forma de reprodução da fraseologia exata do original sobre os assuntos essenciais, podem, muitas vezes, ser usadas em lugar dos documentos originais; mas, se o objetivo for tornar desnecessário o uso dos originais, há um processo mais barato e fiel que é o microfilme. O microfilme é o substituto moderno do calendário sempre que se tenha por objetivo, através do preparo de resumos, reduzir o uso dos documentos originais. É uma técnica menos dispendiosa do que a elaboração de calendários; é melhor, do ponto de vista da pesquisa, pois fornece um texto completo e não apenas um resumo.

Se repertório ou calendário é feito sob a forma de interpretação da linguagem sobre os principais fatos e ideias dos documentos, o melhor e mais eficiente meio de fornecer informação talvez seja a compilação de listas que contenham uma descrição completa desses documentos. Nessas listas descrevem-se os documentos de tal forma que as informações essenciais se revelam aos estudiosos. Essas informações dizem respeito ao tipo físico, à origem, às datas e ao conteúdo dos documentos. As listas, evidentemente, não proporcionam tantos pormenores quanto os calendários, mas ao pesquisador pouco importa que um documento privado seja identificado como uma carta firmada ou como uma carta firmada autografada, pois o que ele quer saber, simplesmente, é se o documento se relaciona com o assunto de sua pesquisa. Os símbolos, para essa matéria, têm especificidade somente em relação a algumas espécies de documentos, tais como cartas e notas, e todos os outros tipos físicos são enquadrados no termo geral "documentos". Assim sendo, as laboriosas investigações que muitas vezes devem ser feitas quanto aos autores e destinatários de cartas, para se preparar as entradas dos calendários, são grandes consumidoras de tempo e até certo ponto seus resultados são destituídos de significado.

Uma segunda razão para a elaboração do repertório é a de tornar acessíveis os documentos que são inacessíveis devido a características físicas. Um perfeito exemplo de calendários que atendem a esse propósito são os preparados para os rolos medievais pelo Public Record Office britânico. Esses rolos ou registros que contêm cópias de documentos, abreviados ou não, consistem em peças de pergaminho presas pelas extremidades e geralmente bem longas. Como resultado da negligência sofrida por muitos dos documentos públicos anteriores ao século XIX, muitos rolos estão em pobres condições físicas e oferecem grande dificuldade no seu uso. O que neles está escrito é, muitas vezes, quase indecifrável e em linguagem difícil de entender para muitos dos atuais pesquisadores. Os calendários dos rolos são, portanto, documentos de grande utilidade.

Uma terceira razão para a elaboração de repertórios é proteger os documentos de grande valor intrínseco. Os repertórios fornecem um meio de identificar precisamente os documentos não apenas pelo autor e data, mas também pelo assunto. Essa identificação precisa reduz o manuseio. Esse propósito pode, contudo, ser conseguido tão bem, e talvez mais economicamente, por meio da microfilmagem dos documentos preparados para esse fim, por um arranjo e numeração apropriados.

Descrição dos assuntos

Os papéis privados são descritos em relação aos assuntos nas três espécies seguintes de instrumentos: a) catálogos de assuntos; b) índices de nomes; e c) índices de tópicos. A cada um desejo dedicar alguma atenção nos parágrafos seguintes.

Catálogos de assuntos

Antes de os papéis privados serem analisados quanto aos assuntos o devem ser em relação a seus componentes, isto é, primeiro se determinam os elementos constitutivos da coleção. Determina-se a unidade a ser catalogada, sempre com bastante cuidado. Os catálogos de assunto tanto podem referir--se às séries quanto às unidades dentro das séries. Nesses catálogos as fichas que contêm dados descritivos sobre as séries ou unidades são agrupadas sob cabeçalhos de assunto.

O problema dos cabeçalhos de assunto, em relação aos quais as unidades são catalogadas, precisa portanto de solução. As unidades devem ser catalogadas em relação a cabeçalhos de assunto extraídos das listas-padrão de cabeçalhos preparadas para o material de bibliotecas? Ou deve elaborar-se uma lista especial de cabeçalhos para o acervo de um determinado repositório de manuscritos, ou várias listas de cabeçalhos, separadas, que se adaptem a cada uma das coleções dentro de um repositório de documentos?

Já que as coleções de papéis privados variam grandemente quanto ao assunto, de coleção para coleção, e de repositório para repositório, não se pode elaborar uma lista-padrão de cabeçalhos de assunto que se aplique indistintamente ao acervo de todos os repositórios de manuscritos. Tampouco são as listas-padrão de cabeçalhos de assuntos de bibliotecas satisfatórias. Sou de opinião que se deve preparar uma lista de cabeçalhos, numa base *ad hoc*, para cada repositório de manuscritos. Se as coleções do repositório houverem sido inventariadas, os inventários fornecerão a informação básica para o preparo de tal lista. A lista há que conter um número limitado de grandes cabeçalhos de assuntos que sejam mutuamente exclusivos e em relação aos quais as fichas possam ser agrupadas. Não deverá conter assuntos altamente específicos (limitados quanto à cobertura) e, uma vez adotada, não deve ser constantemente ampliada para incluir novos assuntos.

Conquanto os símbolos possam ser usados com êxito para designar as coleções e as séries dentro das coleções, não deverão ser empregados no processo de catalogação para mostrar as relações orgânicas ou as de assunto das séries ou itens.

Desde que os pesquisadores acostumaram-se a usar catálogos de assuntos quando se trata de livros, esperam, muitas vezes, encontrá-los também para os manuscritos históricos. Há dúvida quanto a serem os catálogos de assuntos os melhores meios de tornar conhecida a informação subjetiva referente ao material de pesquisa em forma de manuscritos. A intricada e complicada informação sobre as relações orgânicas e assuntos concernentes à maioria das coleções manuscritas, e particularmente àquelas que são orgânicas na essência, pode ser apresentada de maneira mais inteligível e mais completa em forma de página do que em fichas. E a existência de informação sobre os assuntos pode ser divulgada com maior capacidade, em índices de nomes ou de tópicos. Os índices, confessadamente, apenas indicam que existe a informação sobre determinados assuntos em determinadas séries, não descrevem as séries em que se encontra a informação, como acontece com os catálogos de assuntos. Mas esses dados descritivos podem ser obtidas fazendo-se referência aos inventários das séries, se houverem sido feitos.

Índices de nomes

Os índices de nomes de pessoas, como indiquei anteriormente, são úteis sobretudo para os genealogistas, enquanto os de lugares são fundamentalmente úteis aos antiquários. Mas, em geral, índices de nomes são também úteis aos pesquisadores de história geral quando suas pesquisas se limitam a determinada área. Os índices de nomes, tanto quando se trata de lugares como de pessoas, abrangerão todo o acervo de um repositório de manuscrito e serão preparados depois que se hajam feito as descrições coletivas do acervo, em inventários e guias. Em vista do grande número de nomes representados no acervo de qualquer repositório de manuscritos, por menor que seja, os índices de nomes devem conter tão somente o mínimo de informação sobre as pessoas ou lugares e sobre os documentos em que são mencionados.

Os índices, note-se, têm por objetivo localizar as unidades documentárias (dentro de séries ou grupos) que se relacionam com determinados assuntos; não constituem meios de descrição de tais peças. Portanto, há que se distinguir os índices dos catálogos que se referem a determinadas entidades físicas, como sejam as séries ou unidades documentárias; os índices simplesmente se referem aos assuntos tratados em tais entidades. Assim sendo, os índices são instrumentos de localização, os catálogos instrumentos de descrição.

Um índice de nomes deve ter as seguintes características:

a) cada ficha ou papeleta de entrada deve indicar o nome da pessoa ou lugar mencionado na série e identificar, por meio de símbolos, a série em que aparece. Não se deve sobrecarregar a entrada com informação descritiva adicional, já que seu único propósito é indicar a série que contém informação sobre um determinado nome. Deve-se notar que tal processo só pode ser seguido se todas as séries de uma coleção houverem sido estabelecidas com propriedade, e se estiverem devidamente arranjadas e identificadas por meio de símbolos;

    b) o índice de nomes, progressivamente, incluirá todas as coleções ou séries dos depositários de manuscritos; e

    c) um índice de nomes será organizado alfabeticamente.

Cabeçalhos de assuntos ou temáticos

Os cabeçalhos de assuntos se referem a "coisas" (incluindo-se edifícios, navios ou outros objetos físicos) ou a "fatos" (o que ocorre a pessoas ou a coisas tais como condições, problemas, atividades, programas, eventos, episódios, e assim por diante). Os pesquisadores interessados em coisas ou fatos geralmente precisam investigar as coleções inteiras. O objeto de suas pesquisas não é tão específico quanto o dos pesquisadores que se interessam por nomes de pessoas ou de lugares. A estes não é, pois, necessário conhecer as séries específicas em que se encontram informações sobre "fatos" ou "coisas". Os índices temáticos, portanto, normalmente, não devem ser preparados antes que os índices nominais estejam prontos, pois as descrições coletivas de papéis privados, isto é, os guias e inventários, inicialmente serão suficientes para atender às necessidades de pesquisadores interessados em "fatos" ou "coisas".

Descrição do todo

A totalidade de documentos sob a custódia de um repositório de manuscritos deve ser descrita em um guia. A organização das entradas no guia depende, até certo ponto, da organização dada às coleções de manuscritos de cada repositório. Se as coleções houverem sido agrupadas em classes de assuntos, o guia deverá descrevê-los em relação a tais classes. Se as coleções foram simplesmente colocadas na ordem de seu recebimento, serão descritas na ordem alfabética de seus títulos ou na ordem numérica da entrada.

A descrição das coleções no guia baseia-se na informação preparada quando da produção de outros instrumentos de busca. Sobre cada coleção dar-se-á uma informação sucinta quanto à origem, incluindo-se breves dados biográficos ou históricos sobre a pessoa ou entidade que a produziu e sobre suas séries, se houver, e ainda dados relativos ao tipo, período, assunto e quantidade.

Deve-se preparar um índice que mostre a relação entre as séries e unidades, e os vários assuntos.

CAPÍTULO **18**

Programa de publicações*

Ao EXAMINAR, EM capítulo anterior, a evolução dos arquivos na França, Inglaterra e Estados Unidos, assinalei que os historiadores tiveram especial influência na criação de tais instituições, desde que, compreendendo o valor das fontes documentárias, começaram a agir junto aos governos a fim de proteger e tornar acessível uma das principais fontes, qual seja a dos documentos públicos. Por isso mesmo, muito devem os arquivistas aos historiadores. Essa dívida, entretanto, vem sendo resgatada pela ajuda que prestam aos historiadores, primeiro guiando-os através de volumosa massa de documentos, por meio dos instrumentos de busca e, depois, colocando à disposição daqueles os mais importantes documentos, mediante a publicação de coleções de documentos.

Na publicação de fontes documentárias, os arquivistas e historiadores têm se ajudado mutuamente. A publicação de documentos pelos arquivistas serviu de estímulo às investigações históricas. Os historiadores começaram a fazer estudos críticos com um certo grau de exatidão científica quando se lhes facilitou o uso das fontes documentárias, especialmente depois da publicação de algumas das grandes coleções de fontes medievais.

Na Itália, os trabalhos de crítica histórica iniciaram-se depois que Ludovico Antonio Muratori (1672-1750) publicou sua obra *Rerum italicarum scriptores* (Escritores de assuntos italianos, 1723-38, 28v.). As fontes divulgadas por Muratori constituem talvez a maior obra individual em toda a história da historiografia. É talvez bastante significativo o fato de esse homem, conhecido como pai da historiografia italiana, haver sido arquivista profissional e o conservador dos arquivos em Modena.

A grande coleção alemã de fontes medievais *Monumenta Germaniae Historica* (Monumentos da história alemã), em 115 volumes, iniciada em 1826 e ainda em publicação, que foi, em parte, trabalho de arquivistas, também

---

* N. do T.: Capítulo 16 no original.

estimulou o estudo crítico da história medieval. Os documentos encontrados nos *Monumenta* têm sido utilizados, desde seu aparecimento, em seminários sobre arquivos para treinar estudantes de historiografia e de ciências auxiliares da história. A publicação deve sua origem principalmente aos esforços do barão von Stein (1757-1831), notável estadista da era napoleônica cujo interesse pela pesquisa e publicação histórica levou-o a fundar a Sociedade Histórica Alemã (Gesellschaft for ältere deutsche Geschichtskunde). Sob os auspícios dessa sociedade foi iniciada aquela publicação. Atualmente é dirigida por uma comissão central constituída de membros das academias de ciências de Viena, Berlim e Munique. O seu principal orientador, durante os primeiros 50 anos, foi George Heinrich Pertz (1795-1876). Quando Pertz começou a trabalhar nos *Monumenta*, em 1823, era secretário do Arquivo de Hanover. Veio a ser mais tarde bibliotecário em Hanover e Berlim.

Na Inglaterra, a grande coleção *Chronicles and memorials of Great Britain and Ireland during the Middle Ages* (*Rerum Britannicarum mediiaevi scriptores*), de 1858-1911, em 251 volumes, foi publicada sob a direção nominal do *master of the rolls* (arquivista-mor) e por isso é chamada de *Rolls series*. O material da coleção foi revisto por competentes historiadores que trabalharam juntamente com o *deputy keeper* (diretor em comissão) dos *public records* no Public Record Office.* Além das crônicas e memórias do período medieval, a *Rolls series* inclui muitos repertórios de documentos oficiais, assim como listas e índices de outros documentos públicos relativos ao período moderno. A publicação da *Rolls series* revelou a grande riqueza das fontes históricas na Inglaterra, dando impulso naquele país, assim como o fizeram publicações semelhantes na Europa continental, ao desenvolvimento da escola moderna de crítica histórica.

Os arquivistas têm recebido muita ajuda dos historiadores na publicação das fontes documentárias. Na compilação e revisão das grandes coleções de fontes medievais, às quais já fiz referência, os arquivistas trouxeram à luz os

---

* N. do T.: *deputy keeper*, nomeado pelo *master of the rolls*, autoridade máxima em arquivos públicos, segundo a lei de 1838, para superintender o pessoal empregado na guarda dos documentos sob custódia daquele; a nova lei de 1958 (Public Record Act) transferiu a responsabilidade da guarda e preservação dos documentos públicos do *master of the rolls* para o *lord chancellor* (ministro da Justiça membro da Câmara dos Lordes nomeado pelo primeiro-ministro) e a este cabe nomear um *keeper of public records*, para, sob sua orientação, dirigir o Public Record Office.

ensinamentos recebidos dos historiadores. Suas obras foram verdadeiros monumentos de erudição histórica. Entretanto, além dos conhecimentos de história, tiveram de usar as ciências auxiliares da história, como por exemplo a diplomática, a paleografia e a esfragística. É nesse ponto, diga-se de passagem, que o trabalho daqueles arquivistas deve ser vivamente diferenciado do trabalho dos arquivistas que lidam com documentos modernos.

Responsabilidade pelas publicações

Cada vez mais os governos estão tomando a si a responsabilidade financeira da publicação de fontes documentárias. A publicação das grandes coleções medievais vem sendo, agora, financiada por fundos públicos. Esse é o caso da nova edição da obra de Muratori *Rerum italicarum scriptores* e da edição aumentada de *Monumentos da história alemã*, obras cuja origem se deve à coragem de particulares.

Nos Estados Unidos, o governo federal tem sido muito pródigo no que diz respeito ao financiamento da publicação de documentos. Depois de examinar as publicações provenientes de fundos públicos, o dr. Clarence E. Carter, eminente historiador americano, afirmou, na *Mississippi Valley Historical Review*, de junho de 1938: "...é claro que o Congresso não é contrário ao princípio geral de publicar-se os principais documentos nacionais e que está pronto a dar a sua colaboração desde que haja prova de apoio autêntico e genuíno por parte de pessoas interessadas". Mesmo durante o período em que a nação estava se formando, em meio a uma revolução, o Congresso Continental deu o seu apoio ao plano Ebenezer Hazard para reunir e publicar uma coleção de importantes documentos públicos. O governo federal, desde sua instituição, têm publicado ou subvencionado a publicação de numerosas e importantes coleções de documentos históricos. Entre essas estão o *American Archives*, de Peter Force, o *American State Papers*, os arquivos da *War of the Rebellion*, os volumes anuais de *Foreign Relations* do Departamento de Estado, e os volumes do *Territorial Papers* editados pelo dr. Carter.

O programa do governo federal relativo à publicação de documentos tem recebido com frequência a atenção dos historiadores americanos. Foi por insistência destes que o presidente Theodore Roosevelt há cerca de 40 anos nomeou uma comissão formada por nove ilustres historiadores para fazer um levantamento das fontes documentárias relativas à história dos Estados Unidos, já publicadas, assim como para opinar sobre a necessidade de publicações adicionais. Depois de examinar as medidas tomadas pelos governos europeus quanto à publicação de fontes documentárias, aquela comissão recomendou que o Congresso criasse uma comissão de caráter permanente de publicações históricas (Commission on Historical Publications) e concedesse verbas para novas publicações. Vinte e cinco anos mais tarde, na lei que criou os National Archives, foi prevista a criação de tal comissão. Essa comissão, entretanto, pouco realizou e foi substituída por outra, em setembro de 1950. Esta última teve dupla função: a) "traçar planos, fazer estimativas e recomendações para que tais trabalhos históricos e coleções de fontes sejam impressos ou divulgados sob outra forma mais apropriada, a expensas do governo"; e b) "cooperar e encorajar os órgãos do governo federal, estadual e local, assim como instituições não governamentais, sociedades e pessoas, no trabalho de recolher", preservar e publicar documentos "importantes para a compreensão... da história dos Estados Unidos.[104] Essa comissão é uma das unidades que integram o National Archives and Records Service.

Nos Estados Unidos, portanto, assim como em muitos outros países, o governo federal reconhece sua responsabilidade pela publicação de fontes documentárias. Constituiu uma comissão especial para ocupar-se exclusivamente do planejamento da publicação de material dessa natureza. Essa comissão está tentando, com êxito, sob a chefia do seu diretor-executivo, o dr. Philip M. Hamer, promover projetos de publicação adotando, em linhas gerais, o critério de empregar fundos privados para publicar material privado e fundos públicos para material oficial.

Uma questão preocupou a comissão de historiadores americanos nomeada pelo presidente Roosevelt há 40 anos: deveriam as publicações documentárias do governo ficar a cargo de organizações de história ou de organizações arquivísticas? Essa questão da responsabilidade é uma das que têm sido, em grande parte, resolvidas com o correr do tempo. Os editores particulares podem escolher, para o preparo dos originais, é lógico, quem

---

[104] United States. Federal Records Act, 1950. *United States Code* (44):302-401. Section 503(d).

bem quiserem — arquivistas ou historiadores. E o historiador deveria ter, obviamente, uma oportunidade de fazer conhecidas suas necessidades no tocante a publicações documentárias, como aliás o tem feito através da National Historical Publications Commission; porém, uma vez manifesta a sua necessidade, deveria, talvez, confiar nas instituições de custódia, a fim de que tomassem as melhores medidas possíveis para a supervisão editorial de quaisquer publicações que sejam executadas.

No Arquivo Nacional dos Estados Unidos a tarefa de preparar originais de publicações de documentos vem sendo feita por historiadores e arquivistas; aqueles trabalhando nas principais publicações feitas sob a forma tradicional de impressão e estes últimos tendo a seu cargo as publicações em forma de microfilme. No Boletim nº 7 sobre *Historical editing* o dr. Carter dá instruções para o preparo das fontes destinadas à impressão. No *Staff Information Paper* nº 19, "The preparation of records for publication on microfilm", há instruções sobre como preparar o material a ser microfilmado.

A única publicação documentária que está agora sendo produzida em forma impressa é a *Territorial Papers of the United States*. Esse projeto de compilação, edição, revisão, anotação e publicação de papéis relativos ao governo dos territórios teve início antes da criação do Arquivo Nacional. Foi, inicialmente, autorizado pelo Congresso, em lei de 3 de março de 1925 e por leis posteriores, em atenção à insistente solicitação de historiadores, sobretudo dos membros da American Historical Association, da Mississippi Valley Historical Association e de várias sociedades históricas de âmbito estadual e municipal. O trabalho do projeto começou em 1931, no Departamento de Estado, mas foi transferido, em 1950, para o Arquivo Nacional. O dr. Carter, supervisor editorial do citado projeto, é historiador e especialista no assunto.

Em 1940 iniciou-se no Arquivo Nacional um programa de publicação documentária em microfilme, sob a direção do dr. Solon J. Buck. Esse programa, a princípio conhecido como File Microcopy Program, e mais tarde como Microfilm Publication Program, consiste na feitura de cópias fac-símiles, em microfilme, de séries seletivas de documentos de alto valor para a pesquisa. A *List of National Archives microfilm publication*, divulgada pelo Arquivo Nacional, em 1953, descreve 4.666 rolos de microfilmes negativos que reproduzem mais de 3 milhões de páginas de documentos. Esse número aumentou agora para 4 milhões. O trabalho de preparar documentos para reprodução por microfilme é feito por arquivistas profissionais, muitos dos quais são também especializados em história.

Os programas de publicação e de instrumentos de busca de um arquivo estão intimamente ligados. Normalmente, os documentos devem estar descritos em instrumentos de busca antes de serem publicados. Tais instrumentos de busca facilitam o trabalho de seleção e preparo. Na elaboração desses instrumentos de busca em que se descrevem peças individuais, como, por exemplo, nas listas, o arquivista deve dar tão meticulosa atenção ao detalhe quanto um editor daria à publicação de tais peças. Resumindo, ambos os trabalhos requerem a mesma perícia.

Formas de publicação

"A obra que mais se aproxima do ideal quanto à publicação exaustiva dos arquivos federais" é, na opinião do dr. Carter, o *American State Papers*, publicada por Gales e Seaton entre 1831 e 1961.[105] Os 38 volumes dessa série contêm informações sobre todas as fases das atividades do governo federal no período de 1789-1832. Seis desses volumes foram dedicados aos problemas de relações exteriores, sete a assuntos militares, quatro a assuntos navais, dois a assuntos relativos aos índios, um a assuntos postais, oito a terras públicas, cinco a finanças, dois a comércio e navegação, um a demandas e dois a assuntos diversos. Poucos aspectos da atividade federal deixaram de ser focalizados nessa série.

Na tentativa de atingir esse ideal, relativamente à publicação de documentos públicos recentes, o arquivista deve tomar várias determinações: a) selecionar os documentos adequados para publicação; b) determinar a forma em que devem ser publicados; e c) decidir se cada documento deve ser publicado na íntegra ou de forma resumida. Há duas alternativas principais a serem pesadas quanto à forma de publicação: a forma impressa e a microfilmada.

É obviamente impraticável publicar na forma impressa uma coleção de documentos referentes aos últimos anos com a mesma cobertura total das atividades federais focalizadas pelo *American State Papers*, em relação ao

---
[105] Carter, 1945:123.

passado. É imenso o número de documentos públicos de períodos recentes para permitir uma publicação exaustiva, impressa. Com a enorme expansão das atividades governamentais nos últimos 50 anos, a perspectiva de obter--se sob a forma impressa mesmo uma simples amostra da vasta produção anual de documentos importantes tornou-se impraticável. A forma de publicação impressa é dispendiosa, quase um luxo. É sem dúvida, entretanto, mais conveniente, pois as páginas em letra de forma são fáceis de ler (sem projetores), fáceis de comparar e mencionar.

A forma de publicação impressa, por conseguinte, deve ser reservada a fontes documentárias do maior e mais amplo interesse para pesquisa. Seria uma forma altamente seletiva de publicação. Tem-se uma melhor exposição dos critérios para a seleção de documentos públicos modernos a serem publicados sob a forma impressa, citando-se certos projetos de publicação já em vias de realização ou apenas planejados.

Os documentos públicos têm maior probabilidade de merecer publicação em forma impressa se se reportam às origens dos fatos. O *Territorial Papers of the United States* ilustra a aplicação desse critério. Essa publicação consiste em papéis oficiais relativos a 28 territórios continentais dos Estados Unidos antes de esses territórios serem admitidos como estados da União. Para que os documentos sejam selecionados tendo em vista a sua inclusão naquela publicação é mister que apresentem importância relevante quanto à administração de um território. Os documentos, por conseguinte, mostram a evolução dos territórios americanos e das respectivas administrações. O critério da relação dos documentos com as origens é também ilustrado através do plano organizado pela National Historical Publication Commission, a fim de publicar um documentário histórico completo do primeiro Congresso Federal. O trabalho desse Congresso foi da maior importância na instituição dos princípios, métodos de trabalho e organização do governo federal.

Os documentos oficiais podem ser escolhidos para publicação sob a forma impressa, se dizem respeito a relevantes acontecimentos ou episódios históricos. A aplicação desse critério é bem ilustrada pela fabulosa publicação em 129 volumes intitulada *War of Rebellion: a compilation of the official records of the Union and Confederate armies*. Neste caso, a importância do acontecimento foi a principal justificativa para a publicação.

A forma impressa de publicação é especialmente adequada no caso de documentos oficiais dispersos entre muitas séries e que devem ser reunidos numa ordem diferente, com relação a um assunto específico. É novamente este o caso dos *Territorial Papers*, que são selecionados dos grupos de documentos do Arquivo Nacional e reunidos sem levar em consideração a ordem em que foram arquivados quando de uso corrente, para proporcionar um exame de todos os aspectos da atividade do governo americano, nos territórios. É também o caso da projetada publicação do documentário histórico do primeiro Congresso Federal, publicação em que o material deve proceder de fontes oficiais e particulares, bem como de publicações contemporâneas.

A forma impressa, além disso, se aplica a documentos oficiais quando as peças individuais requerem atenção editorial. Tal atenção pode ser desejada em face da importância das peças, da diversidade de suas fontes, ou ao fato de serem elas citadas em publicações, contemporâneas ou não. Nesses casos, podem ser necessárias notas para esclarecer quanto ao valor de cada peça, ou quanto às relações com outras peças ou, ainda, para fazer referência à literatura relevante.

A reprodução microfotográfica é uma técnica que se aplica à publicação de muitas séries de documentos modernos que não podem ser reproduzidos, devido ao custo, na forma convencional. É uma técnica que torna possível a produção de cópias únicas ou edições muito limitadas, a um custo unitário muito menor do que o de outras técnicas de reprodução. Pela microfotografia podem obter-se preços unitários mínimos, em edições muito reduzidas, pois o custo adicional na produção de cópias extras de filmes é relativamente baixo, uma vez feito o negativo. Nos processos de *near-print*, por outro lado, é necessário tirar pelo menos 100 cópias e em processos de impressão, no mínimo mil, para que se possa obter preços unitários mínimos.

A reprodução microfotográfica é uma forma de publicação menos seletiva do que a impressão. Pode, por isso, ser empregada para a divulgação de documentos modernos de períodos recentes, de maneira completa como o foram os do período inicial do governo federal, no *American State Papers*. A reprodução microfotográfica pode ser usada para suprir as fontes básicas de novos campos de estudo cujo progresso é frequentemente prejudicado, devido à falta de material. Possibilita o trabalho dos pesquisadores que se ocupam com os complexos problemas da sociedade moderna, proporcionando-lhes cópias de materiais altamente especializados. É, em suma, uma técnica moderna que pode contribuir para uma síntese erudita da sociedade moderna.

A reprodução microfotográfica, além disso, oferece fac-símiles exatos de documentos originais. Pelo fato de ser essa técnica um processo mais barato do que a impressão, muitos documentos que seriam normalmente rejeitados para publicação em letras de forma, mais dispendiosa, poderiam ser incluídos numa publicação em microfilme, caso em que o trabalho editorial para a preparação dos documentos é mínimo. Os comentários editoriais geralmente se referem a séries completas antes que a assuntos individuais; a análise subjetiva é reduzida, pois aquele que usar os documentos, mais do que o editor, é responsável pela determinação do significado dos documentos reproduzidos.

As publicações em microfilme podem constituir suplementos de publicações impressas. Vários exemplos podem ser citados. No caso dos documentos do Congresso Continental, a Biblioteca do Congresso de Washington publicou os *Journals* em 34 volumes (1904-1937), dos anos de 1774 a 1789. O Arquivo Nacional, que recebeu os documentos em 1952, está agora preparando uma publicação em microfilme de documentos suplementares àqueles *Journals*. Planeja também o Arquivo Nacional suplementar os volumes a serem impressos dos *Territorial Papers*, por meio de cópias, em microfilmes, de documentos relativos aos territórios focalizados.

Os documentos podem ser reproduzidos de uma forma resumida nos repertórios (*calendars*) cuja norma de elaboração foi fixada, é bem provável, pelo *Calendar of State Papers* britânico. Os ingleses iniciaram a compilação de repertórios de documentos públicos do século XIX. Quando se criou o Public Record Office, em 1838, o diretor dos Arquivos Públicos, *sir* Palgrave (1788-1861) incumbiu-se de preparar repertórios, sistematicamente, à medida que os documentos fossem identificados, separados, classificados e arrolados em listas pela sua equipe de funcionários. A partir de 1841, os repertórios elaborados naquele órgão foram impressos como apêndices dos relatórios anuais e depois de 1855 passaram a ser publicados numa série à parte. À medida que o trabalho prosseguia os repertórios apresentavam-se cada vez mais completos, proporcionando, em alguns casos, tantas informações sobre determinados documentos que se tornava desnecessária a consulta dos originais. Quando os repertórios servem como substituto dos originais devido à abundância de informações neles contidas, podem ser considerados uma forma de publicação documentária, embora, normalmente, sejam considerados instrumentos de buscas.

O processo britânico de preparar repertórios foi adotado por muitos arquivistas e historiadores dos Estados Unidos no fim do século XIX. Uma série completa de repertórios foi produzida, por exemplo, pelo Bureau of Rolls e Biblioteca do Departamento de Estado, no período de 1893-1903. O mais notável desses inclui os arquivos de Jefferson, Madison e Monroe, que haviam sido adquiridos, por compra, pelo governo federal, cerca de 50 anos antes. O método de repertórios está também sendo adotado em alguns arquivos estaduais. Uma excelente descrição desse processo, pelo dr. Morris L. Radoff, encontra-se no artigo intitulado "A practical guide to calendaring", publicado no *American Archivist*, abril e julho de 1948.

Capítulo 19
Serviço de referência*

A FINALIDADE DE todo o trabalho de arquivo é preservar os documentos de valor e torná-los acessíveis à consulta. Os serviços do arquivista visam a este duplo objetivo. Examina e avalia os documentos públicos a fim de determinar se devem ser conservados ou destruídos, tendo em vista a sua futura utilização. Para tal utilização recolhe os documentos, armazena-os e restaura-os de forma a que sejam preservados e usados. Organiza-os de tal modo que o arranjo que satisfez as necessidades oficiais satisfará também a pesquisa erudita; descreve-os nos instrumentos de busca de maneira que o conteúdo e caráter dos documentos se tornem conhecidos; intercede junto às administrações para que suspendam restrições, liberando os documentos à consulta; facilita o acesso aos documentos em condições que satisfaçam tanto aos funcionários como ao público em geral, colocando-os igualmente à disposição de ambos.

As atividades de um arquivista podem ser bem ilustradas pelo trabalho do Arquivo Nacional dos Estados Unidos em relação aos documentos do governo federal. Antes da criação do Arquivo Nacional, os documentos acumularam-se, durante século e meio, em diferentes edifícios tanto públicos como particulares. No decorrer desse período esses documentos, de modo geral, já que não estavam mais em uso, foram relegados a subsolos e águas-furtadas de difícil acesso onde a sua própria experiência foi esquecida. A primeira medida do Arquivo Nacional, portanto, foi proceder a um levantamento para obter informações quanto à localização, volume e natureza daquele material, e, baseado nas informações colhidas, recuperou os documentos de valor. Passou então a empreender um trabalho sistemático de fumigação e limpeza, armazenando os documentos em depósitos onde todas as condições que afetavam a preservação deles podiam ser controladas. A seguir, iniciou a análise dos documentos, a fim de determinar sua natureza e importância, bem como preparou instrumentos de busca para informar

* N. do T.: Capítulo 17 no original.

às autoridades e ao público que documentos existiam, e que informações podiam ser neles encontradas.

Tratarei, neste capítulo, de dois aspectos do problema de tornar os documentos acessíveis à consulta: a política que deve orientar o acesso aos documentos e as normas para utilização dos mesmos.

Política de acesso aos documentos

Para estabelecer a política de regulamentação quanto ao acesso aos documentos públicos que satisfaça tanto aos funcionários quanto ao público em geral, é necessário esboçar normas para determinar e impor restrições no uso dos documentos. Nos Estados Unidos, o primeiro passo para determinar tais restrições é dado quando uma repartição oferece documentos a serem recolhidos ao Arquivo Nacional. Nesse momento, firma-se uma declaração de restrições que deve ser aceita pelo Arquivo Nacional e pela própria repartição. Se a repartição insiste em restrições descabidas, o Arquivo Nacional não procede ao recolhimento dos documentos a que foram impostas tais restrições. Essa declaração é feita num documento chamado "Inventário de acesso" (*Accession inventory*), que formaliza a transferência da custódia legal dos documentos da repartição para o Arquivo Nacional. O segundo passo para determinar as restrições é dado depois que os documentos são recolhidos ao edifício do Arquivo Nacional. Os documentos são localizados, para tratamento posterior, num grupo de documentos (*record group*), que em geral, consiste, como foi visto, de documentos de uma entidade governamental de importância, tal como um serviço (*bureau*). Para cada "grupo" se preparam, então, certos documentos de controle, inclusive uma "Declaração de restrições" que engloba todas as restrições convencionadas em vários inventários que dizem respeito a um determinado grupo de documentos. Geralmente, a "Declaração de restrições" é um documento de uma página, podendo, em certos casos, desdobrar-se em várias. As declarações são emitidas em papel de cor diferente a fim de chamar a atenção dos funcionários quanto à proibição do uso de documentos com que estejam trabalhando. As declarações são também publicadas nos instrumentos de busca do Arquivo Nacional. Esse processo serve para cristalizar os critérios de acesso aos documentos.

As restrições devem estar condicionadas a alguma limitação no tempo, de modo que todos os documentos preservados venham a ser, eventualmente, abertos ao uso do público. O Arquivo Nacional conseguiu obter legislação que suspende as restrições relativas ao uso de documentos que já contem 50 anos, a menos que o arquivista determine, especialmente, que a restrição deva ser prorrogada. Essa legislação geral serve apenas para suspender restrições descabidas quanto ao uso de documentos mais antigos, pois as limitações de tempo não podem ser aplicadas indiscriminadamente ou uniformemente a todos os documentos do governo. De acordo com dr. Waldo G. Leland, um limite cronológico "é, sem dúvida, conveniente do ponto de vista administrativo, mas é artificial e, desnecessariamente, dificulta ou impossibilita o curso de muitos tipos de pesquisas. Uma fórmula mais satisfatória seria adotar uma divisão cronológica, quando então as pesquisas em documentos do período (exceto em casos específicos) poderiam ser feitas sem a obtenção de consentimento especial, mas as pesquisas em documentos posteriores àquela data-limite deveriam ser tratadas segundo seus méritos..."[106] A redução do período de tempo durante o qual os documentos são negados ao exame crítico de pesquisadores pode ter efeito negativo quanto à qualidade dos documentos produzidos, pois se os funcionários públicos souberem que seus escritos virão a ser usados dentro em pouco (talvez ainda no seu período de vida) para fins históricos, poderão produzir documentos com vistas à história. Podem fazer constar dos mesmos aquilo que acreditam refletirá, meritoriamente, sobre eles ou sobre a administração a que estão ligados. Militares ou diplomatas, especialmente, estão em condições de escrever para a posteridade sob tais circunstâncias. O arquivista e, incidentalmente, o historiador, precipitando a abertura dos documentos para uso público, podem frustrar seus propósitos de promover pesquisa objetiva. Deve-se facilitar o uso dos documentos ao máximo possível desde que não contrarie o interesse público. Se, como vimos, o objetivo de um arquivo de custódia é tornar os documentos acessíveis, o arquivista, normalmente, favorece a política de livre acesso. É ele uma espécie de fisiocrata entre os que utilizam documentos; é uma espécie de defensor do *laissez-faire* no que diz respeito ao uso desses. Seu desejo é promover, ao máximo, a livre pesquisa. Sua contribuição para a busca da verdade consiste em tornar acessíveis as provas que possui. Acredita que, na

---

[106] Leland, 1912b:27.

maioria das vezes, o interesse público é mais bem servido divulgando-se a verdade sobre todos os assuntos, mesmo os desagradáveis, da vida pública, pois, como se diz, a verdade nos libertará. O arquivista não é um denunciador de escândalos, um *muckracker* para usar a expressão americana; não é um desenterrados de casos de corrupção visando expô-los aos olhos do público. Como funcionário responsável, têm consciência de sua obrigação de salvaguardar o interesse público. Contudo, não é um censor. Seu julgamento sobre o que tornar acessível e o que negar ao uso público baseia-se, assim, em considerações conflitantes, pois seu desejo de fomentar a livre pesquisa pode entrar em choque com exigências de interesse público. O interesse público é algo imponderável; pode ser um agora e outro mais tarde. Recomenda-se, pois, que o arquivista adote o meio-termo ao concluir sobre o critério a ser observado em relação ao acesso, levando em consideração todos os fatores relativos ao problema.

Vejamos algumas razões pelas quais o acesso aos documentos deve ser negado, no interesse do próprio público. Ao mesmo tempo que consideramos esse assunto, vejamos se, sob certas circunstâncias, os impedimentos ao livre acesso podem ser levantados.

Em primeiro lugar, o interesse público é obviamente mais bem servido se for negado o acesso a documentos que contenham informação militar que afete a segurança presente e futura da nação. Tais documentos devem ser mantidos fora do seu alcance. Ninguém, por certo, discutirá esse ponto de vista. Geralmente cada país publica regulamentos especiais controlando o acesso aos documentos dessa natureza. Nos Estados Unidos, tais documentos são administrados por regulamentos de segurança cuja interpretação para o pessoal do Arquivo Nacional se encontra no seu *Handbook of procedures*. Embora os documentos militares, diretamente relacionados com a segurança nacional, não devam ser abertos ao uso público, isso não significa que todos os documentos militares devam ser negados a tal uso, indefinidamente. A estratégia e tática militares são objeto de contínuo estudo em todos os estabelecimentos de defesa e passíveis de estudo e críticas por parte de líderes políticos e do público em geral, nas democracias. Se o governo é responsável, perante o povo, por sua conduta na área de defesa, os documentos relativos à atividade de defesa necessitam ser tão livremente cedidos para exame quanto o permitam as necessidades de defesa. Os documentos relativos à história militar — pelo menos os relativos a feitos militares do passado — devem ser liberados tão logo o seu conhecimento não acarrete conflitos de segurança. Isso se aplica mesmo quando a informação contida nos documentos possa repercutir desfavoravelmente no valor de um exército, da estratégia de uma campanha, ou das táticas de uma batalha.

Em segundo lugar o interesse público é manifestamente servido evitando--se o acesso a documentos relativos à conduta de negócios estrangeiros, no presente imediato. O segredo de negociações diplomáticas é tão vital numa sociedade democrática quanto em qualquer outra. Embora nas democracias o público tenha o direito de conhecer as maiores linhas de conduta do governo em suas relações exteriores, o interesse público dificilmente dir-se-á bem servido, tornando-se objeto de debates públicos cada passo delicado dessas atividades. A política determinante das relações de um governo com outro desenvolve-se lentamente e reflete-se em documentos que abrangem longos períodos de tempo. Convém, pois, que tais documentos sejam conservados como secretos durante algum tempo. Ninguém, provavelmente, argumentará contra esse ponto de vista, embora as opiniões possam divergir no que tange ao prazo durante o qual os documentos relativos a relações exteriores não devem ser abertos a investigações e quanto às pessoas e objetivos a que o uso de tais documentos poderá ser facilitado, antes de liberados de um modo geral. Nos Estados Unidos, Charles Evans Hughes, ministro de Estado, estabeleceu, em 1921, um certo número de regras para o "estudo e pesquisa" nos documentos de seu ministério. Determinavam que "os requerentes devem ser devidamente credenciados por fontes responsáveis, conhecidas do ministério, ou devem, eles próprios, ser conhecidos do ministério. Não se concederá privilégios de pesquisa, a menos que o ministério esteja convencido da responsabilidade do requerente e de que o objetivo da pesquisa projetada seja autêntico e útil".[107] Depois da II Guerra Mundial fixou-se uma norma abrindo ao uso, praticamente, todos os documentos do ministério, após um lapso de 25 anos. Em relação aos documentos mais recentes, o ministério emitiu um regulamento, em janeiro de 1953, que fixou a sua política geral nos seguintes termos: "O ministério facilita o uso de seus documentos a pessoas estranhas ao serviço público dos Estados Unidos, bem como a seus servidores, quando ocupados em pesquisas de caráter privado, da maneira

---

[107] United States. Department of State, order n. 210, May 28, 1921. Ver também Noble, 1951:15.

mais liberal possível, sem violar seus princípios ou métodos, em conformidade com a segurança da nação, a proteção do interesse público e a eficiente operação do ministério".[108] Uma política de "acesso limitado" é difícil de ser ministrada com justiça e seu mérito é duvidoso, pois o uso de documentos públicos deve ser facilitado sem se considerar a pessoa ou o seu objetivo. Uma vez que o arquivista controle o acesso aos documentos, aplicará o princípio de igualdade a todos os pesquisadores autênticos. Isso equivale a dizer que deve consentir no acesso tão prontamente a historiadores que criticam administrações anteriores a respeito de política exterior quanto aos que as elogiam. Se isso não ocorre, se os documentos estão abertos ao uso apenas aos chamados "historiadores da corte", o objetivo de promover a livre investigação se invalida. Nesse sentido, gostaria de salientar que o interesse público, para efeito de cessão à consulta de documentos relacionados com negócios exteriores, pode variar grandemente, de acordo com as circunstâncias. Depois da I Guerra Mundial, as chancelarias europeias, uma após outra, abriram ao uso a maior parte de seus arquivos de negócios estrangeiros, algumas vezes para justificar a diplomacia de antes da guerra e em outras, como no caso da Rússia e Alemanha, como desaprovação de um governo de antes da guerra. Em condições normais, aqueles documentos secretos seriam negados à inspeção pública, durante muitas gerações e, de fato, alguns ainda não foram cedidos. Nos Estados Unidos, hoje em dia, alguns eruditos estão pressionando o governo no sentido de que lhes seja facilitado o acesso à documentação relativa a fatos diplomáticos recentes. Considerações de ordem política podem reduzir o número de anos em que o acesso a tais documentos será facilitado.

Em terceiro lugar, o interesse público é manifestamente servido, impedindo-se o acesso a documentos que contenham matéria confidencial e informações relativas a finanças. A revelação de tais informações pode ocasionar efeitos contrários, por dois motivos: primeiro, pode afetar, adversamente, as relações entre o governo e as organizações privadas e os indivíduos de quem se obtém a informação e, segundo, pode afetar negativamente as relações entre as próprias organizações privadas e os indivíduos. Explicarei um pouco mais. No primeiro ponto, a conduta de muitas atividades do governo de coleta de dados e fiscalizadores seria gran-

---

[108] United States, Department of State, 1953.

demente dificultada se se permitisse o livre acesso à informação prestada em caráter reservado. Tal informação não seria obtida no futuro se não se mantivesse o devido sigilo; o governo é moralmente obrigado a guardar sigilo. No segundo ponto, os interesses comerciais ou financeiros seriam prejudicados se a informação reservada que prestam ao governo sobre produção, custo, lucros, operações e coisas semelhantes fossem postas à disposição de competidores. A revelação de tal informação poderia custar, a algumas firmas, a própria existência. Seria o mesmo que expor segredos militares de um país a outro. A livre concorrência, essência do sistema econômico americano, seria grandemente dificultada.

Nos Estados Unidos, o Congresso tem salvaguardado o caráter sigiloso de vários tipos de negócios e dados financeiros por meio de numerosos atos legislativos. A maioria desses atos se refere ao uso de tipos específicos de informações que vêm sendo prestadas ao governo em caráter confidencial. Uma lei geral, o Federal Reports Act, de 1942, regula todas as atividades relativas a coleta de dados por parte dos órgãos do governo federal. A informação confidencial é fornecida voluntariamente ou conseguida de acordo com dispositivos legais que conferem aos órgãos governamentais inclusive poderes de citação em juízo. A muito poucos órgãos foi concedido o poder de citação judicial para obter informação e segundo o Federal Reports Act a informação assim obtida somente pode ser revelada a outros órgãos investidos do mesmo poder.

Alguns exemplos de documentos que contêm informação de caráter reservado obtida de empresas comerciais são: a) os documentos relativos a estatísticas de vendas, de produção, de emprego e coisas semelhantes, apresentados pelas indústrias minerais ao Bureau de Minas; b) informações relativas ao custo e lucro, obtidas pelo Serviço de Administração de Preços como uma base para regulamentações e ajustes de preços durante a II Guerra Mundial; e c) documentos sobre segredos e processos dos negócios, obtidos pela Comissão de Tarifas. Exemplos de documentos que contêm informações confidenciais obtidas de empresas financeiras são: a) relatórios de fichas bancárias, pela Corporação de Seguro de Depósito Federal; e b) documentos de transações na Junta de Comércio de Chicago, recebidos pela Administração de Troca de Mercadorias. Exemplos de documentos que contêm informações sobre negócios e finanças obtidas de pessoas particulares são: a) declarações de imposto de renda, recebidas pelo Bureau de Rendas Internas; e b) declarações de fazendas sobre medidas agrárias e rendimentos recebidos pelo Bureau de Economia Agrícola.

Como no caso de documentos militares e diplomáticos, entretanto, há condições sob as quais a liberação de acesso a documentos financeiros e comerciais é de interesse público. Tais documentos, como todos os demais tipos de documentos confidenciais, perdem seu caráter confidencial com o correr do tempo e devem ser liberados, como em geral o são, depois de um certo prazo, para utilização por pesquisadores. Os períodos durante os quais não é permitida a consulta em geral devem ser menores do que no caso de documentos militares e diplomáticos. E, sempre que possível, devem-se adotar medidas que permitam o uso corrente por pesquisadores que estejam interessados apenas nos dados econômicos e financeiros, de um modo geral, antes que nos dados relativos a firmas ou indivíduos específicos. O propósito do arquivista, em geral, deve ser o seguinte: definir as condições de acesso de tal forma que se possam realizar pesquisas de caráter erudito, ao mesmo tempo em que se protegem os interesses privados.

Em quarto lugar, serve-se, manifestamente, o interesse público, evitando-se o acesso a documentos que contenham certos tipos de informações pessoais. Nos governos modernos, cuja espera de ação atinge, em grau sempre crescente, a vida privada dos cidadãos, registra-se grande quantidade de informação de natureza privada. Certos tipos de documentos que contêm tais informações são familiares a todos nós. Entre os tipos de caráter geral estão as tabelas de recenseamentos, os documentos de serviço militar, documentos de serviço público e prontuários médicos. Entre os de tipos especiais estão os relatórios de investigações de atividades criminais ou subversivas. Comumente não se deve dar divulgação a informação contida em tais documentos, prejudicial ao interesse do indivíduo ou a seus parentes próximos. Sem dúvida, serve-se o interesse público protegendo-se o que for de caráter reservado de cada cidadão. Pode, no entanto, haver exceção a essa regra quando as ações de um indivíduo comprometem seriamente o Estado, como no caso de atos criminosos. A regulamentação desse assunto, em qualquer hipótese, não deve impedir o acesso a documentos de serviços de administração de pessoal ou de serviços médicos, nem deve interceptar o uso de dados pessoais, tais como os contidos em tabelas de recenseamentos, se tais dados são utilizados no seu conjunto e não individualmente, nem deve aplicar-se por um período indefinido de tempo. A regulamentação talvez deva acrescentar que os documentos sobre atividades oficiais dos servidores públicos, distintos de documentos relativos à vida de cada um, não devem ser excluídos da consulta, com base no fato de que o acesso àqueles possa ferir a reputação dos mesmos, pois os funcionários públicos, quer no serviço militar, diplomático ou civil, não são uma classe privilegiada e devem uma prestação de contas ao povo a que servem.

Política de uso dos documentos

Visto que os documentos públicos são propriedade do Estado, todos os cidadãos que coletivamente o constituem têm o direito de usá-los. Os direitos dos cidadãos como coproprietários, entretanto, não chega ao ponto de permitir-lhes, individualmente, usar os documentos de uma maneira prejudicial para os documentos. A propriedade do povo deve ser fielmente preservada pelos encarregados de sua custódia oficial de modo que possa ser usada pelas gerações presentes, bem como pelas futuras. O arquivista deve, pois, formular normas e métodos relativos ao uso de documentos que sejam de interesse de todos. Deve tentar fazer com que se possa dispor do material num máximo compatível com uma estimativa razoável quanto à preservação do mesmo, pesando, de um lado, as solicitações dos consulentes atuais e, do outro, as solicitações da posteridade pela preservação dos documentos.

Ao tornar o material sob sua custódia acessível ao uso, o arquivista não fará distinção entre consulentes oficiais ou particulares. Ambos devem ser igualmente bem servidos. Muitos arquivistas, especialmente na Europa, são de opinião que um arquivo, como parte do governo, deve dar preferência ao governo antes do público. Deve-se, é lógico, prover o governo dos documentos necessários ao seu trabalho corrente — primeira finalidade para a qual foram criados. Mas um arquivo de custódia ocupa-se, igualmente, do uso que possa ser feito de seus documentos para fins de pesquisa — segunda finalidade dos mesmos, pois o arquivo, como instituição, é criado principalmente para preservar os documentos e possibilitar o seu uso. Essa assertiva está implícita na minha definição de arquivos públicos — documentos oficiais que têm valor para fins outros que não aqueles para os quais foram criados, isto é, para fins secundários.

Se há de se estabelecer prioridades quanto ao uso dos documentos, devem estas basear-se no caráter do que se solicita e não de quem o faz. Dentro das categorias fixadas por tais propriedades, os pedidos devem ser atendidos na ordem de chegada. Poderá ser aconselhável, é lógico, dar-se uma certa prioridade, por exemplo, a pedidos que emanem do órgão do governo que concede verbas para o arquivo. Mas o ideal é que os pedidos sejam atendidos tomando-se por base a importância dos mesmos. Todos devem ser atendidos com cortesia e consideração, mas deve-se dispensar especial atenção aos pedidos de consulentes que buscam informação necessária à fundamentação de seus direitos legais ou civis e daqueles que se ocupam em trabalho que contribuirá de maneira significativa para aumentar ou disseminar o conhecimento.

Pode-se dispor dos arquivos para uso de várias maneiras: podem ser cedidos ao público nas salas de consulta do arquivo, emprestados, fornecidos como cópias ou, ainda, prestando-se a informação contida nos documentos ou sobre os mesmos.

Uso nas salas de consulta

Conquanto se deva liberar os arquivos para uso, há necessidade de protegê-los quando de sua utilização. Os arquivistas devem observar certas normas ao lidarem com os pesquisadores. Devem solicita-lhes: a) que se identifiquem; b) que acusem, assinando recibo, a entrega dos documentos cedidos, a fim de assegurar uma garantia pelos mesmos; e c) que se familiarizem com os regulamentos relativos ao uso dos próprios arquivos.

O arquivista, pela natureza de sua profissão, deseja constantemente auxiliar o pesquisador. Suas indagações discretas quanto aos planos de trabalho de um pesquisador, o assunto pelo qual está o mesmo interessado, tempo que se vem devotando a esse assunto e perguntas semelhantes não se originam em mera curiosidade. Agindo assim, o arquivista simplesmente tenta obter a informação que o habilitará a fornecer um orientação prestimosa no uso dos arquivos que se acham sob sua custódia. Nada há de burocrático na exigência de que o pesquisador forneça informação sobre sua identidade. A um arquivista importam menos as qualificações do pesquisador do que a confiança em seus objetivos. A exigência quanto à identidade torna-se necessária para proteger as fontes arquivísticas. Justifica-se perfeitamente que o arquivista faça com que os pretendentes ao uso assinem pelos documentos que recebem, pois é responsável pela preservação dos mesmos, e alguns documentos podem ter grande valor monetário. Cabe ao arquivista solicitar a todo pesquisador, sem considerar quão importante possa o mesmo ser, ou julgar-se, que se familiarize com o regulamento do arquivo relativo ao uso dos documentos. Um pesquisador verdadeiramente importante não fará objeção à observância de umas poucas regras sensatas, formuladas para preservar as fontes culturais que utiliza.

As normas que regulamentam o uso dos arquivos federais nos Estados Unidos foram publicadas no *Federal Register* (Diário Oficial) e têm força de lei. São, em geral, semelhantes aos regulamentos da maioria dos arquivos públicos. Visam: a) proteger os documentos contra danos físicos que possam advir: do uso de vários tipos de prendedores de papel, de serem dobrados ou de trato indevido; de se fumar ou comer ao mesmo tempo que se usam os documentos, ou de se empregarem substâncias químicas fotográficas perto dos mesmos, e b) proteger os documentos contra todos os atos que possam prejudicar a integridade dos mesmos, tais como dar-lhes uma ordem diferente, alterá-los ou escrever nos mesmos. Se essas regras restritivas parecerem muito severas há que compará-las com as enormes facilidades que as instituições arquivísticas modernas oferecem aos pesquisadores, quanto ao uso dos arquivos.

Empréstimo

Os documentos poderão ser emprestados, quando o forem, de instituição para instituição, e nunca a indivíduos. Proceder-se-á a empréstimos aos órgãos do governo que hajam produzido os documentos ou a instituições de pesquisas particulares, de responsabilidade, mas nunca a pessoas, quer pertençam, ou não, ao serviço público. O empréstimo a órgãos governamentais será apenas para fins oficiais; os órgãos devem reconhecer a atribuição do arquivo como uma instituição que dispõe dos papéis para outros fins e encaminhar este último tipo de pedidos para que seja atendido diretamente pelo arquivo. Outros órgãos do governo não devem ser intermediários entre pessoas particulares e o arquivo, na tarefa de utilizar o material do arquivo ou a informação dele extraída.

Somente se procederá o empréstimo de documentos sob condições que os preservem fisicamente e garantam o seu caráter de arquivo. Deve-se pesar o possível dano ou destruição dos arquivos pelo uso fora da sede contra as reais necessidades de quem os solicita por empréstimo. Os papéis que apresentem frágeis condições físicas não devem ser emprestados antes que sejam restaurados. Não se deve admitir qualquer mutilação, alteração ou modificação na sequência dos papéis quando emprestados.

Os documentos do arquivo podem, ocasionalmente, ser emprestados, para serem exibidos em exposições, a outros órgãos do governo ou instituições. Nesse caso os documentos devem ser devidamente segurados, procurando-se atender às necessárias exigências para o perfeito acondicionamento e proteção física dos documentos e todas as despesas (inclusive de custo de passagem e outros gastos do funcionário do arquivo portador dos documentos e encarregado de sua guarda durante a exposição) serão pagas pelo órgão ou instituição que solicita o empréstimo.

No Arquivo Nacional as normas que regulam o uso dos documentos fazem distinção entre o uso pelo governo e pelo público. A diferença mais importante consiste no fato de que se permite o empréstimo de documentos para uso fora da sede do Arquivo Nacional aos órgãos do governo, não sendo o mesmo permitido a instituições privadas ou a indivíduos. Os documentos de que necessite um órgão do governo são, em geral, levados pelo Arquivo Nacional e entregues a um funcionário designado como responsável pelos mesmos. As normas relativas ao uso dos arquivos federais encontram-se publicadas nos *Regulamentos da Administração dos Serviços Gerais* (General Services Administration), título 3, sob o título *Federal records*. Esses regulamentos, que têm força de lei, permitem o empréstimo de documentos, mas rezam que:

a) os documentos de valor intrínseco excepcional não serão removidos do edifício do Arquivo Nacional, exceto com a aprovação escrita do arquivista;

b) os documentos que se apresentem em frágil estado ou apresentem qualquer outro tipo de dano cujo manuseio acarrete perigo para os mesmos não serão emprestados;

c) cada funcionário que solicite documentos emprestados fornecerá um recibo no momento que lhe forem os mesmos entregues e assumirá a responsabilidade pela sua imediata devolução quando expirado o prazo do empréstimo.

Serviços de reprodução

Frequentemente, conforme as circunstâncias, aconselha-se que se forneçam aos consulentes reproduções em vez dos próprios documentos na forma original. Normalmente, o Arquivo Nacional, sempre que solicitado, fornece gratuitamente aos demais órgãos governamentais reproduções de documentos para fins oficiais correntes. Deve-se instar os funcionários a aceitar reproduções ao invés dos originais, sempre que sejam muito valiosos ou se apresentem em mau estado. Solicitações descabidas, tais como as que requeiram um excessivo trabalho preparatório para a reprodução, devem, entretanto, ser rejeitadas.

Também se deve procurar fornecer reproduções, a preço de custo, em vez de emprestar-se os originais a outros arquivos. Normalmente, quando se trata de grandes séries de documentos, as reproduções serão em forma de microfilme. Através de seu programa de publicação de microfilmes o Arquivo Nacional tornou possível o uso de muitos corpos de documentos importantes para a pesquisa, na forma de filme. As publicações em microfilme, agora compreendendo mais de 4 milhões de documentos, reduzem grandemente a necessidade de emprestar documentos a outros arquivos.

As reproduções a pedido de consulentes particulares serão feitas, sempre que razoáveis, a preço de custo. Fornecendo tais reproduções o arquivo desobriga o consulente, que se empenha em laborioso trabalho de transcrever e, frequentemente, de fazer anotações a mão sobre os documentos.

Serviços de informações

Esse tipo de serviço de referência consiste em fornecer informações extraídas de documentos, ou informações sobre os documentos, distinguindo-se do trabalho de fornecer os próprios documentos, ou cópias, para uso. A informação será dada por telefone, carta, comunicados escritos, ou pessoalmente. Certos pedidos de informação podem ser criteriosamente negados. Entre esses contam-se pedidos de pessoas que procuram informação para fins que podem ser devidamente atendidos pelo uso de materiais publicados, nos países onde existem bibliotecas apropriadas. O arquivo não deve, normalmente, prestar informações sobre materiais de bibliotecas, mesmo a pessoas que se ocupem de importantes projetos de pesquisas, podendo, no entanto, dar sugestões bibliográficas gerais, desde que para isso não necessite fazer pesquisa especial.

O grau ou extensão da informação que se deve prestar sobre os documentos depende do caráter do pedido. Quando se trata de pedido sobre documentos de interesse geral e que, por essa razão, haja possibilidade de ocorrer outra vez, pode despender-se um tempo considerável no preparo de uma descrição, quanto à substância dos documentos. Ou, nos casos em que o pedido, uma vez atendido, resulta em informação sobre certos documentos em constante uso, então, uma vez mais, se justifica que se despenda um longo tempo para prestar-se a informação. Menos tempo deve ser gasto em pedidos de informação que contribuam apenas para atender ao *hobby* de uma pessoa.

Em geral, o arquivista deve auxiliar os pesquisadores por todos os meios possíveis. Deve encaminhá-los aos documentos que atendam aos seus interesses. Embora não deva tentar dirigir suas pesquisas, fornecerá informação sobre os documentos e seu valor de tal forma que apresente sugestões, abrindo-lhes novos campos de pesquisa. O arquivista, porém, interpretará os documentos somente no sentido de identificá-los e descrevê-los, não para revelar o significado dos mesmos, em relação a determinado assunto. Não deve dizer que o documento mostra isso ou aquilo ou que sustenta determinada tese contra uma outra. As interpretações do arquivista devem ter por objetivo apenas tornar conhecido o caráter e conteúdo literal dos documentos. Suas relações para com todos os pesquisadores são as de um profissional. Não deve, desavisadamente, discutir o trabalho que saiba estarem os mesmos fazendo. Mas se o conhecimento de uma pesquisa, que já vem sendo realizada por um pesquisador, for útil a outro, pode o arquivista pedir permissão para informar o outro de que tal pesquisa está em processo. Finalmente, se executa pesquisas próprias, deve o arquivista fazê-las em caráter não oficial, pois ele é empregado para ser um arquivista e não um pesquisador. Não deve subordinar seus deveres profissionais a seus interesses particulares de pesquisas. Numa palavra, deve oferecer seu conhecimento sobre os documentos indistintamente, mesmo com sacrifício de seus próprios interesses de pesquisador.

O arquivista, assim, pode ser considerado um cortador de lenha e um desviador de águas para eruditos. Em momentos de ceticismo poderá observar que a lenha que ele cortou está se convertendo num lote de "madeira erudita" ou que está sendo desvirtuada e que se os usos eruditos dos seus materiais são fúteis, mais ainda o são seus trabalhos em prol dos mesmos. Mas essa opinião não coloca o seu trabalho sob sua verdadeira perspectiva. Os historiadores podem perder seu equilíbrio, sua objetividade, podem ter sua atitude de julgamento interrompida, como comumente acontece em épocas de perturbações. Podem ser como "nuvens que são carregadas pela tempestade" de preconceitos ideológicos. O trabalho do arquivista, em qualquer época, é preservar imparcialmente o testemunho, sem contaminação de tendências políticas ou ideológicas, de forma que, tomando-se por base esse testemunho, os julgamentos sobre homens e fatos que os historiadores, por deficiências humanas, estejam momentaneamente incapacitados de proferir, possam ser proferidos pela posteridade. Os arquivistas são, pois, os guardiões da verdade ou, ao menos, da prova sobre cuja base pode firmar-se a verdade.

Referências bibliográficas

Adams, Randolph G. The character and extent of fugitive archival materials. *The American Archivist*, 2(3):95, Apr. 1939.

Andrews, Charles M. Archives. In: *Annual report*. American Historical Association, 1:264-5, 1913.

American Historical Association. Proceedings of the 2nd Annual Conference of Archivist. In: *Annual report*. 1910.

_____. *Annual report*. 1945.

Australia. Commonwealth National Library. Archives Division. Interim summary of findings — Archives Management Seminar. Camberra [July 12th-23rd, 1954]. mimeog.

Beers, Henry P. Historical development of the records disposal policy of the federal government prior to 1934. *American Archivist*, 7(3):189, July 1944.

Bemis, Samuel Flagg. The training of archivist in the United States. *The American Archivist*, 2(3):159, July 1939.

Brenneke, Adolf. *Archivkunde: ein Beitrag zur Theorie und Geschichte des europäischen Archivwessens*. Leipzig, Wolfgang Leesch, 1953.

British Records Association/Technical Section. *Bulletin*. London (18):12, 1945.

Brooks, Philip C. Archival procedures for planned records retirement. *The American Archivist*, 11(4):314, Oct. 1948.

_____. The selection of records for preservation. *The American Archivist*, Oct. 1940.

Butler, Ladson & Johnson, O. R. *Management control through business forms*. New York, London, 1930.

Carter, Clarence E. The territorial papers of the United States. *American Archivist*, 8(2):123, Apr. 1945.

Casanova, Eugenio. *Archivistica*. Siena, 1928.

Chaffee, Allen. *How to file business papers and records*. New York, London, 1938.

Chatfield, Helen L. The development of record systems. *American Archivist*, *13*(3):261, July 1950.

Dane, Natham; Prescott, William & Story, Joseph (eds.). *The charters and general laws of the colony and province of Massachusetts Bay*. Boston, 1914.

Downs, Robert B. Organization and preservation of manuscript collections in the University of North Carolina Library. *Public Documents*. American Library Association, 1938.

Fitzpatrick, John C. *Notes on the care, cataloguing, calendaring and arranging of manuscripts*. 3 ed. Washington, 1984.

_____ (ed.). *The writings of George Washington*. Washington, 1931-44. 39v.

Ford, Worthington C. Cataloguing special publications and other material. 1. Manuscripts. In: Cutter, C. A. *Rules for a dictionary catalog*. 3 ed. Washington, 1904. p. 135-8.

Fournier, P. F. *Conseils pratiques pour le classement et l'inventaire des archives et l'edition des documents historiques écrits*. Paris, 1924.

Frederico, P. J. Colonial monopolies and patents. *Journal of the Patent Office Society*, *11*:360, Aug. 1929a.

_____. Origin and early history of patents. *Journal of the Patent Office Society*, *11*:294, July 1929b.

Galbraith, V. H. *Introduction to the use of the public records*. Oxford, 1934.

Gilbert, John, *sir. Record revelations resumed*. London, 1864.

Goebel, Wallace B. Corporation tax returns. In: *Memorandum to director, Records Management Division*. 28-3-1956. (MSS in National Archives.)

Great Britain. Committee on Departmental Records. *Report*. London, 1954.

Great Britain. Parliament. House of Commons. *Report from the Select Committee appointed to inquire into the management and affairs of the Record Commission, and present state of the records of the United Kingdom*. London, 1836. parte 1, p. xiv (Sessional Papers, 14.)

Great Britain. Public Record Office. *Guide to the public records; introductory*. London, 1949.

_____. *Principles governing the elimination of ephemeral or unimportant documents in public or private archives*. London, s.d.

Great Britain. Treasury. Organization and Methods Division. *Registries: report of Interdepartmental Study Group*. London, Oct. 1945.

Güthling, Wilhelm. Das französische Archivwesen. *Archivalische Zeitschrift*, 42-3:28-51, 1934.

Harlow, Neal. Managing manuscript collections. *Library Trends*, 4:207, Oct. 1955.

Hasluck, Paul. Problems of research on contemporary official records. *Historical Studies: Australia and New Zeland*, 5(17):5, Nov. 1951.

Holmes, Oliver Wendell. *Memorandum to the director of Archival Management*. Oct. 1st, 1954. (MSS in National Archives.)

Jackson, Ellen. Manuscript collections in the General Library. *Library Quarterly*, 12:276-7, 1942.

Jenkinson, Hilary. *The English archivist, a new profession*. London, 1948.

_____. *A manual of archive administration*. [1922] 2 ed. London, 1937.

Jones, Phyllis Mander. Archivists and the Association. *Australian Library Journal*, 1(4):79, Apr. 1952.

Kaiser, Hans. Das Provenienzprinzip im französischen Archivwesen. In: Beschorner, Hans (ed.). *Archivstudien zum siebzigsten Geburstage von Woldemar Lippert*. Dresden, 1931.

Kimberly, Arthur E. & Hicks, J. F. G., Jr. A survey of storage conditions in libraries relative to the preservation of records. *Miscellaneous Publication*. Washington, National Bureau of Standards (128):5, 1931.

_____ & Scribner, B. W. Summary report of National Bureau of Standards Research on preservation of records. *Miscellaneous Publication*. Washington, National Bureau of Standards (154):1, 1937.

Leland, Waldo G. Some fundamental principles in relation to archives. In: *Annual report*. American Historical Association, 1912a.

_____. The National Archives: a programme. *American Historical Review*, (18):27, Oct. 1912b. [reimp. série Senate Document, 717, 63d. Cong. 3d. sess.]

Lipscomb, Andrew A. (ed.). *The writings of Thomas Jefferson*. Washington, 1903-04.

Lokke, Carl L. The Continental Congress papers: their history, 1789-1952. *National Archives Accessions* (51):1, June 1954.

Maryland Historical Society. Proceedings and acts of the General Assembly of Maryland, 1737-1740. *Archives of Maryland*. Baltimore (40):547, 1921.

Muller, Feith & Fruin, R. *Manual for the arrangement and description of archives*. Trad. Arthur H. Leavitt. New York, 1940.

Noble, G. Bernard. The Department of State and the scholar. *Military Affairs*, 15(1):15, Spring 1951.

On the perilous state and neglect of the public records. Separata de *Westminster Review*. Luxford (85 e 100):4-5, 1949.

Pettee, Julia. *Subject headings; the history and theory of the alphabetical subject approach to books*. New York, s.d.

Posner, Ernest. Max Lehmann and the genesis of the principle of provenance. *Indian Archives*, 4(2):133-41, July/Dec. 1950.

_____. *The role of records in German administration. The role of records in administration*. Washington, National Archives, July 1941. (Staff Information Circular, 11.)

Riepma, Siert F. A soldier-archivist and his records: major general Fred C. Ainsworth. *American Archivists*, 4(3):182, July 1941.

Schellenberg, T. R. *European archival practices in arranging records*. Washington, National Archives, July 1939. (Staff Information Circular, 5.)

_____. Memorandum to assistant director of Archival Service, July 30, 1938. (MSS in National Archives.)

Shelley, Fred. The interest of T. Franklin Jameson in the National Archives: 1908-1934. *American Archivist*, 12(2):99-130, Apr. 1949.

Sistema Torrens. In: *Encyclopedia americana*. New York, Chicago, 1936. v. 26, p. 708-9.

Thompson, James Westfall. *A history of historical writing*. New York, 1942.

Tocqueville, Alexis de. *Democracy in America*. Trad. Henry Reeve. The Colonial Press, 1900.

United States. Commission on Organization of the Executive Branch of the Government, 1953-55. Fiscal, budgeting and accounting activities. In: *Task Force Report*. Washington, 1949.

United States. Department of State. *Regulation concerning non-official research in the unpublished records of the Department of State*. Jan. 1953.

United States. *General regulation of the Army of the United States*. Washington, 1835.

United States. Library of Congress/Manuscripts Division. *Notes on the care, cataloguing, calendaring and arranging of manuscripts*. Prepared by J. C. Fitzpatrick. 3 ed. Washington, 1934.

United States. National Archives. *Annual Report 1935*. Washington, D.C., 1935.

United States. National Office of Vital Statistics. *Vital statistics in the United States, 1950*. Washington, 1954.

United States. President's Commission on Economy and Efficiency. *Memorandum of conclusions. Circular nº 21*. Washington, 1912.

Weibull, Carl Gustaf. Archivordnungsprinzipien. *Archivalische Zeitschrift*, 42-3:52-72, 1934.

White, Leonard D. *The Federalists: a study in administrative history*. New York, 1948.

Wilson, W. J. Analysis of government records: an emerging profession. *Library Quarterly*, 16:14, Jan. 1946.

Índice analítico

A

AÇÃO de reintegração da posse — Arquivos oficiais, 168
ACESSO aos arquivos recolhidos, 26-7, 151, 345-55
    declarações confidenciais, 350-3
    legislação, 170, 351
    prazos, 347-9
    restrições, 55, 337, 345-53
    Revolução Francesa, 27
    ver também Uso dos arquivos
ACETATO de celulose, camada de, 234-8
ACIDEZ, neutralização da, 236-7
ADAMS, John, 284
ADAMS, Randolph G., 168
ADMINISTRAÇÃO de arquivos
    ver Arquivos correntes — Administração; Arquivos de custódia
ADMINISTRAÇÃO de Serviços Gerais, *Estados Unidos*, 60, 71, 88, 91
    organograma, 87
AGENCE Temporaire des Titres, *França*, 32
AGENTES de deterioração dos documentos, 231-6
    externos, 231-2
    luz, 231-2
    poluição atmosférica, 231-2
    temperatura desfavorável, 231-2
    umidade, 231-2
    internos, 124-5, 234-6
AINSWORTH, Fred C., 123-4
ALEMANHA
    arquivos correntes — sistema de registro, 59, 100
    arquivos — definição, 37
    arquivos estaduais e locais, 247
    arranjo, 245-7
    avaliação, 184-5
    descrição, 294-7
    destinação, 59-60
    Instituto de Ensino de Arquivística e História, *Berlim-Dahlem,* 175
    publicação de fontes documentárias, 336
    Sociedade Histórica Alemã, 336
    unidades de arquivamento, 294-7
    valores probatórios, 184-6
ALFANUMÉRICO
    ver Sistemas de arquivamento de documentos correntes
AMBERG File and Index Company, 120
AMERICAN Archives, 337
AMERICAN Archivist, 234, 236-7, 344
AMERICAN Historical Association, 30, 167, 252, 339
AMERICAN Letters, 116
AMERICAN State Papers, 337, 340, 342
AMERICAN University, Washington, 177

AMOSTRAGEM estatística — Seleção de documentos, 209, 222-5
ANÁLISE de documentos
 ver Descrição
ANDREWS, Charles M., 32, 44
ANNUAIRE des Bibliothèques et des Archives, 242
AR-condicionado, 232
ARCHIEF (serviço de registro), 36, 40, 54, 248
ARCHIVAL collection, 36
ARCHIVALIA, 35
ARCHIVE quality, 39
ARMAZENAGEM e preservação dos documentos, 231-4
ARQUIVADORES Woodroff, 119, 124
ARQUIVAMENTO de documentos correntes
 ver Sistemas de arquivamento de documentos correntes
ARQUIVISTA
 autoridade, 162-70
 formação, 174-7, 205, 219
 hierarquia administrativa, 162-5
 planejamento de trabalho, 172-3
 preservação de documentos, 190
 recolhimentos, 161, 164
 relações com as repartições, 54-61, 134-5
 relações com os pesquisadores, 358-9
 responsabilidades e tarefas, 155-62, 165, 172-3, 337, 357-8
 ver também Arquivos de custódia
ARQUIVISTA dos Estados Unidos
 responsabilidade pela lista de descarte, 138-9
ARQUIVISTA-mor da Inglaterra
 atribuições quanto ao descarte, 137-8

publicações documentárias, 335-6
ARQUIVÍSTICA
 cursos e currículos, 174-7
 natureza das atividades, 159-61, 171-2, 233
 terminologia, 35-6
 uso dos documentos, 353
 ver também Arquivos correntes; Arquivos de custódia; Princípios da arquivologia
ARQUIVO e biblioteca — diferenças e semelhanças, 43-52, 241, 252-3, 314-5, 357-8
ARQUIVO Nacional e Serviço de Documentos, *Estados Unidos*, 84, 87, 150, 221
ARQUIVO Privado do Estado da Prússia, *Berlim-Dahlem*, 175, 184-5
ARQUIVOS
 definições, 35-41, 181, 353-4
 legislação
 ver Legislação
 produção, 37, 41
ARQUIVOS correntes — administração, 63-146
 assessoramento central, 70-4
 classificação, 67, 81, 83-99
 descentralização, 81, 91, 94-5, 99
 Estados Unidos, 113-30
 influência nos arquivos de custódia, 53, 245-50
 influência na produção de documentos, 68, 81
 interesse dos arquivos de custódia, 53-61
 manuais de serviço, 72, 105
 natureza das atividades, 67-70
 responsabilidade de um órgão central, 70-4

ARQUIVOS correntes (cont.)
sistemas de registro, 97-111
ver também Sistemas de arquivamento de documentos correntes
ARQUIVOS correntes, serviço de, 66, 72-3, 113
ARQUIVOS correntes descentralizados
ver Arquivos correntes — administração
ARQUIVOS de custódia
administração — pontos essenciais, 155-77
comparação com biblioteca, 43-52, 164-5, 172
instalações, 231-4
interesse na administração dos arquivos correntes, 53-61, 135-6
legislação, 165-170
organização por assunto ou por função, 170
planejamento de trabalho, 172-3
recolhimento
ver Transferência para arquivos de custódia
ver também Acesso aos arquivos recolhidos, Arquivos Nacionais; Arranjo; Avaliação; Descrição; Destinação; Legislação; Uso dos documentos.
ARQUIVOS diplomáticos, 304-8, 311-2, 342-53
ARQUIVOS eclesiásticos
arranjo — França, 242
ARQUIVOS econômicos, 45, 189-90, 218-20, 349-52
ARQUIVOS de entidades
ver Arquivos privados
ARQUIVOS estaduais e locais, 226-7, 236-7

arranjo
Alemanha, 247
Estados Unidos, 252
França, 240-5
Países Baixos, 247-50
coleções de manuscritos, 275-6
hierarquia administrativa, 163-4
instrumentos de busca, 174
publicação, 338-9
ARQUIVOS de famílias e de firmas
ver Arquivos privados
ARQUIVOS históricos
ver Arquivos nacionais
ARQUIVOS horizontais, 233-4
ARQUIVOS impressos, 195, 200-1, 207-8, 218, 221, 337-44
ver também Publicação de fontes documentárias
ARQUIVOS medievais — publicações, 335-7
ARQUIVOS microfilmados
ver Microfilme
ARQUIVOS militares, 295-6
descrição — Alemanha, 295-6
uso — restrições, 347-53
ARQUIVOS modernos, 40-1, 155-9, 179-229
avaliação, 179-229
características, 155-9
definição, 40-1
volume, 179-269
ARQUIVOS de movimento
ver arquivos correntes
ARQUIVOS municipais
ver Arquivos estaduais e locais
ARQUIVOS nacionais, 25-33, 335
hierarquia administrativa, 164-5

ARQUIVOS nacionais (*cont.*)
  publicação, 335, 343
    ver também Instrumentos de busca; Publicação de fontes documentárias
  razões para sua instituição, 30-3
  relações com as repartições, 162-3
ARQUIVOS nacionais — Estados Unidos, 29-30, 157, 166, 338
  acesso aos arquivos, 348-53, 357-8
  administração de Serviços Gerais, 60, 71, 87-8, 91
  avaliação, 197, 199, 214-29
  catalogação, 308-10
  datas-limite, 201
  descrição, 301-12
  destruição de documentos, 138-40
  edifício de arquivo, 232-3
  fornecimento de cópias, 356-7
  funções e atividades, 84-5, 157-60
  manuais de trabalho, 173-4, 348
  organização, 80, 84, 172-3, 252-4
  recolhimento, 199, 256
  restauração de documentos, 234-7
  Setores de documentos, 91, 171, 255
  Staff Information Papers, 173, 197, 256-8, 306, 310, 339
  transferência para centros intermediários, 147-150, 212
  treinamento de pessoal, 174-5
ARQUIVOS nacionais — França, 26-7, 30-3, 163-4, 218-9, 240-5, 290-4
  arranjo, 240-5
  avaliação, 218-9
  descrição, 290-4
  hierarquia administrativa, 163-5
ARQUIVOS nacionais — Inglaterra, 27-33, 163, 181, 185, 201, 237, 250-1, 297, 301, 330, 336, 343
  arranjo, 250-2, 297-8
  avaliação, 181, 185
  data-limite, 201
  descrição, 297-301, 330
  hierarquia administrativa, 29, 162-3
  programa de publicações, 336, 343
  restauração de documentos, 237
ARQUIVOS navais, 264
ARQUIVOS oficiais, 53, 165-8, 179-229
  ação de reintegração de posse, 168
  avaliação, 179-229
  propriedade pública — conceito, 165-8
  responsabilidade pela guarda e maturidade histórica, 162-169
  ver também Arquivos correntes — administração, Arquivos de custódia; Arquivos oficiais
ARQUIVOS onomásticos, 124
ARQUIVOS permanentes
  ver Arquivos de custódia
ARQUIVOS presidenciais
  propriedade, 165-7, 216
  publicação, 343-4
ARQUIVOS privados, 269-88, 313-34
  arranjo, 269-88
  arranjo das coleções, 272-77
  arranjo dos componentes das coleções, 277-86
  coleções naturais e artificiais, 270-1
  descrição, 313-34
    catálogo de séries, 326
    catálogo de unidades documentárias, 327-8
    folha descritiva inicial, 323
    inventários, 324-5
    listas, 327
    registro de recolhimentos, 322-3
    repertórios (*calendars*), 328-30

ARQUIVOS privados (*cont.*)
  recolhimento, 277, 322-3
  uso, 315-9
  ver também Manuscritos históricos
ARQUIVOS de prosseguimento, 113
ARQUIVOS públicos
  definição, 35-41, 165
  ver também Arquivos oficiais e Arquivos nacionais
ARQUIVOS religiosos, 45, 270
ARQUIVOS verticais, 120, 233-4
ARRANJO, 160-1, 252-88, 296
  Alemanha, 245-6
  arquivos correntes, 54-5, 239
    Alemanha, 59
  comparação com classificação sistemática, 48-9
  arquivos privados, 269-70
  ordem original, 279-80
  séries, 280
  Estados Unidos, 252-60, 301-2
  fator de avaliação, 203-4
  França, 240-1
  Inglaterra, 250-1
  ordem original, 246, 297-8
  Países Baixos, 247-50
  Proveniência, 49, 161, 176, 245, 260, 280
  Respect des fonds, 243-6, 252-3, 262
ASSOCIAÇÃO Americana de História, 30, 167, 252, 339
ASSOCIAÇÃO de Arquivistas dos Países Baixos, 248
ASSOCIAÇÃO Britânica de Arquivos, 185
ASSUNTOS, Classificação de
  ver Classificação; Sistemas de arquivamento de arquivos correntes

ATIVIDADES
  definição, 84-5
  elemento de classificação, 84-6
ATIVIDADES-fim
  diferença de atividades-meio, 101, 196-7
  documentação, 188-196
ATIVIDADES-meio
  avaliação de documentos, 196-9
ATOS — distinção entre político e executivo, 85
ATMOSFERA, poluição da
  ver Agentes de deterioração de documentos
AUDIOVISUAIS, 44, 51, 133, 272
AUDITORIA de documentos, 76
AUSTRÁLIA
  Arquivos correntes — sistema de registro, 104-8
  Conselho do Serviço Público, 71, 105, 129
  Seminário de Administração de Arquivos, *Camberra*, 111
  Unidades de arquivamento, 104, 108
AUTOMÁTICO
  ver Sistemas de arquivamento de documentos correntes
AVALIAÇÃO, 47-8, 56-61, 147, 170, 179-229
  bibliotecas e arquivos, 46-7
  consulta a especialistas, 228
  depósitos intermediários (*record centers*), 147-50
  documentos oficiais modernos, 179-229
  fatores imponderáveis, 205, 226-7
  idade dos documentos, datas-limite, 201

AVALIAÇÃO (cont.)
  interesse do arquivista de custódia nos arquivos correntes, 53-8
  legislação, 170
  padrões
    Alemanha, 59, 184-5
    Estados Unidos, 59-61, 181-2, 187-229
    Europa, 184-7
    Inglaterra, 181, 185
  princípios, 225-9
  relações arquivo corrente e de custódia, 56-61, 143-4
  responsabilidade do arquivo de custódia, 58-61, 170, 173
  responsabilidade do arquivista da repartição, 53-8
  subjetividade, 227
  teste dos valores informativos, 199-200
    Unicidade, 199-202
    Forma, 202-3
    Importância, 203-5
  teste dos valores probatórios, 182-99
    documentos sobre origens, 188-9
    documentos sobre programas substantivos, 189-99
  ver também Destinação; Valores

B

BARROW, W. J., 236
BAUER, G. Philip, 197-8
BEAN, C. E. W., 188
BEERS, Henry P., 138-9
BEMIS, Samuel Flagg, 175
BIBLIOTECA e arquivo — diferenças e semelhanças, 35-41, 240, 318, 357

BIBLIOTECA do Congresso
  ver Estados Unidos
BIBLIOTECA Estadual, *Virgínia, Estados Unidos*
  restauração de documentos, 236
BIBLIOTECÁRIO e arquivista — metodologias, 35-41, 269
BIBLIOTECONOMIA — ensino, 175
BON Homme Richard, 116
BONIFÁCIO, Aldassare, 23
BRENNEK, Adolf, 130, 184, 201
BRENNEKE-Leesch, 201
  classificação Decimal de Dewey, 130
  definição de arquivos, 37
  sistemas alemães de registro, 100
BRITISH Records Association, 185
BROOKS, Philip C., 60, 204
BUCK, Solon J., 339
BUSCA, meios de
  ver instrumentos de busca
BUTLER, Ladson & Johnson, 78-9

C

CABEÇALHOS de assuntos, 93, 106-25, 129, 286, 327, 333
CAIXAS, 233, 289, 291
CALENDAR of State Papers, 343
CALENDÁRIOS, 284, 292, 329-30, 343
CAMUS, Armand-Gaston, 218, 240, 252
CAPPON, 279, 287
CARBONO — aparecimento, 119
CARTAS prensadas, 118
CARTER, Clarence E., 340
CARTOGRAFIA
  ver Mapas e cartas
CASANOVA, Eugênio, 37-8

CASE file (processo), 92, 105, 121, 213
CATALOGAÇÃO
  Arquivo Nacional
    Estados Unidos, 307-8
    Inglaterra, 299
  nas bibliotecas e arquivos, 49
CATÁLOGO de assuntos — arquivos privados, 330-2
CATÁLOGO em fichas, 308, 318, 326
  ver também Índices
CATÁLOGO de unidades (maços, pastas e peças avulsas), 327-8
CENSOS, documentos de, 125, 199, 206-9, 211
CENTROS intermediários de documentos, 72-3, 147-50, 212
CHAFFEE, Allen, 120
CHANCELARIAS — origens, 98
CHATFIELD, Helen L., 115
CIDADANIA, documentos de, 211
CLASSES — Inglaterra, 298-9
  ver também Subgrupos
CLASSIFICAÇÃO
  arquivos correntes, 67-8, 83-96, 100-1, 109-10
    Alemanha, 100-1
    Estados Unidos, 113-30
    Inglaterra, 103-4
  arquivos privados, 273, 287-8
    definição, 84
    destinação de documentos, 144
    elaboração de sistemas, 95-6
    elementos, 84
    importância, 83
    nas bibliotecas e arquivos, 48-9
    por assunto, 92-3, 242, 248-9
      Decimal de Dewey, 113, 127, 130, 302

    funcional, 88-90
    organizacional, 91-2
    princípios, 94-6
  ver também Arranjo
CLAUSSEN, Martin P., 93
COCKRELL Committee, Estados Unidos, 118, 123
COLEÇÕES artificiais e naturais ou orgânicas
  ver Arquivos privados
COMISSÃO Cockrell sobre Métodos de Trabalho nos Departamentos do Executivo, Estados Unidos, 118, 123
COMISSÃO de Documentos dos Ministérios, Grã-Bretanha, 66, 148
COMISSÃO Hoover de Reorganização do Poder Executivo, Estados Unidos, 76
COMISSÃO Taft de Economia e Eficiência, Estados Unidos, 118-120, 128
COMISSÕES de Arquivos
  Estados Unidos, 30, 338
  França, 146
  Inglaterra, 29, 66, 141-2, 148
COMMITTEE on Departmental Records, Grã-Bretanha, 66, 141-2, 148
CONGRESSO, Estados Unidos
  ver Estados Unidos
CONSELHO Interministerial sobre Processamento Burocrático Simplificado, Estados Unidos, 139
CONTABILIDADE, documentos de — valores, 196
COPIADORES de cartas, 115-7
CÓPIAS de documentos, 9
  conceito, 81-2
  distribuição, controle e guarda, 81-3, 191-2, 199-200
  origens, 97-8, 100-1

CORRESPONDÊNCIA
    arquivos privados, 283
    classificação de assuntos, 285
    descrição para descarte, 140-1
    diplomática — Estados Unidos, 116
    padronização e controle, 78-9
COTTON Library, 28
CURSOS de arquivística
    ver Arquivística
CUSTÓDIA dos arquivos, 38-9, 169, 345-6, 353-4
    ver também Arquivos de custódia e Uso dos arquivos
CUTTER, Charles C., 282-3

D

DADOS ESTATÍSTICOS, documentos, 190, 220, 223-4
    ver também Censos, Documentos de
DANE, Nathan, 114
DATAS-limite, 201
DAUNOU, Pierre-Claude François, 218, 240, 252, 291
DECLARAÇÃO de restrições, 346
DEFINIÇÕES de arquivos, 35-41
DEPÓSITOS de arquivos — edifícios, 232-4
DEPÓSITOS intermediários
    ver Centros intermediários de documentos
DEPUTY kepper, 336
DESCRIÇÃO, 160, 358-9
    Alemanha, 294-7
    arquivos privados, 313-5
    Estados Unidos, 301-12
    França, 290-3

Inglaterra, 297-301
    instrumentos de busca, 290-312
    ver também Avaliação, Instrumentos de busca
DESCRIÇÃO coletiva
    arquivos privados, 315
    para fins de destinação, 132-42
    quanto à proveniência — análise básica, 303
DESCRIÇÃO das séries, 324
DESTINAÇÃO, 131-51, 234
    Alemanha, 59
    definição, 131
    Estados Unidos, 40-1, 59-60, 138-9
    Inglaterra, 59, 137-8, 141
    instrumentos, 134-42
    legislação, 158-9
    lista de descarte, 135, 138, 142-3
    órgão central, 72-3
    plano de destinação, 135-7
    tabela de descarte, 136-43
    valor dos documentos, 131
DESTRUIÇÃO de documentos, 59-61, 140-1, 170
    agentes externos e internos, 231-4
    niilistas, 131
    venda e maceração, 140-1
    ver também Destinação
DETERIORAÇÃO dos documentos
    ver Agentes de deterioração dos documentos
DEWEY, Melvil, 67, 94, 113, 120, 127, 130
DIÁRIOS da justiça — origens, 97-8
DIPLOMÁTICA, 54, 174-5, 337
DIREITO de remoção
    arquivos oficiais e particulares, 166-9
    arquivos presidenciais, 166-7

DIRETRIZES e normas
   avaliação, 191-3
   funções auxiliares, 80-1
   políticas — classificação de documentos, 89, 101
DOCUMENTOS
   cartográficos, 44, 51, 133, 255-6
   científicos, 225-6
   confidenciais, 350-2
   correntes
      ver Arquivos correntes
   diretrizes — avaliação e seleção de documentos, 226-9
   estrada de ferro, 128
   de entidades
      avaliação, 213
   executivos — avaliação, 196-7
   fiscais — descrição para descarte, 142
   fiscalização financeira — Estados Unidos, 76
   Jurídicos, 184-5, 194
   meteorológicos, 224-5
   militares — uso e segurança nacional, 347-53
   modernos, 54, 301-2
      complexidade, 67
      publicação, 340
      volume, 65-7, 179, 201, 228-9
   oficiais
      controle de produção, 75-82
      definição, 35-41, 165
   orçamentários — avaliação, 194
   publicação
      ver Publicação de fontes documentárias
   repetitivos, 78, 134, 137-42
   serviço militar, 124
   substantivos
      descrição, 132, 136-7
      lista de descarte, 142-3
      valores, 199
      transferência para centros intermediários, 147-8
      tabelas de descarte, 136-43
DOSSIÊS, 92, 105, 250, 255, 258
DOWNS, Robert B., 282, 285
DUCHÂTEL, Charles-Marie Tanneguy, 241
DUPLICATAS
   ver Cópias de documentos
DÚPLEX — numérico
   ver Sistemas de arquivamento de documentos correntes
DUPLICAÇÃO de documentos, 238, 342, 356-7
   fator de importância no arquivamento, 117-20
   máquina de escrever e carbono, 118-9

E

ECLESIASTE, 202
ÉCOLE de Chartes, França, 175
EDIFÍCIO de arquivo, 232-3
ELIMINAÇÃO de documentos
   ver Destinação; Seleção ou triagem
EMPRÉSTIMOS de arquivos, 150, 355
ENCARREGADOS dos documentos, 54, 75
ENCYCLOPEDIA americana, 215
EQUIPAMENTOS de armazenagem, 231-4
   de restauração, 234-7
ESCRIBAS, 98

ESFRAGÍSTICA, 337
ESQUEMAS de classificação
    ver Arranjo; Classificação; Sistemas de arquivamento de documentos correntes
ESTADOS UNIDOS
    Administração de Serviços Gerais, 60, 71, 88, 91, 356
        organograma, 87
    arquivista — responsabilidade pela lista de descarte, 136-7
    arquivo corrente, 113-30
    Arquivo Nacional e Serviço de Documentos, 84, 91, 150
    arranjo, 252-60, 301-2
    Associação Americana de História, 30, 167, 252, 339
    avaliação, 58-61, 187-229
    Biblioteca do Congresso, 138, 177, 236-7, 275, 285, 343
        Divisão de Manuscritos, 46, 274-276
    Bureau de Orçamento, 79, 139
    Bureau of Standards, 231, 235, 237
    Centros intermediários, 73-4, 150-1, 212
    Comissão Hoover de Reorganização do Poder Executivo, 76
    Comissão de Serviço Público, 196
    Comissão Taft de Economia e Eficiência, 118-20, 128
    Comissão Cockrell sobre Métodos de Trabalho, 118, 123
    Commission of Historical Publications, 338
    Comissões de arquivo, 30, 76, 118-20, 123, 139, 338
    Conselho Interministerial sobre Processamento Burocrático Simplificado, 123
    Contadoria Geral, 76, 159, 196
    Departamento do Estado, 115, 349
    Departamento de Guerra — Arquivos, 115-7
    Departamento do Tesouro, 117
    descrição, 301-12
    destinação, 40-1, 59-60, 138-41
    destruição de documentos, 59-61, 138-9
    Institutos sobre Preservação e Administração de Arquivos, 177
    microfilme, 339
    Ministério da Agricultura — destruição de documentos, 139
    publicação de fontes documentárias, 160, 335, 337-44
    Órgão Controlador de Preços, 79
    Setor de Administração de Documentos do Serviço de Renda Interna, 80
    Society of American Archivists, 170, 270
    unidades de arquivamento, 88-90, 109-10, 258-9, 305
    ver também Arquivos Nacionais — Estados Unidos
ESTATÍSTICAS
    ver Amostragem estatística; Censos; Dados estatísticos
EVANS, D. L., 237
EXPOSIÇÕES de documentos, 160, 356

F

FEITH, J. A., 36, 247-50
FICHAS-ÍNDICE
    ver Sistemas de arquivamento de documentos correntes

FILE holder, 119
File rooms
 ver Arquivos correntes, Serviços de
FILES, 59. 101
 ver também Unidades de arquivamento
FILING
 ver Arquivos correntes, administração de
FILMES
 ver Audiovisuais
FITZPATRICK, John C., ed, 166, 274-5
FLUXOGRAMAS, 77
FOLHA descritiva inicial — Arquivos privados, 323
FONDS, 261
 Estados Unidos, 254
 França, 242
 ver também Respect fonds
FONTES documentárias — Publicação
 ver Publicação de fontes documentárias
FORCE, Peter, 337
FORD, Worthington C., 282-3
FOREIGN relations, 337
FORMA e valor informativo, 199-200, 202-3
FORMULÁRIOS, 78-9
 Avaliação, 206-7, 211, 224
 Departamento de Guerra — Estados Unidos, 117-8
 Manuais de serviço, 79
 Padronização e controle, 78-9, 142-3
FOURNIER, P. F., 105
FRANÇA
 Agence Temporaire des Titres, 32
 arranjo, 240-5, 253-4, 280, 290-1

comissões de arquivos, 244
descrição, 290-4
destinação, 130, 164-5, 180
École de Chartes, 175
Peças, 290
Revolução Francesa, 180
Trésor des Chartes, 26, 31
unidades de arquivamentos, 290-4
ver também Arquivos Nacionais — França
FREDERICO, P. J., 217
FREQUÊNCIA de uso dos documentos, 150
FRUIN, R., 36, 247-50
FRY, C. Luther, 208
FUNÇÕES — Diferença entre substantivas e adjetivas, 85
FUNDOS, 172, 241, 253, 261, 290
 França, 242-5
 ver também Grupos

G

GALBRAITH, V. H., 102
GALES e Seaton, 340
GENERAL Services Administration, *Estados Unidos*, 60, 71, 88, 91, 356
 Organograma, 87
GILBERT, John, 153
GIUSEPPI, M. S., 298-9
GOEBEL, Wallace B., 221
GONDOS, Victor, Jr., 233
GRÃ-BRETANHA
 Comissão de Documentos dos Ministérios, 66, 141-2, 148
 ver também Arquivos Nacionais — Inglaterra; Inglaterra

GRIGG Committee, 66, 141-2, 148
GRUPOS
    Arranjos, 260, 301-2
        Alemanha, 245-7
        diferença entre americanos e europeus, 253-4
        Estados Unidos, 252-60
        França, 240-5
        Inglaterra, 250-2
    coletivos, 255
    descrição
        Alemanha, 294-6
        França, 290-4
        Inglaterra, 297-9
    destinação, 172
GUARDA
    ver Custódia dos arquivos
GUERRA Mundial, 189, 192, 197, 220, 223, 264-5
GUIAS
    Arquivos privados, 333-4
    Preparo
        Alemanha, 294-7
        Estados Unidos, 303-4
        França, 291-2
        Inglaterra, 297
GUIZOT, 24
GUTHLING, Wilhelm, 244

H

HANDBOOK of procedures, 173
HARLOW, Neal, 274, 282
HAMER, Philip M., 338
HASLUCK, Paul, 69, 109
HAZARD, Ebenezer, 337

HERKOMSTBEGINSEL, princípio, 54
HICKS, J. F. G., Jr., 232
HISTÓRIA
    Ensino, 175-7
HISTORICAL Editing, 339
HISTORIOGRAFIA, 175-6, 335
HOLMES, Oliver Wendell, 57-8
HOLVERSTOTT, Lyle J., 228
HOOVER Commission on The Reorganization of the Executive Arm of the Government, 76
HUGHES, Charles Evans, 349
HUNTINGTON Library, *San Marino, Califórnia*, 275

I

IDADE dos documentos — valor e datas-limite, 201
IGREJAS e arquivos — Idade Média, 98
IMPRESSOS — arquivos privados, 273, 285-6
    ver também Arquivos impressos
INCÊNDIOS, 28, 234
ÍNDICES, 296-7, 300-1, 328-9, 333
    de nomes, 332-3
INFORMAÇÕES pessoais
    acesso aos arquivos, 352-3
    serviços de, 357-9
INGLATERRA
    arranjo, 297-8
    arquivista-mor — atribuições quanto ao descarte, 137
    arquivos correntes
        Sistema de registro, 101-4
    Associação Britânica de Arquivos, 185, 237

INGLATERRA (*cont.*)
  comissões de arquivos, 29, 67, 137, 141-2, 148
  centros intermediários, 72-3, 148
  descrição, 297-301
  destinação, 59-60, 137, 141-2
  Grigg Committee — Relatório, 66, 142, 148
  grupos
    arranjo, 250-1, 256-7
    coletivos, 255
  Parlamento, Grã-Bretanha — Destinação de documentos, 137
  peças, 299
  Public Record Office
    ver Arquivos nacionais — Inglaterra
  publicação de fontes documentárias, 336
  unidades de arquivamento, 39-60, 103-4, 297-8
  valores probatórios, 185-6
INSETOS, 234
INSPEÇÃO dos arquivos correntes, 71
INSTITUTO de Ensino de Arquivística e História, *Berlim-Dahlem*, 175
INSTITUTO sobre Preservação e Administração de Arquivos, *Estados Unidos*, 177
INSTRUMENTOS de busca, 161, 174, 289-312
  Alemanha, 294-7
  arquivos privados, 313-34
  Estados Unidos, 301-12
  França, 241
  Inglaterra, 297-301

versus programa de publicações, 338-9
  ver também Calendários; Guias; Inventários; Listas; Notas de registro de grupos de documentos; Repertórios; Transcrições
INTEGRIDADE dos documentos, 39, 260
INTERDEPARTMENTAL Board of Simplified Office Procedure, *Estados Unidos*, 139
INVENTÁRIOS
  Alemanha, 297
  arquivos privados — descrição, 324-5
  França, 291-4
  Inglaterra, 301
ITÁLIA
  Publicação de fontes documentárias, 335-6

J

JACKSON, Ellen, 279
JAMESON, J. Franklin, 46
JEFFERSON, Thomas, 116, 166, 217, 284, 344
JENKINSON, Hilary, 28, 31, 36-9, 45-6, 181, 250-2
JONES, Phyllis Mander, 44
JUSTINIANO, *imperador*, 23

K

KAISER, Hans, 244
KEEPER, 336
KIMBERLY, Arthur E., 231-2

L

LAMINAÇÃO, 235-7
LEAVITT, Arthur H., *trad.*, 36
LEGISLAÇÃO, 59-60, 156-70, 235-6, 336, 338, 351
LELAND, Waldo G., 168-9, 252, 347
LIBRARY Bureau, 120, 124, 128
LIMBO, 68-148
LIPSCOMB, Andrew A. *ed.*, 166
LISTAS, 340
 arquivos privados, 327, 329
 Estados Unidos, 304-5, 308, 310-2
 Inglaterra, 299
LISTAS de cabeçalhos
 ver Cabeçalhos de assunto
LISTAS de descarte
 ver Destinação
LOKKE, Carl L., 226
LUZ
 ver Agentes de deterioração de documentos

M

MAÇOS
 ver Unidades de arquivamento
MADISON, 344
MALONE, Dumas, 284
MANUAIS de serviço, 72, 79, 105, 129, 191, 348
MANUSCRITOS históricos, 44, 46, 52, 184, 269
MAPAS e cartas, 44, 51, 133, 255, 272
MÁQUINA de escrever, 118-9
MARCAS e patentes, 218
MARSHALL, John, 167

MARYLAND, Hall of Records, 177
MARYLAND Historical Society, 114
MASTER of the rolls, 137, 336
MATERIAL — documentos
 ver Documentos
MATERIAL de publicidade —avaliação, 195
MEINERT, H., 185
MEIOS de busca
 ver Instrumentos de busca
MEISSNER, H. O., 184-5, 201, 212
MÉTODOS de arquivamento
 ver Sistemas de arquivamento de documentos correntes
MÉTODOS de trabalho — Produção de documentos, 81-2
MICROFILME
 alternativa da descrição, 328-9
 forma de publicação, 339-40, 342
MICROFILMAGEM de documentos, 74, 145-6, 238, 339
MINISTROS de estado
 Arquivos oficiais e particulares, 167
MNEMÔNICO
 ver Sistemas de arquivamento de documentos correntes
MONROE, James, 344
MONUMENTA Germaniae Historica, 335-6
MÜLLER, S., 36, 247
MURATORI, Ludovico Antonio, 335-7

N

NOBLE, G. Bernard, 349
NOTAÇÃO
 ver Símbolo ou notação

NOVA ZELÂNDIA — Comissão de Serviço Público, 71-2, 129

O

ORDEM original, 245-6, 259
ORGANIZAÇÃO
   arquivos correntes, 69-70
   arranjo, 256-7
   classificação organizacional, 88-90
   controle da produção de documentos, 75-82
   sistemas de arquivamento de documentos correntes orgânico, 127
   teste dos valores probatórios, 182-200

P

PADRÕES de avaliações
   ver Avaliação
PAÍSES Baixos
   arranjos, 247-50
   Associação de Arquivistas, 248
PALEOGRAFIA, 337
PALGRAVE, Francis, 343
PAPEL, 235
PARTICULAR instance papers, 92, 148
PEÇAS
   França, 290
   Inglaterra, 229
PETTEE, Julia, 93
PLANO de destinação
   ver Destinação
POLÍTICA, definição de
   ver Diretrizes e normas

POLUIÇÃO atmosférica
   ver Agentes de deterioração dos documentos
POSNER, Ernest, 99-100, 246
PRAZOS
   acesso aos documentos, 346-7
   datas-limite, 201
   descarte, 137, 141-2
PRESERVAÇÃO de documentos, 231-8
PRINCÍPIOS da arquivologia, 53-4
   ordem original, 246, 248-9, 259, 261, 266-7
   proveniência, 49, 161, 175-6, 245, 260, 280
   respect des fonds, 244, 246, 252-3, 262
PRODUÇÃO de documentos, 37, 41
   base material, papel, 234-5
   controle, 68, 72, 75-82
PROPRIEDADE — registro de títulos, 77
PROPRIEDADE, documentos de, 186-7, 204-5, 211-2
PROTOCOLO, 113
   Brasil, 99
   Estados Unidos — suspensão, 120-1
   ver também Serviços de registro
PROVENIÊNCIA
   descrição, 245, 253-4, 271, 303-8
   princípio, 49, 161, 175-6, 245, 260, 280
PROVENIENZPRINZIP
   ver Proveniência — princípio
PRYNNE, William, 28
PRÚSSIA
   Arquivo Privado do Estado, *Berlim--Dahlem*, 175, 184
   ver também Alemanha; Arquivos Nacionais — Alemanha

PUBLIC Archives Commission, *Estados Unidos*, 30
PUBLIC Record Office, *Inglaterra*, 27-8
PUBLIC Service Board
   ver Austrália — Conselho do Serviço Público
PUBLICAÇÃO de fontes documentárias, 160, 335, 343-4
   Alemanha, 335-6
   arquivistas e historiadores, 335, 337-8
   Estados Unidos, 337-40
   formas, 340-4
   Inglaterra, 336
   responsabilidade, 337-40
   Itália, 335
   versus instrumentos de busca, 339-40, 343-4
PUBLICAÇÃO em microfilme
   Estados Unidos, 339
   suplemento de publicação impressa, 342
PUBLICAÇÕES oficiais
   ver Arquivos impressos
PUBLICIDADE
   ver Material de publicidade
PURGATÓRIO, 73

R

RADOFF, Morris L., 344
READING files — destinação, 133
RECENSEAMENTO
   ver Censos, documentos de
RECEPTÁCULOS de guarda, 233-291
RECOLHIMENTOS
   ver Transferência para arquivos de custódia

RECORD officer (encarregado dos documentos), 54-5
RECORD center
   ver Centros intermediários de documentos
RECORDS branches (setores de documentos)
   ver Arquivos nacionais — Estados Unidos
RECORDS Commission, *Inglaterra*, 29
RECORTES de jornais, 195, 287
REFERENCE information papers, 310
REFERÊNCIA
   ver Serviço de Referência
REGISTRAR (oficial de registro), 54, 104
REGISTRATURPRINZIP, 54, 246
REGISTRO
   ver Serviço de registro; Sistemas de registro
REGISTRO civil — origem, 211-2
REGISTRO de recolhimentos — descrição, 322-3
REGISTRO de títulos de propriedade, 77
REGISTRO em livros — Estados Unidos
   Suspensão, 120-1
REGISTROS médicos e hospitalares, 123-4
REGISTROS paroquiais, 211
RELAÇÕES exteriores — documentos
   restrições no uso, 349-50
RELATÓRIO Grigg, Inglaterra, 6, 141-2, 148
RELATÓRIOS
   avaliação, 197-8
   controle, 78
REMOÇÃO
   ver Direito de remoção

REPERTÓRIOS, 328-30
  Alemanha, 295-6
  Inglaterra (*calendars*), 343
  ver também Inventários
REPRODUÇÃO de documentos, 237, 343, 356-7
  ver também Duplicação de documentos
RERUM britannicarum mediaevi scriptores, 336
RERUM italicarum scriptores, 335, 337
RESPECT des fonds, 243-5, 252-3, 262
RESTAURAÇÃO de documentos
  Empréstimos, 355-6
  Equipamentos e métodos, 234-7
RESTRIÇÕES no uso dos documentos
  ver Acesso aos arquivos recolhidos
REVOLUÇÃO Francesa, 180
  repercussão na arquivística, 26-7, 30-3
  registro civil, 211
RIEPMA, Siert F., 116
ROLLS series, 336
ROLOS, 29-30, 54, 102, 298, 330
ROOSEVELT, Theodore, 337
ROSENAU, Nathaniel S., 120
ROTINA de documentação, 78-82
RUSSEL, John R., 308

S

SALAS de consulta, 354-5
  uso dos documentos, 353-4
SCHELLENBERG, T. R., 140
SCRIBNER, B. W., 231
SELEÇÃO ou triagem, 40, 137-42, 179-229
  ver também Avaliação; Destinação

SELEÇÃO especial, 222-3
SEMINÁRIO de Administração de Arquivos, *Camberra*, 110-1
SHELLEY, Fred, 46
SÉRIES
  arquivos privados, 272, 277-86, 325-6
  arranjo, 250-1, 255
  definição, 91-2, 302-3
  descrição, 304-5, 321, 323-4, 330, 333-4
  diferença entre europeias e americanas, 257-8
SERVIÇOS militares — documentos
  ver documentos
SERVIÇO de arquivos correntes
  ver Arquivos correntes, serviço de
SERVIÇO de comunicações, 66, 99-100
  ver também Serviço de registro
SERVIÇO de informações, 357-8
SERVIÇO de registro, 40-1, 53-4, 66, 73-4, 91, 94-5, 97-111, 295-6
  ver também Sistemas de registro
SERVIÇO de referência, 160-1, 345-59
SETORES de documentos
  ver Arquivos nacionais — Estados Unidos
SÍMBOLOS ou notação, 126-8, 130, 240, 290-1, 298
  arquivos privados, 287-8, 319, 331-2
SIMON, Louis A., 232
SIMPLIFICAÇÃO das funções, 75-6
SIMPLIFICAÇÃO dos métodos de trabalho
  produção de documentos, 76-7
SIMPLIFICAÇÃO das rotinas, 78-82
SISTEMAS de arquivamento de documentos correntes
  alfanumérico, 126

SISTEMAS de arquivamento de documentos correntes (*cont.*)
   alfabéticos, 67, 123-6, 130
   americanos, 113-30
      comparação dos sistemas de registro, 113-4, 301-2
   assunto-numérico, 121-2, 126, 130, 302
   automático, 124
   classificação, 83-96, 127
      ver também Classificação
   cronológico — papéis privados, 283-4
   decimal, 67, 94, 113, 127, 130, 302
   dúplex, 122, 130, 132
   equipamento, 119
   escolha e aplicação, 130
   fichas-índice, 123-5
   mnemônico, 126-7, 130
   numéricos, 67, 100-1, 103-6, 107-8
   Orgânico, 127
   registros
      ver Sistemas de registro
   símbolos, 130
   Soundex, 124
SISTEMAS de classificação
   ver Arranjo; Classificação, Sistemas de arquivamento de documentos correntes
SISTEMAS de registro, 67, 81, 84, 91, 94-5, 97, 111, 248-9
   Alemanha, 59, 99-101
   Austrália, 104-8
   características, 101, 108-11
   comparação com sistemas de arquivamento, 113-4, 301-2
   efeitos na produção de documentos, 81-2
   Inglaterra, 101-4
   origens, 97-9

SMITH, Justin H., 226
SOCIEDADE Histórica Alemã, 336
SOCIETY of American Archivists, 170, 270
SOUNDEX
   ver Sistemas de arquivamento de documentos correntes
SPARKS, Jared, 166
STAFF Information Papers, 173, 197, 258-60, 308, 310, 339
SUBGRUPOS
   Alemanha, 294-5
   arquivos privados, 281-2
   Estados Unidos, 252-3, 256
   França, 241, 291-3
   Inglaterra, 297-8
SUMMERS, Natalia, 311
SYBEL, Heinrich von, 245

T

TABELA de descarte
   ver Destinação
TAFT Commission, 118-20, 128
TEMPERATURA
   ver Agentes de deterioração de documentos
TENNESSEE Valley Authority, 79
TERRA
   ver Propriedade — registro de títulos
TERRITORIAL Papers of the United States, 337, 339, 341-3
THOMPSON, James Westfall, 28
TICKLER cards (arquivos de prosseguimento), 113
TINTAS de escrever, 118, 235, 237

TIPOS físicos de documentos
  arranjo, 271, 284-6
  descrição, 301-2
  destinação, 133, 143
  fichas perfuradas, 226
TÍTULOS de propriedade, 72, 214-5
TOCQUEVILLE, Alexis de, 63
TORRENS — Sistemas de registro de propriedade, 77, 215
TRIAGEM
  ver Seleção ou triagem
TRANSCRIÇÕES — Inglaterra, 300-1
TRANSFERÊNCIA
  acesso aos documentos, 151, 170
  condições físicas, 151
  frequência de uso pela administração, 150
  índices respectivos, 151
  para arquivos de custódia, 41, 50, 150-1, 169-70
  para centros intermediários de documentos, 147-50
  recolhimento *versus* aquisição, 45, 50-1
  valor dos documentos, 150-1, 170
TREINAMENTO de pessoal de arquivo, 174-7
TRÉSOR des Chartes, 26, 31, 240

U

UMIDADE
  ver Agentes de deterioração dos documentos
UNICIDADE — valor informativo, 200-2
UNIDADES de arquivamento, 88-90, 108-11, 258

Alemanha, 294-7
Austrália, 104, 109
Estados Unidos, 305
USO dos arquivos, 150, 354-5
  Restrições e prazos, 346-7
  ver também Acesso aos arquivos recolhidos

V

VALORES dos documentos e arquivos públicos, 38, 68, 179-229
  preservação na forma original, 237-8
  ver também Avaliação
VALORES históricos
  ver Valores secundários
VALORES informativos, 181-2, 185-6, 199-226
VALORES primários, 41, 56-9
VALORES probatórios, 40, 182-99
  documentos sobre a origem de órgãos, 188-9
  documentos de pesquisa e investigação, 193-4
  documentos sobre programas substantivos, 189-99
  padrões europeus, 184-7
  padrões norte-americanos, 187-99
VALORES secundários, 41, 58, 147, 180
VAN SCHREEVEN, William J., 233
VIRGÍNIA Biblioteca Estadual, *Estados Unidos*
  restauração de documentos, 236
VIRGINIA University Library, 279
VIRTUE, Ethel B., 253
VOLUMES (registros) — França, 290-2

W

WAILLY, Natalis de, 244
WAR of the Rebellion, 337, 341
WASHINGTON, George, 115, 118, 166
WEIBULL, Carl Gustaf, 261-2
WHITE, Leonard D., 167
WILDE, W.-R., 153
WINTER, George, 263
WOODRUFF, E. W., 119

Impressão e acabamento:
Grupo SmartPrinter
Soluções em impressão